Klavier spielen

Peter Heilbut

Klavier spielen

Früh-Instrumentalunterricht

Ein pädagogisches Handbuch für die Praxis

Ein Vademecum
für noch mehr Freude
am Unterrichten

Peter Heilbut

Meiner Frau Lindgart

Bestellnummer: ED 8069
© 1993 B. Schott's Söhne, Mainz
Umschlaggestaltung: Günther Stiller, Taunusstein
Printed in Germany · BSS 47678
ISBN 3-7957-0262-3

Inhalt

Zweiter, praktischer Teil
Die beiden ersten Vierteljahre

Dritter Teil
Und wie es weitergeht – Die Unterrichtsphasen der Folgezeit

Vorwort

Die Methode vom Individuum ablesen.

Uli Molsen

Dieses Buch ist das Ergebnis intensiven, fast meditativen Nachsinnens über ein Gebiet, das so voll ist der verschiedenartigsten Aspekte, der reizvoll buntesten Nuancen, ein Gebiet, so voll von glückhaften Momenten des Lehrens wie kaum ein anderes. Es geht um Kinder, um Kinder im Vor- und Einschulungsalter, und es geht um den Umgang mit ihnen im frühen Unterricht am Instrument.

Dieses Buch bemüht sich, vielseitig zu sein, so vielseitig wie nur irgend möglich, so lebendig vielseitig wie Kinder es sind in ihren unterschiedlichen Veranlagungen, Neigungen, Interessen, Begabungen und Vorlieben.

Leicht sagt es sich dahin, daß Kinder unterschiedlich veranlagt sind. Das ist eine Binsenweisheit, und sie geht auch dem allzu leicht über die Lippen, der nicht daran denkt, hieraus Konsequenzen zu ziehen. Mir genügt sie nicht; ich möchte mehr: Ich möchte z e i g e n , d a ß es so ist. Die hieraus erwachsende Folgerung ist die geistige Mutter dieses Buches.

Die Ausführlichkeit des ersten, erzählenden Teiles wird so verständlich. Fünfzig und mehr Kinder erfahren, zumeist in lockerem Plauderton, Mentalitäts- und Verhaltensanalyse. Da gibt es als Zugabe manchen Anlaß zum Schmunzeln. Da findet sich aber auch manch eine Passage, aus der sich, hier schon, methodisch relevante Erkenntnis saugen läßt. Ich habe mir diesen Teil nicht leicht gemacht: Notizen, Stundenbilder, wechselseitiges Hin und Her aus Schüler-, Eltern-, Lehrermund erleben hier, gesammelt in anderthalb Jahrzehnten Früh-Instrumentalerlebens, ihr Wiedererwachen.

Die fortführenden Teile profitieren vom ersten. In denen kann ich zeigen – „beweisen", wenn's schon sein soll –, daß vieles von dem, was sich als Erfahrungswert in einer „Probiert es doch auch einmal"-Empfehlung niederschlägt, eben n i c h t für alle Schüler gelten kann. Da heißt es dann, mit vielen Wegen vertraut zu sein und jedem – wirklich j e d e m – Schüler den Weg zu öffnen, den zu gehen e r Lust hat und den einzuschlagen e r motiviert ist.

Erster, erzählender Teil
Erfahrungs- und Erlebnisbericht

Blitzlicht voraus

Nebeneinander sitzen sie am Klavier, die beiden Sechsjährigen, seit vierzig, fünfzig Minuten schon, langmütig und willig wie kaum sonst: Cornelia, die von unerträglichem, immerwährendem Juckschmerz geplagte (dieser verzweifelte Kampf gegen das ärztliche Vernunftsgebot, nie sich kratzen zu dürfen!) und Martin, der unduldsame, vorandrängende, leidenschaftlich improvisierende Wuschelkopf. Vor ihnen, nein, über ihnen breitbeinig und schwergewichtig auf dem Flügel stehend – die Raumpfleger der Schule werden morgen das Vergnügen haben, den Abdruck der Sohlenprofile zu eliminieren – ragt hünenhaft, für Kinderaugen jedenfalls, der Fotograf eines Wochenmagazins. Zur Abwechslung schießt er diesmal von hoch oben eines jener 96 Fotos, die in dieser vertanen Stunde entstehen.

Das Jahr 1977 geht in sein letztes Viertel ein, und jetzt, nach mehrjährigem An- und Ablauf des Experiments (noch ist es eins), zeigt sich die Presse unversehens interessiert. Nicht die Fachpresse, noch nicht, die folgt später irgendwann, nein, die Tagblätter, Zeitschriften, Magazine der Stadt und ihres journalistischen Umfeldes sind es, die ein Thema wittern. Wie es halt so ist, einer bringt eine Story und schon sind, wenn es sich lohnt, die anderen wach. So fällt manche dem Unterricht zugedachte Stunde den Fotografen mit ihren gestenreich vorgebrachten Stellungs-, Haltungs- und sonstigen Wünschen zum Opfer.

Also, zugegeben, neu ist es ja nicht, daß Kinder mit sechs Jahren Klavier spielen lernen. Nur, daß es jetzt so viele sind und Jahr für Jahr immer mehr werden, die Klavierspiel-Anfänger im Einschulungsalter, das läßt schon aufmerken. So viele sind es mittlerweile, daß man für diese Spezies eigens einen eigenen Terminus erfand: Früh-Instrumentalschüler.

Notiz zu nehmen empfiehlt sich ferner von einer vielfach mit Skepsis betrachteten Unterrichtsform, dem sogenannten „Gruppenunterricht": ein Wort, das eine vielköpfige Menge suggeriert und doch nichts weiter meint, als daß als „Gruppe" hier zwei Schüler zugleich unterrichtet werden. Auch gemeinhin unübliche Unterrichtsinhalte, wie etwa Improvisation, sind erwähnenswert, und überhaupt: Hier wird der Begriff „Klavierspielen" als Klavier „spielen" wieder wörtlich genommen.

Herbst 1977. Der im Januar '72 zielbewußt begonnene Versuch, die Materie und Problematik „Früh-Instrumentalunterricht" zu durchleuchten und nach Möglichkeit in den Griff zu bekommen, läuft bereits im sechsten Jahr. Er wird noch weitere Jahre währen, ehe er mit den letzten, 1982 aufgenommenen Schülern zum Abschluß gelangt. Aber schon jetzt treten interessante Erkenntnisse zutage.

Eine Erkenntnis überstrahlt dabei alle übrigen. Wohl ist das Spezifikum bekannt, aber doch überrascht es, wenn es sich Stunde für Stunde immer aufs neue offenbart:

das Phänomen der ungebändigten Phantasiefähigkeit, Kreativität, ja, schöpferischen Bereitschaft dieser Fünf- und Sechsjährigen. Und aus diesem Anlaß setzt Herbst '77 aus einem weiteren Grunde eine Zäsur:

Mit Aufnahme der vier Schülerinnen Susi und Julia, Inka und July beginnt, eingebettet in den weiterlaufenden Modellversuch Früh-Instrumentalunterricht[*], das Hamburger Pilotprojekt „Kinder komponieren". Es wird in sieben ereignisreichen Jahren zu höchst bemerkenswerten Ergebnissen führen und schließlich, 1983, mit Gründung des „Schülerkreises Komposition" der Jugendmusikschule Hamburg Sinn und Erfüllung finden.

Nun sind Namen genannt. Des Buches erster Teil erzählt von diesen am Modellversuch beteiligten Schülern, von ihren Eigenarten, Launen, Interessen, und es wird viel Erzählenswertes zu berichten sein.

So ist es angebracht, eine Übersicht der beteiligten Schüler zu bieten, auf die man von Fall zu Fall zurückgreifen kann. Sie ist umseitig mit einigen zusätzlichen Informationen aufgeführt.

---

[*] Es hat sich eingebürgert, solcherart experimentelles Langzeitunternehmen als „Modellversuch" zu terminieren. Nennen wir es so, guten Gewissens. Ein frei zu handhabendes Modell, das zu individuellem Gebrauch viele Möglichkeiten anbietet, wird sich daraus entwickeln und im zweiten Teil dieses Buches vorgelegt.

Mit der neuentdeckten Liebe zur Musik kamen neue Lehrer
und ein neuer, freierer Unterrichtsstil.

ZEITmagazin vom 27. Oktober 1977
Foto: Bodo Dretzke

Schülertabelle

Staatliche Jugendmusikschule
Früh-Instrumentalschüler Peter Heilbut

			1. Schülergeneration	
Januar '72	Hans Krause	6	MFE	)
	Martin Felz	6	MFE	)
	Gerald Pütter	6	MFE	)
	Frank Jansen	6	–	)
	Daniela Sievers	5	–	) e
	Gabriele Schubert	5	–	) e
	Sabine Schubert	7	–	)
	Hanna Merten	7	–	)
	Martina Kramer	6	MFE	) e
	Katharina Meyer	6	MFE	)
	Christina Sievers	6	MFE	)
	Sabine Horn	6	MFE	)
	Susanne Leuner	6	MFE	)
April '72	Adele Brack	7	MFE	)
	Anni Bergmann	7	–	
August '72	Johanna Barthe	7	–	

			2. Schülergeneration	
April '74	Anja Prause	6	MFE	) Hochschulgruppe
	Katrin Jürgens	6	MFE	
Herbst '74	Klaus-Peter Meier	6	–	
	Hanno Kabel	5	–	)
	Mariette Dusoswa	5	–	)
	Thilo Jaques	7	–	) e
	Christoph Everding	7	–	) e
Anfang '75	Sabine Witt	6	MFE	)
	Jan Butzmann	6	MFE	)
	Florian Schneider	6	MFE	
Herbst '75	Alexandra Schulze-Rohr	6	–	
Herbst '76	Renate Jürgens	(11)		) Hochschulgruppe
	Kathrin Hofer	(11)		

3. Schülergeneration

April '77	Cornelia Steffahn	6	MFE)	
	Martin Heidrich	6	MFE	
Herbst '77	Susanne Schmidt	6	MFE)	Pilotprojekt
	Julia Holzkamm	6	MFE	„Kinder komponieren"
	Inka Friedrich	6	MFE)	1977–1984
	July Loebarth	6	MFE	
Januar '78	Sonja Roth	7	–)	Hochschulgruppe
	Annette Groth	7	–	
Herbst '78	Fritjof Sielmann	6	MFE)	
	Bernhard Malchow	5	–	
April '79	Felix Bachmann	5	–)e	
	Christina Hellfritz	6	MFE)e	
August '79	Isabel Gabbe	6	–	

4. Schülergeneration

Herbst '80	Christina Domnick	5	MFE)
	Mascha Foth	5	MFE
Herbst '81	Anna Pantlen	5	MFE)
	Janina Sturm	5	MFE
April '82	Alexander Gath	6	–
Herbst '82	Anna Loebarth	5	MFE)
	Gregor Dierck	5	MFE
Januar '84	Phil Gollub	6	–

6	Alter bei Unterrichtsbeginn
ohne Zeichen	Einzelschüler
)	Schülergruppe
)e	als Gruppe begonnen, später Einzelschüler
MFE	Musikalische Früherziehung voraus

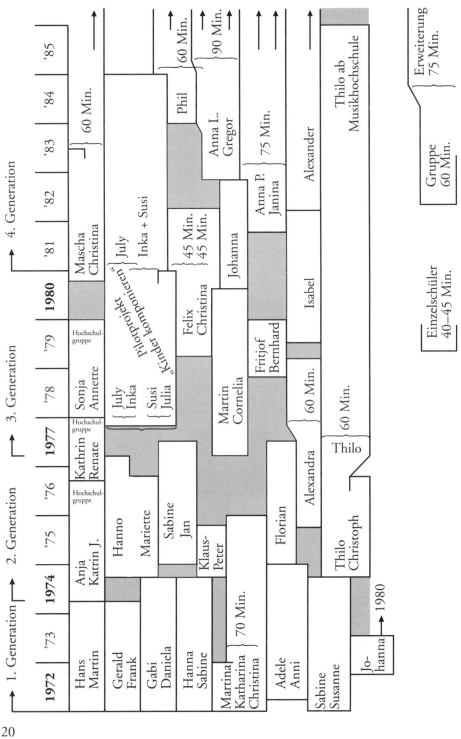

Das Kind…

1

Das Kind hat sich mit Musik beschäftigt, hat Lieder, Noten, Begriffe gelernt und geübt. Mehr oder weniger eifrig, aber Tag für Tag. Zwei Jahre lang.

Das Kind hat zum stets gleichen Unterrichtstermin den Weg zurückgelegt zum Kursus der Musikalischen Früherziehung, hat erheblich konzentriert die obligatorischen 75 Minuten durchgestanden in seinem Zwölferkreis. Beständig, Woche für Woche. Zwei Jahre lang.

Das Kind weiß nach Noten zu singen und, bedingt, nach Noten zu spielen. Es weiß Musik in grafische Zeichen umzusetzen und grafische Zeichen in Musik. Es weiß umzugehen mit Metren und Rhythmen und besitzt eine bemerkenswerte innere Tonvorstellung.

Es weiß, wie Streich-, Blas- und Schlaginstrumente aussehen, weiß, wie sie heißen und weiß, wie sie klingen. Es spricht von *forte* und *piano*, von Achtelnoten und Viertelpausen, von *legato* und *staccato*.

Das Kind ist sechs Jahre alt. Es wird in einigen Tagen in die Schule kommen.

2

Dieses Kind nun will, nach vorzüglicher Vorbildung, ein Instrument erlernen. Je nach Eignung, Lust oder Rat wird es zur Geige greifen oder zum Cello, vielleicht zur Bratsche, die als Viertelinstrumente zur Verfügung stehen. Es wird, wenn es die Tasten liebt, sich dem Klavier zuwenden oder dem Cembalo, vielleicht, weniger gut beraten, Keyboard oder E-Orgel[*]. Oder es entschließt sich zur Blockflöte. In jedem Fall sieht es seiner ersten Instrumentalstunde mit großer Erwartung entgegen.

Das Kind ist eines jener vieltausend Kinder, die Jahr für Jahr einen Früherziehungskurs an einer bundesdeutschen Musikschule durchlaufen. Zu ihnen stößt eine weitere Tausenderzahl von Früherziehungsschülern aus Kursen, die außerhalb der überschaubaren VdM-Schulen[**] laufen. Um die neunzig Prozent dieser Absolventen – erfahrungsgemäß gibt nur ein geringer Prozentsatz auf – wollen ihr in kontinuierlicher Arbeit errungenes musikalisches Wissen und Können nicht im Sande zerrinnen lassen und suchen den weiterführenden Instrumentalunterricht.

Zu diesen Kindern gesellen sich aber weitere x-tausend Gleichaltriger, die ohne jede musikalische Vorbildung ebenfalls zum Instrument drängen. Denn inzwischen hat es

---

[*] Nicht unbedingt etwas gegen beide Instrumente. Nur: Man verbaut sich da einiges. Der Wechsel vom Klavierspiel zu ihnen ist leicht. Der Wechsel zum späteren Klavierspiel hingegen – und den meisten kommt dieser Wunsch irgendwann – ist übermäßig schwer.
[**] VdM – Verband deutscher Musikschulen

sich herumgesprochen, daß ein Instrumentalbeginn mit sechs Jahren möglich und erfolgversprechend ist.

3

Irgendwo um zwanzigtausend mag die Zahl der Kinder liegen, die bundesweit im Laufe eines Jahres sechsjährig einen Instrumentalunterricht beginnen wollen[*]. Es liegt auf der Hand, daß diese Entwicklung gravierende Konsequenzen für die Instrumentalpädagogik haben müßte und entsprechende Reaktionen der Lehrenden zeitigen sollte. Merkt ein Tischler, daß eine neue Generation längerwüchsig als die bisherige zu werden verspricht, wird er nicht zögern, ihr höhere Tische und Stühle bereitzustellen.

Wie aber steht es mit uns Pädagogen, die wir uns unversehens einer rapide anwachsenden Zahl von Früh-Instrumentalschülern gegenübersehen? Noch haben wir nicht so recht begriffen, daß wir mit einem Fuß in einer neuen, jungen Epoche der Instrumentalpädagogik stehen. Noch haben wir nicht im entferntesten erkannt, was da an unerwarteten Problemen und unvorherzusehenden Aufgaben auf uns zugekommen ist.

4

Verfolgen wir das Kind noch einen Augenblick.

Wenn es Glück hat, gerät es an einen Lehrer, der die vagen Erwartungen des Kindes nicht enttäuscht, der Verständnis und Aufgeschlossenheit zeigt und der geschickt versteht, Spiel und Kurzweil in Lernerfolge umzusetzen und Aufbauarbeit in kleinen Schritten zu leisten. Es gibt eine gute Zahl von Lehrern, die das intuitiv können und in dieser Arbeit außergewöhnlich erfolgreich sind. Wird aber Bilanz gezogen, dann ist das Resultat dennoch deprimierend: Es sind zu wenig Lehrer, die sich der Früh-Instrumentalsituation gewachsen zeigen. Und es sind zu wenig Kinder, die das Glück haben, an einen hierfür prädestinierten Pädagogen zu geraten.

Nehmen wir den negativen Fall!

Unser Lehrer, guten Willens zwar, aber bis dato nur mit Anfängern kaum unter neun Jahren beschäftigt, wird schnell die unbehagliche Entdeckung machen, daß ein Schüler von sechs Jahren eine völlig andere Motivierung braucht als ein um mehrere Jahre älterer Anfänger. Er wird ihn aber trotzdem so unterrichten, wie er einen Neunjährigen unterrichten würde – er weiß es nicht anders. Sein pädagogischer Schiffbruch ist ihm dann so gut wie sicher, denn:

Es ist einfach unsinnig, ein normalbegabtes oder gutbegabtes sechsjähriges Kind so zu behandeln, als ob es ein zurückgebliebenes neunjähriges wäre.

Hier, beim Scheitern, bekommt der Unterschied zwischen ehemaligen Früherziehungsschülern und anderen sechsjährigen Anfängern fast dramatischen Anstrich: Ist es doch etwas ganz entschieden anderes, ob ein Kind aufgibt, dem die Materie neu war und dem es nichts weiter war als ein mißlungener Versuch, als wenn ein Kind scheitert,

---

[*] Die Zahlen basieren auf Schätzungen des VdM in den achtziger Jahren.

das buchstäblich zwei Jahre lang auf dieses Ziel, „sein" Instrument, hingearbeitet hat. Und hier, an diesem Punkt, wird das Dilemma unserer für heutige Bedürfnisse nicht mehr genügenden, ja, im didaktischen Ansatz nicht mehr stimmenden Lehrerausbildung sichtbar. Es gilt zu begreifen, daß die pädagogische Landschaft, die ein angehender Lehrer hier und heute vorfindet, eine grundlegend andere ist als in früheren Jahrzehnten – dessen ungeachtet, daß es um die praxisbezogene Vorbereitung auf fundierte Methodik des Anfangsunterrichtes schon seit jeher nicht zum besten stand.

5

Der Lehrende steht im Früh-Instrumentalunterricht vor zwei gegensätzlichen Ausgangssituationen. Hier ist der Absolvent der Musikalischen Früherziehung, dort ist der Schüler, der ohne musikalische Vorbildung zur ersten Stunde kommt. Hat der Lehrende hier Aufbauarbeit zu leisten, so steht er dort vor völligem Neubeginn. Das besagt, daß selbst der Früh-Instrumentalunterricht didaktisch nicht einheitlich angesetzt werden kann, sondern je nach Vorbildung des Schülers unterschiedlich anzusetzen ist. Daß darüber hinaus noch mehr Verzweigungen zu unterscheiden sind, liegt auf der Hand: ein Begabter ist anders zu unterrichten als ein minder Begabter, Gruppenunterricht anders zu gestalten als Einzelunterricht.

Kristallisieren wir einmal einige Merkmale der beiden Ausgangssituationen heraus! Daß der vorgebildete Schüler Noten kennt, Tonvorstellung hat, rhythmisch eingeübt ist, der unvorgebildete nicht, ist für den Folgeunterricht wichtig genug zu wissen. Ein wesentliches Resultat der Früherziehung aber ist, daß der Schüler gewohnt ist, täglich sein Spiel- beziehungsweise Übepensum zu absolvieren, mehr noch: daß die Eltern gewohnt sind, täglich mit dem Kind musikalisch etwas zu tun. Wie anders die andere Sparte, wo Schüler wie Eltern erst noch dahin gebracht werden müssen, das Wort „täglich" ernst zu nehmen.

6

Ein weiterer Punkt, der bei zunehmender Erfahrung immer mehr bestätigt wird, ist das Vermögen zur Aufmerksamkeit. Früherziehungsabsolventen sind eher fähig, sich über eine längere Zeitspanne zu konzentrieren; sie haben es innerhalb zweier Vorschuljahre einfach gelernt, ganz „dabei" zu sein. Dieses Moment hat auch Einfluß auf den Eintritt des ersten Ermüdungstiefs im Stundenverlauf. Und diese Erkenntnis wiederum könnte Anlaß sein, auf Reihenfolge und Ausdehnung der einzelnen Unterrichtsphasen einzuwirken. Sie sind beim Sechsjährigen ohnehin schwerpunktmäßig anders anzusetzen als beim älteren Kind, sind unterschiedlich aber auch beim Früherziehungskind und seinem noch verspielteren Altersgenossen, in dem Bereitschaft zum Engagement erst erwachen soll.

Nun, nehmen wir einmal an, unser anfangs erdachtes Kind, normalbegabt, gutbegabt vielleicht, Absolvent der Musikalischen Früherziehung, voller Erwartung der ersten Klavierstunde entgegensehend, ist just eines der Kinder, die in unserem Modellversuch namentlich erscheinen. Oder gar, wir können dem Zufall ja ein bißchen nachhelfen, ist es eines jener vier Kinder, die im zusätzlich laufenden Komponier-experiment eine ganz besondere Rolle spielen und sichtbar herausgehoben sind aus dem Kreis der anderen. Wie dem auch sei; wir werden ihm in den folgenden Erlebnis-schilderungen wiederbegegnen.

Bis dann also!

Information und Begriffsfestlegung

Musikalische Früherziehung
Instrumentale Früherziehung
Früh-Instrumentalunterricht

„Früh-Instrumentalunterricht", das den Buchinhalt betreffende Wort, ist auf den ersten Blick leicht zu definieren als ein in frühem Alter begonnener Instrumentalunterricht. Der gleichen Definition paßt sich auch die „Instrumentale Früherziehung" an. Das Verwirrspiel wird komplett, wenn zur „Instrumentalen Früherziehung" die „Musikalische Früherziehung" hinzutritt. Dabei hat jeder dieser Begriffe seine eigene präzise Aussage im Bereich der frühmusikalischen Pädagogik.

Die Musikalische Früherziehung

Musikalische Früherziehung ist grundsätzlich eine Beschäftigung mit Musik für Kinder im Vorschulalter. Es gibt verschiedene Konzeptionen, die von relativ freier Gestaltung bis zum programmgebundenen Curriculum reichen. Der Unterricht findet in Kursform statt.

Wird im folgenden von „Musikalischer Früherziehung" gesprochen, so bezieht sich dies auf das „Curriculum Musikalische Früherziehung des Verbandes deutscher Musikschulen" (VdM). Das hat den Grund, daß ich, allein schon durch meine Situation an der Jugendmusikschule Hamburg, nur mit diesem Programm zu tun hatte. Zum Beispiel durchliefen diejenigen meiner Schüler, die mit Früherziehungs-Vorbildung zu mir kamen – von den 50 auf den Seiten 18 und 19 aufgeführten Schülern sind es 28 – das Programm des VdM. Danach hatte ich mich zu richten, und damit hatte ich mich zu beschäftigen.

Allgemeine Ziele der Musikalischen Früherziehung:
– Spielen und lustbetontes Umgehen mit Musik
– Schulung des auditiven Wahrnehmungsvermögens
– Bewegungsmäßige Darstellung von Musik
– Kennenlernen von Musik in verschiedenen Erscheinungsformen
– Erlernen von Notations- und elementaren Formprinzipien
– Reflexion über Musik

Der Lehrplan gliedert sich in Sachgebiete, die als Lernphasen Bestandteil jeder Unterrichtsstunde sind:
– Musik und Bewegung
– Singen und Sprechen

- Instrumentalspiel
- Hörschulung
- Musikhören
- Noten- und Formenlehre

Weitere Details:
- Das Kind soll bei Kursbeginn 4 Jahre alt sein, jedoch nicht älter als $4\frac{3}{4}$ Jahre.
- Der Unterricht ist mit vier Halbjahreseinheiten auf zwei Jahre festgelegt.
- Wöchentlich findet eine Unterrichtsstunde von 75 Minuten Dauer statt.
- Die Kursstärke (Klassenstärke) soll 12 Teilnehmer nicht überschreiten.
- Jedem Kind steht beziehungsweise stand ein eigenes „Tastenspiel" zur Verfügung.

„Tastenspiel"

Das „Tastenspiel", von dem im Laufe dieses Buches mehrfach die Rede sein wird, wurde im Auftrag des VdM von der Pianofortefabrik Schimmel entwickelt. Es ist eine Kombination von Arbeitstisch und Musikinstrument. Auf der niedergeklappten Arbeitsplatte kann gespielt, gemalt, gebastelt werden. Diese Platte verwandelt sich, hochgeklappt, in ein Notenpult zum Aufstellen der Musikfibel oder des Notenheftes. Zugleich dient sie als magnetische Notentafel mit zwei Liniensystemen für die selbsthaftenden Magnetnoten.

Das „Tastenspiel" verfügt über eine Tastatur von $2\frac{1}{2}$ Oktaven, von c' bis f''' reichend, einschließlich aller Halbtöne. Diese Tastatur ist mit einem Glockenspiel gekoppelt, das wahlweise auch mit zwei zugehörigen Schlägeln gespielt werden kann. Zum Zubehör zählt noch ein Satz Magnetnoten, ein Ablagefach für Malkreiden und Bleistifte, ein großes Ablagefach für Fibeln, Noten- und Malblätter, ein Haken schließlich zum Aufhängen der roten Schultasche. Davor ein leichter, praktischer Klappstuhl.

Der Früh-Instrumentalunterricht

Ein Terminus, unter dem ursprünglich gezielt „der auf die Musikalische Früherziehung folgende Instrumentalunterricht" verstanden wurde. Da mit Beginn der Schulpflicht die Früherziehungsjahre beendet sein sollen, haben wir es hier mit Kindern im Einschulungsalter zu tun, mit Sechsjährigen also. Der Begriff wird heute jedoch weiter gefaßt und bezieht Kinder dieser Altersgruppe mit ein, die nicht aus der Musikalischen Früherziehung kommen.

Für den Folgelehrer, den „Lehrer im Früh-Instrumentalunterricht", ergibt sich hieraus die Notwendigkeit, für zwei unterschiedliche Schülergruppen zwei verschiedenartige Unterrichtsansätze im Griff haben zu müssen: Der Ansatz bei Früherziehungsschülern heißt Aufbauarbeit, heißt also: Wissen, was voraufging und worauf aufzubauen ist. Der Ansatz bei den anderen heißt Neubeginn.

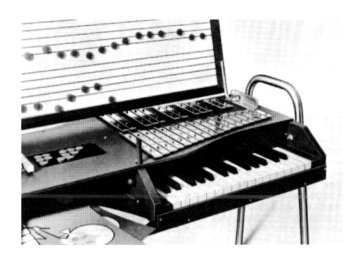

Das „Tastenspiel"
wird seit Anfang
der neunziger Jahre
nicht mehr gebaut
und bald aus den
Früherziehungsräumen
verschwunden sein.

Die Instrumentale Früherziehung

Wieder weist der Begriff „Früherziehung" auf vorschulische Unterrichtung hin. „Instrumentale Früherziehung" ist somit, im Gegensatz zum „Früh-Instrumentalunterricht", kein Folgeunterricht, sondern ein altersmäßig der „Musikalischen Früherziehung" entsprechender Instrumentalunterricht. Wie dort beginnt man mit Vierjährigen, heute auch mit Dreijährigen. Im Gegensatz zur Kursform der „Musikalischen Früherziehung" wird der Unterricht mit Einzelschülern oder mit Kleingruppen von zwei, drei, höchstens vier Kindern durchgeführt. Dabei sind Mischformen möglich.

Der Schüler im instrumentalen Früherziehungsbereich hat die Möglichkeit, zugleich parallel an einem Kurs der „Musikalischen Früherziehung" teilzunehmen.

Der Anlaß

Ja, wie war das –

Ich wurde kräftig mit der Nase darauf gestoßen, auf das Problem Früh-Instrumentalunterricht, der damals noch nicht so hieß und der, vor allem, damals noch kein Problem war.

1 (1971)

Springen wir hinein in die Szene. Hier! Der Zeigefinger liegt auf dem Jahr 1971. Hamburg. Die Jugendmusikschule. Mein Arbeitsraum. Es geht auf November zu, die Oktoberferien sind vorüber. Ich sehe mich am Schreibtisch sitzen, ein liniertes Quartheft, Kladde mit schwarzem Einband, vor mir. Darin notiert, gewissenhaft und übersichtlich, 88 Schülernamen. Es sind die Namen der Kinder aus den ersten beiden Schüben der Früherziehungsklassen. Zu jedem Schüler die zugehörige Anschrift, Familiäres, vorausgegangener Früherziehungskurs, gewähltes Instrument, Folgelehrer der instrumentalen Weiterführung, Datum des Beginns.

Ich sehe mich zögern; soll ich, soll ich nicht? Wenn ich jetzt zu telefonieren begänne, würde mich die Sache über Wochen hindurch beschäftigen und für anderes ziemlich blockieren. Dem ersten Anruf würden unabschätzbar viele weitere folgen müssen: Hinter jedem Schülernamen war genügend freier Raum ausgespart für Eintragungen, die nun, nach einem Jahr der zurückgehaltenen Neugierde, erfolgen sollten. Immerhin, die Organisation zum Schuljahreswechsel war größtenteils gelaufen. Einige Zusammenkünfte, Konferenzen noch, aber – wenn nicht jetzt, wann dann?

Ich sehe mich die tabellarisch aufgeteilten, mit Informationen gespickten Seiten der Kladde durchblättern, sehe mich, unschlüssig noch, mit dem Bleistift spielen –

Dann griff ich zum Telefon und wählte die erste Nummer an.

2 (Rückblick)

Drei Jahre zuvor, 1968, begann (es sei erlaubt, es so zu nennen) ein neues Zeitalter der Elementarpädagogik: Der Verband deutscher Musikschulen startete mit seinem neu entwickelten Früherziehungsprogramm ein Projekt, das binnen weniger Jahre die Länder flächendeckend überzog. Bald gab es kaum noch Musikschulen, die das Angebot „Musikalische Früherziehung" nicht im Unterrichtsprogramm hatten. Und das sollte Folgen im frühpädagogischen Instrumentalbereich haben.

Kurz danach richtete auch die Jugendmusikschule Hamburg Früherziehungsklassen nach dem VdM-Programm ein. Ein heller, freundlicher Raum stand zur Verfügung, darin das benötigte Inventar: Die große, achtungheischende Magnettafel, ein Klavier, das neuentwickelte „Tastenspiel" zwölffach: für jedes Kind eines –, Klappstühlchen dazu, Xylo- und Metallophone, Klangstäbe und -röhren, Triangeln aller Größen,

Gongs, Rasseln, Holzblock- und weitere Trommeln, Reifen, Seile, Vierkanthölzer, bunte, wehende Seidentücher, jedenfalls verlockend Vielfältiges und Animierendes. Ferner Tonbänder für Musikbeispiele, Info-Blätter für Eltern; für die Kinder schließlich die inzwischen fast zum Straßenbild gehörigen roten Tragetaschen, darin Glockenspiel, Rasseln, Malstifte, farbige Bild- und Notenblätter. Die Kinder konnten kommen.

Und sie kamen, vierjährig, nicht älter als viereinhalb. Vier Klassen liefen an, zwölf Kinder je Klasse. Drei Monate darauf die nächsten vier. Das Interesse war groß, der Andrang wuchs. Von nun an starteten neue Kurse im Halbjahresrhythmus.

Das bedeutete aber auch, und darauf war man zunächst nirgendwo so recht vorbereitet, daß jedes Halbjahr aufs neue eine Schar von nunmehr sechsjährigen Kindern die Kurse beendete und ungeduldig zum instrumentalen Folgeunterricht anstand. Von den ersten beiden Schüben, die mit je 48 Schülern begannen, standen plötzlich nicht weniger als 88 wartend vor der Tür.

3 (1970)

Zu meinen Obliegenheiten in der Jugendmusikschule gehörte es zwar nicht, Schüler aufzunehmen, einzuteilen und geeigneten Lehrern zu überstellen. Aber diese Schüler hier interessierten mich, schon „von Amts wegen", war ich doch für den instrumentalpädagogischen Bereich dieser Schule verantwortlich. Diese Schule, stichwortartig: Staatlich (mit allen damit verbundenen Vor- und Nachteilen), 400 Kolleginnen und Kollegen („Lehrkräfte" im offiziellen Behördenjargon), 200 Unterrichtsstätten, über das Stadtgebiet verteilt, 8000 Schüler. Besonders prekär: Weitere x-tausend auf den Wartelisten. Wer sich neu anmeldete, hatte mit bis zu zwei Jahren Wartezeit zu rechnen.

So also legte ich, um die Wartefrist zu umgehen, Hand auf freiwerdende Stunden und brachte zwischen Oktober und Dezember Lehrer und Schüler zusammen. Das Angebot an die Schüler: Geige und Cello – die Jugendmusikschule stellte genügend Achtel- und Viertelinstrumente bereit –, Klavier und Blockflöte. Ein Kind wählte und erhielt Cembalounterricht.

Was mich neugierig machte, waren Fragen: Wie und wodurch unterscheiden sich sechsjährige Anfänger von älteren? Kommen sie langsamer voran? Oder machen sie, mit der zweijährigen Vorbildung im entwicklungspsychologischen Rucksack, den Altersunterschied wett? Wie reagieren Lehrer auf Unterrichtssituationen, in die sie sich erst einmal hineindenken und hineinexperimentieren müssen? Wie steht es, im Vergleich, mit dem Durchhaltevermögen der Kleinen? Fragen, auf die ich gern Antwort erhielte.

Folglich nahm ich besagte schwarze Kladde zur Hand und begann, Schülernamen auf Schülernamen einzutragen in der Absicht, den musikalischen Werdegang dieser Kinder fachspezifisch zu verfolgen. Begleitet von sporadischen Kontakten mit Lehrern und Eltern hoffte ich, nach angemessener Zeit einen ungefähren Überblick zu bekommen. So begann bei uns das, was später die offizielle Bezeichnung Früh-Instrumentalunterricht erhalten sollte.

4 (wiederum 1971)

Ich griff also zum Telefon und wählte die erste Nummer an, sprach in den nächsten Wochen mit Eltern, Lehrern, auch mit dem einen oder anderen Schüler, besuchte hier und dort den oft schon im Auslaufen begriffenen Unterricht. Und mein Mut sank zunehmend in immer bodenlosere Tiefen.

Was war da nur geschehen! Wie konnte das damals so aufbruchsfreudig Begonnene bereits nach Jahresfrist mit derart entmutigenden Resultaten aufwarten? Immer öfter und immer deprimierter hatte ich zu notieren: Abgang oder im Abgang begriffen. Schließlich lagen Zahlen vor:

Von den anfangs 16 Celloschülern waren 15 zu streichen. Nur einer machte weiter und zwar so rapide und erfolgreich, daß er bald darauf Wettbewerbspreise erspielte. Aber das war kein Trost, war nicht das, was gemeint war. Tröstlich dagegen, daß es bei den Geigern gut lief. Dort hatte die Arbeit mit Vorschulkindern schon Tradition. Das Klavier pendelte sich in der Mitte ein. Trotzdem kam es einem Debakel gleich: Von vierzig Schülern gaben nach 12, 13, 14 Monaten zwanzig auf, also genau 50%. Enttäuscht in ihren Erwartungen, ihren Hoffnungen, ihren Träumen.

Zu analysieren galt es nun, und das war auf die Schnelle nicht zu machen. Wohl ließen sich später einleuchtende Gründe anführen. Zunächst jedoch war zu erkennen, daß hier ganz offensichtlich eine Unterrichtsmechanik nicht funktionierte, die mit älteren Anfängern grundsätzlich problemlos zu laufen pflegt.

Der im Prinzip auf Neunjährige zugeschnittene Anfangsunterricht läuft an den Möglichkeiten der Sechsjährigen vorbei und mündet schließlich in eine unkindliche Sphäre von Pflicht und Müssen.

Das Kind wird lustlos, der Lehrer ratlos, das Ergebnis: Siehe oben.

Nun war ich selbst es, den das anging. Nun wollte ich wissen, was da los war. Nach kurzer Bedenkzeit zog ich, innerlich noch recht im Zwiespalt meines netten, anhänglichen Schülerkreises wegen, Konsequenzen.

1972: Der Beginn

1

… zog also meine Konsequenzen und sagte als erstes, schweren Herzens, meinen damaligen Schülern ein betrübliches „Lebt wohl". Damit begann für mich in gewisser Weise ein neuer Lebensabschnitt. Ich nahm sechzehn Kinder im Alter zwischen fünf und sieben Jahren an. Dabei beschränkte sich meine Neugier nicht nur auf Kinder aus den Früherziehungskursen. Nein, wenn es schon zu testen galt, dann wollte ich auch die anderen Sechsjährigen haben. Ich klaubte sie mir aus den langen Wartelisten heraus, gespannt auf die zu vermutenden Unterschiede in Ansatz und Entwicklung der beiden verschiedenartigen Gruppen. Bewußt verzichtete ich zudem auf Kinder, die mir von vornherein als besonders begabt und aufgeweckt empfohlen wurden. Mit denen würde es voraussichtlich ohnehin gut laufen. Die anderen interessierten mich. Ich wollte wissen, warum die Sache hakte. Daß ich in späteren Jahren auch Begabte bekam, steht auf einem anderen Blatt.

Die Absicht war jetzt, mit diesen Schülern eine bestimmte Zeitspanne lang, ich dachte an zwei Jahre, einen testartigen Unterricht durchzuführen, dann mit neuen Schülern neu zu starten (einmal ganz anders vielleicht, – mal sehen!), nach weiteren zwei Jahren ein weiteres Da Capo, einen vierten, fünften Start eventuell, bis ich entweder dessen überdrüssig werden oder mein spezifisches neues Handwerk gelernt haben würde.

Wie sich später erwies, sollte es mit diesem Zweijahresturnus nur bedingt klappen. Im Schnitt wurde ein Dreijahrestakt daraus. Ich gab die Schüler stets erst weiter, wenn ich sicher sein konnte, daß sie auch im Folgeunterricht dableiben würden. Und das gelang, hier sei es schon gesagt, mit einer Ausnahme bei allen.

So zog, Anfang 1972, die erste Generation junger Klavierschüler in meine Obhut ein.

2

Zunächst machte ich Inventur: Welche und wieviele Eisen hatte ich im Feuer, die mir speziell für die Arbeit mit Einschulungskindern hilfreich zur Hand gehen könnten? Wie groß waren damit meine Chancen, die neue Arbeit ohne gravierende Pannen oder gar Fehlschläge durchzuführen? Auf welche Erfahrungen mit Schülern dieses Alters konnte ich bauen?

Es ist ja nicht so, daß ich mich kompetenter wähnte als viele meiner ebenfalls versierten Kollegen. Immerhin aber hatte ich auf manchen Gebieten einen doch nicht zu verkennenden Erfahrungsvorsprung. Da fand sich auf der Plusseite meines Routinekontos eine etwa fünfzehnjährige Erfahrung in Sachen Klavier-Gruppenunterricht. Der Unterricht mit zwei Schülern zugleich lief mir inzwischen gut von der Hand. Ja, es hatte sich sogar gezeigt, daß er, vorausgesetzt, Zeit und Schülerpaar waren stimmig, motivierender und lebendiger war als die Arbeit mit Einzelschülern.

Versteht sich: Mit den Kleinen stellte sich das Zwickmühlespiel der Gruppendynamik wohl anders dar. Trotzdem, ihrem Noch-Spielalter sollte die lockere Gemeinsamkeit einer Zweiergesellung wohl entgegenkommen. Sie bietet sich doch geradezu an als Übergangsphase zwischen dem Zwölferkreis der Früherziehung und dem irgendwann folgenden Einzelunterricht.

Ebenfalls auf der Plusseite stand eine nicht minder langjährige Erfahrung mit Improvisation zu Buche. Merkwürdigerweise („merkwürdig" aus heutiger Sicht) war meine Erwartung darin in bezug auf die künftige junge Schülerschar nicht allzu groß. Ich würde den Ansatz vergleichsweise tief herunterstecken müssen, das war mir klar. Absolut nicht klar war mir das Wie: Die Orffsche Leiertonmentalität, die damals die Seelen derer weitete, die mit Kindern umgingen, war nicht das, was mir vorschwebte. Dann schon eher die solidere schwarztastige Pentatonik. Und die Aleatorik mit ihrem skurrilen „Peng, hinein in alle schwarzen und weißen und sonstigen Tasten, wie der Zufall es will" trieb gerade erste Blüten, war noch nicht so recht einzuordnen.

3

Die Minusseite besagten Kontos? Hier stand ein gravierender Mangel an Erfahrung im pädagogischen Umgang mit Sechsjährigen zu Buche. Gewiß, ich hatte eigene Kinder, die irgendwann dieses Alter durchlaufen haben. Aber wie das mit dem Unterrichten der eigenen Kinder ist, das kennt man ja. Sie lernten bei anderen Lehrern. Daß ich nicht wußte, was mich bei der Arbeit mit Sechsjährigen erwarten würde, bewahrte mich allerdings auch vor frühen Mißerfolgserlebnissen, die abschreckend in die Ferne hätten wirken können.

An zwei Schüler indes erinnere ich mich. Da gibt es ein Foto aus den fünfziger Jahren. Am Klavier Susanne M., sechsjährig, ich, der respektable Klavierlehrer, auf einem Hocker danebensitzend, erklärend auf ein Notenbuch weisend. Gemeinplätzig, witzlos die Atmosphäre der Situation, ich mag das Bild nicht. Es waren meine Anfänge, genaue Erinnerungen habe ich nicht mehr daran. Jedoch liegt dem Bild noch der Unterrichtsvertrag bei. Welch klaffender Unterschied zu heutigen Wohlstandshonoraren:

> „Die Schülerin Susanne M., geb. 1950, wird am 1. April 1956 den Unterricht im Klavierspiel bei mir aufnehmen. Das Honorar beträgt DM 10,– (zehn) monatlich … Die Schülerin nimmt einmal im Monat an einer Zusammenspielstunde teil. Die Gebühr hierfür beträgt DM 1,– und ist auch dann zu entrichten, wenn der Unterricht nicht wahrgenommen wird …"

und so weiter. Immerhin dürfte der kleinen Susanne damals zugute gekommen sein, daß ich in jenen Jahren an einer Klavierschule werkelte, die, progressiv voranschreitend, als Lehrstoff nichts anderes enthalten sollte als Lieder. Ich habe noch in lebhafter Erinnerung, mit welchem Feuereifer meine Schüler mir halfen, Begleitsätze zu finden.

Sogar ganz neue Lieder entstanden aus Schülerhand. Das fertige Manuskript der Schule, die später als *Die Liederfibel* herauskam, ging 1959 an den Verlag, dazu ein Weihnachtsbuch, in dem eine jener Schülerschöpfung Aufnahme fand:

Alle Englein sind schon da,   *Wenn der Morgen bricht herein,*
putzen die ganze Sternenschar, *alle kleinen Engelein*
putzen alle blitzeblank   *pusten aus die Sternelein*
und stelln sie auf die Fensterbank. *und stelln sie in den Schrank hinein.*

Damals, liebe Nora Tiedcke, warst du 11 Jahre alt. Als ich dir wiederbegegnete, kamst du mir stolz und strahlend als Dozentin an der Schola Cantorum Basiliensis entgegen –

Was mich an dieser Sache nicht wenig verwundert, ist, daß durch meine eigene schöpferische Tätigkeit, hier am Beispiel der „Liederfibel", ein Großteil meines damaligen Schülerkreises zu kreativem, schöpferischem Denken und Tun animiert wurde und daß ich, und hier folgt das Unverständliche, ja, aus heutiger Sicht geradezu Unverzeihliche, nach Abschluß meines Manuskriptes die Sache auf sich beruhen ließ. Das hätte doch damals schon jenes bekannte „Aha-Erlebnis" in mir auslösen müssen! Habe ich da geschlafen, oder was –?

4

Ich scheue mich, das Wort „genial" hinzusetzen, und „Wunderkind" widerstrebt mir noch mehr. Immerhin kann es jedem widerfahren, daß ein solches Kind unversehens in seinem Schülerkreis auftaucht. Genau genommen waren es, in meinem Fall, zwei solcher Exemplare, Brüder, der eine sieben, der andere vier. Ich möchte vom Vierjährigen erzählen, obgleich es vom Bruder Entsprechendes gab.

Die Bächlis kamen aus Zürich. Der Vater übernahm für fünf oder sechs Jahre die Leitung des III. Programmes beim NDR. Gerda Bächli, die Mutter: ein heute europaweit bekannter Name im Bereich der Behindertenpädagogik. Pianist Walter Frey, der Großvater; einer aus der bedeutenden Frey-Familie, die der Klaviermethodik mit Lehr- und Notenwerken Impulse gab.

Dies nur, um den Quell zu zeigen, aus dem die Brüder stammen. Unnötig, ihre Fortschritte zu erwähnen. Rasch vergingen zwei Jahre. Da kommt dieser Thomas, nun „schon" sechs Jahre alt, in die Stunde, ein broschürartiges Heft in der Hand: „Herr Heilbut", – im schönsten Schwyzerdütsch –, „hier gibt es eine Stelle, die ich nicht verstehe…!" Er schlägt die Taschenpartitur eines Quartettes von Arnold Schönberg auf. Ich sagte: „Moment-Moment-Moment mal, mein lieber Thomas, das muß ich mir zu Hause erst mal selbst ansehen –", kaufte mir die Partitur und schlug mich die halbe Nacht damit herum.

Eines Tages überraschte er mich mit der Feststellung, er habe…, ach, seine Mundart ist mir so genau im Ohr: „…habe ein Klavierkonzert komponiert…" –

„Was hast du? So richtig mit Orchester??"

Abfälliger Blick. Welch dumme Frage für einen studierten Klavierpädagogen. Klavierkonzert ist doch mit Orchester, oder – ?

„Ja, ja, mit Orchester! Ich kann es zwar nicht spielen, aber ich stelle es mir ungefähr so vor –", und er begann mit dem Versuch, sein Werk zu interpretieren. Ich erfuhr auf diese Weise überhaupt erst einmal, daß er komponierte. „Thomas, seit wann denn das?"

Thomas, kopfschüttelnd über so viel Ahnungslosigkeit seines Lehrers: „Schon immer, natürlich!"

Von Stund an teilte sich sein Unterricht in eine Klavier- und eine Kompositionsphase. Und wiederum setzte er mich in Erstaunen. Eine Erklärung, einmal gehört, saß fest für immer, gleich, ob es um Kontrapunktregeln, um Sonatenform oder um sonst etwas ging. Er komponierte wie Bartók, wenn er Bartók spielte, wie Bach, wenn er Bach spielte, wie Haydn etc. Stets war seine Notenschrift sauber, lesbar und durchaus individuell. Kaum etwas war zu korrigieren.

Mit sieben saß er dann in der Musikhalle und spielte, von unserem Musikschulorchester begleitet, ein Klavierkonzert des jungen Mozart. Im Programm zu lesen: „Die Kadenzen zu den Sätzen dachte sich Thomas selbst aus". Das ist entschieden untertrieben. Es waren vollendete Kompositionen im Mozartstil.

Wie lebt ein solches Kind wohl den Tag hindurch? – Eine Episode aus seiner Sechsjährigenzeit ist mir noch in Erinnerung:

Erste Klasse einer Grundschule. Musikunterricht. Die Lehrerin erklärt die Instrumente. Das Horn ist heute dran. Erklärt also, wie man eben Erstklässlern ein Horn erklärt: Blech, goldener Glanz, Röhre, Trichter, hier kann man drücken, dort hineinblasen, so etwa. Thomas, mit aufquellendem Unwillen, ob nicht er jetzt das Horn mal erklären dürfe. Bitte, wenn du willst –. Also, Thomas am Lehrpult, läßt einen Vortrag vom Stapel über A- und F-Horn, Doppelhorn, Naturhorn, Ventilhorn, warum Ventile und was bewirken sie, und soll ich, wenn keine Ventile dran sind, mal die Töne aufzählen vom F-Horn – ? Die Klasse erstarrt in stummer Entrüstung. Kaum ist die Pause da, gibt's Klassenkeile. Thomas erscheint zur nachmittäglichen Klavierstunde reichlich pflasterbestückt. Das war, lieber Thomas, ein Lehrstück über den Umgang des Mittelmaßes (sei verstanden als „mittleres Maß") mit seinen intellektuellen Überfliegern. Bei den erwachsenen Menschen pflegt sich das so zu vollziehen: Du da, du kommst auf den Scheiterhaufen. Du da, du kriegst den Schierlingsbecher. Du da, dir wird der Kopf abgeschlagen. Klassenkeile ist die erste Stufe dahin.

Verzeihen Sie mir, verehrte Leserin, verehrter Leser, Sie haben ja recht! Ich hätte diese Punkte 3 und 4 auch mit einem kurzen Wort abtun können: Erfahrung mit normalbegabten Sechsjährigen: Keine.

Eine Anmerkung scheint hier angebracht: Wie schon im Falle von Thomas wird im folgenden von Schülern die Rede sein und von meinen Erlebnissen mit ihnen. Dazu erkläre ich, daß es wirkliche Geschehnisse sind und keine erfundenen Geschichten.

Auch werde ich meine ehemaligen Schüler nicht hinter Pseudonymen verstecken, wie es heutzutage üblich ist und in besonderen Fällen, des Persönlichkeitsschutzes wegen, auch berechtigt sein mag. Die Schüler hießen wirklich so, wie sie hier bei Namen genannt werden. Ich glaube nicht, daß dies ein Risiko für mich ist: Sie waren mir, einer wie der andere, lieb geworden in unserer gemeinsamen Zeit, und mein Empfinden sagt mir, daß das auf Gegenseitigkeit beruhte. So kann ich mir nicht vorstellen, daß einer etwas darwider hätte, wenn publik wird, daß er in seiner Kindheit einmal mein Schüler gewesen ist.

Der Versuchung, es mir mit diesem Abschnitt bequem zu machen und mich auf einige situationstypische Fallbeispiele zu beschränken, habe ich nicht nachgegeben. Zu eigenwillig stehen die kleinen Persönchen schon im Leben. Und keines ist dem anderen gleich in seinem Verhalten, seinem Wesen, seiner Mentalität. Ich werde halten, was ich im Vorwort versprach.

So treten sie alle noch einmal auf, als Fünf-, als Sechs-, als Siebenjährige, um die fünfzig an der Zahl. Und jeder soll sich hier in seinem vertrauten Erinnerungseckchen wiederfinden.

Alsdann, Chronist, erzähle!

Die erste Schülergeneration

Monat	Name	Alter	MFE	Symbol
Januar '72	Hans Krause	6	MFE	)
	Martin Felz	6	MFE	
	Gerald Pütter	6	MFE	) −
	Frank Jansen	6	−	
	Daniela Sievers	5	−	⊭ e
	Gabriele Schubert	5	−	e
	Sabine Schubert	7	−	⊭ +
	Hanna Merten	7	−	
	Martina Kramer	6	MFE	) e
	Katharina Meyer	6	MFE	)
	Christina Sievers	6	MFE	) +
	Sabine Horn	6	MFE	) +
	Susanne Leuner	6	MFE	
April '72	Adele Brack	7	MFE	) +
	Anni Bergmann	7	−	
August '72	Johanna Barthe	7	−	e

6	Alter bei Unterrichtsbeginn
MFE	Musikalische Früherziehung 2 Jahre voraus
)	Schülergruppe 60 Minuten
) +	gut harmonierende Gruppe
) −	weniger gut harmonierende Gruppe
⊭	Überlapp-Prinzip, Mischform
e	Einzelunterricht 40 Minuten

Einen Menschen zu erziehen heißt
ihm zu sich selbst zu verhelfen.

Da saß ich nun Anfang des Jahres 1972 mit zunächst dreizehn, später sechzehn fünf-,
sechs- und (fast ungewollt) siebenjährigen erwartungsvollen Schülern da. Alle von
durchschnittlicher Begabung, das hatte ich mir ausbedungen. Einige auch von geringer
Motivation und Mitarbeitsbereitschaft – man hatte mich vorgewarnt, aber ich wollte
es ja so. Eine Ausnahme bildete dabei das mir unversehens zugeflogene Vögelchen
Johanna. Doch von ihr später.

HANS und MARTIN (6),
GERALD und FRANK (6)
und über das Problem, geeignete Partner zu finden

Daß ich in erster Generation mit reinen Jungen- und Mädchengruppen jonglierte,
ergab sich unbeabsichtigt. Hans und Martin waren Nachbarkinder. Sie verstanden sich,
übten auch gelegentlich zusammen, nicht oft zwar, aber bei vierhändigen Stücken
nutzten sie die Nähe doch.

Gerald und Frank hätte ich liebend gern anderen Partnern oder Partnerinnen zu-
gesellt. Mit den beiden lief es mehr schlecht als recht. Dabei waren beide im Grunde
genommen dem gemeinsamen Spiel und Tun nicht abgeneigt. Aber irgendwie griff da
das Räderwerk nicht ineinander. Streit gab es nie; es fehlte aber die rechte Konsonanz.
Als Einzelschüler hätte ich sie wohl überhaupt nicht motivieren und halten können.
Zu zweit jedoch brachte ich sie über die beiden obligaten Jahre und hatte die Genugtuung, daß sie auch im weiterführenden Unterricht dabeiblieben.

Dabei beschäftigt mich die Frage, ob diese Kinder eventuell mit anderen Partnern
besser zu motivieren gewesen wären. Nur, es bot sich kein Wechsel an; wer hätte es
denn sein können? Sabine und Susanne wohl; aber die waren für sich eine musterhafte
Gruppe von Anfang an. Die Fünfjährigen, Daniela und Gabriele, kamen nicht in
Betracht, noch weniger Hanna und Sabine, die Siebenjährigen. Da waren dann noch
die drei mit den Jungen gleichaltrigen Mädchen Martina, Katharina und Christina.
Aber was sich mit denen abspielte, wird im folgenden ausführlich zu lesen sein.

Später im Jahr kamen Adele und Anni hinzu, die eine von Gutmütigkeit und
Gutwilligkeit geprägte Zweiergemeinschaft bildeten und die ich, wie die soeben
genannte Gruppe Sabine–Susanne, hospitierenden Besuchern mit einem guten Gefühl
vorstellen konnte.

Merkwürdig. Hier hatte ich vier Jungen unter einer dreifachen Anzahl von Mädchen. Ein Vergleich, der bei paritätischer Anzahl wohl anders ausgefallen wäre, sei
erlaubt: Die weit Motivierteren und auch vom Typus her Engagierteren waren die
Mädchen. Das betraf das aktive und interessierte Mittun im Unterricht ebenso wie die

innere Einstellung zur häuslichen Vorbereitung – das Wort „Üben" habe ich mir zumindest im ersten Jahr verboten auszusprechen –, betraf sodann das spontan kreative Verhalten beim Improvisieren ebenso wie die Neigung zum Liedspiel – oder gar zum Singen beziehungsweise die Abneigung dagegen.

In der Gruppe von Hans und Martin ging es dafür recht lustig zu. Martin war ein passionierter Spaßmacher und Witzeerzähler, und Hans konnte sich schier totlachen über ihn, was wiederum Martin immer mehr aufstachelte. Natürlich, Erfolg zieht Erfolg nach sich, wenn schon nicht woanders, dann hier. Beim Klavierspiel jedenfalls hielt er sich in Grenzen, was die beiden aber nicht weiter betrübte.

Im Erfinden und Umsetzen von grafischer Notation entwickelten sie eine gewisse Phantasie. Allerdings war auch hier weniger die Sache an sich für die beiden interessant, als vielmehr der Umstand, daß sie ihrem Hang zum Witzemachen entgegenkam. Ich erinnere mich zum Beispiel an ein Blatt, auf dem sie den Glissando- und Clusterzeichen grinsende und grollende Gesichter zugefügt, andere Symbole in kriechende und kopfstehende Strichmännchen verwandelt hatten. Sie konnten nicht an sich halten vor Juchzen, als sie mir das Kunstwerk vor Augen hielten. Schön, sagte ich, dann zeigt mal, wie das auf dem Klavier klingt. Das war von ihnen allerdings nicht vorbedacht, und so hatten sie ihre Improvisationsaufgabe für die nächste Stunde weg.

Sie lernten, als einzige der 16 Schüler dieser Generation, aus meiner Schule *Das Spiel zu zweit*, die eigentlich für ältere Anfänger gedacht war. Aber sie kamen ganz gut damit zurecht.

GABRIELE (5) und SABINE (7),
DANIELA (5) und HANNA (7)
sowie über Geschwistersituation(en), einen Rasselwecker
und über die rettende Puppe Eleonore

Unmöglich, diese vier unter einen Hut zu bringen. Sabine und Gabi waren Schwestern und wurden Woche für Woche von der Mutter gebracht. „Den Unterricht bitte gemeinsam." Für sie, die Mutter von insgesamt vier Kindern, hatte Zeitersparnis Vorrang.

Keine Frage indes war es für mich, daß das schief gehen würde. Es ging auch schief. Sofort. Wieder bestätigte sich meine Erfahrung, die warnt: Geschwister nie zugleich! Komplizierend kam hinzu, daß die kleine Gabi einen überstarken Eigenwillen hatte, auch wurde bald ein ungezügelter Ehrgeiz gegenüber ihrer älteren Schwester erkennbar. War der Platz am Klavier erst einmal erobert – kaum zur Tür herein, stürmte sie darauf zu – , dann krallte sie sich daran fest und war fortan nicht mehr zu bewegen, ihn freiwillig zu räumen. Ihrer Schwester zuliebe schon gar nicht.

Also hieß es, die beiden zu trennen, und ich verwirklichte, was ich schon vorher beabsichtigt hatte. Ich gab Gabi zu Daniela und ihre Schwester zu Hanna, womit sich zumindest auf dem Papier die Verklammerung der beiden Fünf- und der beiden Siebenjährigen gut ausmachte.

Aber, wie gesagt, nur auf dem Papier. Denn die Probleme mit Gabi blieben auch in dieser neuen Konstellation die gleichen. Sie verbiß sich geradezu in die Idee, daß das Klavier nur ihr zustehe und keinem sonst. So ergab es sich, daß die beiden Fünfjährigen eine Art von Einzelunterricht erhielten, der sich um einige Minuten überlappte. Mehr war nicht möglich. Daniela kam zuerst, dann Gabi (ja nicht vor der Zeit!); darauf folgte, mit den Szenen, die wir schon kennen, der Wechsel mit ihrer Schwester, und endlich eine etwa fünfzehnminütige überlappende Phase mit Sabine und Hanna. Schade, diese beiden hätte ich gern die volle Unterrichtszeit zusammen gehabt. So aber kostete es die geplagte Mutter kaum längere Wartefrist als vordem; es war ohnehin schwierig genug, die rebellierende Gabi „bei Vernunft" zu halten.

Aber was heißt hier schon Vernunft! Wie denn soll ein fünfjähriges Kind die dogmatische Welt der Erwachsenen begreifen, die ihm auferlegt, daß der Herr Lehrer nur eine begrenzte Spanne Zeit für es erübrigen kann! So sah ich Woche für Woche mit stets gleicher Besorgnis dem Wechsel des Geschwisterpaares entgegen.

Haben wir hier also das Schulbeispiel eines Kindes vor Augen, das besser noch ein Jahr hätte zurückstehen sollen, etwa dem Sinne nach: „...dann bist du um ein Jahr älter und folglich um ein Jahr vernünftiger..."?

Aber: Bin ich es nicht selbst, der ratsuchenden Eltern auf die Frage, „ob, beziehungsweise wann mein Kind wohl so weit ist", zu antworten pflegt: „Ganz einfach! Öffnen Sie den Tastendeckel und sehen Sie zu, wie Ihr Kind reagiert. Die Tasten besitzen magische Anziehungskraft. Geht Ihr Kind drauf zu und spielt, dann *starten* Sie. Zeigt es sich nicht interessiert, dann *warten* Sie." Jetzt also haben wir hier ein Kind, das geradezu unwiderstehlich von den Tasten angezogen wird und sich nicht lösen kann: Nein, das bringe ich nicht über mich, jetzt zu sagen: „Bleib zu Hause, du bist noch zu unbequem."

Und eines Tages entdeckte ich die simpelste, dabei wirkungsvollste aller möglichen Lösungen: Eine Weckuhr, die kräftig schnarrend das unabänderliche Ende des Klavierspiels einforderte. Ich konnte damals kaum an mich halten vor innerlichem Vergnügen, wenn ich sah, wie das funktionierte. Der Wecker rasselte, Gabi rutschte prompt vom Schemel, der Wechsel konnte vollzogen werden.

Dabei stellt sich die Frage, was spielte diese Fünfjährige eigentlich so eifrig und besessen, wenn man hier erfährt, daß sie sich nichts beibringen ließ, ja, vom Lehrer kaum Notiz nahm, gewissermaßen nur eine Art Pro-forma-Unterricht erhielt. Nun, sie hatte sich eine eigene Art des Musikmachens selbst beigebracht, ein Musik-Kauderwelsch – nennen wir es ruhig „Improvisieren" –, das es ihr ermöglichte, ohne Unterbrechung Klavier zu spielen. Man kennt das ja: Kinder, die nach eigener Phantasie aus einem Buch „vorlesen", obgleich sie noch gar nicht lesen können. Und daß sie kein Ende finden konnte oder wollte, hat sie sich vermutlich bei übenden oder längere Stücke vortragenden Erwachsenen abgeguckt, die ja, im Zeitverständnis eines Kindes, auch „nie" ein Ende finden.

Das Einbrechen in Gabis Abwehrverhalten glückte mir durch das Heranziehen von bildhaften Vorstellungen: Tierimitation durch Klang und Bewegung. Es war kurz nach der so erfolgreichen Wecker-Szene, als ich den Eltern riet: „Gehen Sie mit Ihren Kindern doch einmal zu Hagenbeck, in den Tierpark." Daraufhin war Gabi tatsächlich zu einer Unterhaltung über Tiere bereit, sah auch mäßig interessiert zu, wie ich einen Bären über die Tasten tappen, ein Häschen hoppeln, einen Fuchs schnüren, einen Storch stolzieren ließ. „Komm, Gabi", – und mit großer Animation: „...jetzt probier du es einmal!" Parbleu! – Geschafft?? Gabi rutschte sich in Spielpositur und – begann, wie gehabt, ihren Tastenklimbim, froh, diese Lehrerdemonstration überstanden zu haben.

Wir standen am Kraterrand der Verzweiflung. Die Mutter war einem Nevenkollaps nahe, ich selbst auf dem tiefsten Punkt der Ratlosigkeit angelangt. Ich sah mich am Ende meiner Möglichkeiten, war bereit zum Offenbarungseid. Nur ein Schelm gibt mehr, als er hat; ich hatte nichts mehr und sah hier meinen ersten und viel zu frühen Abgang heraufdämmern. Aber, na ja, wir leben manchmal von Wundern. Zur nächsten Stunde kam Gabi mit geübten Tierszenen an. Was wichtiger war: Sie akzeptierte fortan, daß da einer war, der sich – sparsam zwar, aber zunehmend intensiver – in ihre Phantasie-Klangwelt einmischte.

Irgendwann war es dann soweit, daß ich guten Gewissens sagen konnte: Das ist meine Schülerin. (Das mag stolz klingen, ist es aber nicht. Denn irgendwie werde ich ein verstecktes ungutes Gefühl nicht los: Was ist da eigentlich verlorengegangen?)

Es blieb jedoch Gabis Ehrgeiz, um jeden Preis besser zu sein als ihre Schwester. Da half nur, als es zum Spiel nach Noten kam, die Literatur zu trennen. Das fing schon mit der Klavierschule an. Sabine bekam ihre relativ früh. Gabi hingegen hätte ich gern völlig ohne Klavierschule vorangebracht, aber sie verlangte kategorisch ebenfalls nach „ihrer" Schule.

Sie bekam eine, aber eine andere.

* * *

Daniela: Als der Anruf kam, war ich ganz angetan von dem Gedanken, hier eine Partnerin für Gabi zu bekommen. Beide fünfjährig, beide ohne vorangegangene Früherziehung, das müßte doch passen! Die Geschwister Schubert waren, unter den oben geschilderten Umständen, gerade zwei oder drei Wochen im Unterricht, die Trennung der beiden bereits in Sicht. Nun ja, also Daniela –.

Die Eltern: beide noch sehr jung. Nicht die Tochter, das Elternpaar hat Lampenfieber bei dieser ersten Begegnung. Daniela steht vor mir, sieht mich mit großen, dunklen, erwartungsvollen Augen an. Das sind, wie soll ich sagen, wissende Augen, die kritisch abschätzend auf mir liegen, die mir meine Sicherheit nehmen. Nur jetzt nichts falsch machen! Ich gehe in die Hocke, auf Blickniveau mit diesen Augen und beginne zu sprechen, zu fragen. Das Kind schweigt. Kein Zeichen der Kontaktannahme. Nur der große, fragende Blick.

Fast greifbar wächst die Spannung. Die Mutter will vermitteln; ich winke: – bitte nicht, lächle, frage, locke. Vergebens.

Und dann ist plötzlich die Idee mit der Puppe da:
„Sag mal, Daniela, hast du eine Puppe, die du besonders gern magst?" Ein Aufleuchten der Augen, ein Nicken.

„Wie heißt sie denn?"

„Eleonore", – das erste Wort.

„Was meinst du, ob Eleonore wohl einmal mitkommen möchte zum Klavier spielen?"

Ein strahlendes Lächeln. Sie hat mich akzeptiert.

Zur nächsten Stunde kommt Eleonore mit. Ich nehme sie für voll: „Fein, daß du mitgekommen bist, Eleonore. Setz dich hier neben das Notenpult und hör gut zu, ja?" – und zum Schluß der Stunde: „Hat es dir gefallen?" Mit einem Seitenblick auf Daniela: „Hast du gesehen, wie begeistert sie genickt hat?" – „Also", (zur Puppe), „wenn du magst, darfst du auch das nächste Mal wieder mitkommen und zuhören!"

Nachdem die Anbindung an Gabi nicht gelungen war, bekam Daniela eine Art Zweierunterricht mit ihrer Puppe Eleonore. An sie wandte ich mich, wenn es zu loben galt oder zu verbessern: „Das hat Daniela aber schön gespielt, meinst du nicht auch?" – oder: „Was meinst du, Eleonore, ob Daniela hier nicht eine Pause übersehen hat – ?"

Daniela nahm dies stets mit feinem Lächeln zur Kenntnis. Es war ein Spiel im Spiel, ein gegenseitig heimliches Verstehen („wir wissen beide, daß es in Wirklichkeit gar nicht so ist, aber es ist unser kleiner, verstohlener Theaterspaß"): Die Puppe als Emotionsfilter zwischen zwei so ungleichgewichtigen Partnern im Unterrichtsgeschehen.

Also, wie war das doch mit meiner Absicht, nach zwei Jahren des Testens die Schüler weiterzureichen? Ich brachte es nicht über mich, Daniela Ade zu sagen, hatte Angst vor diesen Augen, diesem Blick, wenn sie es erführe. Ich behielt sie drei Jahre lang, so lange wie die Geschwister Schubert.

So manches hatte ich mir anders vorgestellt, als ich mir die Zweijahresspanne als Fixum setzte. Und so mancher Anlaß nötigte mich zu begründeter Ausnahme. Im Falle von Daniela (und vielen anderen): Hat man erst einmal das Vertrauen, ja, die Zuneigung dieser Kinder gewonnen, gehört man erst einmal dazu, zu ihrem kleinen Leben, ist man erst einmal eingeschlossen in ihr Herz, in ihre Erlebniswelt, dann ist der Augenblick des Lebewohl-Sagens herb, bitter und qualvoll. Und es war bei Daniela kein Unterschied, daß der Abschied erst nach drei statt nach zwei Jahren geschah.

* * *

Nun wäre wohl auch einiges von der Gruppe der beiden Siebenjährigen zu erzählen. Es ist bedauerlich, daß ich sie nicht als permanente Zweiergruppen unterrichten konnte, ich sagte es schon. So war der Ablauf dergestalt, daß zuerst Sabine ihre 25 Minuten allein verbrachte. Es folgte die Überlapp-Phase von 15 bis 20 Minuten Dauer, worauf Mutter Schubert ihre Kinder nahm und aufatmend mit ihnen davonzog. Schließlich blieb jedesmal eine von der Trennung betroffene Hanna zurück und absolvierte ihren anteiligen 25-Minuten-Rest. Die Gesamtdauer betrug 65 bis 70 Minuten anstelle von nur 60, die gemeinsam verbracht weit effektiver gewesen wären.

Der Unterricht mit diesen beiden aufgeschlossenen Kindern verlief unproblematisch. Im Vergleich mit den stabilen Zweiergruppen allerdings (nennen wir sie so, wenn die gesamte Zeit gemeinsam und in Harmonie verbracht wird) fielen sie deutlich ab. Da waren die stabilen Gruppen von Susanne und der anderen Sabine, oder von Adele und Anni weit im Vorteil. Das galt auch für die Gruppe mit Christina und der mitunter recht schwierigen Katharina, die jedoch, der Problematik wegen, einen 10-Minuten-Bonus erhielt.

Die vielköpfige Familie Schubert traf ich Jahre später in einer Stadt fern von Hamburg wieder. Mit schallendem Hallo wurde ich empfangen und hatte die Freude, daß Gabi und Sabine nicht nur beim Klavierspiel geblieben waren, sondern, das war ihrem Spiel anzumerken, einen vorzüglichen Unterricht genossen. Sie spielten mir vierhändig vor, und das bedeutet schon allerhand, wenn man an die Gabi von damals denkt.

Und unter Gelächter kam immer wieder der Rasselwecker zur Sprache, der auf die Kinder einen ungeheuren Eindruck gemacht haben mußte.

MARTINA (6),
KATHARINA und CHRISTINA (6):
Probleme – Probleme – Probleme

Die Früherziehungskollegin empfahl sie mir als Schülergruppe. Katharina sei nicht ganz unproblematisch, nun ja, manchmal jedenfalls, „…aber Martina ist lieb und fügt sich ein. Die beiden passen zusammen!"

Ich bekam zwei stille Kinder. Martina blaß, etwas verhärmt – es waren keine guten Verhältnisse zu Hause –, zu allem willig und bereit. Selten sah ich sie lächeln, und wenn, war ich glücklich und strich ihr übers Haar.

Katharina sah aus wie ein menschgewordenes Weihnachtsengelchen: Große, braune, ich bin versucht zu sagen gläubige Augen zu ebenfalls braunem und zudem seidigem Haar, ein feingeschnittenes Gesicht. Kurz, zwei Kinder, wie man sie schnell ins Herz schließt.

Wenn ich sage, zwei stille Kinder, dann ist das fast noch untertrieben. Zweieinhalb Monate lang hörte ich von Katharina buchstäblich kein einziges Wort. Das wiederum bewog Martina, auch ihrerseits nur das Allernötigste von sich zu geben und auch das nur mit leiser, verhaltener Stimme.

Aber Katharinas Schweigsamkeit war nicht das einzige Problem (noch ahnte ich nicht, daß diese Problemchen winzig waren gegenüber denen, die noch folgen sollten). Hier zunächst einmal die Situation in einer beliebigen Unterrichtsstunde der ersten Monate:

„Fein hast du dein Lied gespielt, Martina", sage ich.

Martina rückt beiseite und macht den Platz in der Klaviermitte frei.

„Spielst nun du?", frage ich Katharina, die bisher neben dem Klavier gestanden und Martinas Spiel zugehört hat.

Katharina nickt mit dem Kopf.

„Setzt du dich jetzt hier ans Klavier?", frage ich.

Katharina sieht mich mit großen Augen an und nickt mit dem Kopf.

„Komm jetzt, Katharina, setz dich hierher ans Klavier, damit du spielen kannst", sage ich und klopfe mit der Hand auf den freigewordenen Platz.

Katharina klettert auf die Sitzbank und sitzt nun da.

„Fängst du jetzt an zu spielen?", frage ich.

Katharina nickt mit dem Kopf. Ein zufällig anwesender Gast muß den Eindruck haben, daß das Mädchen zu Hause keine Taste berührt, ja, überhaupt noch nie ein Klavier zu Gesicht bekommen hat.

„Komm, leg die Hände auf die Tasten", sage ich.

Katharina legt die Hände auf die Tasten.

„So, nun fang an zu spielen."

Und siehe da, die Überraschung ist perfekt. Katharina spielt ihr tadellos geübtes Stück sauber, musikalisch und fehlerlos vor. Immer. Bis eines Tages –

Eines Tages, es muß Mitte März gewesen sein, hatte ich Katharina mit der üblichen Zeremonie wieder zum Spielen animiert, und es geschah, daß sie sich verspielte. Sie stutzte, begann von vorn und verspielte sich wieder. Sie begann zum dritten Mal und kam zum dritten Mal nicht über die Stelle hinweg. Sie begann ein viertes Mal… Zu spät! Ich sah die Katastrophe kommen. Sie kündigte sich mimisch an zur drohenden Entladung. Aber ich war nicht schnell genug, einzugreifen.

Mit dem schrillen Schrei „Scheiße!" sprang sie von der gemeinsamen Bank, warf sie polternd um – gerade noch gelang es mir, die entsetzte Martina zu greifen – und tobte dann, von ihrem nun sichtbar bloßliegenden Jähzorn getrieben, im Raume umher. Sie war wie von Sinnen, schlug mit ihren kleinen Fäusten auf alles ein, was sie erreichen konnte und offenbarte ein reichhaltiges, dem zitierten Kraftwort kaum nachstehendes Vokabular.

Martina stand zitternd und kreidebleich dabei und starrte entsetzt auf ihre entfesselte Partnerin, die ihr eben doch nicht so wesensgleich war, wie es zunächst den Anschein hatte. Ich zog Martina aus der Gruppe heraus, versuchte sie neu zu motivieren. Es gelang mir nicht.

Mit ihr begann jetzt eine schwierige Zeit. Zwar reagierte ich sofort und holte mir den lustigen Martin für sie heran, mit großen Überredungskünsten, „bitte, tu mir den Gefallen, wenigstens für ein paar Wochen erst einmal…". Aber dann war Martin pünktlich da, nicht aber Martina, die jetzt öfter dem Unterricht fernblieb. Und als sie dann zusammen waren, fühlten sich beide nicht wohl: Neben der introvertierten Martina zog sich auch Martin in sich zurück. Als ich ihn dann seinem Spaß- und Lachkameraden Hans wieder zurückgab, fielen sich die beiden geradezu überglücklich in die Arme.

Rückblickend: Was hätte anderes getan werden können? Doch was nützt es, mit Alternativen zu jonglieren. Martina blieb noch den Rest des Jahres. Dann war sie mir verloren.

Katharina: nur jetzt sie nicht allein lassen! Jetzt, da sie enthemmt war und sich solche Ausbrüche wiederholten – jetzt hatte sie einen Partner, eine Partnerin nötiger als je zuvor.

Die Wahl stand zwischen Gerald, den ich aus der nur unzulänglich funktionierenden Gruppe mit Frank leicht hätte herauslösen können, und Christina, die ich bis dahin im Wechsel mit Sabine und Susanne unterrichtet hatte. Alle drei entstammten demselben Früherziehungskurs, alle drei waren typische Gruppenkinder, und jede paßte problemlos zu jeder.

Ich entschied mich für Christina, und wenn je eine Wahl ins Schwarze traf, dann diese.

Christina war das ganze Gegenteil ihrer Vorgängerin. Stämmig, pausbackig, immer gut gelaunt und offen für jede Art von Späßen. Vor allem: Sie war von geradezu mütterlicher Gutmütigkeit und begleitete die Eskapaden ihrer Partnerin mit verzeihendem Lächeln. Übrigens richteten sich die Launen und Ausfälle Katharinas stets nur gegen sich selbst oder das Inventar des Raumes, nie gegen ihre Partnerin, so daß böses Blut nicht aufkam und die beiden Mädchen gut miteinander auskamen. Und das, Dank sei dir, liebe Christina, vier alles in allem schöne Jahre lang.

Zunächst und als allererstes übten wir „Verspielen". Ich verspielte mich, und die Kinder saßen dabei und zeigten auf die Noten, die falsch waren oder mit denen ich abbrach. Christina verspielte sich und stellte lachend fest, daß es gar nicht so einfach ist, wenn man sich absichtlich verspielen will. Und Katharina gelang es zunächst überhaupt nicht. Ich sagte: „An welcher Stelle willst du dich verspielen? Also hier. Dann probier's mal". Es ging nicht! Entweder brach sie zu früh ab, oder sie spielte drüber hinweg. Für die dabeisitzende Christina war das mit einem „Siehst du, es geht nicht!" Grund genug, sich vor Heiterkeit auf die Schenkel zu schlagen. Ich aber beeilte mich, einem neuerlich drohend heraufziehenden Zornesausbruch zuvorzukommen: „Komm, wir machen das anders!"

Nun ließ ich beide zusammen spielen, vierhändig, oder jede mit einer Hand. Mitten im Spiel nahm ich eine der spielenden Hände von den Tasten und sagte: „Find' dich wieder rein" – und es gelang. Auch das ist Übung. Der Umgang mit dem leidigen Verspielen läßt sich lernen, und die Kinder, Katharina jedenfalls – Christina machte so ein Danebengreifen ohnehin keinen Kummer –, bekamen Sicherheit im Vorspielen.

Ich behielt diese Gruppe vier Jahre lang, Katharina zuliebe. Erst als ich sicher sein konnte, sie soweit gefestigt zu haben, daß ein Lehrerwechsel zumutbar erschien, gab ich sie ab. Die Quelle von Katharinas Jähzorn war im Laufe der Zeit mehr und mehr versiegt und einer zwar ernsten, aber freundlichen Umgänglichkeit gewichen. Es waren zwei, deren Abschied zu Herzen ging, – mir, und wie sehr erst den beiden inzwischen zu Zehnjährigen herangewachsenen Mädchen. Es gab Tränen –

Christina habe ich aus den Augen verloren. Sie würde, da konnte ich gewiß sein, mit zuversichtlichen Schritten ihren Weg gehen. Und Katharina – ? Jahre später saß ich in einem Schülervorspiel. Im Programm ein Name, der mich festhielt: Katharina Meyer. Eine schlanke, auffallend aparte Siebzehnjährige mit braunem, weich fallendem Haar und feingeschnittenem Gesicht spielte das As-Dur-Impromptu von Schubert: „Meine" Katharina: sie ist also dabeigeblieben! Hatte ich Herzklopfen? Die Wiedersehensfreude jedenfalls war beiderseitig groß.

JOHANNA (7)
sowie ihr *Basso ostinato* und dessen Wirkung in die Ferne

Johanna hatte ich nur kurz im Unterricht: Sommer oder Herbst 1972, dann gab ich sie weiter.

Mich muß Blindheit geschlagen haben, daß ich dieses Mädchen nicht behielt! Meinte ich, daß diese außergewöhnliche Siebenjährige nicht in mein Testvorhaben paßte? War mir wirklich so daran gelegen, dieses erste Mal nur und ausschließlich mit Durchschnittsbegabungen arbeiten zu wollen? Ich habe ihren Unterricht damals nicht mit Notizen begleitet, nicht einmal Beginn und Zeitspanne ihres Unterrichtes ist festgehalten. Notizen besitze ich aus späterer Zeit, von der ich allerdings sagen muß: Zu spät.

Da hatte ich also ein halbes Jahr zuvor, Ende '71, alle meine damaligen Schüler verabschiedet, um mich pädagogischem Neuland zuwenden zu können. Und nun gab ich doch dem Drängen ihrer Eltern nach und bekam keine Anfängerin: Johanna spielte bereits sicher, gut und mit Freude. Als Schülerin ihres Vaters – Engelhard Barthe war ein weithin bekannter Organist – machte sie ihm volle Ehre.

Johanna war begabt. Begabt nicht nur für das Klavierspiel, sondern auch für die Improvisation. War das doch der Grund, weshalb sie unbedingt zu *mir* sollte. Ich habe mich stets mit Improvisation beschäftigt, nur eben, dem Niveau meiner früheren Schüler angepaßt, auf entsprechend hoher Stufe. Nun aber schlug ich mich seit einem halben Jahr mit dem Problem herum, wie sich dieser für mich unverzichtbare Unterrichtssektor auf dem niedrigsten Ausgangspunkt ansiedeln läßt, dem Alter meiner jetzigen Schüler angemessen. Sitzt Johanna da am Flügel und rauscht mir Improvisationen herunter, die sich hören lassen können! Alles dur-moll-tonal, alles dem Orgelmeister, ihrem Vater, abgelauscht.

Aber das war längst nicht alles. Diese Siebenjährige entpuppte sich darüber hinaus als hochbegabte junge, nun, wagen wir es zu sagen: Komponistin. Das, was bereits angedeutet wurde und was mir erst ganz allmählich klarzuwerden begann, die Fähigkeit und die Motivation vieler Kinder, Improvisationen wiederholbar zu machen, das lag in Johanna in hohem Maße bereit. Hier hatte ich es mit einer Art von schöpferischer Begabung zu tun, die ich, trotz meiner verwirrenden Erfahrung mit Thomas Bächli

Jahre zuvor, in ihrem Ausmaß noch nicht erfaßte. Wenige Jahre später sollte mich diese Dimension des Schöpferischen in ihrer Faszination restlos packen und auf ein völlig neues Gleis locken.

Johanna profitierte zunächst wenig davon. Umgekehrt aber, muß ich beschämt gestehen, verdanke ich ihr mehr, als sie ahnt. Eines Tages kam sie mit einem selbstkomponierten Ostinatostück an, spielte es vor, perlend, und ich sagte begeistert (höchstes Lob in Kinderohren): „Johanna, das ist toll!!"

Das fanden andere bald auch: Der Zufall wollte es, daß der Verlag, der seinerzeit meine *Liederfibel* herausbrachte, nach Bei- und Folgeheften verlangte. Ich schrieb zunächst einmal mein *Erstes Vorspielbuch* und brachte darin unüblicherweise zwei Kompositionen von Kindern mit unter, Johannas *Basso ostinato* und zwei kleine Tänze von Thilo. Der Verlag merkte es entweder nicht oder akzeptierte stillschweigend, und das Heft kam heraus. Plötzlich erreichten mich Briefe und Anrufe, die voll Begeisterung Johannas *Ostinato* nannten und mehr davon verlangten. Der Verlag war nun zu dem für ihn immerhin nicht unriskanten Experiment bereit, das folgende *Zweite Vorspielbuch* ausschließlich, das dritte zum Teil mit Kinderkompositionen zu füllen.

Und die Hefte „liefen". Nun konnte die Heftreihe *Kinder komponieren für Kinder* folgen. Johanna, die Auslöserin dieser überwältigenden Woge, ist dort ebenfalls mit einer weiteren Komposition vertreten, die sie mir als Neunjährige brachte. Aber da hatte ich sie schon nicht mehr als Schülerin.

Hier endet der Bericht über Johanna zunächst. Viele Jahre hörte ich nichts von ihr. Als ich sie wiedertraf, war sie dreizehn und gezeichnet von deprimierenden Erlebnissen: Erlebnisse, mit denen so viele schöpferisch aktive Kinder fertig werden müssen, oder, wie Johanna, letztlich nicht fertig werden.

Noch einmal wurde Johanna meine Schülerin. Das geschah, als die vierte Schülergeneration begann, die dritte abzulösen. Johannas Unterricht lief eine Zeit lang dazu parallel. Die Fortsetzung dieses Berichtes ist dort zu finden.

SABINE und SUSANNE (6),
ADELE und ANNI (7)
und das Thema Gruppenunterricht, mit Schüleraugen betrachtet

Bei Sichtung der vorangegangenen Schilderungen möchte ich Fortuna danken, daß ich jetzt auch Schüler, genauer: Schülerinnen nennen kann, mit denen der Unterricht ausgeglichen und problemlos lief. Sabine und Susanne, die beiden Sechsjährigen, Adele und Anni, die Siebenjährigen, haben mir das Unterrichten leicht und heiter werden lassen. Mit ihnen konnte ich spielerisch und mühelos all das in den Unterricht einbringen, was mir an Abwechslung und Vielseitigkeit für diese früh-instrumentale Stufe vorschwebte; hier konnte ich auch die Vorteile der Gruppensituation voll ausspielen. Alles kam völlig unkompliziert zur Geltung, sei es Fingerspiel, Einübung oder Interpretation, sei es Improvisation oder Liedspiel und -singen, sei es, was auch immer. Es „lief" einfach und vollzog sich in einer Sphäre ungetrübt guter Laune.

Welch große Bedeutung die Geborgenheit in der Gruppe für diese Sechs- und Siebenjährigen hat, und wie sie die Bereitschaft und Motivation im und zum Unterricht, ja sogar die psychisch-emotionale Übesituation zu Hause beeinflußt, das mögen zwei Beispiele zeigen.

Sabine und Susanne waren etwa fünf oder sechs Wochen im Unterricht, als Sabine ausgerechnet in der Klavierstundenzeit zum Zahnarzt mußte. Susanne stand etwas ratlos im Raum. Sabine war ansonsten die Überpünktliche, und Susanne war es gewohnt, ihre Partnerin bereits vorzufinden, wenn sie ankam. Nicht so heute. Sabine war nicht da.

„Komm, Susanne, laß uns anfangen", sage ich nach einer Weile der Ratlosigkeit.

„Aber Sabine ist doch überhaupt nicht da!"

„Sabine ist beim Zahnarzt mit ihrer Mutter; vielleicht kommt sie noch, oder vielleicht heute nicht, wenn es dort lange dauert."

Schweigen. Susanne zeigt Schmollmund.

„Komm, Susanne, aber wir können doch spielen!"

Kopfschütteln. Die Augen werden feucht.

„Meinst du nicht, daß du inzwischen schon mal anfangen kannst?"

Susanne, mit höchster Empörung in der Stimme: „Aber ohne Sabine ist das doch gar keine richtige Klavierstunde!"

Sabine kam noch. Mit einem Aufschrei wurde sie empfangen, umarmt, abgeküßt; Susanne war schier außer sich, und die perplexe Sabine, die sich dieser Gefühlswallung kaum erwehren konnte, glaubte zuletzt die stürmische Wiedersehensfreude dem Umstand zuschreiben zu müssen, daß sie wahrhaftig die Zahnbehandlung überlebt hatte. „Hier, guck doch mal, da war bloß ein kleines Loch. Was hast du bloß!" Jedenfalls konnte der Unterricht jetzt beginnen.

Der Umgang mit diesen vieren bescherte mir manchen Grund, überaus vergnüglich zu grinsen und zum Bleistift zu greifen. Vieles habe ich notiert von ihnen und finde es in meinem Zettelsammelsurium wieder. Aber wie oft auch ließ ich Bleistift Bleistift sein, im Glauben „das vergißt du nicht"! Jetzt, da ich schreibe, fehlt es mir. Aber immerhin: Gruppenunterricht und Üben – :

Adele und Anni sind bereits über ein Jahr bei mir. Üben heißt bereits Üben. Mich interessiert, wie sie üben, wann sie üben, übt ihr gern und so fort; ein Gespräch unter sechs Augen. Und dann sagt Adele:

„Das wäre viel besser, wenn ich mit mir üben könnte."

Der Sinn ist etwas rätselhaft, und Anni lacht:

„Wieso? Wie übst du denn sonst?"

Ich frage auch: „Wie denn das? Ist deine Mutter dabei, und möchtest du lieber alleine üben"?

Jetzt lacht Adele, schüttelt den Kopf. Und nun folgt eine Antwort, wie sie in ihrer kindlichen Logik von Erwachsenen kaum nachvollzogen werden kann: „Nein, wenn ich mit mir üben könnte, dann wären wir beim Üben zwei; so wie hier."

Na, darf ich jetzt sagen: Quod erat demonstrandum – ?

Zur ersten Schülergeneration: Überblick und Ausblick

1

Die bisherigen Beispiele zeigen schwerpunktmäßig Situationen und Momente auf, die in meinen Notizen und Erinnerungen aufgrund besonderer Problematik oder situationstypischer Augenblicke breiten Raum einnehmen. Diese Beispiele – die Wissenschaft würde sie „Fallstudien" nennen – dürfen nun keineswegs zu der Folgerung führen, der ganze Früh-Instrumentalbereich sei eben doch schwierig zu praktizieren. Ich erinnere: Für diesen ersten Jahrgang wandte ich mich bewußt Kindern zu, hinter denen begabungs- und vereinzelt auch verhaltensmäßig ein Fragezeichen stand.

Das soll nicht von der für mich angenehmen Tatsache ablenken, daß, ziehe ich Bilanz, ein zunächst ungewohnter Unterricht durchaus zu meiner Zufriedenheit verlief. Lernte ich an den mehr oder weniger „schwierigen" Fällen durchzuhalten, nicht aufzugeben, psychologisch einfühlsam zu reagieren, so erlebte ich an den anderen, und dies schon hier im frühen Stadium des Versuches, daß der Umgang mit dieser Altersgruppe, der menschliche wie der pädagogische, absolut nicht so problembeladen ist, wie zunächst befürchtet und wie nach den Erfahrungen der Vorjahre zu erwarten gewesen wäre.

Mit den gut laufenden Gruppen, allen voran die eben geschilderten beiden, konnte ich viel von dem durchführen, was mir von Anfang an vor Augen lag: Gruppenunterricht bestätigte sich. Beginn auf schwarzen Tasten erwies sich, wie erwartet, als idealer Einstieg. Abwechslung durch sich ablösende Schwerpunktbildung im Unterrichtsverlauf ließ die sorgsam mitnotierten Ermüdungskurven zu keiner hemmenden Tiefe absinken. Und Improvisation gewann immer mehr an Gewicht: Überrascht und verwundert erlebte ich schon hier in steigendem Maße die Fähigkeit und Motivation dieser Kinder, aus sich selbst heraus Improvisationsaufgaben so intensiv auszugestalten, daß sie haften blieben und wiederholbar wurden. Dieses Phänomen sollte mich von nun an mit steigender Faszination beschäftigen und erregen. Das Beispiel Johanna bescherte mir einen kräftigen Vorgeschmack auf Kommendes.

2

Die anfänglichen Schwierigkeiten mit den beiden Fünfjährigen sind nicht symptomatisch für diese Altersstufe. Mit Geduld (bei Sabine) und Behutsamkeit (bei Daniela) gelang es mir, mich an ihr zunächst abwartend-verschlossenes Verhalten heranzutasten. Nur einmal noch, mit Mariette in der zweiten Schülergeneration, erlebte ich Ähnliches. Überblicke ich heute die Fünfjährigen alle, so gingen die Kontaktnahmen kaum anders vonstatten als mit den um ein Jahr älteren Kindern. Ja, ich kam bald dahinter, daß es sich weit günstiger anläßt, mit Fünfjährigen zu beginnen, statt zu warten, bis sie mit sechs die Einschulung erreicht haben. Der Anfang am Klavier vor Schulbeginn erspart unseren Kindern, einer Doppelbelastung ausgesetzt zu sein, die der gleichzeitige Eintritt in zwei neue Lebensabschnitte mit sich bringt. Man schlage die Schülerseite zur vierten Generation auf: Dort sind die fünfjährigen Anfänger die Regel, die sechsjährigen die Ausnahme.

3

Die inzwischen vergangenen zwei, drei Testjahre gaben aber auch klarere Auskunft über die vermutlichen Gründe, die manch frühes Scheitern verursachten:

Zum einen war es Mangel an Erfahrung im Umgang mit dieser Schülerspezies. Die Folge wurde an anderer Stelle schon genannt: Sechsjährige Kinder zu unterrichten wie zurückgebliebene neunjährige, langsamer und kindlicher, das ist nicht das, was die Kleinen animiert.

Ein zweiter Grund gehört, genau genommen, zum ersten: Es sind Noten, es ist das frühe Blattspiel, das also, was der sofortige Gebrauch einer Klavierschule mit sich bringt. Notenspiel und Tastenspiel zugleich, das sind zwei höchst unterschiedliche Lernschritte zugleich; und dieses Zugleich bedeutet Überforderung. Hinzu kommt, daß die dabei übliche traditionelle „Stillsitzhaltung" vor dem allmächtigen Schloß-C, auf dem beide Daumen zu liegen haben, die Bewegungslust unserer jungen Schüler geradezu in Fesseln legt.

Zunehmend geriet aber auch das in der Früherziehung eingesetzte „Tastenspiel" mit seinen zweieinhalb Oktaven Klaviertastatur ins Visier der Kritik. War es verantwortlich zu machen für zusätzliche Komplikationen im ohnehin heiklen Bereich von Finger- und Anschlagtechnik? In der Tat zählten Fingerübungen, die nach Noten und Fingersätzen zu absolvieren waren, zur damaligen Programmfassung. Ein Notenheft „Instrumentalübungen am Tastenspiel" war fester Bestandteil einer wöchentlichen Unterrichtsphase. Dieses langjährige Tastendrücken kam letzten Endes wohl nicht zu Unrecht in Verdacht, Anschlagsprobleme bei späterem Klavierbeginn zu verursachen.

Gesagt sei schon hier, daß die Initiatoren des Programmes den zunehmenden Protesten Gehör schenkten. In der zweiten, revidierten Fassung sind diese Instrumentalübungen nicht mehr enthalten.

4

Damit also hatte man sich auseinanderzusetzen.

Ich für meinen Teil suchte Abhilfe auf spielerische Art, dem Alter der Kinder Rechnung tragend. Es galt, die Finger bewegungsmäßig zu aktivieren, die Gelenke bewußt und gezielt arbeiten zu lassen. Die Tier-Fingerspiele, die ich für meine Früh-Instrumentalschüler entwickelte, sind mittlerweile bekannt: Es sind die „Fingerspiele", die später vom revidierten Programm der Musikalischen Früherziehung übernommen wurden und dort die ehemaligen „Instrumentalübungen" ablösten.

Hier, beim Unterrichtsbeginn am Klavier, wie dort, am Tastenspiel: Sie sind eine akzeptable Bewegungsschulung für Finger-, Hand- und Armgelenke und verstehen sich als Vorstufe für das Instrumentalspiel allgemein, nicht nur für künftiges Klavierspiel.

So also entstanden – und wir werden ihnen im Laufe dieser Arbeit noch sehr eingehend begegnen –:

Der Storch, mit gravitätisch hoher Bein(= Finger)-Bewegung über Tisch (stumm) oder Tasten (Klang) stolzierend. Die Raupe, mit horizontalem Beugen und Strecken der Finger. Der Grashüpfer (Finger), kurz und vehement von Tisch/Taste abschnellend. Der Frosch, die plumpe Kontrastfigur zu ihm. Die Spinne schließlich, Fingerpolstergefühl und Schnelligkeit kombinierend. Später kam noch der Krebs hinzu, der den stummen Fingerwechsel lehrt.

5

Kinder sitzen nicht gern über längere Zeit still. Ihr Bewegungsverlangen war zu integrieren. Sichbewegen im Unterrichtsraum, etwa: bewegungsmäßiges Nachvollziehen einer Liedphrase, das „Atmen der Melodie" körperlich nachempfinden. Die vier Ecken des Raumes werden in Spiele mit Hörschulung einbezogen und so weiter.

Hierzu zählt auch die Verwendung eines „Arbeitstisches". Später als geradezu unverzichtbar begriffen, wurde er zum ständig bereiten „Studiertisch". Auch hier ist Bewegung beim Wechsel von Tastatur zum Tisch ein auflockerndes Moment.

Eine Kleinigkeit noch: Konsequent umging ich im ersten Unterrichtsjahr das Standardwort „Üben". Klavier „spielen", auch wenn als Hausaufgabe der Anspruch des Übens dahintersteht, klingt freundlicher in Kinderohren.

Die zweite Schülergeneration

April '74	Anja Prause	6	MFE	) + Hochschulgruppe
	Katrin Jürgens	6	MFE	
Herbst '74	Klaus-Peter Meier	6	–	e
	Hanno Kabel	5	–	⅟
	Mariette Dusoswa	5		
	Thilo Jaques	7	–	) e
	Christoph Everding	7	–	e
Anfang '75	Sabine Witt	6	MFE	) +
	Jan Butzmann	6	MFE	
	Florian Schneider	6	MFE	e
Herbst '75	Alexandra Schulze-Rohr	6	–	e
Herbst '76	Renate Jürgens	11		) + Hochschulgruppe
	Kathrin Hofer	11		

6	Alter bei Unterrichtsbeginn
MFE	Musikalische Früherziehung 2 Jahre voraus
)	Schülergruppe 60 Minuten
)+	gut harmonierende Gruppe
)–	weniger gut harmonierende Gruppe
⅟	Überlapp-Prinzip, Mischform
e	Einzelunterricht 40 Minuten

ANJA und KATRIN (6),
KATHRIN und RENATE (11)
Zwei Hochschulgruppen

Semesterbeginn '74 kam ich auf die Idee, im Rahmen meines Methodikkurses an der Musikhochschule eine Früh-Instrumentalgruppe zu unterrichten. Das Auslaufen der ersten Schülergeneration war abzusehen, und im Ergebnis ließ sich der bisherige Verlauf durchaus positiv bewerten. Gedacht, getan! Ein Früherziehungskurs meiner Frau war kurz zuvor zu Ende gegangen. Ich übernahm zwei Mädchen, Anja und Katrin, die sich zur wöchentlichen Klavierstunde in meinem Seminarraum einfanden.

In den siebziger Jahren hatte ich etwa zwanzig Studenten im Kurs. Die Doppelstunde, zweimal 60 Minuten, teilte sich von nun an in Vorbereitung, Unterricht, Nachbereitung. Grundsätzlich unterrichtete ich selbst, doch wurden einige Zehnminutenphasen von Studenten übernommen, Improvisation, Einstudierung, Ausarbeitung eines geübten Stückes…

Heute komme ich mir vor wie der Reiter überm Bodensee: Ich ahnte damals nicht, worauf ich mich eingelassen hatte und daß ich mich auf wenig tragendem Boden befand. Das konstatiere ich heute noch mit Verwunderung, dem besagten Reiter gleich, der auch erst nach seinem Ritt über brüchiges Eis erfuhr, welcher Gefahr er entronnen war.

Erkenntnis: Spätere Versuche, Früh-Instrumentalkinder sofort vor Studenten beginnen zu lassen, schlugen fehl. Das lag oft an ganz banalen Kleinigkeiten der Anfangsstunden. Gelächter, meist. Ach, Katrin, Anja: Daß ihr von Anfang an alles mit Leichtigkeit abschütteln konntet! Gleich bei der ersten Gegenüberstellung: Vor uns zwanzig in Erwartung bereits heiter gestimmte Studenten. „Seht", sagte ich, „die möchten euch gern zuhören…"; darauf Katrin wißbegierig: „Wollen die auch alle Klavier spielen lernen?" Schallendes Gelächter, verständlicherweise. Bei späteren Versuchen mit anderen Kindern folgte Verschreckung, Scheu, Verweigerung. Anja und Katrin aber lachten mit –

Ich lehrte, zum ersten Mal in wöchentlicher Konsequenz, Noten mittels Gedächtnisses vom Studiertisch auf die Tasten zu übertragen. Den Erfolg konnte ich schon nach einem Jahr ausspielen: Musikschulkongreß 1975 in Hamburg. Mein Referat. Mit auf dem Podium Anja und Katrin, inzwischen sieben. An Zuhörerschaft gewöhnt, studieren sie ein Bartók-Stück ein, vom Studiertisch auf die Tasten. Blitzlichter der Fotografen sind neu für sie, irritieren etwas. Zwischenrufe kennen sie: Vier neugierig auf mich gerichtete Augen; wie reagiert ihr Lehrer? 20 Minuten, dann saß das Stück. Das ist leichter als vom Blatt, man glaube es! Und auf diese Weise kriegt man es auch musikalisch gleich mit „in den Griff".

Nach $2\frac{1}{2}$ Jahren trat ein Ereignis ein, das mich von diesen beiden heiteren, unkomplizierten Mädchen Abschied nehmen ließ. Es folgte ein Intermezzo, dessen Hauptakteure zwei Elfjährige waren, die aber nur scheinbar aus den früh-instrumentalen Rahmen fallen: Ihnen kam viel von dem zugute, was ich mittlerweile durch die Arbeit mit den Kleinen gelernt hatte.

Katrins ältere Schwester Renate kam eines Tages nach dem Klavierunterricht nach Hause, pfefferte ihre Noten in die Ecke und schwor, nie wieder eine Taste anzurühren. Was war passiert? Katrin, meine Schülerin im Gruppenunterricht, kam mit dem gleichen Stück an, das sie, Renate, Einzelschülerin anderswo, auch gerade übte. Das frustriert natürlich.

Zufall: Just zum gleichen Zeitpunkt ging mich ein Kollege, Professor H., um Rat an wegen seiner elfjährigen Tochter. Probleme, den oben beschriebenen nicht unähnlich. Es war Oktober. Kurz entschlossen änderte ich mein Seminarthema: „Wiedermotivierung lustloser Klavierschüler durch Änderung bisheriger Unterrichtssituationen". Also: statt Einzelunterricht Gemeinsamkeit in der Gruppe, statt klassischer Werke Improvisation. Und wenn Spielstücke, dann mit anderen, abwechslungsreicheren Einführungsmodalitäten.

Jahre später habe ich Renate einmal zum Erzählen gebracht „Ach", sagte sie, „ich hab' mich ja überreden lassen, nahm mir aber vor, gleich recht bockig zu sein. Ich kam aber nicht dazu, wegen Kathrin. Ich dachte erst, Kathrin wäre die Schülerin vor mir und würde gleich gehen. Aber dann hatten wir den Unterricht zusammen. Und die ganzen Studenten drumherum! Aber es machte dann doch richtig Spaß, besonders, weil die Noten wegblieben… – na ja, zuerst jedenfalls –"

Es gelang tatsächlich, die beiden wieder zu motivieren. Kathrin nahm später Klarinette dazu, hatte jahrelang ein Bläserquintett. Renate ist beim Klavier geblieben.

KLAUS-PETER (6)
und wie ihm der Gruppenunterricht erspart blieb

Der Versuch lief nun im dritten Jahr, und peu à peu sprach es sich herum mit der Folge, daß jetzt zunehmend Interessenten ohne mein Zutun kamen. Und diesmal standen, zweifellos, die sogenannten Begabteren zur Anmeldung an, eine Welle von, wie sich oft erwies, überspannter Erwartung im Schlepptau.

Elternerwartung und meine zur Zeit vergleichsweise bescheidene Intention prallten bereits in einer ersten Stunde aufeinander: Für ihren kostbaren Sohn Michael (kostbar stammt von mir) komme nur – mit einem abschätzigen Blick auf den schmächtigen, mit säuerlicher Mine lauschenden Partner in spe Klaus-Peter – Einzelunterricht in Frage. Also – ich: Könnte man nicht wenigstens durch eine Probezeit feststellen, ob sich nicht doch eine mit mehr Unterrichtszeit bedachte Gruppenstunde als „leistungsintensiver" (ich übernahm mit gekräuselter Stirn diese unversehens ins Spiel geratene Formel) erwiese. Aber nein; das sei Zeitvergeudung. Wir trennten uns, und die Sache war für mich abgetan.

Nicht aber für Klaus-Peter, der übrigblieb und fortan kleingesichtig, verschüchtert, mit hängenden Schultern partnerlos zum Unterricht kam. Er brauchte lange, sich einzuleben.

Duplizität: Seine Eltern sichtbar erleichtert, daß somit auch für ihren Sohn der dubiose Gruppenunterricht entfiel. Und auch aus meiner Sicht kam es nicht ungelegen, blieb uns doch manche Komplikation des gemeinsamen Starts erspart: Denn Klaus-Peter kam wohlpräpariert zur ersten Stunde. Mit einem Vorauslehrer war die Interimszeit bis zum Erreichen des von mir gesetzten Früh-Instrumentalalters gefüllt und genutzt worden; Klaus-Peter spielte bereits wie ein emsiges, flinkes Maschinchen: Tonleiterläufe, Übungen, Arpeggien, und dies gar nicht ungern.

Zunächst ward mir Anerkennung; aus dem Maschinchen wurde Musik: Laß die Melodie singen. Laß den Ton, jeden einzelnen, Klang werden. Nimm die Begleithand zurück. Bring Spannung in die Atemphrasen. Und hör dir selbst gut zu, wie schön du spielen kannst. So etwa. Klaus-Peter ging mit hoher Sensibilität auf jede meiner Anregungen ein, und ich war mir sehr bewußt, daß ich hier eine klavieristische Begabung vor mir hatte.

Dennoch hakte die Sache, und hier darf einmal ein Wort über den elterlichen Ehrgeiz gesagt werden. Es geschah immer wieder, daß sich der Vater, der ihn, den Sechsjährigen, zur Stunde brachte, in den Unterricht einmischte. Hier schien sich ein Gruppenunterricht mit umgekehrten Vorzeichen einzubürgern: ein Schüler, zwei Lehrer. Meine wachsende Verstimmung und ständig wiederholte Bitte, mich mit dem Sohn allein zu lassen, endete oft genug mit einem türknallbegleiteten Abgang, was den Jungen nur noch ärger verschüchterte und alle meine Versuche, ihm nahe zu kommen, scheitern ließ: Still, bedrückt, in sich versunken, saß er dann am Instrument, führte höchst penibel aus, was erforderlich war, aber die Bedrückung lastete über unserem Tun. Hinzu kam, daß, als ich Auswege suchte aus dieser Situation und Klaus-Peter vorübergehend mit Thilo zusammenbrachte, der damals gerade zu seinen ersten kreativen Höhenflügen ansetzte, das Wort vom uneffektiven Umweg ins Spiel kam. Und hier war es dann soweit, daß ich letztlich aufatmete, als er zu einer preisträgerproduzierenden Kollegin wechselte.

Natürlich interessierte es mich, wie es mit Klaus-Peter weiterging. Aber als ich die Kollegin einmal daraufhin ansprach, erhielt ich nur zögernd Auskunft. Die Familie, hörte ich, sei ausgewandert, nach Neuseeland oder Australien, und der wortkargen Reaktion nach zu urteilen war auch hier die Trennung nicht ganz einvernehmlich erfolgt. Nun, hoffen wir, daß man dort einen Neubeginn fand, der den elterlichen Erwartungen entsprach.

Oder sollte ich, Klaus-Peter zuliebe, „hoffentlich nicht" sagen – ?

MARIETTE und HANNO (5)
SABINE, JAN und FLORIAN (6)

Die beiden Fünfjährigen kannten sich und waren als Gruppe vorgesehen. Mariette. Als sie sich ans Klavier setzte, den Tastendeckel hob, und, ohne abzuwarten, zu spielen begann, mit kleinem, konzentriertem Gesicht, die Lippen angespannt, über die Tasten gebeugt, da sah ich, wie in einem imaginären Spiegel, die kleine Sabine Schubert, mein Kratzbürstchen von damals, vor mir sitzen. Zugleich kamen mir Zweifel, daß die Anbindung an den bedächtigen Hanno glücken würde.

Klavieristische Lernhilfe, die sie spielerisch nicht fehlgehen ließ, ward ihr bisher von ihrer Mutter zuteil, einer meisterlichen Flötistin, Lehrerin zudem. Was allerdings nicht zugleich bedeutete, daß Mariette dieser Hilfe geneigt war. Im Gegenteil! Hitziges Sträuben, nein und nochmals nein, und dann doch tun, was Mutter sagt und rät. Man sollte meinen, daß sich das änderte, als ich Mariette übernahm. Aber auch mich akzeptierte sie nur bedingt.

Entgegen meiner Befürchtung lief der Unterricht mit den beiden ganz passabel an. Hanno, dieser bedächtige, ausgeglichene Junge, war der ruhende Pol dieser Gemeinschaft. Und beide fanden im Improvisieren zusammen, das sie vierhändig wie wechselweise zweihändig mit Erfindungsreichtum übten. Ein Programm von damals liegt vor mir, das die beiden gerade auf diesem Gebiet hervorhebt.

Gleichzeitig mit Hanno und Mariette hatten Klaus-Peter sowie Thilo und Christoph den Unterricht begonnen. Es fällt auf: Keiner kommt aus der Früherziehung. Und wenn ich mir die Gruppen betrachte: Die mit Klaus-Peter kam gar nicht erst zustande, die Hanno/Mariette-Gruppe stand auf recht wackeligen Beinen, die Thilo/Christoph-Gruppe klappte von Anfang an nicht. Ich brauchte also Vergleichsschüler aus der Musikalischen Früherziehung, und ich brauchte möglichst eine Gruppe ohne Probleme. So holte ich mir, zwei Monate nach den anderen, Sabine, Jan und Florian dazu. Drei Schüler: Sollte sich bei zweien die rechte Harmonie nicht einstellen, stand ein dritter zum Austausch bereit. In einer Art Rotationswechsel testete ich die drei und entschied mich dann für die Partnergruppe Sabine und Jan, die zweieinhalb Jahre lang zusammenblieb. Was aber auch bedeutete, daß Florian, trotz einiger anderweitiger Versuche, ein – zu meinem Glück geduldiger und allzeit williger – Einzelschüler blieb. Mit Sabine und Jan hatte ich die Unterrichtsgruppe gefunden, nach der ich gesucht hatte, wobei ich jedoch, so oft es möglich war, ihre Gruppenstunde mit Florians Einzelstunde zum Überlappen brachte. So war die sporadische Dreierphase doch ein kleiner kommunikativer Ausgleich für den „eigentlichen" Gruppenschüler Florian. (Eine schematische Darstellung dieser Art der Überlappung ist auf Seite 138 zu finden.)

Auch mit Hanno/Mariette verfloß die Zeit. Wenn Mariette spielte, konnte ich mich oft des Gefühls nicht erwehren, daß sie innerliches Aufbegehren aufs Klavier übertrug. Möglich, daß ich mich irrte. Aber ein damals skizziertes Gespräch bestätigt es wohl:

Es galt, für ein Vorspiel ein Stück auszufeilen. „Komm, spiel das noch einmal, Mariette, und achte jetzt darauf, daß …"

55

„Immer nochmal und immer nochmal!", fährt Mariette aus der Haut, „du entwickelst dich langsam auch dahin!" („Du" statt des gewohnten „Sie").

„Dahin? – Wo hin?"

„Na ja, du benimmst dich manchmal auch wie meine Mutter!"

Ich, bewußt moderat: „Mariette, komm einmal zu mir und gib mir deine Hände; beide, bitte! Und nun stell dir mal vor – man kann sich im Kopf ja so etwas vorstellen, nicht wahr – also stell dir vor, du wärst jetzt Klavierlehrerin und solltest eine Schülerin auf ein Vorspiel vorbereiten. Eine Schülerin, die du übrigens sehr gern magst, das mußt du wissen. Was würdest du denn tun?"

„Ich würde das Kind spielen lassen." (wörtlich so)

Da ist sie bereits in die Rolle des Erwachsenen geschlüpft. „Das Kind", sagt sie. Aber wie ich in ihr angestrengtes Gesicht sehe, sage ich begütigend: „Ach, laß uns das nicht so ernst nehmen. Spiel du es so, wie das Kind es will, ja – ?"

Mariette blickt mich lange an, ehe sie sagt: „Ich nehme das aber ernst."

Solches Sich-Öffnen geschah nicht oft. Mariette hatte meist ihre mentale Jalousie herabgelassen und kreiste in und um sich selbst, während ich mich in fast schmerzhaften Zweifeln fragte, ob ich diesem Kind als Lehrer, als Person ihres Vertrauens für die wöchentlich einmal stattfindende Gemeinsamkeit überhaupt gerecht werden konnte.

Hanno, das Gegenteil. Hier war Übereinstimmen zwischen Schüler und Lehrer. Es machte mir Freude, sein ausgeprägtes Improvisationstalent zu fordern und zu fördern. Als ich jedoch begann, ihn hier und da zu kleinen Kompositionen anzuregen, entsprach das nicht so recht der Erwartung. Der Umweg stand wieder im Raum.

Zuletzt geschah es dann, daß Hanno, sichtbar verlegen, Noten aus der Tasche zog: „Hier, das soll heute drankommen!" Ich sagte nichts und arbeitete fortan mit eingeschränkter Manövrierfähigkeit. Indes waren die zwei vorgesehenen Jahre ohnehin überschritten, und Hanno kam bald in gute Folgehände.

Die Hanno-Geschichte hat eine nette Coda: Es klingelt an unserer Haustür. Vater und Sohn stehen da, und Hanno hat ein Präsent für mich. Strahlend überreicht er mir einige Notenblätter, darauf, in eigener Handschrift, drei selbstkomponiert Boogies. Wer Lust hat, sie zu spielen – und Kinder spielen sie gern: Im ersten Heft der Reihe *Kinder komponieren für Kinder* sind sie zu finden.

THILO und CHRISTOPH (7)
oder: Von einem, der auszog, sich seine Musik selber zu machen

Thilo steht vor mir, blaß, schmächtig, ergeben. Ich bin nun der dritte, der es mit ihm versucht. Bereits zwei Kollegen hatten vor mir resigniert: „Es hat (noch) keinen Sinn mit ihm", oder „wart' ein Jahr, vielleicht dann noch einmal – ".

„Ich glaube es einfach nicht, daß der Junge unmusikalisch ist!" begehrt die Mutter auf. Sie ist Kollegin, kompetente Fachdozentin für Blockflöte in unserer Lehrerfortbildung. Ich mache ein Angebot: „Versuchen wir es mit Gruppenunterricht, mit Improvisieren vielleicht auch; das ist dann mal ganz was anderes." Einen Spiel- und Unterrichtspartner hat er sich gleich mitgebracht: Christoph E., Sohn des Opernintendanten. Die beiden sind Klassenkameraden, zudem miteinander befreundet.

Fangen wir also an. Animierend, das „Komm-spiel-mit"-Spiel. Wir sitzen sechshändig am Flügel. Ich beginne, rhythmisch auffordernd: „Kommt, spielt mit! Irgendwas, einfach so – ".

Keine Resonanz. Was bei anderen Kindern verläßlicher Einstieg ist, hier läuft er ins Leere. Christoph, sonst voll von praller Aktivität, macht nicht mit. Thilo sitzt verloren da, sichtbar geniert, sich mit irgendeinem „Irgendwas" vor Christoph und den Müttern zu blamieren. Also, wenn nicht damit, dann mit Noten.

„Kennst du Noten, Christoph?"

„Klar", sagt Christoph und betet mir gekonnt die Tonleiter herunter. Noten und Tasten sind ihm aber noch keine Einheit. Nun, um das zu lernen, ist er ja hier. Und er ist begierig darauf.

Thilo kennt Noten. Immerhin hat er ja Unterricht gehabt. Meine Vorgänger begannen damit, wie man mir berichtet.

Also stelle ich Noten hin. Leichteste. Die beiden sitzen nebeneinander an den Tasten.

„Na, Thilo, meinst du, daß du das kannst?"
Nichts.

„Weißt du, wie der erste Ton da gespielt wird?"
Stille.

„Thilo weint", stellt Christoph lakonisch fest.

„Um Himmels Willen, Thilo!" Ich gebe ihm mein Taschentuch. Die erste Stunde läuft, im Beisein der Mütter, einem Fiasko entgegen. Improvisieren nicht, Noten nicht –.

„Kommt, ich spiel' euch was vor. Setzt euch hier neben mich." Ich improvisiere, leicht verständlich, dem Alter angemessen. „Nun, hat es euch gefallen?"

Es hat. Aber als ich dann den mobileren Christoph noch einmal heranziehen will zum Mitmachen oder Nachmachen, ist das Ergebnis so negativ wie vorher.

Mit Thilo versuche ich es gar nicht erst wieder, dem sitzen die Tränen noch zu locker. O nein und nochmals nein! Diese Stunde trägt alle Keime eines dritten Mißerfolgs für den Jungen in sich. Der rührt nie wieder eine Taste an. Wirklich: Diese erste Stunde läßt nicht den kleinsten Hauch einer Ahnung spüren, daß hier eines der begabtesten Improvisationstalente meines pädagogischen Lebens seinen Weg beginnt.

In den nächsten Wochen entwickeln sich die zwei Freunde und Noch-Partner mit rapider Geschwindigkeit auseinander. Christoph kriegt das, was er will: Noten. Er mausert sich zu einem brauchbaren Blattspieler, läßt dagegen ein bedauerliches Unvermögen zum Auswendigspiel erkennen.

Nach den Tränen verschone ich Thilo fortan mit Noten. Und den scheinbaren Mißerfolg mit Improvisation noch in Erinnerung, lasse ich ihn auch damit in Ruhe. Aber was dann?

Versuchen wir es so: Ich spiele ihm kleine Stücke vor, Menuette, Lieder, gebe sie ihm, mittels Kassette jederzeit abrufbar, mit nach Hause. Klavierspielen kann er ja wohl, irgendetwas wird der vorangegangene Unterricht doch gebracht haben. Funken der Freude schlagen aber auch daraus nicht.

„Magst du überhaupt Klavier spielen?"

„Doch, schon", antwortet die Mutter, „er sitzt ständig am Klavier und spielt".

„Ja, aber," – ich erstaunt und kopfschüttelnd, „was spielt er denn?" – „Er…, er…, also, improvisiert ist nicht das richtige Wort…" – „…denkt sich Stücke selbst aus?", frage ich.

„Ja, ja, so würde ich es nennen!"

„Also, Thilo", sage ich und ahne noch nicht den fast prophetischen Gehalt meiner Worte, „dann machst du deine Musik dir halt selber!"

Und so geschieht es. Von Stund an macht sich Thilo Musik selbst, übt sie, spielt sie. Das also ist's! „Richtige" Musik ist jetzt schon seine Welt, in der er sich auch zu bewegen vermag, nicht mein harmloser Beginn mit pentatonischer Animation!

Er kommt nun wöchentlich mit seinen eigenen Stücken zur Stunde. Sie klingen mal wie von Bach abgelauscht, mal wie von Haydn, mal wie Renaissancemusik. Ganz offensichtlich verarbeitet er intuitiv, was er im Radio, Konzert oder beim Flötenunterricht der Mutter gehört hat, zu Eigenem. Und was dabei entsteht, ist beileibe kein Abklatsch zu nennen. Was da unter seinen kleinen und geschickten Händen erklingt, ist absolut schon „Thilo" in ganz persönlicher Prägung.

Zunächst sind die beiden Freunde noch zusammen im Unterricht, kommen gemeinsam, gehen gemeinsam. Jeder findet sich mit der unterschiedlichen Begabung und

Interessenslage des anderen ab, ohne jedoch dem, was der andere tut, viel Interesse entgegenzubringen. Lange wird sich das nicht so durchführen lassen.

Indes, noch sind sie zusammen, und in diese Zeit fällt eine wohl symptomatische Szene mit Fernwirkung (das „Du-und-Sie"-Problem zwischen Lehrer und Schüler):

Es klopft. Die Türe zum Unterrichtsraum wird aufgestoßen; Christoph steuert mit zielbewußt-energischem Schritt auf mich zu.

„Herr Heilbut, jetzt weiß ich endlich, wie Sie heißen!"

Irgendwie fühle ich mich ertappt. „So? Wie heiße ich denn?"

„Du heißt Peter!"

„Donnerwetter", (ganz ernst bleiben!), „wie hast du denn das herausbekommen?"

Er kramt umständlich seine Noten aus der Tasche, knallt mir dann den Stapel auf den Tisch und sagt: „Hier steht das drauf!" (triumphierend): „Peter Heilbut!"

Thilo hat den Raum gar nicht erst betreten. Bereit zu eiligem Rückzug steht er an der Tür, wer weiß, gleich wird der Alte explodieren. Erst als ich Christoph übers Strubbelhaar streiche und zugebe, daß ich nun ja wohl entdeckt sei, wagt Thilo der Sache und somit dem Unterricht näher zu treten. Christoph abschließend: „Ich werde nun Peter zu dir sagen". Seitdem stehen wir auf du und du.

Christoph erweist sich in der Folge als einer jener Normschüler, wie sie das tägliche Brot so vieler sind, die ihren Unterhalt mit Klavierunterricht bestreiten. Er ist zufrieden, wenn er nach Noten spielen darf, wenn er in seinen Heften gleichmäßig Seite für Seite, aber bitte nicht zu hastig, vorankommt. Er übt mäßig, aber immerhin so, daß es etwas „bringt". Die beiden haben jetzt Einzelunterricht, und damit entfällt jenes kleine, animierende Wettbewerbsmoment, das im psychologischen Wechselspiel der Zweiergruppe latent wirksam ist. Zum Glück hegen die Eltern keine übertriebenen Erwartungen im Hinblick auf ihren Jüngsten, so daß mögliche Spannungen ausbleiben.

Verlassen wir unseren Christoph jetzt, zumal er doch bald die Koffer packen und Hamburg Lebewohl sagen wird. Wenden wir uns Thilo wieder zu.

Thilo, jetzt an der Grenze zwischen acht und neun, hat sich mittlerweile nicht nur zu einem phantasievollen, sondern darüber hinaus zu einem auch manuell gewandten Klavierspieler entwickelt. Kleine, einprägsame Spielfloskeln, die ich ihm wöchentlich eher übungshalber mitgebe, wandelt er um in Vorlagen für seine Improvisationen und forciert so zugleich seine Fingerfertigkeit. Auch die Aufforderung zum vierhändigen Improvisieren wird jetzt mit Freude angenommen. So öffnet sich ihm, wenngleich verspätet, die Welt der Aleatorik doch noch.

Hierbei kann ich all die gemeinhin unüblichen Metren ins Spiel bringen, die $\frac{5}{8}$-, $\frac{7}{8}$- und $\frac{8}{8}$-Takte in den für Bartók typischen Unterteilungen, die ihm im ständigen Gebrauch zur Gewohnheit werden und später in seinen Kompositionen immer wieder auftauchen.

Hier, bei Thilo, darf ich konstatieren, daß es möglich ist, ein musikalisch wie technisch gutes Klavierspiel über die Improvisation, ergänzt durch eingestreute Geläufigkeitsstudien, zu erreichen. Das mag als Ausnahme gelten, aber bitte, wenn ein

Kind sich derart vehement gegen Noten sträubt, warum nicht einmal so?

Vor allem: Irgendwann ist jedes Kind reif für die Einsicht, daß es ohne Noten auf Dauer nicht geht.

Dieses „Irgendwann" stellt sich im Falle Thilo nach etwa $1\frac{1}{2}$ Jahren ein. Nun öffnet sich ihm die Welt all jener Meister, denen er sich bisher nur auditiv und durch, nun, sagen wir es so: metamorphosierende Umwandlung ihrer Musik nahe gekommen war. Er betätigt sich neuerdings also als ganz normaler Interpret, wobei er mir, seinem Lehrer, wiederum einige überraschende Momente beschert. Zum einen: Ich kann mich nicht erinnern, je einen Schüler gehabt zu haben, der sich weniger, genauer gesagt so gut wie nie, verspielte. Zum anderen –, ja, zum anderen muß ich mich zunächst einmal korrigieren: Mit der Wendung „ganz normaler Interpret" stimmt es doch nicht so ganz. Da erlebt man plötzlich – zunächst meint man, nicht richtig gehört zu haben – ein überraschendes Abweichen vom geheiligten Urtext, und ehe man sich recht versieht, improvisiert Thilo plötzlich stilgerecht weiter, um dann, ganz brav, zum Text zurückzukehren und ihn im Sinne des jeweiligen Meisters zu Ende zu führen. Ich stehe kopfschüttelnd daneben, lasse ihn gewähren. Wer kann so etwas schon!

ALEXANDRA (6)
und die Unverrückbarkeit einer Zielvorstellung

Die Anmeldung kam mitten im Sommer; es eile, sagte man am Telefon. Aber Vakanzen gab es nicht an der Jugendmusikschule, im Sommer schon gar nicht. Lange Wartezeiten stellten ohnehin einen absehbaren Beginn nicht in Aussicht.

Indes – als Sechsjährige könnte sie in mein Testvorhaben passen. So nahm ich sie auf und hielt als
erstes, um die Hinzugekommene möglichst reibungs-
los meinem kleinen Schülerkreis einzugliedern, nach
einem geeigneten Partner Ausschau. Es bot sich der
sanftmütige, willige Florian an, der gerade freigewor-
den war.

Florian hatte ich anfangs in einer Art Rotationswechsel mit Sabine und Jan getestet. Das Curriculum
der Musikalischen Früherziehung hatten alle drei absolviert, waren also auf gleichem Erfahrungsniveau.
Aber Sabine und Jan bildeten letztlich doch die passende Partnergruppe, die bis zuletzt gut harmonierte.

Leider war dem armen Florian auch mit Alexandra
kein Glück beschieden. Bereits nach einer Unterrichtsstunde, es war Alexandras erste,
war er wieder allein, das heißt im Einzelunterricht, und blieb es in Ermanglung eines
passenden Partners die obligaten zwei Testjahre lang.

Alexandra erwies sich schnell als jene Art von Musterschülerin, an der jeder nach
dem Nullachtfünfzehn-Einheitsschema Lehrende seine helle Freude gehabt hätte: Sie
wollte sofort Noten vor sich sehen. Sie wollte sofort Stücke spielen. Sie akzeptierte jede
Fingerübung und Tonleiter. Sie versäumte nie den Unterricht und kam immer gut
vorbereitet zur Stunde. Ein Partner, wer auch immer, interessierte sie nicht, ebensowe-
nig das hier und da mit kleinen Anreizen angebotene Improvisieren. Sie war intelligent,
zielbewußt…

„Zielbewußt", das war es! Wenn es je einen Schüler gab, der bereit war, dem
Erreichen eines Zieles alles unterzuordnen und schnurstracks ohne Umschweife darauf
loszustreben, dann war es Alexandra:

Die erste Klavierstunde. Sie steht vor mir mit einem Notenbuch unter dem Arm.

„Zeig' mal, was du da hast, Alexandra."

Es sind die Inventionen von Bach. Alexandra blättert die erste Invention auf und
zeigt mit dem Finger darauf:

„Das hier will ich spielen!"

„Das – ? Gefällt dir das so gut?"

„Das spielt mein Vati immer. Das will ich spielen."

„Ja –, also, Alexandra –," zögere ich, (wie sag ichs meinem Kinde), „das ist aber
nicht gerade leicht zu spielen!"

„Ich weiß, daß ich viel üben muß. Mein Vati übt auch viel."

Florian, der schon einmal die Anfangsphasen mitgemacht hat und einigermaßen
feste Vorstellungen von dieser nochmaligen ersten Stunde hat, steht dabei und versteht
gar nichts. Dann aber, als ich beginne, die Erststundenspielchen betreffs Vertrauensverhältnis zum Instrument, zur Tastatur, zum Raum anzugehen, spürt er wieder feste-
ren Boden unter den Füßen, und seine Augen beginnen zu leuchten. Das ist etwas,

was bisher allen Neuen Spaß und Anfangssicherheit gebracht hat, und auch er ist nur zu gern bereit, das hier und jetzt zu wiederholen. Nicht so Alexandra. Mit abschätzigem Blick schaut sie mich an und fragt: „Wann fange ich jetzt mit Klavierspielen an?"

Da kapitulierte ich und zog als erstes mein doch so gut gemeintes Angebot „Florian" aus dem Verkehr. Und so begann der von ihr erwartete und erstrebte Unterricht rein vom Intellekt her.

Wie weiter – ? Noten lernte sie schnell und war, auch hier eine Ausnahme, zur anfänglichen Trennung von Noten und Tasten nur ungern bereit. Zum Glück akzeptierte sie ihre Klavierschule und Nebenliteratur, sofern es Spielstücke waren, und entwickelte sich, auch dies nicht oft zu finden, zu einer ebenso gewandten Primavista- wie Auswendigspielerin.

Als sie mich dann nach zwei Jahren verließ, hatte sie längst ihre geliebte Invention in- und auswendig gelernt und vieles weitere dazu.

Zur zweiten Schülergeneration: Überblick und Ausblick

In der Kunst gibt es nur einen
wahrhaften Lehrmeister: Die Neigung.

Arnold Schönberg

1

Eine neue Situation für mich: Elternwünsche divergieren mit meinen Absichten. Unser Kind soll… (schnell vorankommen etwa). Ich: Einverstanden, aber: Ich möchte zunächst einmal herausfinden und ernst nehmen, was eigentlich von meinen Angeboten vom Schüler mit wirklichem Interesse angenommen wird. Dort will ich ihn fördern und, meinetwegen, schnell vorankommen lassen. Schülerneigung ist manchmal deutlich zu erkennen. Beispiel Thilo, Beispiel Johanna oder Alexandra. Die Erwartung der Erwachsenen sollte erstens zu den Neigungen, zweitens zu den Möglichkeiten, sprich: Fähigkeiten des Kindes „passen". Man sorgt ja auch für „passende" Kleidung. Beispiel, beziehungsweise Gegenbeispiel, Klaus-Peter, mehr noch sein gar nicht erst angetretener Quasipartner Michael. Dabei habe ich auch im Falle Klaus-Peter klar definiert: Das und das habe ich vor…, aber auch: Das und das habe ich nicht vor. Man war einverstanden. Aber dann kam wohl doch nicht das heraus, was insgeheim erwartet worden war.

Verständlich; von der Warte aus betrachtet mag es enttäuschend sein: Während das Nachbarkind bereits auf Seite 30 seiner Klavierschule ist und zügig „vorankommt", sitzt der eigene Sohn immer noch mit Noten am Studiertisch, lernt gewissermaßen musikalisches Trockenschwimmen, bevor er endlich ins Wasser kommt. Und was als Improvisieren auf die Tasten gelangt, ist zunächst nicht viel mehr als Klimperei. Dabei aber haben die Eltern alle bereits ein Schülervorspiel miterlebt; vielfach war das überhaupt Auslöser für den Wunsch: Ja, das möchten wir auch!

2

Schülervorspiel, drei-, möglichst viermal im Jahr. Das Mit-einem-Stück-zu-Ende-Kommen, das An-der-Sache-Bleiben, das Auf-ein-Ziel-Hinarbeiten muß für die Kleinen absehbar sein. Ein Stück zu dem und dem Zeitpunkt vorspielfertig haben, das darf nicht weit hinausgeschoben sein. Zwei Monate sind gerade noch absehbar.

Im Programm: Vielseitigkeit. Lieder, gesungen, Zwei- und Vierhändiges. Kinder mit Melodieinstrumenten als Gäste, die begleitet werden, Improvisiertes. Hier und da ein selbstgemachtes Lied oder Stück. Und gut sitzende, musikalisch vorgetragene Stücke von Schülern, die ein Jahr und länger im Unterricht sind. Lohn der Geduld: Dann ist in der Regel das oben beispielhaft genannte Nachbarkind längst überflügelt bei überdies fundierterer Basis und breiterem Wissen, auch und gerade auf dem prekären Gebiet der Noten.

3

Die beiden Elfjährigen, die hier interimistisch erscheinen, fallen nicht aus dem thematischen Rahmen: Erkenntnisse aus dem Früh-Instrumentalbereich kamen ihnen, den lustlos Gewordenen, zugute. Was die Kleinen reizt und bei Stimmung hält, spricht auch Ältere an. Hierdurch gelang die Remotivierung, und dies unter erschwerten Bedingungen durch die Anwesenheit kritischer, oft störend abschweifender Studenten. Wichtig auch hier der Studiertisch: Wenn Renate aufatmend sagt: „Noten blieben erst einmal weg", dann stimmt das nur insoweit, als es das Spiel n a c h Noten betraf. Kennzeichnend, daß sie das Spiel m i t Noten am Tisch oder vom Tisch aus nicht als das ihr lästig gewordene „Blattspiel" empfand. Außerdem Improvisation, hier natürlich höheren Anspruchs. Außerdem Übungen mit fortschreitender Hand, die bereits vorhandene Geläufigkeit zu erhalten. In Dezimen parallel laufend, haben sie auch dem Ohr etwas zu bieten. Für Begleitaufgaben konnte ich auf meine drei *Musizierbücher für Flöten und Klavier* wieder zurückgreifen, die seinerzeit ja für Schüler ihres Alters entstanden waren.

4

Das VdM-Programm „Musikalische Früherziehung" erschien, nach intensiver Erprobung, mit zum Teil neuen, zum Teil revidierten Inhalten: Die für den Folgeunterricht negativ sich auswirkenden „Instrumentalübungen am Tastenspiel" verschwanden. Dafür eingesetzt wurden meine Tier-Fingerspiele, Storch, Raupe, Frosch etc. Ferner steuerte ich bei: *Hans mein Hoppelhase*, Lieblingslied meiner kleinen Schüler seit je. Im VdM-Auftrag entstand schließlich mein *Spaß am Klavierspielen*, Klavierschule für Kinder aus Früherziehungskursen. Sie kam 1977 heraus.

5

1977; da sind wir wieder bei dem Jahr angelangt, das dieses Buch einleitete. Die dritte Schülergeneration löst die zweite ab. Und das impulsive Gruppenpaar Cornelia und Martin, wir kennen es bereits vom Vorspann her, wird dieses neue Kapitel des Früh-Instrumentalversuchs einleiten.

1977 gab ich dann auch meiner Neugierde nach: Was mich bisher zutiefst berührte, diese bereite Kreativität der meisten meiner jungen Schüler, diese Lust am Schöpferischen, dem einmal intensiver nachzuspüren: Ob sich das pädagogisch einbinden, fassen läßt? Besteht gar die Chance, meiner ohnehin schon recht farbenfrohen Angebotspalette einen weiteren interessanten Farbtupfer zuzugeben?

Im Herbst hatte ich vier Kinder bereit. Und wenn mich das Staunen bisher nicht schon angerührt hätte: Nun würde es mich überkommen!

Die dritte Schülergeneration

April '77	Cornelia Steffahn	6	MFE	) +
	Martin Heidrich	6	MFE	

Herbst '77	Susanne Schmidt	6	MFE	) +
	Julia Holzkamm	6	MFE	) +
	Inka Friedrich	6	MFE	
	July Loebarth	6	MFE	) +

Pilotprojekt „Kinder komponieren" 1977–1984

Januar '78	Sonja Roth	7	–	) + Hochschulgruppe
	Annette Groth	7	–	

Herbst '78	Fritjof Sielmann	6	MFE	) –
	Bernhard Malchow	5	–	

April '79	Felix Bachmann	5	–	) e
	Christina Hellfritz	6	MFE	e

Herbst '79	Isabel Gabbe	6	–	e

6	Alter bei Unterrichtsbeginn
MFE	Musikalische Früherziehung 2 Jahre voraus
)	Schülergruppe 60 Minuten
) +	gut harmonierende Gruppe
) –	weniger gut harmonierende Gruppe
≠	Überlapp-Prinzip, Mischform
e	Einzelunterricht 40 Minuten

MARTIN und CORNELIA (6)
oder: Wenn Neigung Leidenschaft ist

Martin, Cornelia, die beiden haben wir beim anfänglichen Fototermin schon kennengelernt. Gegensätze wie Tag und Nacht. Cornelia, die blaßgesichtige, zarte, von unerträglichem, immerwährendem Juckschmerz geplagte; Martin, der unduldsame, voranstürmende Wuschelkopf. Cornelia, oft mitten im Spiel in Tränen ausbrechend vor nie enden wollender Qual ihres Ausschlages; Martin, ungeduldig drängend, daß die Stunde nur ja weitergehe. Sie, singefroh und spielfreudig auch bei simpelsten Stücken; er, streng darauf bedacht, daß ihm ja nichts „Klinkerkindsisches" – eine Verballhornung, mit der ihm aus „Klunkerkram" und „kindisch" eine Wortneuschöpfung gelang – zugemutet werde. Und „klinkerkindsisch" war leider so ziemlich alles, was der Anfangsunterricht ihm zu bieten hatte.

Schlimm genug, daß er als Vier-/Fünfjähriger die Liedchen und Spielchen der Musikalischen Früherziehung über sich hatte ergehen lassen müssen. Hier, im Folgeunterricht, erwartete er Handfesteres, und mit geradezu akrobatisch anmutendem Stirngerunzel argumentierte er alles in Grund und Boden, was seiner sechsjährigen Meinung nach „klinkerkindsisch" und demnach für ihn unzumutbar war. Vor allem galt dies Liedern jeglicher Couleur, die mit der leidigen Früherziehung doch wohl hätten abgetan sein müssen und hier im Klavierraum absolut nichts mehr zu suchen hatten.

Aber gerade Lieder waren Cornelias Freude. Nicht nur, daß sie gerne und mit rührender Stimme sang. Von Anbeginn an begleitete sie sich selbst (Martin hätte ein solches Ansinnen mit Verachtung von sich gewiesen) und brachte überraschend reizvolle, stets zum Lied passende Begleitungen zustande. Martin durchstand diese Singephasen mit dem Ausdruck spürbaren Leidens, schwieg aber und lernte mit der Zeit, die Wünsche und Interessen seiner Partnerin zu respektieren.

Seine Leidenschaft, im engsten Wortsinn, war das Improvisieren. Der Stundenverlauf galt ihm mehr oder weniger als unvermeidbares Muß, als ein, überspitzt gesagt, Hinleiden auf den Augenblick, da es endlich ans Improvisieren ging. Während Zwischenphasen der Improvisation gemeinhin einen amüsant-erholsamen Kontrast darstellten zu sonstigen Unterrichtsnotwendigkeiten, hatte ich für diese Gruppe die Sache wohlweislich an den Schluß verlegt. „Schluß" ist vielleicht nicht das richtige Wort, sagen wir lieber, „in die zweite Hälfte der Stunde" verlegt. War Martin einmal am Ziel seines Wunsches, am Start zum Höhenflug seiner Improvisationsbegierde angelangt, dann gab es kein Halten mehr. Ein Ende wurde oft nur dadurch erreicht, daß die nächsten Schüler halb staunend, halb ungeduldig schon im Raume standen und warteten.

Dabei erwiesen sich seine weiträumigen Improvisationen als logisch durchdacht, und ich kam langsam dahinter, daß er zu Hause in zäher Beharrlichkeit vorprobte. Die aleatorische Phase der Anfangsmonate hatte er als „Klinkerkram" abqualifiziert und bewegte sich bald mit zunehmender Geschicklichkeit in tonalen Bereichen, pflegte auch konsequent mit der Tonart zu enden, mit der er begann. Noch heute sehe ich schmunzelnd seine Zornausbrüche, wenn ich versuchte, seine Höhenflüge zu stoppen, ehe er bereit war zur Landung im tonartlichen Heimathafen.

Cornelia stand ihm bewundernswerterweise an Phantasie und Einfallsreichtum kaum nach. Ich staunte oft über dieses gesundheitlich so schwer geprüfte Kind, das seine Improvisationsaufgaben, gleich, ob sie ostinater, rhythmischer oder spieltechnischer Natur waren, mit Geschick und in prägnanten und knappen Lösungen darbot.

Musik machen schon im Kindergarten-Alter

ZEITmagazin vom 27. Oktober 1977
Foto: Bodo Dretzke

Auch Cornelia hatte eine Leidenschaft, der sie alles andere unterzuordnen bereit war: Begleiten. Ihr zuliebe holte ich im Laufe unserer drei gemeinsamen Jahre manch ein Flöten- oder Geigenkind aus parallel laufendem Unterricht in die Stunde herein, auch durfte sie ihrerseits in die benachbarte Früherziehungsklasse hinüber und dort die Lieder begleiten, die sie selbst von ihrer Früherziehungszeit her kannte.

Ich praktizierte hier wohl zum ersten Male das, was ich später konsequenter durchführte: Instrumentalunterricht als fächerübergreifende Möglichkeit. Hinzu kam der für Cornelia glückliche Umstand, daß Martin, der sonst so egozentrische Partner, recht ansprechend und durchaus nicht ungern Blockflöte spielte. So fanden seine übergewichtigen Improvisationsphasen ein ihr entgegenkommendes Äquivalent.

Resümee: Eine anfangs nicht einfache, letztlich aber gut eingespielte Gruppe, in der beide Kinder lernten, mit den konträren Eigenarten des Partners umzugehen. Das, was Martin oft erhebliche Selbstüberwindung abverlangte, war für die konziliante Cornelia nie ein Problem.

Von Martin hörte ich später noch des öfteren. Er war auf seinem Gymnasium, das reich war an musikalischen Aktivitäten, bis in die hohen Klassen hinein bekannt als Improvisationskönner. Sein Licht hat er ja nie unter den Scheffel gestellt; er wußte es auch dort wirkungsvoll strahlen zu lassen.

Und Cornelia – ? Ich hatte sie neulich am Telefon. Sie ist jetzt 18, steht vor dem Abitur und will – Musik studieren.

„Wirklich, Cornelia?"

„Na, höchstwahrscheinlich. Können würde ich schon. Wenn nur die Aussichten ein bißchen besser wären in heutiger Zeit!"

„Sag einmal, was macht dein juckender Ausschlag? Den habe ich noch in schrecklichster Erinnerung!"

„Ach, der wurde noch ganz schlimm. Noch schlimmer als damals. Aber heute geht es, es ist viel besser geworden. Man kann damit leben –"

Kleine, inzwischen große Cornelia, einssiebzig, sagt sie, ist sie jetzt. Nicht so groß wie ihre Schwester, aber immerhin!

Zart, zerbrechlich, leidend, so steht sie mir vor Augen: Daß manche Schüler sich einem mit solch lastender Intensität in die Seele gekerbt haben – !

SUSI, JULIA, INKA und JULY (6)
Der Beginn des Pilotprojektes „Kinder komponieren"

> Staunen ist der erste Schritt zu einer Entdeckung.

1
Mehrfach bereits angekündigt:

Im „Blitzlicht voraus" erscheint es als Perspektive. Die Rubrik „Das Kind" fließt da hinein. Phasen kreativen Inhalts bereiten es vor. Das Resümee zur zweiten Schülergeneration gibt das Startsignal. Nun ist es soweit.

Blicken wir noch einmal zurück! Erste, zweite Schülergeneration. Die ersten Unterrichtsmonate, darin die Phase „Hörschulung". Die Absicht ist, das „Voraushören" zu lehren: Hier habt ihr ein paar Reimzeilen (sie werden auswendig gelernt; lesen können die Kinder ja noch nicht), und hier habt ihr ein paar Tasten (f, g, a; oder fis, gis, ais; später Taste für Taste erweitert in Richtung Pentatonik); spielt (improvisiert) das Lied und singt dazu. So lautet die Hausaufgabe.

Zur nächsten Stunde würde ich wissen: Hört das Kind den Ton der nächsten Taste voraus? Wenn ja, dann kommen Singeton und Anschlag zugleich, wenn nein, schleift die Stimme um ein weniges hinterher, der Ton wird erst abgehört und dann (nach-)gesungen. Zu erwarten war also ein Lied spontaner Improvisation, dazu Schulung des Inneren Ohres im Voraushören.

So war es schließlich auch, nur hatte die Sache einen zusätzlichen und von mir zunächst nicht erwarteten Nebeneffekt: Als Zufallsspiel begonnen, hatte sich im Wochenverlauf eine konstante Melodie festgesetzt. In der nächsten Unterrichtsstunde wurde mir ein inzwischen auswendig gelerntes, nach Belieben wiederholbares Lied präsentiert.

Auch in der Folge verlor sich davon nichts: Die Melodie wurde vieltöniger, also „vieltastiger", Begleitformeln kamen hinzu, die Sicherheit im Spielen, Singen und vor allem im Vorausdenken wuchs; das Ergebnis nach wie vor: Selbstkomponierte Lieder.

Ich erlebte dies mit staunendem Kopfschütteln, und so begann die Sache ihren eigenen, eigenwilligen Weg zu gehen. Ich gab meiner Ungeduld nach; dieses aufregende, merkwürdige Phänomen pädagogisch einzufangen. Diesmal aber mit Reimzeilen, Tasten *und* Noten: Hier habt ihr ein paar Zeilen, und hier habt ihr ein paar Noten… So begann mit einigen meiner Früh-Instrumentalschüler das, was später in einen Forschungsauftrag „Komponieren mit Kindern und Jugendlichen" der Musikhochschule Hamburg münden sollte.

2

Mit vier Kindern wollte ich die Sache angehen: zwei Mädchen, zwei Jungen. Alle vier sollten die Musikalische Früherziehung durchlaufen haben, da ich bei ihnen – im Gegensatz zu sonst – Wert auf Notenkenntnis legte. Außerdem hatte ich dieses Mal – auch anders als sonst – die Absicht, Kinder auszuwählen, die mir geeignet erschienen für mein Vorhaben. Eine wache, bereite Intelligenz würde vonnöten sein, ebenso wie eine verläßliche Musikalität. Vorausgenommen sei hier, daß meine Absicht recht kurios durchkreuzt wurde; die letzten beiden Schülerinnen spielte mir der blanke Zufall zu.

Aber zunächst einmal Julia. Dunkelhaarig, mit gleichfalls dunklen, blitzgescheiten Augen. „Die ist plietsch", sagte meine Frau, als sie mir Julia aus einem ihrer Früherziehungskurse empfahl, „die nimm dir mal!" Muß „plietsch" übersetzt werden? Aufgeweckt, lebhaft, tatenlustig, agil, eben „plietsch".

Susi war die zweite. Volles, langes, blondes Haar, mit, fast möchte ich sagen: obligat dazugehörigen großen blauen Augen. Zwei ältere Geschwister, die musizierten. Die Mutter Blockflötenlehrerin. Susi also! Aber Frau Schmidt abwehrend: „Susi doch nicht! Die ist viel zu zartbesaitet, zu empfindlich. Ich sehe doch, wie das mit meinen Älteren läuft im Unterricht, und die können eher was ab. Nein, wir spielen erst einmal Flöte!" Susi kam trotzdem, „probeweise". (Sie blieb dann gute acht Jahre.)

Somit stand die Mädchengruppe. Ich machte mich auf den Weg zu den Früherziehungsräumen, die Jungen zu sichten.

Es kam anders: Gleich auf dem Flur lief ich einer verzweifelten Mutter in die Arme, die ihre in Tränen aufgelöste Tochter tröstete. July hatte, aus welchem Grund auch immer, keinen Klavierlehrer abgekriegt. Für diesmal gebe es keine Möglichkeit mehr, hatte sie eben erfahren.

„Weißt du was", tröstete nun auch ich, „du kommst zu mir, bis wir einen Lehrer für dich gefunden haben!" (Noch glaubte ich fest an die parallele Jungengruppe.) July also: Dunkelhaarig, mit dunklen, zunächst jammervoll verweinten Augen. Diese Augen würden später verschmitzt und schalkhaft zu blitzen wissen.

Und nun Inka, das heißt, zunächst ihre empörte Mutter: „Also was sagen Sie dazu! Wir haben unsere Tochter bei einem Geigenlehrer angemeldet und wissen Sie, was der von uns verlangt? Wir, wir Eltern, sollen zuerst einmal lernen, wie man die Geige stimmt…"

„Tja, was soll ich dazu sagen? Bei so kleinen Kindern…" – „Ach was, sie soll jetzt Klavier lernen, da wird man wohl vorher nicht erst einen Klavierstimmkurs…"

So kam ich zu Inka, beziehungsweise so kam Inka zu mir. Charakteristika wie Susi: Langes, hellblondes Haar, große blaue Augen. Auch ihr sagte ich mein „Vorerst einmal…". Und während mir der Gedanke an die imaginäre Jungengruppe noch im Kopf herumging, ließ ich den Unterricht mit den zwei Mädchengruppen anlaufen. Doch schon nach wenigen Wochen sandte ich manch dankbaren Blick zum Himmel hinauf: Diese zwei Zufallsmädchen entpuppten sich zusehends zu einem wirklichen Geschenk. Daß mein ungewöhnliches Experiment über sieben Jahre hinweg zu einer nie erahnten Höhe gelangen konnte, verdanke ich nicht zuletzt ihnen.

3

Der im Laufe der zweiten Generation eingeführte Arbeits- oder, wie wir ihn nannten, Studiertisch wurde nun zu einem Möbel von stetig zunehmender Wichtigkeit. Die vergleichsweise ausgedehnten Überlapp-Phasen der beiden Gruppen dienten, zwar nicht ausschließlich, aber regelmäßig und schwerpunktmäßig, der Beschäftigung mit Notation. Zu viert saßen die Schülerinnen am Studiertisch, der schon bald zum „Komponiertisch" avancierte, beschäftigt mit Notenblatt, Bleistift und Radiergummi.

Die Unterrichtsform: Ein sich überlappender Zweiergruppen-Unterricht. Auf dem Papier war jedes Kind zwar mit den ortsüblichen 60 Minuten im Gruppenunterricht gebucht, real sah das aber anders aus. Abgesehen von den ersten Monaten, der Eingewöhnungszeit, waren sie, bedingt durch die Überlappung, 75 Minuten im Unterricht. So sah das aus:

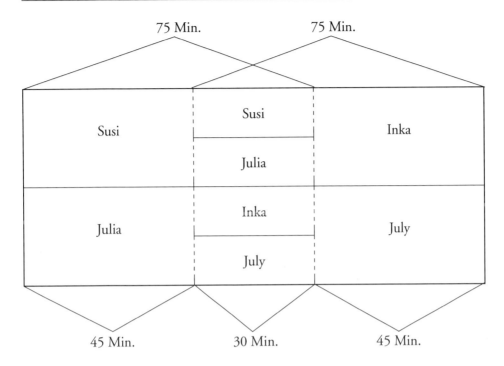

Das Vorgespräch mit den Eltern, diesmal besonders intensiv und ausführlich. Ich habe, liebe Eltern, vor: Klavierunterricht, ganz normal, jedoch als zusätzliche Unterrichtsphase „Komposition", was immer man auf dieser Stufe darunter verstehen mag. Die Eltern, sehr aufgeschlossen, waren kaum weniger neugierig als ich selbst, was daraus würde. Für die vier Schülerinnen war es von Anfang an selbstverständlich, daß im Unterrichtsraum nicht nur der unverzichtbare Flügel stand, sondern auch der „Komponiertisch", an dem man in jeder Stunde Platz zu nehmen pflegte für Notationsspiele mancherlei Art. Stets lagen auf ihm sorgfältig vorbereitete Notenblätter bereit, gespitzte Bleistifte und saubere Radiergummis.

4

Die ersten zwei, drei Jahre. Eine Grundlage ist zu schaffen, im Notieren, im Umgang mit dem Tonmaterial, in der Bereitschaft des Inneren Hörens (wollte man werten, stünde die Reihenfolge umgekehrt). Am Komponiertisch: So schreibt man gute Notenköpfe; hier kommt der Notenhals nach oben, dort nach unten. Abstand wahren zwischen den einzelnen Noten, die Halbe braucht längeren Abstand hinter sich als die Viertel. Nachbarnoten, singt sie: Tonschritt nach oben, nach unten, Tonwiederholung. Später: Melodie besteht aus Tonschritten (auf- und abwärts), Sprüngen (auf- und abwärts) und Tonwiederholungen („auf- und abwärts", sage ich, – heller Protest der Kinder, das geht doch nicht!). Darauf bezogen die Aufgaben: Ein Reiterliedchen, natürlich mit Sprüngen; ein Regentropfenlied, mit Tonwiederholungen; ein Lied vom

71

Meer, Nachbartöne als Wellen müssen hinein. Das leuchtet auch Sechsjährigen ein. Und selbstverständlich: Zu jedem Lied gehört ein selbstgemaltes Bild.

Währenddessen: Liedimprovisation, wie unter Punkt 1 geschildert: Hier der Text, dort drei (vier, fünf) Tasten. Auch hier wie erwartet: Das Lied festigt sich im Wochenverlauf. Doch schon bald: Hier der Text, hier drei Noten. Zu jeder Textsilbe gehört eine Note, die genau über der Silbe stehen soll. Die ersten Lieder noch ohne Taktstriche, später Viervierteltakte, noch später Dreivierteltakte. Zu lernen: Jede Note hat ihren festen Platz, die ganze Note füllt den ganzen, die halbe Note den halben Takt und so weiter. Der Tonumfang umfaßt bald vier, dann fünf Noten und ist stets vorgegeben. Aber einzuüben ist das fundamental Wichtigste: Das Innere Hören.

„Spielt oder singt euch die vorgegebenen Töne langsam vor. Versucht, beim Komponieren die Töne im Ohr zu haben. Singt euch die Melodie, soweit ihr sie geschrieben habt, immer wieder in Gedanken vor und versucht, den Ton, den ihr gerade schreiben wollt, mit dem Inneren Ohr vorauszuhören. Das ist nicht schwer."

Und immer wieder: „Inneres Hören ist lautloses Singen."

Bei allem, das sei nochmals betont, haben die Schülerinnen wie alle anderen Früh-Instrumentalschüler einen ganz normalen Klavierunterricht, so wie er im „Zweiten Teil" ausführlich dargestellt wird, mit Lied- und Literaturspiel, Anschlagstechnik, bald einbezogener Klavierschule, Improvisation und Begleitaufgaben.

5

Begleitung, – ach: Hallo Susi, du heute Siebzehnjährige! Da muß ich dich als Sechsjährige noch einmal in Erinnerung rufen. Ich habe hier einen Merkzettel von damals. Laß sehen, was er erzählt!

Ich hatte, um meinen Früh-Instrumentalschülern ein frühes Ensemblespiel zu ermöglichen, vor ein paar Jahren zwei Hefte herausgebracht: *Concertare, Erstes Zusammenspiel für...* Eines davon für vier Sopran-Blockflöten und Klavier; die Begleitung der ersten Stücke so leicht, daß ein sechsjähriger Schüler sie nach einem halben Jahr Unterricht spielen kann. Susi also hat dieses Heft bekommen und soll nun ihren Klavierpart beginnen: „Komm, Susi, wir üben das ein, das ist ganz leicht, und dann kannst du die vier Flöten begleiten."

„Au fein", sagt Susi, „dann kann meine Mutti ja gleich Flöte spielen!"

„Susi, deine Mutti kann wohl eine Flöte spielen, aber doch nicht vier", was Susi auch lachend einsah.

Zehn Minuten brauchte Susi, dann „hatte" sie das Stück. „So", sagte ich, „und nun paß auf! Jetzt spielen wir das zusammen: Ich spiele die vier Flöten auf dem Klavier, und du begleitest mich, ja?"

Susi blieb, mir zugewandt, mit sperrangelweit geöffnetem Mund am Klavier sitzen. Ja, also was ist das nun –

„Susi", sagte ich etwas verunsichert und unschlüssig, wie dies verständlich zu formulieren sei, „also weißt du, ich kann natürlich auch keine vier Flöten zugleich spielen, haha, nicht wahr, aber auf dem Klavier kann ich vier Flöten spielen!"

Große, blaue, auf mich gerichtete Augen in fassungslosem Staunen. Meine Verunsicherung wuchs; ich sagte: „Also, sieh einmal: Auf dem Klavier geht das! Ich habe hier viele Finger und das Klavier hat viele Tasten, da kriegt man das hin. Komm, laß uns anfangen, du wirst es schon sehen!"

Susi, vor Verwunderung immer noch reglos: „Ja, können Sie denn das?" „Natürlich, Susi, du wirst es schon sehen. Komm, leg jetzt die Hände auf die Tasten und laß uns anfangen." Unverändert ihr ungläubiger Blick. Schweigen. Ich, ratlos und nun schon etwas ungeduldig: „Bitte, Susi, worauf wartest du denn noch?"

Und da sagt dieses Goldkind zu mir: „Ja, müssen Sie denn jetzt nicht erst aufs Klavier steigen?"

Ein Lehrbeispiel für das Problem des Sich-verständlich-Machens. Wie versteht ein Kind das, was der Erwachsene sagt? „Auf dem Klavier kann ich vier Flöten spielen." Bitte sehr: Susi dachte logisch!

6

Im März '79 stellte ich meinen Versuch zum ersten Mal vor. Musikschulkongreß in Baden-Baden. Susi und Julia mit dabei. Es hätten auch die anderen beiden sein können, sie bewegten sich alle auf gleicher Ebene. Nun, Susi und Julia. Vor großer Öffentlichkeit – zum vollbesetzten Auditorium auch Rundfunk und Fernsehen – spielten und sangen sie ihre damals schon recht melodie- und klangfreudigen Lieder. Nicht nur das: Sie

begleiteten in Arbeitsgemeinschaften Streicherschüler der Musikschule Würzburg, spielten schließlich, vom Publikum und grellen Strahlern des Fernsehens unbeeindruckt, im Abschlußkonzert mit. Nach $1\frac{1}{2}$ Jahren Unterricht waren sie mittlerweile auch klaviertechnisch so geschult, daß sie sich vor anderen Abschlußteilnehmern nicht zu verstecken brauchten.

Welche Reaktionen hatte ich erwartet? Gab es etwa nur Zustimmung – ?

Weit gefehlt! Mißtrauen, Ablehnung, Anschuldigungen auch. In der Diskussion wieder und wieder das Argument: „Was könnten diese Kinder *leisten*, wenn sie *nicht* komponierten!" Oder, Einwurf einer Musikschulleiterin: „Wenn das *meine* Schüler wären, was hätte *ich* aus denen gemacht!" Oder, aus Hochschulrichtung: „...Sie versündigen sich an diesen Kindern!"

Nun, ich muß gerecht sein, es gab auch die andere Richtung. Nur: Die stets lautstark sich Artikulierenden sind eben, waren es auch hier, die Unduldsamen. Die Zustimmung kam später, schriftlich: „Darf ich Ihnen sagen, wie beeindruckt ich war..." (Klavierlehrer aus der Schweiz). „Ihre Demonstration hat mich außerordentlich beeindruckt" (Musikschulleiter aus dem Aachener Raum). „Meinem Mann und mir haben die beiden fröhlichen kleinen Mädchen am besten gefallen. Schade, daß unsere eigene Tochter damals, als sie mit dem Klavierspiel anfing, nicht auch..." (Musikschulleiterin Freiburg).

– Erlebnisse von einem, der mal etwas anderes zu machen wagt als das Übliche.

7

Zwei Monate später. Die Kinder schwärmen natürlich noch: Baden-Baden war für sie voller Erlebnisse. Inzwischen geht die Woche ihren gewohnten Gang. Innerhalb der Gruppen tausche ich öfter einmal die Kinder aus. Susi und Inka sind heute zusammen. Der Kalender zeigt den 5. Mai. Susi, meine unerschöpfliche Bonmot-Lieferantin, gibt bekannt:

„Gestern Nacht war ich ein Siebenachtelkind."

„Wie denn das –"

„Am Abend war ich noch sieben, am Morgen war ich acht, haha!" Susi hatte gestern Geburtstag. Das weiß ich natürlich. Ich habe die Geburtstage meiner Schüler alle im Kalender, notwendigerweise. Da ich Einfluß auf den Gabentisch nehme – Erziehung der Eltern: „Ein Gabentisch ohne Noten ist kein Gabentisch!" – haben diese Daten eine gewisse Wichtigkeit.

Vorausgegangen war eine Studienaufgabe im $\frac{7}{8}$-Takt. Bruchrechnung ist für diese Kinder noch kein Thema, zum Glück: Wie sollte man ihnen auch klarmachen, daß $\frac{7}{8}$ ein Ganzes ergeben. Aber daß ein Takt sieben Achtelnoten enthalten kann, das ist verständlich. Nun, hier die Fortsetzung mit überraschender Wendung:

„Also acht; ihr seid schon ganz hübsch alt, nicht wahr?" sage ich amüsiert. Inka hat drei Tage vor Susi Geburtstag, ein sonniges (auch im Gemüt sonniges) 1.-Mai-Kätzchen. Meine Frage bringt Inka zum Nachdenken:

„Wie alt sind S i e eigentlich?"

Julia und Susi, Inka (oben rechts),
July (unten) „im Siebenachtelalter"
(Susi-Bonmot)

Ich stutze. Das wollte ich damit eigentlich nicht provoziert haben, aber bitte:
„Neunundfünfzig", sage ich.

Schweigen. 59 ist eine Zahl, mit der Kinder, die eben ins neunte Lebensjahr treten und sich „so alt sind wir schon" fühlen, nichts anfangen können.

Dann, zaghaft: „Ist das eigentlich – schon sehr – alt – ?" (Inka). Susi, sofort abwiegelnd: „Ooch, soo alt auch wieder nicht!"

Ich: „Also ich finde, das ist ein ganz gutes Alter für mich!"

Das fanden die Kinder, zufrieden mit dieser Lösung, dann auch, und der Unterricht konnte weitergehen.

Baden-Baden war der Beginn einer ganzen Reihe aufeinanderfolgender Ereignisse. Zu manchem Vortrag, manchem Seminar begleiteten mich die Schülerinnen. Einmal wurden sie sogar vom ZDF nach München eingeladen, mit ganzem Elterntroß. Alle vier durften dort, welch Riesenerlebnis, beim Essen neben Hans Rosenthal sitzen. Hans Rosenthal war damals einer der beliebtesten Showmaster.

Zu Hause, in Hamburg, wurden kleinere Brötchen gebacken: Woche für Woche, wie gewohnt, sah der „Komponiertisch" die vier Mädchen beisammen. Zweistimmigkeit, Klangversuche, Zigeunertonarten, ja, Kanonversuche füllten die Überlapp-Phasen zwischen den Klavierspiel-Stunden. Das am Tisch Begonnene kam meist wirklich zum guten Abschluß, und manches Beispiel ist geeignet, Achtung abzunötigen! Kostproben sind zu finden in *Kinder komponieren für Kinder*, 1. Heft.

Drei Jahre waren herum, da verließ uns Julia. Nach dem Umzug der Jugendmusikschule war ihr Weg von einem Hamburger Außenbezirk unverhältnismäßig weit geworden. Julia kam in gute Hände und war bald darauf in Jugend-Musiziert-Wettbewerben erfolgreich. Mit dem Abschied Julias wollen wir für jetzt auch die anderen drei eine Zeit lang allein lassen. Aber wir werden ihnen wieder begegnen und sie weitere Jahre auf ihrem Weg begleiten.

SONJA und ANNETTE (7)
Dritte und letzte Hochschulgruppe

Mitten im Semester tauschte ich die Hochschulgruppen aus. Bisher hatten die zur Zeit im Kurs befindlichen Studenten die gelungene Reaktivierung der beiden Elfjährigen miterlebt. Nun wollte ich auch etwas Früh-Instrumentales bieten. Im Januar '78 begannen Sonja und Annette ihren Unterricht.

Vorher war mir einiges schief gegangen: Zur November-Dezemberwende hatte ich aus beendeten Früherziehungskursen einige Schülerpaare geholt, mit denen ich eine wirklich „erste Stunde" zu demonstrieren gedachte. Mein Mißerfolg war eklatant. Die Kinder, befremdet, verschüchtert, waren zum Mitmachen nicht zu bewegen.

Andererseits: Nichts hätte die Richtigkeit meiner Thesen instruktiver bestätigen können als dieser Mißerfolg. Empfahl ich doch stets, im voraus unbedingt ein stabiles Vertrauensverhältnis entstehen zu lassen, zum Lehrenden, zum Unterrichtsraum, überdies hier auch zu der unüblichen Lernsituation vor Studenten.

Ich hatte hierfür nicht die Zeit: März ist Semesterende. So holte ich mir kurzerhand die zwei Siebenjährigen, die schon Unterrichtserfahrung mitbrachten, einer gewissen Belastung wohl gewachsen waren. Annette: Eine Flötenlehrerin half ihr mit Klavierstunden über die Wartezeit hinweg, bis an der Jugendmusikschule ein Platz frei würde. Sonja: Von den drei Schwestern Roth war sie die jüngste. Alle drei, samt Mutter, versierte Blockflötenspielerinnen. Mit Sonja und Annette klappte es von Anfang an. Allerdings gönnte ich ihnen manche Atempause und holte sie von Zeit zu Zeit in meinen heimisch-warmen Klavierraum in der Jugendmusikschule, brachte dafür wechselweise die beiden Komponiertestgruppen an die Hochschule.

Das, was Kinder im jungen Alter vor Studenten am meisten verschüchtert, ist Lachen, das von ihnen als Ausgelachtwerden empfunden wird. Ich muß meinen Studenten zugestehen, sie haben sich Gelächter meist rücksichtsvoll verkniffen. Nicht immer gelang es –

Eine der ersten Stunden; die Kinder sitzen am „Studiertisch", mit Noten vor sich. Noten kennen sie ja beide schon. Ich spiele etwas, ein Fehler ist drin: „Findet ihr ihn?"

Sonja ist unsicher. „Hier vielleicht."

„Annette, und du – ?"

Annette strahlt mich an, lacht über das ganze Gesicht.

„Findest du das so lustig?"

Vergnügliches Kopfnicken.

„Na dann sieh mal zu, daß du herauskriegst, wo ich mich verspiele!" Ich spiele noch einmal, denselben falschen Ton. Sonja glaubt, ihn jetzt zu haben. „Ich möchte es aber erst wissen, wenn ihr ihn beide habt. Hast du ihn, Annette?"

Unverändertes Strahlen. Es scheint ein Riesenspaß zu sein.

Zum dritten Mal der Versuch. Ich spiele, sehe dabei die Kinder an. Annette sitzt da, kichert zu mir herüber –. „Aber Annette, warum guckst du nicht in die Noten – ??"

Da prustet sie los: „Aber ein Professor kann sich doch nicht verspielen!" So also! Mit dieser Überzeugung als Rückhalt erübrigt es sich wirklich, Noten nachzulesen.

Monate später. Wir üben das Üben. Sonja ist dran. Es geht um das bewußte „Sich-selbst-Zuhören". „Beim Üben zu Hause sitzt ja niemand dabei und sagt euch, was gut und was nicht gut war und noch verbessert werden muß. Seht ihr das ein?"

Sonja: „Jaja."

Also, Sonja spielt den ersten Teil eines Menuetts.

„So, Sonja, was sagst du selbst dazu; hast du dir gut zugehört?"

Sonja: „Nein, warum?"

Ich, verdutzt: „Aber wir haben doch eben besprochen, daß du dir beim Spielen gut zuhören sollst…"

Sonja: „Das brauch' ich doch jetzt nicht. Jetzt hört doch Annette zu!"

Alles in allem: Es ist mühsam, Schülern, die die volle Zuwendung des Lehrers brauchen, und mitnotierenden und nicht immer einverstandenen Studenten gleichermaßen gerecht zu werden. Auch wenn letztere ihre Fragen und zurückgehaltenen Einwürfe anschließend loswerden können: Die Unterrichtsstunde über zur Passivität genötigt zu sein, ist nicht jedermanns Sache.

So kamen, nach den zwei Sonja-Annette-Jahren, Schüler nur noch sporadisch in den Hochschulkurs und stets außerhalb ihrer Unterrichtszeit. Den Studenten stand frei, jederzeit zu hospitieren; sie hatten auch alle die eine oder andere Unterrichtsphase als Lehrprobe zu absolvieren. Dies aber spielte sich alles in meinem Unterrichtsraum ab, der den Schülern vertraut war.

Annette habe ich aus den Augen verloren. Sonja aber machte in manchen Jugend-Musiziert-Konzerten von sich reden –

FRITJOF (6) und BERNHARD (5)
CHRISTINA (6) und FELIX (5)
oder: Über die Fruchtlosigkeit der Gruppenbildung
aus nichtpädagogischen Gründen

Die Bilder gleichen sich: jede Gruppe mit einem fünfjährigen Kind ohne, und einem sechsjährigen Kind mit Früherziehungsvorstufe. Mein Pech, daß diese beiden Gruppen genau ein Jahr auseinander lagen; Christina hätte wirklich gut zu Fritjof gepaßt. Leider war's nicht so.

Was veranlaßte mich eigentlich, bei Fritjof und Bernhard nicht sofort zu sagen: „Laß die Finger davon; das hat wenig Sinn – ?" Sicher, der Grund war wieder einmal: Nachbarskinder, die gemeinsam gebracht werden konnten. Zum Jahresende '79 allerdings meinte ich dann doch, des Guten genug getan zu haben, und gab sie ab. Es war eine Pro-forma-Gruppe. Bernhard verbrachte seine Nichtspielphasen meist auf Mutters Schoß.

Eine kleine Episode blieb mir haften! Erste Begegnung mit der schwarzen Tastatur:
„Na, Bernhard, zeig uns mal die schwarzen Tasten!"
Bernhard suchte gewissenhaft die Tastatur nach schwarzen Tasten ab. Er fand keine.
Ich schüttelte lachend und verständnislos den Kopf: „Aber Bernhard, siehst du wirklich keine schwarzen Tasten?"
Man spürte förmlich, wie gern er gesagt hätte, daß dieses Klavier frei von schwarzen Tasten ist. Aber die ungeduldigen Rufe seines Freundes, „soll ich –, soll ich –, soll ich sie zeigen?" ließen ihn ahnen, daß wohl welche vorhanden sein dürften. Er ging erneut auf Suche, prüfte jede Taste penibelst. Vergebens.
„Komm", bremste ich den schier berstenden Fritjof, „gib ihm Zeit, er wird sie noch finden!" Es war einfach nicht vorstellbar, daß Bernhard die ganze schwarze Tastatur tatsächlich nicht sah. Zum dritten Mal ließ er die Tastatur Revue passieren und entschied sich schließlich, eine der vielen weißen Tasten (eine wohl nicht ganz so makellos weiße) für schwarz zu erklären.

Aha, „schwarz"; wenn ich's jetzt nicht endlich begriffen hätte, wenig später hätte ich's aus dem Mund seiner Mutter erfahren. Als ich einmal seine zu langen Fingernägel monierte, stellte sie bei dieser Gelegenheit gleich mit fest: „Und schwarze Finger hat er auch!"

Im Jahr darauf ließ ich mich zum anderen Male darauf ein, zwei Kinder dieser Konstellation als Gruppe aufzunehmen. Das heißt, von den Vorgaben her sah es doch etwas anders aus: Christina war zwar Früherziehungskind und ein Jahr älter, aber Felix kam aus einer angesehenen Musikerfamilie; beide Eltern, Streicher, im öffentlichen Konzertleben wirkend, der ältere Bruder schon in deren Fußstapfen. Bei Felix' hieraus zu schließender Begabung meinte ich wohl, daß sich das ausgleichen müßte. Und das wäre auch der Fall gewesen, wenn...

Die ersten beiden Wochen: Christina mit Verve und Interesse dabei. Felix – nichts. Nicht bereit, „ja" oder „nein" oder „ich mag nicht" zu sagen, schüttelte er bei jedem neuerlichen Ansinnen den Kopf. Irritierend wirkte dabei sein gleichzeitiges überaus freundliches Lächeln, das er die volle Stunde über beibehielt und das uns andere zum ständigen Mitlächeln reizte. Zur dritten Woche nahm ich Felix allein, vielleicht, daß er durch seine Partnerin gehemmt war. Aber auch jetzt: Er schwieg, lächelte und war zu keinem Mitmachen bereit.

Auch in der Woche darauf lief es nicht anders. Wir, die Mutter und ich, waren gerade einig geworden, die Sache kurzerhand aufzugeben, als vom Klavier her, leise, zaghaft, aber absolut fehlerfrei, die ersten vier Takte von Mozarts A-Dur-Sonate erklangen. Ich stürzte geradezu ans Klavier: „Felix, ist es das, was du spielen möchtest?" Lächeln, wie gehabt, aber eifriges Kopfnicken dazu. „Gut, das kannst du haben. Fangen wir also damit an!"

Es stellte sich heraus, daß Felix sich das Thema dieser Variationssonate nach Gehör, oder genauer: aus dem Gedächtnis beigebracht hatte. Er übte es verstohlen, heimlich für sich und stets nur, wenn er sich allein im Hause wußte. So kam es, daß wir uns als erstes mit Thema und einer Variation der Sonate beschäftigten. Danach war er, zu meinem Glück, bereit, seine Ansprüche etwas tiefer anzusiedeln es muß ja nicht immer Mozart sein. Jetzt nun konnte ich die beiden zusammenbringen, was eine Strecke lang dann auch ganz gut ging.

Aber eben doch nur eine Strecke lang. Felix spielte und übte grundsätzlich „nach Gehör", während Christina von Anfang an das Spiel nach Noten bevorzugte. So war es hier weniger der Altersunterschied, der mich letztlich veranlaßte, zum Einzelunterricht zu wechseln, als die zu sehr dominierende Gegensätzlichkeit ihrer Veranlagung und Interessenlage. Für Felix waren die drei Klavierjahre ohnehin ein Übergang. Er entschloß sich später, es Eltern und Bruder gleichzutun und sich der Geige zuzuwenden.

Felix Bachmann (8) spielt zwei Stücke des gleichaltrigen Jazzkomponisten Hanno Kabel.
Hamburger Abendblatt vom 19. April 1982; Foto: Andreas Laible

ISABEL (6)
sowie: Wer oder was ist für wen oder was da:
der Schüler für die Klavierschule oder die Klavierschule für den Schüler?

Am Telefon eine Frauenstimme. „Wir sind neu hier zugezogen und haben eine begabte
Tochter. Sie ist bisher im Klavierspiel nicht genügend gefördert worden…"
    „Was spielt Ihre Tochter denn?"
    „Ich glaube – Chopin."
    „Sie glauben? Wissen Sie es nicht?"
    „Doch, doch; Chopin!"
    „Wie alt ist Ihre Tochter denn?"

„Sechs Jahre."

Ich muß schlucken. „Sind Sie wirklich sicher, daß sie Chopin spielt?"

„Ich kann ja mal nachsehen –"

Pause. Ich warte.

„Doch, eine Polonaise von Chopin!"

Ich schlucke wieder. „Und Sie meinen wirklich, daß Ihre Tochter nicht genügend gefördert wurde! – ?"

Die Stimme wird unsicher: „Wir sind der Meinung, ja!"

„Bringen Sie Ihr Wunderkind her. Das muß ich mir anhören!"

Tags darauf lerne ich die stolze Mutter und ihre chopinspielende Tochter kennen. „Na, Isabel", sage ich, „zeig mal her, was du spielst". Aus ihrer Notentasche erscheint – die Klavierschule von…

Ach, ich hätte es mir denken können! „Damit fangen die Schüler bei ihm (bei

wem auch immer) alle an", sagt die Mutter. Und da liegt sie vor mir, die Polonaisenmelodie von Chopin, für den Anfängerunterricht zum Simpelstück zurechtgestutzt.

Ich mußte bald der Mutter in zwei Dingen recht geben: Isabel war wirklich begabt und war wirklich nicht genügend gefördert worden. Für sie war diese leidige Schule eine kaum zu verantwortende Unterforderung. Es hilft nichts; muß es wirklich gesagt werden? Verhält es sich mit Schulwerken nicht ebenso wie mit Methoden? Wie eine Methode ist ein Lehrwerk nur einer ganz bestimmten Schülerspezies „bekömmlich". Schließlich ist es doch der Schüler, der den Ausschlag gibt, welches Lehrwerk zum Gebrauch heranzuziehen ist: Braucht er Lieder – ? Improvisationsanregung – ? Vierhändiges – ? Ist ihm das Prinzip des schnellen, kurzen Weges zuzumuten? Braucht er Begleitliteratur? Wird es seinem Alter, seiner Intelligenz, seiner Mentalität gerecht? Und so weiter –.

Aber was sage ich da! Im Grunde ist das doch selbstverständlich – oder nicht?

Isabel war und blieb eine Blattspielerin, die sich alles per Noten aneignete und nichts anderes wollte. Ohne links und rechts zu schauen, machte sie ihre Fortschritte. Sie liebte das Klavierspielen um des Klavierspielens willen. Bei vielen meiner Seminare konnte ich sie als verläßliche und sichere „Vorzeigeschülerin" heranziehen und sie den Kollegen vom Streicher- oder Bläserbereich als zuverlässige Begleiterin für Schülerveranstaltungen empfehlen.

Mit neun kam sie dann wirklich zum Chopinspiel, nur mußte es nicht gleich eine der Polonaisen sein. Die ersten Préludes, vorweg die handlichen in e- und h-Moll, machten sie glücklich.

Zur dritten Schülergeneration: Überblick und Ausblick

1

Gruppenarbeit, wie gelingt sie. Das ist immer ein Prüfstein im Früh-Instrumentalbereich. Daß es bei Fritjof (6) und Bernhard (5), dann in gleicher Konstellation mit Christina (6) und Felix (5) nicht lief, liegt auf der Hand: Die Sechsjährigen mit einem zusätzlichen Vorgabeplus der Früherziehung, gegenüber den fünfjährigen unvorbereiteten Partnern, das konnte nicht gut gehen. Auch die Verklammerung im gemeinsamen Improvisieren war nicht erfolgreich: Christina war dem Improvisieren überhaupt abgeneigt, da stand Felix allein. Und Felix wiederum war dem blinden Zufallsspiel nicht gewogen; er versuchte Nachahmung klassischer Schablonen. Fritjof und Bernhard waren für das gemeinsame Improvisieren wohl zu haben, mit Lust aber nur dann, wenn sie, jeder für sich, mit ihrem Lehrer zusammen spielen durften. Bei diesen beiden kam das Händeproblem noch hinzu: Fritjof mit anstelliger „Klavierhand", und Bernhard – na ja. Bei Bernhard war allein für dieses Problem viel Mühe und Einzelzuwendung aufzubringen.

Ansonsten war die Gruppenarbeit in dieser dritten Generation ungetrübt. Das gilt ohne Abstriche auch für die nicht unkomplizierte Martin-Cornelia-Gruppe. Diese Art von Gemeinsamkeit wurde den Schülern so selbstverständlich, daß, war einmal eine Stunde einzeln zu verbringen, eine Spur Ungewohntheit, ja, ein Anflug von Fremdheit im Raume stand und ein erlösendes Aufatmen erfolgte, wenn die Besetzung wieder komplett war. Das Festhalten an gewohnter, liebgewordener Partnerschaft ging so weit, daß, als ich nach 4 (vier!) Jahren meinen übriggebliebenen drei Grazien der Kompositionstestgruppe von Trennung und „Es ist nun wohl an der Zeit" sprach, ein sechsäugiger gleichzeitiger Tränenausbruch erfolgte und mich zu sofortigem beschwichtigendem Widerruf nötigte. Statt dessen verlängerte ich die Unterrichtszeit. Eine Zeitspanne hätte ich für die Umstellung auf Einzelunterricht ja ohnehin zugeben müssen.

Im Einzelunterricht hatte ich lediglich Isabel. Aber Isabel war sowieso eine jener Einzelschülertypen, die es eben auch unter Sechsjährigen gibt und denen die Gruppe nicht das ihnen Gemäße zu bieten imstande ist. Übrigens spielte Isabel, als sie zu mir kam, ja bereits Klavier, und das erste, was zu tun unumgänglich war – und hierbei kam ihr Einzelspielerstatus auch mir zupaß –, das war eine intensive Nachholarbeit, die ihrer Handhaltung galt. Aber Isabel lernte schnell – sie lernte leicht und schnell in allen Bereichen – und binnen kurzem konnten sich ihre Hände als beispielhaft sehen lassen.

2

Hände, apropos: Gedrungene, weichliche, kraftvolle, schlaffe, nervöse, sehnige, beseelte, ausdrucksvolle, spillerige, verzärtelte, langfingrige, stummelfingrige Hände mit konkav sich beulendem, mit konvex sich buckelndem Rücken. Breite Hände, schmale Hände, dehnbare, spannbare, spreiz- oder wenig spreizbare, quasi schwimmflossengehemmte Hände. So; das ist bei Sechsjährigen nicht anders als bei Älteren. Hier wie dort die unterschiedlichsten Handtypen, Handformen, Handcharaktere. Dort wie hier ist im Klavierlehrer, ist im Instrumentallehrer auch der Physiologe aufgerufen.

Mühsamer, auf jeden Fall diffiziler doch bei den Sechsjährigen. Die Hand „klaviergerecht" zum Spielen zu bringen, die Finger „schulmäßig" touchieren zu lassen, das kostet Einfühlung, Geduld. Dabei bringen manche Kinder Lockerheit und das, was man gute manuelle Eignung nennt, im Ansatz schon zur ersten Klavierstunde mit. Aber dann liegt das Problem andersherum: Verfestigt, verknotet, versteift sich da nichts im Laufe des Übens? Aber sonst, bis der Finger steht, rollt, reagiert, wie er soll, das dauert. Und manchmal gelingt es nie.

July: Finger, die nach hinten umklappbar sind; der zweite, dritte Finger könnte sich seinen eigenen Handrücken nach Belieben mit dem eigenen Nagel kratzen, wenn's dort jucken sollte. Nicht mitanzusehen! Noch beim Gedanken daran bekomme ich eine Gänsehaut. „Nicht mein Problem", dachte ich mir, „damit kann sich Kollege X, kann sich Kollegin Y herumamüsieren; July bin ich ja bald wieder los." Dann behielt ich sie, und dann wurde es eben doch mein Problem! Ich kann mich nicht entsinnen, so etwas von Händen vorher einmal gehabt zu haben. Nachher schon: Bei ihrer Schwester.

Wie ich das machte, sie „hinzukriegen"? Nun, ich gab mir zwar alle Mühe, probierte dieses und jenes, aber zwei, drei Jahre hindurch tat man besser daran, zuzuhören als zuzusehen. Da war man dann doch überrascht, wie das perlte; sie war und blieb eine ausgesprochene Geläufigkeitsspielerin („…mal wieder was Schnelles, bitte!"), hatte zudem guten, tragenden Ton in Cantabilesätzen.

Da stellt sich bei dieser Gelegenheit die Frage, wieweit ist es überhaupt gestattet, von „mit Wahrscheinlichkeit geeigneten oder ungeeigneten Händen" zu sprechen: Am Beispiel Julys, die trotz ihrer im Schulsinne zum Klavierspielen wenig prädestinierten Hand eine unbestreitbar gute Spielerin wurde, muß wohl das ganze „eingelernte" Schema vom Idealbild einer Interpretenhand nochmals zur Diskussion kommen. Vergleichbare Beispiele finden sich ringsum. Nicht zuletzt darf auf namhafte Virtuosen der Vergangenheit und Gegenwart verwiesen werden, die alles andere als eine schulmäßige Hand- und Fingerhaltung hatten und haben.

Apropos Julys Schwester –. Da kam im ersten Jahr Frau L. wöchentlich mit zur Stunde, an ihrer Linken die sechsjährige July, in ihrer Rechten eine Tragetasche, aus der heraus es alsbald zu gnacksen und gnöcksen begann. Das Baby Anna wurde entnommen, bekam sein Fläschchen und wurde wieder in seine Tragetasche zurückgelegt. So weit, so gut, kaum erwähnenswert.

Nun unterrichtete ich die beiden Testgruppen aber zeitweise im Wechsel mit Sonja und Annette im Hochschulseminar. Natürlich, das Baby verlangte auch dort sein Recht. Verständlich, daß mancher Teilnehmer in Zwiespalt geriet zwischen Pflicht und Abschweifung, wem wohl die ungeteilte Aufmerksamkeit zuzuwenden sei: Dem unterrichtenden Heilbut da vorn, oder dem nuckelnden Baby dort seitwärts. Dabei war so etwas in den achtziger Jahren nicht mehr so außergewöhnlich: War in einem der früheren Semester doch eine Studentin, die ihr Baby ohne Scheu inmitten aller Kommilitonen umstandslos stillte. In beiden Fällen: Babys, die nie, wirklich nie, störten.

Doch zurück zu Baby Anna: Nicht im entferntesten ließ ich mir träumen, daß da eine Aspirantin für meine vierte Schülergeneration in den Windeln lag.

3

Hände. Bleiben wir noch ein wenig dabei!

July, abschließend: Trotz der furchteinflößenden Biegsamkeit ihrer Hände mauserte sie sich zu einer vorzüglichen Spielerin; zahlreiche Tonband- und Kassettenbeispiele legen davon Zeugnis ab.

Susi, das andere Handproblemkind der Vierergemeinschaft. Weiche, zu weiche, knickfingrige Hände, mit Hohlkreuz gewissermaßen, da war viel Zuwendung nötig. Aber Susi war zu großer Einfühlung fähig. Das wirkte sich auf die Spielhand aus, aber auch auf ihr Klavierspiel selbst. Sie setzte in hohem Maße um, was ich an musikalischem Ausdruck aus meinen Schülern herauszulocken trachtete, und sie spielte, „... daß einem das Herz aufgeht", wie eine unvoreingenommene Zuhörerin einmal sagte.

Dagegen: Julia. Kleine, feste, ausgeprägte Hände. „Die Idealhand" (wenn es so etwas gibt) von Anfang an.

Inka. Volle, pummelige Patschhändchen zunächst, die sich dann strafften und kräftiger wurden. Keine Probleme mit ihnen, jedoch lange ein zu nachgiebiges Handgelenk.

Bei weiterer Umschau: Isabel. Nach anfänglichen geringen Schwierigkeiten korrekte Standfinger; „bewußte", tatkräftige Hände (siehe Seite 81).

Felix: Kernige, nervige Klavierhand – (siehe Seite 80).

Martin: Kraftvolle, energische Hand zum Zupacken (das war seinem Spiel anzuhören). Gestenreiches Organ zur Bekräftigung seiner unausbleiblichen Kommentare.

Cornelia: Langfingrig, jeder Finger irgendwie seitwärts tendierend (die Metapher „x-beinig" kommt mir in den Sinn), über lange Zeit hinweg mit unregulierbaren durchknickenden Fingerkuppengelenken. Und? Heute will sie Musik studieren. Das anfangs leidige Handproblem hat sie an einem guten Klavierspiel nie gehindert.

4

Neugierde. Wie reagiert meine Komponiergruppe? (Ich nenne sie vorerst so; man kann viel dagegen einwenden, natürlich. Aber – wie sonst?) Zunächst: Die Kinder kennen es nicht anders; zum Wort „täglich", gewohnt aus zwei Früherziehungsjahren, zählt Notenschreiben ebenso wie Klavierspielen = -üben. In der Beobachtungsphase, acht, neun Wochen, wächst meine Spannung. Aber sie machen mit, finden nichts dabei, ihr tägliches Bleistiftpensum von etwa zwei Takten zu absolvieren. Das bedarf keiner übermäßigen Denkleistung. Drei, vier Noten stehen zur Wahl, die über gut erkennbare

Textsilben in das Fünfliniensystem zu setzen sind. Ganz gleich, wie die solcherart entstandene Notenreihe aussieht: Das Ergebnis ist immer eine stimmige Melodiefolge. Pentatonik machts möglich. Zur nächsten Stunde ist ein so entstandenes Lied halb, fast, oder auch ganz fertig, wird gemeinsam gesungen, gespielt, besprochen: Erfolgs- erlebnis inbegriffen.

Ein Jahr, zwei Jahre lang sind alle vier mit Beständigkeit dabei. Dann ist July die erste, die aufgibt. Dieses Komponieren ist ja freiwillig; sie möchte nicht mehr. Die Denk- und Kombinationsarbeit ist schwieriger geworden: Kein Text mehr zum „Fest- halten", erweiterter Tonumfang, da klappt es nicht mehr so auf Anhieb wie früher. Trotzdem sitzt July bei den Überlapp-Phasen, die ja unsere Komponierphasen sind, nach wie vor dabei. Die anderen, achtjährig inzwischen, bringen für ihr Alter beacht- liche Dinge zustande.

Die Situation ein Jahr später. Die Kinder sind neun. July ist seit einem dreiviertel Jahr nur noch passive Teilnehmerin beim Komponieren, und Julia verläßt uns nun. Mit den beiden anderen würde es wohl auch langsam einschlafen. Nun, mir war daran gelegen, mir für meine Belange einen Grund zu legen, auf dem sich aufbauen ließe: Stets gibt es Kinder, die von sich aus komponieren wollen; da hatte ich einiges gelernt. Und außerdem: Wenn ich mir die Blätter besehe, die Ergebnisse werte, ist es doch recht überraschend, was bei diesem Test herausgekommen ist.

Indes: Die wirklich große Überraschung stand mir noch bevor.

5

Wie weiter – ? Die „dritte Schülergeneration" war im Auslaufen begriffen: Sonja, Annette, Fritjof, Bernhard, Martin und Cornelia gab ich Ende '79 beziehungsweise Mitte '80 ab; Isabel, Christina und Felix würden noch bis Anfang '82 bleiben. Und sonst? Da war Thilo im Unterricht, den ich, das stand für mich fest, behalten würde. Da hatte ich Johanna wieder aufgenommen, die inzwischen 13 Jahre zählte. Da lief meine Dreiergruppe Susi, July, Inka weiter: Selbst wenn es bald zu Ende ginge mit dem Komponieren, hat sich doch ein zu starkes Band gebildet: Die würde ich nicht so schnell wieder abgeben!

Mit Früh-Instrumentalunterricht hat das alles nicht mehr viel, oder sagen wir, nur noch indirekt zu tun. Im Prinzip habe ich gelernt, was ich glaubte, lernen zu können. Praktisch konnte der Modellversuch als abgeschlossen betrachtet werden. Von Anfang 1972 bis zum Abgang der letzten drei, Isabel, Christina, Felix, lag immerhin ein gutes Jahrzehnt Erfahrungssammlung.

Aber –, ich war nicht ganz zufriedengestellt. Etwas fehlte mir an der Sache! Da war dieser Komponiertest. Den hatte ich bisher mit Mädchen absolviert, und wiederum zwei Mädchen, Mascha und Christina, die ich noch 1980 annahm, stiegen gleich voll mit ein. Dieses Experiment aber wollte ich einmal mit Jungen durchlaufen, hielt also Ausschau. Und endlich wollte ich mir den Wunsch erfüllen, mit Schülern zu starten, deren Abschiednehmen nicht schon wieder nach zwei, drei Jahren im Programm stand, Schüler, die ich behalten wollte –

So füllten Mascha und Christina, Anna und Janina, Alexander, Anna, die July-Schwester aus der Tragetasche, die mittlerweile zu einer lebhaften Fünfjährigen herangewachsen war, Gregor und, als Nachzögling, Phil als vierte und letzte Generation die freigewordenen Plätze auf.

Die vierte Schülergeneration

| Herbst '80 | Mascha Foth | 5 | MFE |) + |
| | Christina Domnick | 5 | MFE | |

| Herbst '81 | Anna Pantlen | 5 | MFE |) + |
| | Janina Sturm | 5 | MFE | |

| April '82 | Alexander Gath | 6 | – | e |

| Herbst '82 | Anna Loebarth | 5 | MFE |) + |
| | Gregor Dierck | 5 | MFE | |

| Januar '84 | Phil Gollub | 6 | – | e |

Aus der dritten Früh-Instrumentalgeneration
wurden weiter unterrichtet:

Susanne Schmidt   ) +
Inka Friedrich   ) +   Pilotprojekt „Kinder komponieren"
July Loebarth   ) +

Thilo Jaques

Außerdem wieder im Unterricht:

Johanna Barthe

6   Alter bei Unterrichtsbeginn
MFE   Musikalische Früherziehung voraus
)   Schülergruppe 60, später 75 Minuten
) +   gut harmonierende Gruppe
) –   weniger gut harmonierende Gruppe
⨎   Überlapp-Prinzip, Mischform
e   Einzelunterricht 40, später 60 Minuten

CHRISTINA und MASCHA (5)
Pilotprojekt „Kinder komponieren", ein weiterer Versuch

„Mascha", sage ich mit weicher Stimme.

Mascha sitzt am Flügel, kratzt sich ausgiebig und gedankenverloren in den Haaren und träumt mit verhangenen Augen zum Fenster hinaus. Mascha hat zwei hervorstechende Eigenschaften. Entweder sie träumt, wie eben jetzt, oder sie redet. Redet, ein eloquentes Perpetuum mobile, streckenweise zur Verzweiflung ihrer sonst über die Maßen geduldigen Partnerin Christina.

„Mascha", sage ich, wiederum sanft. Ich habe für Träumerchen Verständnis, aber der Unterricht muß weitergehen, und Mascha ist dran mit Klavierspielen.

„Mascha", mit gedehnten Vokalen, etwas drängender. Mascha, sich des Kratzens plötzlich bewußt werdend, wird puterrot und sprudelt heraus: „Sie brauchen keine Angst zu haben, daß es zwischen die Tasten krümelt! Ich habe mir gestern den Kopf gewaschen –", und beginnt zu spielen.

„Na endlich!", reagiert ihre Partnerin aufatmend. Christina ist ein mütterlicher Typ. Oh, sagte ich das so ähnlich nicht schon einmal? Natürlich! Es war die Schülerinnengruppe mit Katharina, und auch dort hieß die mütterlich verständnisvolle Partnerin Christina. Beide namensmäßig und wesensmäßig gleich. Es gibt Kinder, die nie richtig Kinder sind und waren: Sie kommen als verständige, besonnene Vernunftswesen auf die Welt und gleiten so ins Erwachsenendasein hinüber.

Auf beide Christinas trifft das zu, und beide haben mir die Arbeit mit ihren extravaganten Partnerinnen spürbar erleichtert. Die Gruppen selbst aber waren

grundverschieden: Dort die schwierige, unberechenbare Katharina, hier die kapriziöse, von Augenblickseinfällen überschäumende Mascha. Wenn es mit ihr überhaupt Probleme gab, dann eher für die oft strapazierte Christina, kaum für mich. Zum Beispiel dann, wenn Mascha ein gerade erklingendes Lied abrupt beendet und vom Hocker rutscht mit den Worten: „Jetzt haben wir genug gespielt, jetzt wollen wir Bilder anschauen!"

Bilder anschauen. Die Steckwände ringsum sind voll von Bildern. Denn natürlich: Zu jedem Lied, zu jedem häuslichen Improvisationsvorhaben gehört ein selbstgemaltes Bild, das zu den vielen anderen, die schon aushängen, geheftet wird. Mascha ist mit Leichtigkeit imstande, jedes dieser -zig Bilder immer aufs neue ausführlichst zu kommentieren. Für Christina und mich besteht dann das Problem, ihren Redefluß irgendwie zu stoppen und unseren Aktionsradius wieder in die Nähe des Flügels zu verlegen, ehe die Stunde herum ist.

Mit gespannter Erwartung biete ich auch diesen beiden an, was mit den am Pilotprojekt „Kinder komponieren" beteiligten Mädchen inzwischen im vierten Jahr so unerwartet glatt vonstatten läuft. Und wirklich: Spontan nehmen sie das Gebotene an, zumal ihnen das animierende Beispiel ihrer Vorläuferinnen in den Ohren klingt. Und auch mit ihnen bin ich nach zwei Jahren bei Spiegelung, Klangnuancen und Kanonversuch angelangt. Ein besonders kurioser gelingt Mascha, und als ich anerkennend bestätige, daß ihr da etwas recht Interessantes gelungen sei, meint sie nachdenklich: „Dafür habe ich auch lange auf meinem Denkpferd gesessen!"

Übrigens habe ich nie ein auch nur entfernt vergleichbares Schülerpaar gehabt, das derart hingebungsvoll und mit Inbrunst zu singen liebte. Das ist schon ein Glücksfall! Und, so grundverschieden sie auch sind, es verbindet sie eine innige Freundschaft. Sie treffen sich zu Schach und anderem Spiel, oft auch zum gemeinsamen Üben.

Nach drei Jahren verläßt uns Mascha. Christina indes hat Feuer gefangen am Komponieren, steigert sich zeitweise in schöpferische Entrückung hinein. Zwei Stücke der inzwischen Elfjährigen sind auf der Kassette unseres Schülerkreises Komposition enthalten.

ALEXANDER (6)

Haare kurz, fast kahlgeschoren. Wache, unternehmungslustige, den Raum kritisch musternde Augen. Seine vibrierende Ungeduld von einem Fuß auf den anderen verlagernd: Alexander. Nach der unvermeidlichen Pflicht des Guten-Tag-Sagens ist er auf und davon, inspiziert ausgiebig die beiden Flügel, klappt fachmännisch am dastehenden Notenständer herum, klopft aus dem sich darbietenden Tenor-Xylophon eine Reihe dumpfer Töne heraus und schert sich den Deubel darum, was unterdessen zwischen Mutter und dem möglicherweise neuen Lehrer besprochen wird. All das begleitet von teils amüsierten, teils fassungslosen Blicken Johannas, deren Stundenverlauf durch das virulente Einfallen in geheiligte Unterrichtsusancen abrupt gestoppt wurde.

Das ist Mascha Poth (7). Sie spielt nicht nur Klavier, sie komponiert auch – wie fast alle Kinder, die in der Jugendmusikschule von Peter Heilbut unterrichtet werden. Vor 200 Teilnehmern aus ganz

Kinder, die für Kinder komponieren

Deutschland, die das Wochenendseminar „Stiefkind Kreativität" besuchten, demonstrierte der auch im Ausland tätige Hamburger Pädagoge seine Unterrichtsmethode. Kinder zwischen 6 und 15 Jahren spielten ihre eigenen (teilweise bereits gedruckten) Werke vor. Der Schweizer Verlag Hug & Co. bringt auf Anregung Heilbuts eine Serie „Kinder komponieren für Kinder" heraus.

Hamburger Abendblatt vom 19. April 1982
Foto: Andreas Laible

Zum ersten Eindruck ein Vergleich. Dieses „Ist-er-auf-und-davon" der Anfangsminuten projiziert auf ein paar Jahre später: Schülerwanderung. Felder, Wiesen, heiterer Sonnentag. Dann eine Weggabelung, eine, wie es genüßlich von Mund zu Mund geht, Bifurkation. Wo geht's lang? Wo auch immer, wir müssen warten, denn Alec ist verschwunden. Kaum ist er endlich da, fehlen andere, die aufgebrochen waren, ihn zu suchen. Später, ein Foto von allen am erwanderten Zielpunkt als nette Erinnerung. Alec allerdings, wieder einmal unauffindbar, kommt nicht mit drauf. Ein andermal: Ein Konzert soll stattfinden beim Schüleraustausch mit einer hamburgfernen Musikschule. Meine Schüler, in erregter Erwartung, bereit zum Beginn, aber leider nicht vollzählig: Alec fehlt. Als man sich damit abfindet, ohne ihn anfangen zu müssen, taucht er auf, mit sandigen Knien, erdigen Händen. Notdürftig gesäubert geht er aufs Podium – und spielt so, als ob er sich vorher mit stundenlangem Üben darauf vorbereitet hätte. Symptomatisch dies: Kommt's drauf an, ist er voll da. Das also ist Alexander. Wenn er weiter unten im Kapitel „Phil" noch einmal auftritt, wird es unter dem Prädikat „zuverlässig" geschehen. Das ist er nämlich auch.

Doch zurück zum Anfang. Die beiden, Mutter und sechsjähriger Sohn, sind überraschend und unvorangemeldet erschienen, auf gut Glück, vielleicht ist ein Platz frei? Glück haben sie tatsächlich: Der Zufall will es, daß just in der Woche zuvor meine tüchtige Isabel sich verabschiedet hat; sie zog mit ihrer Familie nach München. So folgt auf die Einzelschülerin Isabel der Einspänner Alexander, paßgerecht, möchte ich sagen, mit etlichen Wesensparallelen: Kein Interesse am Improvisieren, am Komponieren auch nicht, und am Singen schon gar nicht. Ein sicherer Auswendigspieler, einer, der wie Isabel verläßlich zu Hause übte. Einer, der, nachdem er erst einmal spitz bekommen hat, daß ich mit mir reden lasse, sich die Sachen, die er spielen möchte, selbst aussucht: Schon bald die eigentlich noch viel zu schweren ersten drei Thilo-Suiten. Er hört sie sich bei meinen am Pilotprojekt beteiligten „drei Grazien" ab. Rührend die Szene, wie er eine dieser Suiten stolzgeschwellt dem inzwischen sechzehnjährigen Thilo vorspielen darf, der höchst verlegen dabeisteht und immer noch nicht begreifen mag, wie sehr seine Musik bei anderen Kindern ankommt.

Alec, sechsjährig   Alec, achtjährig

91

Seine vorerst letzte Selbstwahl: Die Pathétique. Einer aus seiner Klasse, derzeit zwölfjährig wie Alec, „hat sie drauf", beneidenswerterweise. Auf meine vorsichtige Frage, wie er sie denn gespielt hat, gibt Alec zwar zu, es sei „nicht gerade gut gewesen", dann, nach kleiner Spannungspause, „aber ich kann das!" Bei so viel Zuversicht und Motivation gebe ich nach, wieder einmal, sage „also meinetwegen, vorausgesetzt…" – und dann kommt die Bedingung, die er schon von früher her kennt: Drei der technisch heikelsten Stellen werden angekreuzt und vorweg geübt: „Wenn du die bringst, hab ich nichts dagegen." Alec nickt gelassen und spielt mir nach zwei Wochen die Passagen fehlerlos vor. Er schafft es, wie vordem anderes auch, und das Vorspiel in der Aula seines Gymnasiums wird für ihn zum bestätigenden Triumph – auch mir gegenüber.

Natürlich spielt er auch anderes, angemesseneres. Aber mit diesen eigentlich noch viel zu schweren Sachen trainiert er sich kontinuierlich voran. So bringt er mich – und auch sich selbst – in die glückliche Lage, daß ich ihn, als Mascha ihre große Liebe zur Flöte entdeckt und dafür sogar gewillt ist, das Klavier aufzugeben, mit Christina zusammenbringen kann. Nicht in feste Gruppenkonstellation; solche Absicht dürfte illusorisch sein. Alec würde auf Dauer nie einen einfühl- und einfügsamen Partner abgeben, und Christina ist erst mal ganz froh, nach den drei Mascha-Jahren, obgleich sie durchweg harmonisch verliefen, allein zu sein. Aber die Praxis der Stundenüberlappung nehmen sie beide gern in Anspruch, und so läuft, über etliche Jahre hinweg, das zweiklavierige Spielvergnügen mit den Einzelstunden parallel.

Fazit Alexander: Wie oft bei motorischen Typen, zeigt es sich augenfällig auch hier, daß erhöhte Schwierigkeit ein erhöhtes Wollen auszulösen vermag, dem Pferde gleich, das um so stärker anzieht, je steiler die Steigung ist, die es zu bewältigen gilt.

ANNA und JANINA (5)
und die Faszination des Partnerklaviers

Peu à peu füllt sich die vierte Generation. Zwar muß stets abgewartet werden, bis auslaufender Unterricht den Platz für Neuaufnahmen freigibt, aber nun stehen wieder zwei vor mir; Anna und Janina. Wunschschüler diesmal: Früherziehung, ich holte sie mir aus einem noch laufenden Kurs meiner Frau heraus, fünf Jahre alt – Pardon! fünfeinhalb, Janina besteht darauf –, jung genug jedenfalls, daß der Beginn mit dem Klavierspiel nicht mit der Zuckertütenzeit des Schulanfangs zusammenfällt. Beide treten mit gespannter Neugierde in die neue, verlockende Welt der Musik ein: durch die Pforte der ersten Klavierlektion.

Bald schon wird erkennbar, und es bestätigt sich im Laufe der Jahre, daß sich der Unterricht mit diesen beiden zu einem fast unerschöpflichen Spaßvergnügen entwickelt. Und deutlich wird auch: Motor dieses quecksilbrigen Juxens und Ulkens ist Anna, die manche Stunde mit ihrem putzigen Hokuspokus magisch auflädt und befreiendes Gelächter nach Lust und Laune aus dem Hut zu zaubern versteht. Das beginnt schon damit, daß sie das Verwirrspiel der gewollt eingestreuten Fehler, mit denen ich die Schüler zwecks Noten- und Hörkontrolle gleichermaßen zu testen und zu amüsieren pflege, umkehrt und nun ihrerseits mit Fehlern jongliert, bis ich kaum mehr unterscheiden kann, ob ihr die Verspieler versehentlich oder absichtlich aus den Fingern rutschen. Das beherrscht sie schließlich so virtuos, daß ich die Hände hebe und einen „Nicht-mehr-verspiel-Frieden" mit ihr schließe. Nach Urlaubswochen in den Alpen kommt sie, ihre Sprachbegabung nutzend, mit unnachahmlichem Baye-risch-Kauderwelsch daher, so daß die Stunde streckenweise zur Anna-Burleske gerät. Dazu paßt auch, daß sie eines Tages ohne ersichtlichen Grund zum „Du" übergeht und mich mit „Peter" anredet, wobei ich nun allerdings auf die Reaktion von Janina gespannt bin. Aber Janina hält unbeirrt am konsequenten „Sie" fest.

Janina zu beschreiben ist nicht so einfach. Ich täusche mich immer wieder völlig in ihr, obgleich ich es im Laufe der Jahre doch begriffen haben müßte: Da scheint sie tief träumend in undenkbare Fernen entrückt, unerreichbar in gedankliche Ewigkeiten verweht, dem Bilde Maschas vergleichbar, die erst nach drei- oder viermaligem Anruf mühsam wieder in die Gegenwart zurückfindet. Aber wenn ich die allem Anschein nach in Trance versunkene Janina fragend anspreche, dann kommt die Antwort prompt und präzise und oft so schlagfertig, daß ich völlig perplex bin und nun mei-nerseits Mühe habe, schnell den Faden wieder aufzunehmen. Ich glaube, man kann einigermaßen treffend sagen, daß sie sich mit einer Art imaginärem „Rühr-mich-nicht-an-Kreis" umgibt, wobei kein Zweifel besteht: die lustige Anna hat immer Zugang. Es ist ohnehin wohltuend zu beobachten, wie die beiden zusammen harmonieren, im Unterricht, im freundschaftlichen Einander-Verstehen, im großmütigen Akzeptieren der gegenseitigen Eigenarten.

Die Schüler der vierten Generation haben es wohl gut: Zwei Flügel stehen neben-einander für sie bereit. Und was sind das in den Augen der Kleinen für achtunggebie-tende Ungetüme! Für jeden Schülerpartner ist ein ganzer großer eigener Flügel da! Aber auch für mich ist das eine Situation, mit der sich's überaus gut leben und lehren läßt. Fünfundzwanzig – oder sind es inzwischen dreißig? – Jahre hindurch gab ich Gruppenunterricht an einem Instrument, habe mich darauf eingerichtet, die Modali-täten zu komplettieren, zu durchdenken, zu verbessern. Nun sitze ich auf dem drei-beinigen Drehstuhl, der jahrelang aus dem Unterricht verbannt war, sitze zwischen den beiden Flügeln, die etwas auf Abstand stehen, und kann mich so nach Notwen-digkeit dem einen oder dem anderen Schüler zuwenden. Eine völlig verwandelte Unterrichtssituation, in der so gut wie nichts mehr „stimmt", im Vergleich zu dem Gruppenunterricht, wie er vordem lief.

Dann, ungewollt fast, wird die Idee geboren, es müsse doch möglich sein, diese Vorteile weiteren Kreisen zugänglich zu machen: Eine zweiklavierige Möglichkeit zum Preise von einem Klavier, wäre das denkbar – ? Im Cembalobau ist es doch auch schon realisiert, als Doppelspinett[*]. Den letzten Anstoß, sich damit näher zu befassen, gibt ein befreundeter Musikschulleiter, Heinz Görges, der ähnlichen Ideen nachhängt. In

---

[*] Kunstwerkstätte für Cembalobau Klaus Senftleben, Lamstedt, Doppelspinett 1976

Anna (vorn) und Janina, sechsjährig. Im Hintergrund die „Pinnwand"

der Tat ist eine Klavierbaufirma* bereit, das Instrument zu konstruieren, und eines Tages steht es auf der Frankfurter Musikmesse, umlagert von Reportern, Fotografen, Funk- und Fernsehleuten.

Und eines weiteren Tages steht ein solches Exemplar, eines von insgesamt vierzig einer Versuchsserie, auch in meinem Unterrichtsraum.

---

* Schimmel Pianofortefabrik, Braunschweig. Das Partnerklavier bleibt als interessantes Experiment in Erinnerung. Es wird nicht in den Handel kommen.

Es ist Donnerstag, Anna/Janina-Tag. Die beiden kommen lachend und prustend – durch hochgejagte Schultreppen außer Atem – zur Türe herein, stutzen –, und dann, in erster Reaktion:

„Was! N o c h ein Klavier?" (Anna)

„Dann haben Sie jetzt ja auch ein Klavier für sich!" (Janina denkt praktisch, und es ist für sie keine Frage, wer mit dem Klavier vorliebzunehmen hat, beziehungsweise wer nicht: Die stolzen Flügel stehen unter Schülergewohnheitsrecht.)

Anna geht drauf zu, will öffnen. Ich sage: „Halt, macht das beide zusammen, und, bitte, ganz vorsichtig!"

Staunen: „Wieso denn das?"

Anna: „Springt da plötzlich was raus??"

Mit spitzen Fingern und jeden Schreckensspuks gewärtig wird der Tastendeckel gehoben; dann ein schriller Aufschrei aus zwei Kehlen: Die zweifache Tastatur, mit sichtbar hölzerner Tastentrennung in der Mitte (dort, wo Kinder gemeinhin Klavier zu spielen pflegen), liegt nun offen vor ihnen. Erleichtertes, noch ungläubiges Auflachen, Kopfschütteln, – soll das ein Faschingsscherz sein? – und flinker noch als sonst sitzt man auf den Klavierbänken und probiert das Monstrum aus im zweiklavierigen Spiel.

Ein gutes Jahr lang stehen nun zwei Versionen zur Wahl: Die beiden Tastaturen der Flügel oder die des Partnerklavieres. Gespannt verfolge ich jede Stunde aufs neue, welche spontane Wahl getroffen wird. Anfangs ist es nur natürlich, daß die Schüler – und hier geht es um alle Schüler dieser Jahre – sofort auf das Partnerklavier losstürmen. Es wundert mich aber doch, wie lange es bei Anna und Janina anhält. Wir sind nicht so weit voneinander weg, ist die Antwort, als ich einmal nachfrage. Die beiden ziehe ich denn auch vornehmlich heran, wenn es gilt, neugierigen Besuchern das Unikum vorzustellen.

Zum Ereignis weitet es sich aber, wenn zwei sich überlappende Partnergruppen alle vier Tastaturen zugleich traktieren. Kommt zudem gar Improvisation mit ins Spiel, gerät es zum herrlichen Spektakel, bei dem nur sehr widerwillig ein Ende akzeptiert wird.

Leider verschwindet das Partnerklavier irgendwann wieder, und es gilt, sich wie vordem mit den beiden Flügeln zu begnügen.

Aber bitte, wer hat die schon – !

ANNA und GREGOR (5)
Zwei Vielseitige

„Ach, ich bereue es schon, und es ärgert mich, daß ich hier sitze und mir dieses Gefiedle anhöre", sage ich zu meiner Banknachbarin, die mich vorher mit einem erstaunten „Sie hier?" begrüßt hat. „Da holt man sich einen erstklassigen Begleiter, der mindestens Preisträger eines renommierten Wettbewerbes sein muß, nimmt sich ein Violinkonzert, das mindestens eines von Bach sein muß, unter dem tut man's ja nicht, und dann stellt man das Kind dort hin und läßt es sein Pensum abspulen…"

„Sein bewundernswertes Pensum. Ich bewundere das!"

„Natürlich, ich auch, irgendwie; zumindest, daß man so etwas überhaupt in ein Kind hineindressieren kann. Aber sehen Sie sich sein Gesicht an: unbeteiligt, ausdruckslos, kein emotionales Mitgehen…"

„Also, nochmals: Warum sind Sie dann überhaupt hergekommen?"

„Weil dieser Junge da vorn seit einigen Wochen mein Schüler ist…"

„– ???"

„…Klavierschüler natürlich, und ich

schließlich wissen möchte, was ich von ihm zu halten habe."

Die Partnerin: Anna, Schwester jener July aus meiner Testgruppe Komposition. Wir kennen sie bereits; sie begegnete uns seinerzeit als Baby in der Tragetasche. Und seit damals stehe ich unter permanenter, fast wöchentlicher Bedrängnis: „Sie wird Ihre Schülerin!"

Nun ja, aber zusammen mit Gregor – ?? Da habe ich meine Bedenken, und außerdem: Ade meine erhoffte Jungengruppe! Dann sage ich doch zu – solange es gut geht…

Anna, fünfjährig, kommt zur ersten Stunde, ein Notenblatt in der Hand: „Ich habe etwas komponiert für Sie!", setzt sich hin und spielt es mir vor. Klavierspielen kann sie also auch schon: Alles der Schwester abgeguckt, nachgemacht, probiert, ein Bündel Mensch, prallvoll mit Aktivität und Unternehmungslust. Und so wird es bleiben.

Zur nächsten Stunde bringt auch Gregor etwas Komponiertes mit. Natürlich kennt er, der Geiger, Noten, und ebenso natürlich sind ihm, dem Bruder zweier älterer Schwestern, die ebenso firm auf der Geige sind wie er, dazu Klavierunterricht haben, die Tasten nichts Neues. Und schon ist der Ehrgeiz da zwischen den beiden, der Wetteifer, die Konkurrenzsituation, das Den-anderen-übertreffen-Wollen. Da hilft nur eincs: konsequentes Anwenden des Zusammenarbeitsprinzipes. Hat einer eine gestellte Aufgabe gelöst, eine Antwort gefunden, eine imitatorische oder spiegelverkehrte Melodieführung entdeckt, dann hat er sich zunächst dem Partner zuzuwenden – diese „Zu-Wendung" ist psychologisch von Wichtigkeit – und die Sache mit ihm abzustimmen. So verhindere ich, daß jeder um jeden Preis der erste sein will, der mir die Lösung entgegenschmettert. „Erst wenn ihr euch einig seid, will ich die Lösung wissen!" So werden die beiden kleinen Individualisten zum gemeinsamen Handeln und Denken gebracht – mit dem Ergebnis, daß diese Zweier-Partnerschaft über Jahre

hindurch ebenso problemlos wie effektiv zusammenbleibt.

Den Eltern habe ich klargemacht: Es ist nicht meine Absicht, hier Pianisten heranzuziehen, noch weniger Komponisten. Und wie schnell oder langsam die beiden vorankommen, ergibt sich aus ihnen selbst: Leistungsstreß gibt es nicht. Die Eltern sind mehr (die von Anna) oder weniger (die von Gregor, wie es den Anschein hat) einverstanden. Ohnehin liegt die Sache insofern klar, als Gregor wohl geradlinig die Geigerlaufbahn anstrebt und Anna, ja, darauf werde ich noch zurückkommen.

Hier habe ich nun zwei, die von sich aus komponieren w o l l e n. So darf ich mir erlauben, dies nochmals als Schwerpunkt zu setzen. Bei Anna ist mir der Beweggrund für diese Motivation rätselhaft. Steckt das von Natur aus in ihr drin? Oder zeigt das jahrelang aufmerksam verfolgte Beispiel ihrer Schwester July Wirkung? Bei Gregor dagegen ist anzunehmen, daß er vorbereitet war: „Wenn du zu dem und dem kommst, dann…" – eine Vorausinformation, die in ihm den „Gleich-mal-probieren"-Effekt auslöste.

Ihre Stücke sind so unterschiedlich wie die Kinder selbst. Anna: *Der Erlkönig*: aus der Improvisation geborene Nebelklänge, dissonante Akkorde, die angstvolle Eile des Reiters. Gregor: *Sonatine in drei Sätzen für zwei Violinen, komponiert am 17./18. 2. 85* steht darüber. Ich glaube es ohne weiteres; das macht er in zwei Tagen! Alles ist stimmig im Sinne von harmonischer und stimmführlicher Ordnung. Er kann das, lebt in dieser Klangwelt.

Dann kommt für längere Zeit Phil als dritter im schöpferischen Bunde dazu. Das Kombinationsschema Susi-July-Inka lebt wieder auf, läuft bis 1984 parallel zu ihnen. Es gibt gezielte Aufgabenstellungen: Ein Ostinato; macht was draus –. Da entsteht bei Gregor *Raupe macht eine Reise*, streng durtonal (bitte, warum nicht), die Begebnisse der Raupenreise für den Zuhörer nachvollziehbar. Da entsteht bei Phil *Kasper macht Späße*. Späße, wie macht man das in der Musik? – „Ja, das ist dann plötzlich ganz schräg…" (Originalton des achtjährigen Phil bei einem NDR-Interview), worauf die nette Fragestellerin lachend kommentiert: „Also, was Spaß macht in der Musik, ist ein bißchen schräg!" Und Anna – sie steht da und sagt mir, sie habe sich ganz was anderes ausgedacht…

Als ich auflache, ist sie verständlicherweise etwas konsterniert, und ich sage schnell: „Ach, es hat mich gerade an etwas erinnert!" (Erinnert? An ihre Schwester July: Von ihr höre ich wortwörtlich stets eben dies: „Ich habe mir etwas anderes…")

Ich halte das Wort „perfekt" aus dem Unterricht heraus. Es schwebt ohnehin ständig über Gregors Tun. Geige, Klavier (wo ich gern mal ein Auge zudrücke), Komponieren, nun auch noch der Knabenchor, für den er mit seinem tragenden Sopran (auch das ein Ergebnis von „Unterricht") Solopartien zu singen hat, was mich einmal zu der Frage provoziert, ob ihm Musik überhaupt noch Spaß mache –

Ein kleiner, schneller Seitenblick: „Ach, Klavier geht ja –"

Wie anders Anna: „Ich finde Klavierspielen toll –", will das gar noch verstärken, sucht nach Worten, dann, abschließend, mit ihrer rauhen, etwas kratzigen Stimme nochmals: „Toll!"

Phil, knapp und kategorisch: „Klavier ist mein liebstes Spielzeug."

Aber dann ist das Wort „perfekt" plötzlich doch da. Und nicht Gregor ist es, der damit ankommt, sondern es ist ausgerechnet Anna: „Ich hab' mir hier was ausgedacht; ich dachte, das mach' ich mal!" Ich nehme das Blatt und bin beeindruckt. Das ist weit mehr, als auf dieser Stufe erwartet werden kann.

Sie weiter: „Das ist natürlich nicht so gut wie eine richtige Komposition, ohne Fehler und so, aber ich habe es nicht anders hingekriegt –", kleine Pause, „nicht so perfekt und so –"

„Anna, was meinst du mit perfekt?"

„Na ja, wenn man…, also, das ist, wenn alles genau…, na, perfekt eben!"

„Anna, wenn man das später mal studiert, dann wird eine Komposition vielleicht perfekt. Aber das ist doch gut geglückt, was du hier gemacht hast. Komm, spiel es uns vor!"

Anna, zögernd: „Ja, gut vielleicht schon, aber innerlich habe ich das perfekt im Kopf. Ich krieg' es bloß nicht so hin."

Inzwischen sind sie Gymnasiasten, alle drei. Auch Anna und Phil sind zusätzlich Streicher geworden: Phil spielt Geige, Anna Cello. Orchestererlebnis ist ein Erfahrungsbereich, den die Sphäre der Tasten nicht zu bieten hat. Ich riet dazu, und es war wohl recht so.

Dann irgendwann nochmals die Frage nach dem beruflichen Später. Anna hat gerade ein Schlüsselerlebnis hinter sich: „Da hat eine Studentin unser Orchester dirigiert, – aber ich glaube nicht, daß ich so was kann."

„Anna", sage ich und halte sie mit den Augen fest, „willst du wissen, was eine Dirigentin kennen und können muß? Sie muß mit den Streichern Bescheid wissen – du spielst Cello und kennst dich aus. Sie muß mit den Bläsern Bescheid wissen – du spielst die Blockflöten und weißt mit Atemführung umzugehen. Du spielst Klavier, und das schon recht passabel – Klavier muß man als Dirigentin auch spielen können. Komponieren tust du auch, und das alles heute schon, mit deinen zwölf Jahren –."

Strahleaugen: „Meinen Sie wirklich – ?!"

„Wenn du dir etwas ganz brennend wünschst, dann kannst du das auch. Jeder ist seine eigene Gute Fee, wenn es gilt, daß sein größter Wunsch in Erfüllung gehen soll."

Und zur Mutter sage ich: „Mal abwarten –. Aber es ist herrlich, auf ein Ziel zuzugehen. Und wenn, dann soll man sich das Ziel hoch ansetzen. Es bringt einen zumindest auf den Weg."

PHIL (6)

1

„Das hab' ich doch schon mal erlebt", denke ich und sage ins Telefon: „Chopin und Clayderman? Sind Sie sicher – ??"

Nun kommt diese Frage, im Unterschied zu damals, als ich sie Isabels Mutter stellte, für eine examinierte Klavierpädagogin und Leiterin einer Musikschule fast einer Beleidigung gleich. Sie wird's doch wohl wissen! „Ja", sagt die Stimme, „die E-Dur-Etüde, jedenfalls den ersten Teil. Sie werden es nicht glauben, aber er hat sich alles selbst beigebracht: die Eltern verstehen von Musik und Klavierspiel absolut nichts."

Ich denke, ich muß mich verhört haben. „Wie alt, sagten Sie, ist der Junge?"

„Gerade sechs geworden –"

So war das. So lernte ich Phil kennen. Ich wohnte einer Unterrichtsstunde bei – es sollte seine letzte dort sein. Ein Czerny stand zur Übung an. Phil rollte ihn mit schwungvoller Gelenkigkeit und einem derartigen Hand- und Fingergepurzel herunter, daß jegliches Lehrbemühen in Resignation zusammenfallen mußte. Dann spielte er mir seinen Chopin und Clayderman vor.

„Sie können es mir glauben", beteuerte die gestreßte Lehrerin, „er macht das allein. Ich werde mich bei einem Schüler, mit dem ich mich seit Monaten vergeblich um die elementarsten Anfangsgründe bemühe, doch nicht zu Chopin versteigen!"

2

Himmel, ist dieser Phil ein heiteres, unbeschwertes Kerlchen! Wir machen vor der Schule Hand in Hand einen fingierten Wettlauf und schließen Freundschaft vom ersten Augenblick an. Damit ist Frau F. wohl die Sorge los: „Sie nehmen ihn doch?"

„Also", examiniere ich die Mutter, Bleistift in der Hand, „das will ich wörtlich und schriftlich haben. Wie war das nun: Er hatte, als er vier war, sich ein Klavier gewünscht…"

„Ja, er hat, bis er vier war, kaum gesprochen. Wir sind deswegen mehrfach beim Arzt gewesen. Und als er dann sprach, wünschte er sich ein Klavier, so ziemlich als erstes. Er setzte uns so lange zu, bis wir wirklich ein Klavier anschafften."

Ich: „Schön, weiter! Dann spielte er darauf herum, und als ihm das nicht mehr genügte, hörte er auf dem Plattenspieler seine Lieblingsplatten ab, ging nach nebenan und übertrug die Musik aufs Klavier, ja?"

„Nach nebenan?" – Lachen – „Der Plattenspieler steht zwei Stockwerke höher, im Arbeitszimmer meines Mannes. Das Klavier ist unten –"

„Augenblick: Das heißt, daß er vom Hören der Platte, bis er ans Klavier kam…" –

Das stelle man sich einmal vor! Er hört sich oben den Chopin an, stapft die Treppen zweier Etagen hinunter, beginnt zu probieren, nicht nur die Melodie im Kopf, sondern auch die akkordische Bewegung, und überträgt das auf die Tasten. Er hat absolutes Gehör? Gut. Eine Zuhilfe vielleicht, eine Erklärung ist es nicht! Aber die Sache will ja nicht nur noten- (die er noch nicht kennt) und klanggetreu übertragen sein, die will ja auch gespielt sein! Und da „erleichtert" sich dieser Sechsjährige die Angelegenheit und transponiert das Ganze nach C-Dur. Ja, da ist das nun wohl doch nichts mit dem absoluten Gehör? Oben marschiert er mit E-Dur im Ohr los, unten kommt er mit C-Dur in den Fingern an. Dann treten seine Hände, seine Finger in Aktion und die Chopinsche und Claydermansche Weitgriffigkeit und akkordische Verzwacktheit, die ja auch gegriffen sein will, wird mit gummihaft elastischen Gelenkwindungen auf die Tasten gebracht.

Ich bitte: War weiter vorn die Beteuerung nötig, daß ich hier nicht mit erfundenen Geschichten, sondern mit wirklich Erlebtem aufwarte? Die spannendsten, unglaubhaftesten Geschichten liefert das Leben selbst. Nimm einen Bleistift und wirf sie aufs Papier; erfinden kann man so etwas doch nicht.

3

Zeit. Wo nehme ich Zeit her. Jugendmusikschule (die bürokratischen Bürden werden immer zeitraubender), Hochschule, Seminare, Schüler, Familie (Familie, typisch, zuletzt). Eine Wochenstunde hinzu für Phil, – wo unterbringen?

Aber dem kann ich mich nicht entziehen. Phil erscheint also zur Lektion in meinem JMS-Studio. Nun hängt es an mir, ihm die Grundprinzipien von Handlage und Fingersetzung zu erschließen: Sieh einmal, hier sind fünf Tasten, und jeder Finger hat nur diese eine Taste für sich und zunächst mal keine andere, und wenn man übersetzt, dann hat wieder jeder Finger... Ach, wie banal, wie öd: Üppige Claydermankost reduziert auf magere Fünftondiät. Ich mache ihm die Freude, lasse mir seinen geliebten Clayderman vorspielen – mit unglaublichen Fingerkapriolen, doch verblüffend textnah – und die mahnenden Worte: „Phil, aber so kann man unmöglich Klavier spielen!" bleiben mir auf der Zunge kleben. Phil liefert mir den Gegenbeweis: Man kann so Klavier spielen!

Nein, ich kann ihn nicht von Grund auf neu beginnen lassen. Ich muß ihm seine quirlige Spielfreude erhalten. Komm, nehmen wir den Scarlatti hier; die kleine C-Dur-Sonata. Die Dreiklangsbrechungen in der linken Hand, die von Anfang bis Ende durchlaufen, sind kein Problem. Und die beiden Übergreiftasten im Baß kann er nehmen, egal mit welchem Finger. Nur das Verzierungsornament beim Zurückfallen in den Diskant –, „komm, auf welchen Finger willst du fallen, damit du die Umspielung hinkriegst?" Wir einigen uns auf den dritten mit dem Ergebnis, daß er in praxi doch auf jeden Zufallsfinger fällt, die Verzierung trotzdem mit Akkuratesse hinkriegt. Aber dann, nach diesem immerhin geglückten Einstieg, geht es nicht recht weiter. An Stücken mit Skalen und Läufen muß er letztendlich das Prinzip des Fingersatzes üben und begreifen. Er hängt an seiner Wuseltechnik. Zugestanden, er müht sich sehr, aber wenn's dann drauf ankommt –. Ich brauche, vorübergehend, einen Mitspiel- und Mitübepartner für ihn. Erfahrungsgemäß ist das zugkräftiger und, auch wenn es paradox klingt, überzeugender als die Demonstration von Lehrer zu Schüler.

Da ist, acht Jahre alt inzwischen, mein zuverlässiger, verständnisvoller Alexander –

4

„Alec", sage ich, „tu' mir den Gefallen; ich habe da das und das Problem. Hilfst du mir einmal? Für kurze Zeit nur –"

„Ach, wir machen das!" nickt Alec zustimmend. (Wir, sagt er, wir machen das, lieber Kollege Heilbut, das ist für uns doch eine Lappalie, nicht wahr!) Wie dem auch sei: Die Koppelung Alec – Phil erweist sich als ausnehmend wirkungsvoll. Die beiden studieren in gemeinsamer Intensität Fingersatz um Fingersatz, Handlage um Handlage, Artikulation um Artikulation ein – Alec ist ein Schatz in seinem Bemühen, die Anfangsgründe seines Klavierspiels wieder hervorzukehren und mit unendlicher Geduld seine Hände mit den Händen Phils parallel laufen zu lassen. Beeindruckt lauscht Phil auch Alecs Klavierspiel, und da Alec gerade einige der animierenden Thilo-Suiten beim Wickel hat, vollzieht sich in Phil eine Wandlung vom Clayderman- zum Thilo-Fan. Hier findet er zwar nicht gleiche, doch gleichwertige Klangwelten vor, und hier habe ich dann den Ansatz für den weiteren Weg erreicht.

Das schulmäßige Klavierspiel hat er inzwischen be-griff-en, und Bach, Haydn, Mozart, Bartók sind ihm und seinen Fingern inzwischen „geläufig". Was jedoch nicht ausschließt, daß er, wenn er etwa einen Übersatz verpatzt, unversehens in seine frühere Quirligkeit zurückfällt und seine Daumen wieder mit geschmeidiger Behendigkeit über die schwarzen Tasten wieseln, was dem Klavierspieler in mir beifälliges Hutlüpfen abnötigt, dem Pädagogen in mir jedoch die Haare zu Berge stehen läßt.

Phil ist, da ich dieses niederschreibe, elf Jahre alt. Eine Zeit lang überlappte sich seine Stunde mit der Doppelstunde von Anna und Gregor. Da saßen die drei in schöpferischer Gemeinsamkeit am „Komponiertisch", studierten streckenweise die gleichen Werke und delektierten sich, jeder mit jedem, am zweiklavierigen Spiel.

Übrigens: Nachdem Phil gelernt hatte, Noten zu schreiben, fing er mit Leidenschaft an zu komponieren, und da seine Gedanken dem Bleistift immer weit vorauseilten, erfand er für sich eine Art Notenstenografie, die er flüssig abzuspielen in der Lage war, während ich, daran herumrätselnd, zuhörte. Zwei Kompositionen des damals Achtjährigen, *Elefant und Mäuschen* und *Kasper macht Späße*, sind, von ihm selbst gespielt, auf der im Handel erhältlichen Musikkassette *Spaß am Komponieren*[*] zu hören. Darin außerdem enthalten: Stücke seiner ebenfalls achtjährigen Überlapp-Partner Anna (*Erlkönig* und *Tanzende Melodie*) und Gregor (*Schwirrender Kolibri* und *Raupe macht eine Reise*). Phils *Kasper macht Späße* liegt auch gedruckt vor (*Trimmpfade* bei Bärenreiter, Kassel).

---

[*] Peer, Hamburg

SUSI, INKA, JULY
Pilotprojekt „Kinder komponieren", Weiterführung

Das Projekt läuft nun ins vierte Jahr, läuft wohl, wie es scheint, dem Ende entgegen: Julia ist nicht mehr dabei, und July kiebitzt nur noch als inaktive Statistin bei den Kompositionsphasen.

Die Schülerinnen sind neun Jahre alt. Kleine Duos für Flöte und Klavier sind fertig geworden – Susi und Inka haben zum Klavier- auch Flötenunterricht. So lag es nahe, das zu nutzen: immer praxisnah, sofort ausführbar. Gelungene, reizvolle Stücklein sind es geworden, die Mädchen freuen sich darüber, spielen sie immer wieder, und auch July ist zum Begleiten gern bereit. Trotzdem, die Bereitschaft zum Weitermachen erlahmt allmählich; in Gedanken bin ich schon beim Resümee: Mit dem bisher Erreichten darf ich mehr als zufrieden sein!

Aber dann geschieht Überraschendes. Und ausgerechnet meine schon verloren geglaubte July ist es, die mit unerwartetem Elan neue Dynamik ins Spiel bringt.

1
Ein Februartag. Schneelandschaft beim Blick aus dem Fenster. Inka und Susi haben ihre Klavierstunde hinter sich; July erscheint, gefolgt von ihrer Mutter, zur Überlapp-Phase.

103

July, unwillig die Hand der Mutter abschüttelnd, gereizt: „Ach, laß mich doch!!"
„July, bitte, sag es Herrn Heilbut!"
(Mir sinkt das Herz in die Schuhe: Will sie auch aufhören??)
July: „Ach, laß mich in Ruhe!!"
„July, wenn du es nicht machst, dann mache ich das!"
„Ach, mach was du willst –"
Da überreicht mir die Mutter eine Plastiktüte, darin enthalten – fassungslos suche ich zu begreifen – ein Packen vollbeschriebenen Notenpapiers: Kompositionen, von July in stiller Häuslichkeit ausgetüftelt und niedergeschrieben.

Ich, völlig konsterniert: „Aber July, warum denn nur? Warum so heimlich für dich allein?"

Schweigen, dann, mit krauser Stirn: „Ach, ich dachte, das ist alles doch nicht so gut!"

Selbstvorwürfe steigen in mir hoch: Wie konnte mir das passieren! Habe ich irgendwann einmal eine ihrer Sachen nicht genügend gewürdigt? Oder wurde unwissentlich ein Stück einer ihrer Partnerinnen mehr herausgestellt, wann und wo auch immer? Welch hohe Sensibilität ist erforderlich, gerade im schöpferischen Bereich, in dem das Kind sein innerstes Empfinden bloßlegt –

Als sie sich dann nach einigem Sträuben ans Klavier setzt und ihr in Kritzelnoten-Steno Notiertes in Spiel und Klang umsetzt, da ist zum zweiten Mal die Überraschung groß: Das sind intelligent erdachte Stücke einer Neunjährigen, ohne Rat und Lehrerhilfe erstellt. Und auch ihre Partnerinnen sind des Staunens und des Lobens voll, was Julys Selbstwertgefühl spürbar hebt. Und dies wiederum bringt mit sich, daß Julys schöpferischer Brunnen zu weiterem Sprudeln sich anschickt: Woche für Woche kommt sie mit neuen oder neu begonnenen Stücken an, sie sprüht vor Einfällen.

Der Fall July, lernpsychologisch betrachtet: Da hat sich doch wahrhaftig eine sekundäre Motivation in eine primäre verwandelt! Jetzt komponiert sie nicht mehr, weil es gilt, eine ihr zugeordnete Hausaufgabe zu lösen, sondern aus Spaß an der Sache selbst. Ja, ist dies, a priori, nicht gerade *das* pädagogische Erfolgserlebnis, von dem Lehrende meist nur träumen können?

Aus den vielen von ihr in diesen Wochen präsentierten Stücken seien *Die vier Jahreszeiten* herausgegriffen. Daß der letzte Satz, *Der Winter*, die melodische Eingangslinie des Frühlingssatzes im Krebsgang bringt, ist wiederum dem Komponiertisch zuzuschreiben, in dessen Sphäre sie sich aktiv wieder eingegliedert hat. Und nun zeigen die beiden anderen, mitgerissen von diesem neuerwachten Schwung, ebenfalls wieder Auftrieb.

Unterrichtsform jetzt: Einzelschülerin 50 Minuten, Gruppe 75 Minuten, beides sich überlappend: So ist die Einzelne bis zu 65, die Gruppe bis zu 90 Minuten im Unterricht. Dabei erfolgt sporadischer Wechsel im Verhältnis Gruppen-/Einzelschülerin. So bestätigt sich eine gute Dreiergemeinschaft, die noch weitere Jahre zusammenhält.

July macht wieder mit und spielt ihre *Jahreszeiten-Suite* vor.
Bei dieser Gelegenheit lernen wir auch die Mütter meiner „drei Grazien" kennen,
von links: Frau Loebarth (July), Frau Schmidt (Susi), Frau Friedrich (Inka).

Julys *Jahreszeiten-Suite*, gefolgt von Flöten-Klavierduos der beiden anderen, ist zu finden im zweiten Heft *Kinder komponieren für Kinder* (Hug, Zürich).

2

Das fünfte und sechste Jahr

Als Gemeinschaftsarbeit entsteht die Suite *In Neptuns Reich*. Jede Schülerin trägt zwei Sätze zu ihr bei. Viel Vorarbeit, im fünften Jahr vor allem: Kanonkniffeleien, am Tisch in der Stunde, zu Hause. Musikpuzzlespiel als Denk- und Kombinierschulung. Auch Arbeit mit dem Thema, so hoch wagen wir uns schon hinaus. Themateile als Motive zu erkennen, sie aneinanderzureihen, zu verändern, in die Spiegelung zu bringen, die jetzt fachgerecht Umkehrung heißt. Kleinere Stücke entstehen so, gelingen mal gut, mal weniger gut; gleichviel, die Mädchen sind nach wie vor beständig und mit Eifer dabei.

Dann im sechsten Jahr die Suite. In ihr ist all das zu finden, was oben beschrieben steht: thematisches, motivisches Spiel, Umkehrung, Kanon. Auch die jeweilige Form wird bewußt gewählt. Inkas *Die Perle in der Auster* etwa: Das gemeinsame Vorgespräch am Tisch ergibt, daß die a–b–a-Form sich dafür eignet. Inka führt sie aus: Feste, rauhe Austernschalen als kräftige, krasse, dissonante a-Teile, die die zarte, edle Perle umschließen. Diese selbst erklingt als lieblicher Mittelteil. Oder die Aquariumsmusik. Das Vorgespräch ergibt: Das Stück muß in beiden Richtungen spielbar sein, also auch rückwärts. Fisch im Aquarium, immer hin- und zurückschwimmend. Susi nimmt sich dessen an, stößt auf Schwierigkeiten: Begleitakkorde auf Schlag eins stehen beim Rückwärtsspielen im Takt am falschen Ort. Ratlosigkeit. Diskussion und Kopfzerbrechen aller Beteiligten. Schließlich ist Unisonospiel die Lösung. Andere Sätze lassen bei genauem Hinhören die Herkunft ahnen: Da stand Bartók Pate.

Anders July. Sie legt weder Wert auf Rat noch auf Anregung. Sie schöpft ihre Ideen aus eigenem Brunnen, und darüber, wie sie auszuführen sind, hat sie meist von vornherein feste Vorstellungen. Mit Sicherheit zunächst immer die: Es muß ein schnelles, ein klavieristisch rauschendes Stück werden. Dem hat sich alles andere unterzuordnen. Natürlich, am Studiertisch wird auch an ihren Sachen gefeilt und herumdiskutiert, worauf sie oft mit Unwillen reagiert. Aber, July, davon lebt das Ganze ja, ohne das käme wenig zustande.

Das Vorhaben beansprucht ein ganzes Jahr. Komponieren zählt längst nicht mehr zum obligat wöchentlichen Ablauf, ist unterbrochen von längeren Pausen. Erholungspausen – das kreative, schöpferische Tun ist mühevoll geworden, fordert geistig und somit auch physisch seinen Tribut, ist nicht mehr das unangestrengte Spiel von einst. Schöpferische Pausen sind nötig; der Schöpfungsprozeß, auch wenn er bei diesen Elfjährigen simpel erscheint, „erschöpft". Neue Bereitschaft muß immer wieder ganz von unten an entstehen.

Dann das Aufatmen: Die Suite ist fertig, steht. Und wiederum ergibt es sich: Der Verlag ist just dabei, ein drittes Heft dieser Reihe vorzubereiten. Die Suite findet Aufnahme darin.

3

Das siebente Jahr

Mit der Absicht, Ziel und Erwartung wieder etwas tiefer zu stecken, klopfe ich einen Rhythmus auf den Tastendeckel. Schreibt ihn auf, macht ein Baßthema daraus, das sich als Ostinato eignet. Mal sehen, was sie bringen!

Und was sie bringen, ist typisch für jede einzelne:

July hat weder von meinem Rhythmus noch von der Idee eines Ostinatostückes Notiz genommen. Sie überreicht mir – und spielt es gleich vor – ein schwungvolles Thema, bereits im Satz voll ausgearbeitet. Ein Rondo steht vor Augen.

Susi hat den gegebenen Rhythmus vervierfacht, bringt ein Thema von erheblicher Ausdehnung an. Das Thema ist schon gut, „...aber", sage ich, „wo soll das hinführen! Stell dir die Länge vor bei hinzukommenden Variationen –"

„Das macht nichts", sagt sie, „das kriege ich schon hin!"

Inka reicht mir ihr Ergebnis mit der Einschränkung: „Hier. Das gefällt mir aber nicht!"

„Na ja, sehn wir mal, was draus zu machen ist."

Inka: „Ach, lassen Sie nur; ich hab mir hier ein anderes Ostinato ausgedacht –"

„Puh –", sage ich, als ich das Blatt überfliege, „auch so lang! Da würde ich doch ein bißchen kürzen –"

„Kürzen", das Schreckenswort für den Kreativen. Inka sofort abwehrend: „Bloß nicht! Ich habe hier nämlich schon die erste Gegenstimme fertig." Ein weiteres Überraschungsblatt erscheint. Da sage ich nur noch ergeben: „Oha! Ihr hab euch ja allerhand vorgenommen!" Und fortan beginnt die Kleinkleinarbeit am Komponiertisch.

Hatte ich wirklich gedacht, mit der vorjährigen Suite wäre der Zenit erreicht und überschritten? Kopfschüttelnd nehme ich hin, daß der Schwung andauert, ja, zusätzlich Energie erhalten hat durch einen neu hinzugekommenen Motivationsschub: den im Vorjahr entstandenen „Schülerkreis Komposition". Diesem Kreis schöpferisch begabter Schüler fühlen sich meine „drei Grazien", als die sie inzwischen rundum bekannt sind, von Anfang an zugehörig, und die Konzerte, die bereits jetzt, im zweiten Jahr des Bestehens in und um Hamburg stattfinden, geben Auftrieb, stärken den Vorsatz, weiterhin dabeizusein und dafür auch etwas zu tun.

So sind wir wieder wöchentlich am Komponiertisch, die Überlapp-Phasen erweitern sich nach Bedarf und Notwendigkeit, und die neuen Stücke der Zwölfjährigen wachsen und gedeihen. Als sie dann schließlich in Reinschrift vorliegen, kann ich nicht umhin zu konstatieren, daß jedes in seiner Art – wieder einmal – unerwartet gut gelungen, „geglückt" ist.

4

Was daraus wurde? Anstelle einer Antwort möchte ich aus dem Vorwort des Heftes *Eine Karawane zieht vorüber* zitieren:

> *… diese drei Stücke schrieben sie, als sie zwölf Jahre alt waren. Und weil sie mir so gut gefielen, das schwungvolle Rondo von July, das verträumte Notturno von Inka, der weite musikalische Bogen der vorüberziehenden Karawane, den Susi mit ihrer Chaconne gezogen hat, habe ich mir gedacht, euch, liebe Klavierspieler, die ihr schon über ein paar Jahre Klaviererfahrung verfügt, euch gefallen sie vielleicht auch.*

Sodann ließ ich sie, besserer Tonqualität zuliebe, ihre Stücke in einem Tonstudio spielen und aufnehmen. Auf der ersten Musik-Kassette unseres Schüler-Kompositionskreises, *Spaß am Komponieren* (Peer-Verlag, Hamburg) sind sie untergekommen und zugänglich.

So endet, nach sieben Jahren, mein Projekt „Kinder komponieren". Die Mädchen – heute, da ich dieses schreibe, sind sie 17 und bereits junge Damen – sind in seinem Verlaufe weder überheblich noch selbstherrlich geworden. Musik studieren wollen und werden sie nicht: Inka möchte Tierärztin werden, July sich Sprachen zuwenden; Susi hat noch keine Berufsvorstellung.

Möglich, daß zu guter Letzt die Frage auftaucht, was diese Schülerinnen, die so begeisterungswillig und ausdauernd den Siebenjahreskurs mit mir – und letztlich ja für mich – durchzogen, für sich selbst profitierten? Nun, mit Sicherheit dies: Was sie auch spielen werden auf ihrem Klavier, was sie auch hören werden in Konzerten, diese so intensiv geschulten jungen Menschen werden erkennen, wenn ein Kanon läuft, eine

Susi, July und Inka, 12 Jahre alt

Umkehrung, ein motivisches Spiel. Sie haben durch tätige Erfahrung „das Ohr dafür" bekommen.

Und sollte das nicht genügen: Sie durften erleben, was es bedeutet, schöpferisch wirkend und gestaltend sich ausleben zu dürfen. Gibt es einen erfüllteren Weg zur Selbstverwirklichung?

THILO, Weiterführung

Wir verließen ihn, als er neun war und sich, auf seine Weise, mit Noten arrangiert hatte. Man erinnert sich: Improvisation spielte immer wieder, für den Zuhörer stets überraschend und belustigend, in seine Wiedergaben klassischer Stücke mit hinein.

Doch wenn es zu analysieren gilt, dann ist an dieser Stelle von seinen eigenen Improvisationen zu sprechen und von seinem geistigen Vermögen, anfängliche Zufallsmusik anzuhalten, zu wiederholen und ohne Zuhilfenahme irgendwelcher Notizen auszuarbeiten: er besitzt eine geradezu phänomenale Erinnerungsfähigkeit. Der Acht-, Neunjährige konnte an beliebiger Stelle seine Improvisation stoppen und bei meinem „bitte, das noch einmal" wiederholen, was eben noch aus dem Zufall heraus erklang. Und dies so zeitlupenlangsam Ton für Ton, daß ich mit Schreiben mitkam, wenn ich etwas festhalten wollte.

Daß er aber auch für das endgültige Ausfeilen und Formen nur seinen Kopf und kein Instrument benötigte, erfuhr und begriff ich erst, als er zehn war. Da hatte die Familie die Sommerferien auf der Insel Amrum verbracht. In der ersten Stunde nach den Ferien – so war es übrigens immer – mußte er erst seine vielen, vielen neuen Stücke loswerden, die inzwischen entstanden waren. Wirklich, sie nahmen kein Ende, es waren mit Sicherheit mehr als ein Dutzend. Und diese Stücke hatten gegenüber früheren einen ganz neuen Sound, klanglich, rhythmisch. Nun, Jazzeinflüsse waren schon immer vorhanden, und die Prise Jazz, die viele seiner Stücke moussieren läßt, macht einen besonderen Reiz seiner Musik aus. Aber diese hier waren neu. Und gekonnt. Alles stimmte da, Klang, Rhythmus, Form.

„Thilo", sagte ich, „wie hast du das gemacht! Hast du auf Amrum ein Klavier gehabt?"

Thilo, maßlos erstaunt: „Aber dazu brauch' ich doch kein Klavier!"

Erst jetzt ging mir ein Licht auf. Auch seine früheren Sachen entwickelten sich im Kopf und oft so endgültig, daß er sie sofort in der Fassung auf die Tasten bringen konnte, in der sie gültig blieben. So begriff ich auch eine seiner Antworten, als er früher einmal bei einem Interview gefragt wurde, wann und wo er am liebsten komponiere: „In der Badewanne, – meistens"; dann, mit etwas kleinerer Stimme, „… und in der Schule."

Die damals auf Amrum entstandenen Stücke jedenfalls hielt ich fest. Je drei oder vier dieser Sätze banden wir zu drei Suiten zusammen, wobei die erste den Namen *Amrum-Suite* erhielt. Eine weitere entstand dann noch in den Wochen darauf. Alle vier

Hugo Strasser spielt Kompositionen des Thilo Jacques (12)

sind zu finden im zweiten und dritten *Vorspielbuch* (siehe Seite 124).

Apropos Interview. Ein anderes aus jenen Tagen habe ich noch in Erinnerung. Was mich immer wieder zur Weißglut bringen kann, ist dies: Kaum steht ein komponierendes Kind vor Mikrofon oder Kamera, prompt fällt der Name Mozart. Man kann vorher noch so eindringlich darum bitten, Vergleiche zu unterlassen, – kaum haben die meist jungen Talkmaster das Mikrofon vorm Mund, wird einem das offensichtlich unvermeidliche Klischee serviert:

„Na, du bist ja ein richtiger kleiner Mozart!" (wörtlich)

Thilo – schweigt verlegen. Es ist auch für ihn nicht das erste Mal.

Interviewer: „Du hast ja auch schon viel komponiert als so junger Hüpfer!"

Und so weiter. Es ist eine Jugendsendung aus München. Die jungen Talkmaster, sonst wohl mehr im Umfeld von U- und Popmusik beheimatet, verdienen sich hier ihre ersten Sporen. Was soll's also. Dann aber kündigt sich mein Vergnügen just in dem Augenblick an, in dem die mehr und mehr ins Unerquickliche abgleitende Befragung zum erlösenden Ende kommen soll:

„Was willst du denn einmal werden?"

Klar, daß die Antwort: „Komponist natürlich" erwartet wird. Dann würde das Interview programmgemäß ausklingen etwa mit: „Na, den Anfang hast du ja schon gemacht, das ist ja prima…, und mach's gut, und auf Wiedersehen."

Aber Thilo hat noch ein paar andere Passionen in petto. Schach gehört dazu, Kakteenzucht, Froschhege am Teich und Fußball. Zur Zeit steht im Brennpunkt seines Interesses allerdings die prähistorische Urzeit mit ihren aufregenden Dino-, Ichthyo- und sonstigen Sauriern. Und so fällt die Antwort zur Verblüffung des Interviewers anders aus als erwartet:

„Dinosaurierforscher", sagt Thilo.

Seinem Gegenüber verschlägt es die Sprache.

„Wie –, was willst du…??"

„Dinosaurierforscher."

Stille. Dann die Allerweltsfloskel, die immer parat liegt:

„Wenn du einen Wunsch frei hättest, der in Erfüllung gehen soll, was würdest du dir dann wünschen?"

„Einen Dinosaurierknochen finden", ist die Antwort, und mit einem verlegenen „Wir hören jetzt noch ein bißchen Musik von Thilo" endet das Interview.

An das Notenschreiben, das schriftliche Ausarbeiten seiner Kompositionen, gewöhnte sich Thilo schließlich doch. Sein erstes voll ausgeführtes Manuskript ist die

Emsbürener Musiktage 1980

Sonnabend, 18. Oktober '80, 17 Uhr
Atrium der Liudger-Realschule

THILO JAQUES

spielt eigene Kompositionen

Thilo Jaques (13) Klavier, Harald Hendrichs (11) Klarinette

Sechste Suite für Klavier
komponiert im Alter von 11 Jahren

Präludium
Klagelied
Geistertanz mit Choral
Kehraus

Vier Duos für Klarinette und Klavier
komponiert im Alter von 12 Jahren

Song 1
Song 2
Miniatur
Heiterkeit in Moll

5 Min. Pause

Siebente Suite für Klavier (Schweizer Suite)
komponiert im Alter von 12 Jahren

Helvetia Express
Liebliches Luzern
Intermezzo
Wolken am Rigi

Zwei Duos für Klarinette und Klavier
komponiert im Alter von 13 Jahren

Themenspiel
Abgesang

„Schubertiade"
drei Orchesterstücke (Klavierfassung)
komponiert im Alter von 13 Jahren

Impromptu
Ländler
Hommage à Schubert

111

Partitur zu drei Orchesterstücken, die er für sein Schulorchester schrieb. Nun also war auch ihm Komponieren und Notieren zur Einheit geworden. In diese Zeit fiel auch sein erstes, nur mit eigener Musik gefülltes Konzert. Weitere Konzerte folgten, und vieles andere wäre erzählenswert, doch wollen wir den nunmehr Zwölfjährigen hier verlassen. Worauf es mir bei dieser Schilderung ankam, war, den langen Geduldsfaden noch einmal zurückzuverfolgen, der notwendig war, dieses Ziel zu erreichen. Nicht zuletzt ging es mir aber auch darum, einmal zu demonstrieren, daß geduldiges Zuwarten eben doch der Mühe lohnt. So bei Thilo, so bei anderen.

Postskriptum 1988:
Blaß, schmächtig, ergeben –, so sahen wir ihn, als er die ersten Stunden durchlitt. Wenn man diesen munteren, lebensfrohen Einundzwanzigjährigen heute sieht, Student der Komposition im fünften Semester, dann fällt es schwer, im Thilo von damals den Thilo von heute wiederzuerkennen –

JOHANNA – kein Märchen

Ja, Johanna –

Am liebsten würde ich die folgende Passage als Märchen erzählen: „Es war einmal ein Mädchen, das…" Die Nackenschläge, die solch ein Märchenmädchen zu ertragen hat, bis es zum guten Schluß durch einen Märchenprinzen erweckt, erlöst wird, die wären wohl zur Genüge vorhanden. Leider aber fehlt das Happy End, und darum ist Johannas Geschichte eben doch nicht märchenhaft. Außerdem: Diese Erzählung hat den Nachteil, wahr zu sein.

Der Anfang ist bekannt. Jahre vergingen; Johanna war mir längst aus dem Sinn, als ich eines Tages mit einem „Hallo, was macht unsere begabte Improvisatorin?" ihrer Mutter begegnete.

„Ach", Schulterzucken, „Johanna hat das Klavierspiel aufgegeben. Sie spielt jetzt Bratsche."

„Und – ? Improvisiert sie noch? Komponiert sie noch?"

„Ach nein, das ist alles vorbei!" Und dann erfuhr ich –

…wie Johanna nach guten Klavierjahren zwecks höherer Weihen weiterempfohlen wurde –

…wie Frau Professorin nach Johannas Probespiel – mit rauschendem Improvisando meinte Johanna, besonders zu glänzen – sich zum fortführenden Unterricht zwar bereiterklärte –

…wie jedoch der erste Nackenschlag im gleichen Atemzug erfolgte mit einem kategorischen: „Aber, Johanna, improvisiert – wird – bei – uns – nicht!" –

…wie somit ein sicherlich höchst qualifizierter Unterricht anlief, allerdings unter Negierung dessen, was Johanna bis dahin besonders nahe lag –

112

…wie bald darauf das Gymnasium, dessen Musikzweig sie besuchte, zu drängen begann: „Lerne ein Orchesterinstrument, lerne Bratsche –"

…wie sie erkennen mußte, daß Klavierspiel hier nicht sonderlich hoch, Kreativität überhaupt nicht im Kurs stand –

…wie sie sich schließlich fügte und vom Klavier zur Bratsche wechselte.

Zu diesem Zeitpunkt traf ich ihre Mutter. Augenblicklich fielen mir all meine eigenen Unterlassungssünden bezüglich Johanna wieder ein. Spontan bot ich an, sofort und kostenlos die Förderung ihrer hoffentlich noch nicht versandeten schöpferischen Ambitionen zu übernehmen.

Und wirklich begann ein versiegter Quell wieder zu sprudeln.

Sie wandte sich, auch wenn es künftig nur Nebeninstrument blieb, dem Klavier wieder zu. In rascher Folge entstanden Fugen, Passacaglien, Chaconnen. Johanna, wie eh und je barocken Stilmustern verhaftet, schrieb nun für ihr Instrument, schrieb Trios, Quartette für Streicher. Wir fanden gute Interpreten, und ihre Stücke kamen in zahlreichen Aufführungen zum Vortrag.

„Warum sollen deine Stücke, die überall ihren Beifall finden, nicht auch einmal in deiner Schule aufgeführt werden?" Ich merkte ihr Widerstreben – „Johanna, du bist auf dem Musikzweig eures Gymnasiums; da existieren Streicherensembles noch und noch! Sag deinem Musiklehrer, er möge doch eines deiner Stücke einmal von einem Schülerquartett einstudieren und vortragen lassen!"

Johannas sträubte sich hartnäckig, sie wußte, was dort galt und nicht galt, und ihr Gefühl sagte „nein". Aber irgendwann gab sie meinem Drängen nach – o, hätte stattdessen ich ihr nachgegeben! Der nächste Nackenschlag kam prompt. Einzige, gestrenge Reaktion:

„Johanna! Üb' du lieber Bratsche, damit du endlich ins Orchester kommst!" Nur dies. – Märchen – ? Leider nicht. Beim Märchen weiß man, daß letztlich die Befreiung kommt. Aber hier –

Der Druck der Schule zeigte Wirkung. Sicher, andere Schüler hätten anders reagiert. Die folgsame Johanna fügte sich. Das, was sie liebte, gab sie nun also zum zweiten Male auf und konzentrierte sich auf ihre Bratsche –

– und irgendwann ist sie dann wohl auch ins Orchester gekommen.

Johanna, 13-jährig

HAUSKONZERT

Sehr geehrter Musikfreund unserer Veranstaltungsreihe,

unser

39. KONZERT

am Freitag, d. 19. November 1982 – 20 Uhr

verspricht ein außergewöhnlicher und interessanter Abend zu werden.

"JUNGE KOMPONISTEN STELLEN EIGENE WERKE VOR"

JOHANNA BARTHE

+

THILO JAQUES

mit den Auszuführenden:

Anja Krenz	★	Gesang
Christine Hildebrandt	★	Flöte
Mari Sasaki	★	Klavier (Solo)
Matthias Halfpape	★	Saxophon
Frank Engelke	★	Horn
Heinrich Kreyenberg	★	Schlagzeug
Thilo Jaques	★	Klavierpart
Claudia Dörr	★	Violine
Antje Bröge	★	Violine
Ulrike Adam	★	Viola
Christoph Lantzius-Beninga	★	Violoncello

Wegen der begrenzten Anzahl der Plätze bitten wir um baldige Anmeldung.
Telefon: 040 /43 70 15 /16 – Karten zu DM 5,--

Die Einnahmen aus dieser Veranstaltung werden

"JUGEND MUSIZIERT"

zur Verfügung gestellt.

Nach dem Konzert freuen wir uns mit Ihnen auf einen kleinen Umtrunk.

Schanzenstr. 117 (am Bahnhof Sternschanze) Tel.: 43 70 15

Die vierte Schülergeneration:
Überblick, zugleich Gesamtresümee 1972–1986

1. Datierung

Der Beginn datiert auf den Monat genau: Januar 1972. Der Abschluß ist fließend. Heute, 1988, bei Entstehung dieses Buches, sind, mit Ausnahme von Mascha, alle Schüler der vierten Generation noch im Unterricht: Christina seit acht, die Anna/Janina-Gruppe sowie Alexander seit rund sieben, die Anna/Gregor-Gruppe seit sechs und Phil seit fünf Jahren. Das taugt natürlich nicht mehr zum Sammeln neuer oder bestätigender Früh-Instrumentalerkenntnisse. Höchstens erweist es sich, daß Gruppenunterricht, entgegen verbreiteter Meinung, sich nicht auf Anfangsunterricht beschränken muß: Die Schüler der genannten Zweiergruppen sind glücklich in ihrer Gemeinsamkeit, und Nachteile im Vergleich mit eventuellem Einzelschülerstatus erwachsen ihnen in keiner Weise. Auch die Einzelstunden von Christina und Alexander überlappen sich um 20 bis 30 Minuten; so springen statt der gebuchten 60 Minuten 70 oder 75 für jeden heraus.

Nehmen wir 1986 als Stichjahr des Abschlusses: Da sind für Phil gerade drei Früh-Instrumentaljahre vorbei. Das entspricht dem Durchschnitt früherer Generationen. In diesen anderthalb Jahrzehnten widmete ich mich ausschließlich der Thematik und Problematik des Früh-Instrumentalbereiches. Ausschließlich, das heißt, ich hatte keine weiteren Schüler. Das war auch kaum möglich: Meine Verpflichtungen an Jugendmusikschule und Hochschule schoben mir einen zeitlichen wie auch kräftemäßigen Riegel vor.

Das allmähliche Auslaufen des Modellversuches verschob den Schwerpunkt meines Interesses und meiner Aktivität auf ein neues Gebiet. Das allerdings war schon längst ins Blickfeld gerückt und ergriff zunehmend von mir Besitz: 1983 erfolgte, als Hochschul-Jugendmusikschulkombination, die Gründung des „Schülerkreises Komposition", der unerwartet starken Zulauf hatte. 1985 erteilte mir der Hochschulpräsident den Forschungsauftrag für das Projekt „Komponieren mit Kindern und Jugendlichen". Da fließt dann Wesentliches auch aus den Früh-Instrumentalerfahrungen mit hinein. Der folgende Epilog wird das Thema anschneiden.

2. Gruppenunterricht – Statistik

Gruppenarbeit überwog in allen Generationen; ich bildete Gruppen, wo immer es möglich war. Dabei dürfte von Interesse sein, ob beziehungsweise inwieweit sich vorangehende Früherziehung auf eine spätere Gruppenarbeit sowie auf das kommunikative Verhalten der Gruppenpartner auswirkt. Da zeichnet sich ein Bild ab, das für die Früherziehung spricht. In Aufgliederung sieht das so aus:

In der ersten Generation (16 Schüler, 9 mit, 7 ohne Früherziehung) liefen
– 2 Gruppen sehr gut, davon 1 Gruppe mit Früherziehung,
   1 Gruppe gemischt (d. i. je ein Schüler mit und ohne Früherziehung),
– 2 Gruppen gut (1 mit, 1 ohne Früherziehung),
– 1 Gruppe zufriedenstellend (mit Früherziehung),
– 1 Gruppe nicht zufriedenstellend (gemischt),
– 4 Einzelschüler (1 mit, 3 ohne Früherziehung) (Seite 36)

In der zweiten Generation (13 Schüler, 5 mit, 8 ohne Früherziehung) liefen
– 1 Gruppe sehr gut (mit Früherziehung),
– 2 Gruppen gut (1 mit, 1 ohne Früherziehung),
– 1 Gruppe, die nach einem Jahr getrennt wurde und deren Partner hier mit zu den
   Einzelschülern zählen:
– 5 Einzelschüler (1 mit, 4 ohne Früherziehung) (Seite 51)

In der dritten Generation (13 Schüler, 8 mit, 5 ohne Früherziehung) liefen
– 3 Gruppen sehr gut (alle mit Früherziehung),
– 1 Gruppe gut (ohne Früherziehung),
– 1 Gruppe nicht zufriedenstellend (gemischt),
– 3 Einzelschüler (1 mit, 2 ohne Früherziehung) (Seite 65)

In der vierten Generation (8 Schüler, 6 mit, 2 ohne Früherziehung) liefen
– 3 Gruppen sehr gut (alle mit Früherziehung),
– 2 Einzelschüler (ohne Früherziehung)

Zu dieser Aufstellung gebe ich einschränkend zu bedenken: Wohl die meisten der
Schüler, die hier als Gruppenschüler erscheinen, hätten als Einzelschüler ebenfalls ihren
Weg gemacht. Ist es doch so, daß Kinder gemeinhin das ihnen Angebotene annehmen,
ob es nun, wie hier, als Einzel- oder Gemeinschaftsunterricht zur Wahl stand. Aber:
Einige sind doch darunter, die im Einzelunterricht höchstwahrscheinlich nicht durch-
gehalten hätten. Außerdem bin ich mir sicher, daß allen, die in Gruppen unterrichtet
wurden, diese Form des Unterrichtes in menschlicher wie in fachlicher Hinsicht mehr
zu geben vermochte als Einzelunterricht.

An dieser Stelle sei nochmals darauf hingewiesen, daß während des gesamten Modellversuches der Grundsatz eingehalten wurde: Die Zeitdauer einer Gruppenstunde
beträgt das Eineinhalbfache einer Einzelstunde. Also:

– 40 zu 60 Minuten im ersten Jahr,
– 50 zu 75 Minuten im zweiten und dritten Jahr,
– 60 zu 90 Minuten bei Schülern mit zusätzlicher Kompositionsphase (in späteren
   Jahren).

Die Gesamtzahl der oben aufgeführten Einzelschüler enthält sowohl die „typischen"
Einzelschüler wie die anderen, die nur deshalb einzeln unterrichtet wurden, weil sich
für sie keine passenden Partner fanden. Von diesen 14 Schülern möchte ich 8, vielleicht

9 als „typische" Einzelschüler bezeichnen, die im Alleingang besser gefördert werden konnten als im Gruppenrahmen. Fazit:

– Grundsätzlich ist Gruppenunterricht die für den Früh-Instrumentalbereich geeignete Unterrichtsform.
– Für die Gruppenbildung ist vorausgegangene Früherziehung ein Gewinn.
– Das Zeitverhältnis von 1 : 1$\frac{1}{2}$ zwischen Einzel- und Gruppenunterricht ermöglicht vergleichbare Förderung aller Schüler.

3. Vergleich: Schüler mit und ohne vorangegangene Früherziehung

Zu Beginn des Modellversuches richtete sich meine Neugier unter anderem „auf die", wie ich anfangs schrieb, „zu vermutenden Unterschiede in Ansatz und Entwicklung der beiden verschiedenartigen Gruppen". Hier gibt die Erfahrung der Musikalischen Früherziehung ein eindeutiges Plus. Das ist nicht verwunderlich, es war vorauszusehen: Der intensive Umgang mit Musik zwei Jahre hindurch prägt ein Kind und wirkt sich natürlich beim Vergleich aus. Doch möchte ich hier präzisieren, worin sich dieser Vorteil vor allem spiegelt und worin weniger. Wenn man etwa vergleicht, wie unproblematisch beziehungsweise problematisch der wöchentliche Unterricht der beiden Gruppen verlief, zeigt sich ein ziemlich ausgewogenes Bild: Bei der Gesamtzahl von 50 Schülern, davon 28 mit, 22 ohne Früherziehung, lief der Unterricht

– leicht und unproblematisch bei 15 mit, 7 ohne Früherziehung,
– leicht, wenig problematisch bei 6 mit, 8 ohne Früherziehung,
– mäßig, wenig animierend 5 mit, 4 ohne Früherziehung,
– mit Problemen bei 2 mit, 3 ohne Früherziehung.

Nein, das Plus liegt auf völlig anderer Ebene. Das beginnt mit Offenheit, Kooperationsbereitschaft, kommunikativem Verhalten und setzt sich fort mit Qualitäten, die im Anfangskapitel „Das Kind" – dort in den Punkten 5 und 6 – zur Sprache kamen. Dabei ist „Notenkenntnis" qualitativ das Unwesentlichste: Zu bedauern ist das Kind, das in den rein notenorientierten Folgeunterricht eines Lehrers gerät, der sichere Notenkenntnis erwartet. Mit der fassungslosen Frage – ich wurde selbst mehrmals mit ihr konfrontiert –: „Ja, wenn die Kinder nicht einmal Noten können, was haben sie dann in den zwei Jahren gelernt?", geben sie ihre Enttäuschung ebenso wie ihr Nichtwissen zu erkennen. Das Kind hingegen, gewöhnt an experimentelle und kreative Unterrichtsformen, geriete bei besagtem Folgelehrer, der sich eindeutig nur am Literaturstudium orientiert, geradewegs in die Frustration hinein.

Fazit, auch wenn es schon angesprochen wurde: Für den Lehrer im Früh-Instrumentalunterricht ist es unumgänglich, sich mit den tatsächlichen Inhalten der Musikalischen Früherziehung auseinanderzusetzen.

4. Musikalische Früherziehung – instrumentaler Folgeunterricht

Die Kenntnis der Inhalte der Musikalischen Früherziehung ermöglicht dem Folge-lehrer, die einzelnen Phasen des Früherziehungs-Programmes weiterzuführen und in die Eingewöhnungszeit seines Unterrichtes zu integrieren. Hier noch einmal die Pha-sen einer Früherziehungsstunde:

– Singen und Sprechen
– Musik und Bewegung
– Instrumentalspiel
– Hörschulung
– Musikhören
– Notenlehre

• Singen und Sprechen: Singen ist die ursprünglichste Form des musikalischen Erlebens und Sich-Gebens. Und Kinder singen grundsätzlich gern, wie die unter Punkt 5 aufgeführte Statistik für meine Schüler zeigt.
   Hierzu: Das Lied, Band zwischen Sprache und Gesang, Quelle aller musikalischen Ordnungen, Wurzel allen Musikgeschehens: unverzichtbares Medium für Gestaltung und Erkenntnis.
   Sprechen (Liedtext) in guter Artikulation: Vorstufe für gutes, deutliches Klavier-spiel. Sprechen (Liedtext) in deutlicher Phrasierung: Wo der Text, die Sprache, „atmet", atmet auch die Melodie, der musikalische Bogen. Frühe Beschäftigung mit Artikula-tion und Phrase.

• Bewegung als Medium der freien Entfaltung zur Auflockerung und kreativen Ge-staltung: Bewegung im Raum (des einen Partners) zum Klavierspiel (des anderen Partners) bringt Elemente der Rhythmik, des Tanzes gar, ins Spiel.

• Einbeziehung elementarer Instrumente macht auch Sinn im Folgeunterricht. Die Szene „Alexander" zeigte, daß in meinem Raum auch Orff-Instrumente standen, in diesem Fall ein Tenor-Xylophon, bereit zum augenblicklichen Gebrauch. Die Schüler, den Umgang mit ihnen gewöhnt, machen gern von ihnen Gebrauch, etwa als Ostinato-instrumente zum Klavierlied oder zur Improvisation.

• Hörschulung: wesentlicher Bestandteil eines jeden Unterrichtes in Musik. Wichtig für den Folgelehrer: Die Fähigkeit zum Vergleich, zur Unterscheidung, zur Differen-zierung bringen die Kinder aus der Früherziehung schon mit.

• Musikhören: Eine breite Palette von Hörerfahrung bringen die Kinder mit in den Folgeunterricht: Musik von Bach bis Stockhausen erklang von Klavier und Kassetten. Wesentlich dabei ist nicht, daß sie bestimmte Werke kennenlernten, wesentlich ist, daß sie lernten, zuzuhören, darüber zu sprechen, zu versuchen – wenn auch auf simplem Instrumentarium – nachzumachen. Früh-Instrumentalschüler haben a priori eine „geübte" Einstellung zu den Stücken, die einzustudieren sind. Auch ihr Improvi-sieren profitiert davon.

• Notation: Nicht, daß die Schüler Noten schon kennen, ist wesentlich, sondern daß sie in den Umgang mit ihnen eingeübt sind. Daß der Sinn, das „grafische" Bild der Notation begriffen wurde, das ist entscheidend.

5. Singen und Improvisieren – Statistik

In diese Statistik sind die beiden Brüder Bächli, die ich auch im Früh-Instrumentalalter unterrichtete, (Seite 33) mit einbezogen.

Schüler gesamt: 52, davon 33 Mädchen, 19 Jungen

Es sangen:	sehr gern	gern	mittel	ungern
Mädchen	7	16	6	4
Jungen	3	3	6	7
Es improvisierten:	leidenschaftlich	gern	mittel	gar nicht
Mädchen	4	21	5	3
Jungen	5	7	4	3

Das Fazit hieraus ziehe man bitte selbst –

6. Vergleich: Früh-Instrumentalanfänger – ältere Anfänger

Der Beginn im Früh-Instrumentalalter ist keinesfalls unumstritten. Die Kontroverse um Sinn oder Unsinn eines frühen Beginns begleitete mich die Dauer des Versuchs hindurch, ist Reibungsanlaß überall dort, wo „unser" Thema berührt wird. Vor allem sind es zwei Argumente, die, mit Hartnäckigkeit vertreten, entgegengehalten werden:

• „Warum soll ein Kind mit sechs Jahren beginnen, wenn es bei späterem Beginn – im ‚bewährten' Alter von neun Jahren etwa – den Lehrstoff in halber Zeitspanne schafft und mit Leichtigkeit aufholt, was hier langsam und mühevoll errungen werden muß?"

• „Sinnvoll ist es doch, erst dann zu beginnen, wenn Intelligenz und ein nach den Prinzipien der Logik funktionierendes Gehirn den Intentionen des Instrumentallehrers entgegenkommen."

Beide Argumente fußen auf der Überzeugung, daß Ziel des Unterrichts neben der zu perfektionierenden Klaviertechnik die schnelle und rationale Bewältigung von Spielliteratur sein muß. Der Früh-Instrumentalunterricht hingegen erstrebt ein ganz anderes Ziel:

> Nicht die Frage: „Was kann ich vom Schüler erwarten?" steht hier voran, sondern die Frage: „Was kann ich dem Schüler geben?",

wobei mit einem leisen Apropos angedeutet sei, daß diese Frage auch bei älteren Anfängern so fehl am Platze nicht wäre. Hier steht jedenfalls das Bestreben im Vordergrund,

> die Entwicklungspotentiale des Kindes voll auszuschöpfen, es musikalisch zu formen und langzeitlich zu motivieren.

Und dies durch das Medium Klavierspiel.

Andere Einwände kommen aus Richtung Entwicklungspsychologie. Etwa, daß die Spielphase des Kindes durch instrumentale Beanspruchung verkürzt und eingeschränkt wird. Klavierüben zu Lasten unbeschwerter Nochfreiheit. Oder auch, daß die kindfremde Welt der Erwachsenen zu früh und unbarmherzig in die Sphäre des Kindseins eingreift.

Ja, das ist wohl richtig, wenn… –, eben wenn die Kinder in ein Unterrichtsschema geraten, das auf Ältere zugeschnitten ist und oft genug mit Phantasie- und Freudlosigkeit einhergeht. Wird jedoch das Ziel Klavierspielen über das Spielen erreicht, dann wird es dem Kind nicht zur Beschränkung, sondern zur Bereicherung. Ernst und Lust, Spiel und Arbeit sind ihm keine Gegensätze; das fließt ineinander, ist Aktivität, die das Kind ohnehin entwickelt.

Und gerade entwicklungspsychologische Argumente sind es, die für den frühen Beginn plädieren:

Früh-Instrumentalunterricht
Fünf Argumente für einen frühen Beginn

1. Unwiederholbarkeit eines Lebensabschnittes
   Jede Entwicklungsstufe hat ihre alterstypischen Begabungsmerkmale. Ihr stehen also ganz bestimmte Möglichkeiten offen. So sind einem Sechsjährigen musikalische Gaben zu eigen, die voraussichtlich ein paar Jahre später wieder verschüttet sind. Zum Beispiel schenkt kindlich unbeschwerte Phantasie mitsamt ungeniertem Spiel- und Bewegungstrieb eine Improvisationslust und -bereitschaft, die typisch gerade für diese Altersstufe ist.

2. Entwicklung der Musikalität
   „Musikalität ist entwicklungsfähig", sagt ein Lehrsatz aus der Entwicklungspsychologie. Ein Kind wird „musikalischer" bei intensiver Beschäftigung mit Musik; es wird „unmusikalischer" ohne den Umgang mit Musik.
   Das Kind wird nach etlichen Jahren Instrumentalbeschäftigung musikalischer sein, als wenn es um diese Zeitspanne später mit dem Unterricht begonnen hätte.

3. Sensibilisierung der Hand
   Es besteht eine enge Wechselwirkung zwischen Intelligenz und Hand. Das differenzierte Tun oder vielmehr die künstlerische Tätigkeit der Hand beein-

fließt die Intelligenz allein schon deshalb, weil für dieses Tun Intelligenz gefordert wird. Und umgekehrt wirkt sich erhöhte Intelligenz wieder auf ein erhöhtes „intelligentes Tun" der Hand aus. Hier leistet das frühe Instrumentalspiel mit der unabhängigen logischen Tätigkeit beider Hände wirkungsvollen Vorschub.

4. Momentane Bereitschaft
Ein Kind, das j e t z t zum Instrument bereit ist, motiviert und auch vorbereitet durch die musikalische Früherziehung vielleicht, ist es Jahre später oft nicht mehr, wenn es etwa andere Interessensbahnen eingeschlagen hat.

Schließlich spielt auch
5. Begabungserkennung und -förderung
eine nicht von der Hand zu weisende Rolle. Bei erkannter Begabung sollte – als „Instrumentale Früherziehung" – eine frühe Förderung einsetzen.

7. Pilotprojekt „Kinder komponieren"

Dieser letzte Punkt meines Resümees findet seine Fortsetzung im anschließenden Epilog, der eine Lanze für die schöpferisch motivierten Kinder bricht. Da mag man fragen, was mich, wenn ich mich schon so nachdrücklich für diese Art der Begabung einsetze, wohl bewogen hat, meinen Kompositionstest mit irgendwelchen Zufallskindern zu beginnen. Nun, da ist zu vermerken, daß diese vier Mädchen, wie sich erwies, nicht unbegabt waren und daß sie ihre Begabung wirksam auch dann einzusetzen wußten, wenn sie mit völlig neuen Dingen konfrontiert wurden. Doch grundsätzlich:

• Ich wollte erstens erfahren, was überhaupt machbar ist.

• Ich wollte zweitens den Versuch wagen, einen Weg aufzuspüren, der gegebenenfalls nachvollzogen werden kann.

• Im nachhinein glaube ich sodann, daß schöpferische Kreativität möglicherweise anerzogen werden kann – (ich bin mir aber nicht sicher).

• Und im nachhinein bestätigt sich mein Vorgehen auch: Mit von vornherein erkennbar schöpferischen Talenten wäre das, was erreicht wurde, vielleicht zu erwarten gewesen. D i e s e Kinder aber schenkten mir überraschende Momente zuhauf. Außerdem, ich gebe es zu, habe ich einfach Glück gehabt.

Kompositionen dieser Mädchen sind zu finden in:
Achtjährig: *Kinder komponieren für Kinder*, Heft 1
Neunjährig: Heft 2
Elfjährig: Heft 3
Zwölfjährig: *Eine Karawane zieht vorüber*, Verlag Hug/Zürich
Ferner von ihnen selbst gespielt (elf/zwölfjährig): Kassette *Spaß am Komponieren*, Peer/Hamburg

Epilog

…und wenn so gut wie gesichert ist, daß es kreative Prozesse sind, die zur Entfaltung der Person im Sinne von Verbesserung, Anreicherung und Erfüllung der eigenen Möglichkeiten wesentlich beitragen, muß man sich weiter fragen, was wir tun, um diese Prozesse zu erforschen, um sie früh in der Entwicklung des Kindes zu erkennen und anzuregen.

Heinrich Roth, *Pädagogische Anthropologie. Entwicklung und Erziehung*, Schrödel 1971

Im Unterschied zur Kunsterziehung, die die kreativ künstlerische Förderung als unverzichtbaren Teil ihres Konzeptes betrachtet, hat eine entsprechende Konzeption in der Musikerziehung sich bis heute allgemein nicht durchsetzen lassen. Dieses Manko muß als einer der größten Fehler unserer etablierten Musikerziehung angeprangert werden.

Prof. Dr. Norbert Linke, 1981

… beauftrage ich Sie hiermit, das Forschungsprojekt „Komponieren mit Kindern und Jugendlichen" durchzuführen.

Prof. Dr. Hermann Rauhe, Präsident der Hochschule für Musik und darstellende Kunst, Hamburg, Forschungsauftrag für Prof. Peter Heilbut, 1984

1

Kinder sind kreativ, das ist inzwischen eine Binsenweisheit. Daß in jedem Kind der Keim schöpferischer Veranlagung bereit liegt, auch das wird nicht bestritten. Daß es Individuen gibt, die bereits im Kindesalter hohe Begabung erkennen lassen, ist längst akzeptiert. Daß ihre Begabung ernst genommen wird – jedenfalls solange sie nicht schöpferisch ist –, zeigt uns der im Zweijahresabstand stattfindende „Weltkongreß Hochbegabung". Förderung Begabter im nachschöpferischen Bereich ist höchstes Anliegen von Stiftungen, Verbänden, Pädagogen.

Nichts von alledem, wenn es um s c h ö p f e r i s c h e Begabung geht, und schon gar nicht, wenn sie auf musikalischem Gebiet liegt.

Deshalb ist es endlich an der Zeit, für diese Kinder (die so selten gar nicht sind) das zu tun, was auf anderen Gebieten längst getan wird: Perspektiven zu finden, die es ihnen erlauben, ihre Begabungen voll zu entfalten.

Aber, so dringend dies geboten erscheint, es muß nicht gleich so hoch gegriffen werden! Es geht auch um solche Schüler, die in den Unterricht kommen und stolz ein selbstkomponiertes Musikstück vorzeigen, ganz in Erwartung eines (wie sie meinen) verdienten Lobes. Und die Zahl d i e s e r Schüler ist nun wahrhaftig nicht gering! Indes, der geliebte Lehrer zeigt sich reserviert.

2

Betrachten wir diese Reserviertheit einmal analytisch. Unverständnis gegenüber komponierenden Schülern ist ein weit verbreitetes Problem und geht vor allem von zwei Seiten aus:

Einmal ist es der Instrumentallehrer, der – zu Recht – von sich sagt: „Ich habe Komponieren nicht gelernt und weiß folglich mit solchen Schülern nichts anzufangen", der zweitens sagt: „Sieh lieber zu, daß du mit deinem Instrument vorankommst, anstatt die Zeit, in der du üben könntest, mit Musik-Erfinden zu vertun." Dies nun sagt er nicht zu Recht: Der Schüler wird weiter seinem schöpferischen Drang folgen, wenn nicht mit Billigung seines Lehrers, dann eben insgeheim ohne sie.

Zum anderen kommt Widerstreben von dort, wo Komposition gelehrt wird. Dort ist sie das, was sie schon immer war: Hohes, hehres, unantastbares Heiligtum, das, bewahre!, Kindern doch nicht zugänglich sein darf!

3

Ich möchte die Sache noch von einer anderen Warte aus angehen. Es gibt, unter diversen anderen Klassifizierungen, zwei von der Veranlagung her konträre Lernbeziehungsweise Intelligenztypen. Die psychologische Wissenschaft unterscheidet zwischen „rezeptiver" und „produktiver" Intelligenz, beides einwirkend auf Lernverhalten und, versteht sich, Lernmotivation. Rezeptiv heißt aufnehmend. Rezeptiv ist der Mensch, der einen gegebenen Vorgang aufnehmen und nachvollziehen und, eventuell, weiterführen kann. Es ist der „mechanische" Typus, der diesen Nach-Vollzug, etwa durch beharrliches Wiederholen, Repetieren, zu hoher Präzision und Perfektion führen kann; es ist seinem Typ adäquat.

Dagegen der andere Typus, der produktive, der sich instinktiv dagegen sträubt, Vorgemachtes, Vorgedachtes lediglich aufnehmen, nachmachen, nach-denken zu sollen. Er will selbständig denken und ausführen, experimentierend zur Lösung gelangen. Sein Nachdenken vollzieht sich in völlig anderen Bahnen. Er erdenkt sich Dinge, die er dann, mit der gleichen, jedoch anders gelagerten Beharrlichkeit auf den Weg bringt und mit der gleichen, jedoch anders gelagerten Intensität zu Ende führt. Vorschriften, eine Aufgabe so und nicht anders lösen zu müssen, sind ihm zuwider. weil damit das eingeengt, negiert wird, was ihn vor allem bewegt: die Phantasie.

Ich hatte – im nachhinein darf ich es Glück nennen – einen Prototypen dieser Spezies im Unterricht. Der Leser machte seine Bekanntschaft: Thilo. Seine Schulzeugnisse im Schulfach Kunst waren katastrophal. Der Kunstunterricht, hier Zeichnen und Malen nach gegebener Vorlage, mußte ihm, den die Natur mit einer überschäumenden Phantasie bedacht hat, zum Greuel werden. Dabei hingen von ihm aufs Papier gezauberte Bilder in unserem Klavierraum, voller aufregender Spukszenen, Phantasiegestalten belebten Phantasielandschaften –, andächtig und gebannt standen die Mitschüler davor. Doch im Kunstunterricht des Gymnasiums zählte nur korrekte Wiedergabe und nichts sonst.

Nicht anders erging es ihm in Musik; meine ersten Erfahrungen mit ihm legen beredtes Zeugnis dafür ab (siehe Seite 57 und 109). Allerdings trat hier ein Ereignis ein, das seine bis dahin stets negative Beurteilung im Fach Musik schlagartig auf den Kopf stellte.

Auf Betreiben von Dr. Norbert Linke – einem Mitrufer in der Kreativitätsöde unserer schulpädagogischen Landschaft – richtete die Schule einen Kompositionswettbewerb aus. Thilo, im dritten Jahr seines Gymnasiumbesuches, hatte gerade die *Schweizer Suite*, seine inzwischen siebente Klaviersuite, fertiggestellt und errang mit ihr auf Anhieb den ersten Preis. Er wurde von Stund an mit einer „Eins" im Zeugnis bedacht, wobei das Weltbild der Zeugnisgeber recht ins Wanken geraten sein dürfte.

4

Im Laufe dieser Arbeit begegneten uns drei Schüler, die bereits im Früh-Instrumentalalter hohe schöpferische Fähigkeit erkennen ließen; Thomas, Johanna, Thilo. Weitere Kinder könnte ich hier nennen, die, von nicht geringerer Begabung, ebenfalls in diesem Alter erstaunlich schöpferisches Geschick offenbarten; ich betreute sie über Jahre und Entfernungen hinweg. Doch ob hoch, ob weniger hoch begabt: Es wäre wohl an der Zeit, solchen Kindern – und da schließe ich die weit zahlreicheren älteren mit ein – entgegenzukommen und Wege auch zu ihrer Förderung zu finden.

Unser „Schülerkreis Komposition", der 1983–1988 im Rahmen der Jugend-Musikschule Hamburg wirkte, könnte als Beispiel eines möglichen Weges dienen. Voraussetzung ist allerdings, daß zwei am Ort ansässige Institute, Musikschule und Musikhochschule, bereit sind, eine Symbiose einzugehen: Das eine Institut stellt die betreffenden Schüler, das andere die fachliche Kompetenz. Sollte das nicht auch andernorts möglich sein – ?

Längst ist überfällig, daß man sich mit diesem Thema eingehender befaßt. Ist es doch gerade die schöpferische Komponente des musischen Tuns und Denkens, die auf das glückhafteste und nachhaltigste zum individuellen Selbst zu führen vermag.

Musik von Thomas, Johanna, Thilo, Susi, July und Inka in: *Zweites Vorspielbuch* sowie *Kinder komponieren für Kinder 1–3* (Hug/Zürich). Außerdem von Thilo: *Siebte Suite für Klavier (Schweizer Suite)* sowie *Sechs Duos für Klarinette oder Saxophon und Klavier* (Heinrichshofen/Wilhelmshaven). Musik des „Schülerkreises Komposition": Kassette *Spaß am Komponieren* (Peer/Hamburg).

Zweiter, praktischer Teil
Die beiden ersten Vierteljahre

Blitzlicht voraus

Auf den Schüler eingehen heißt: Jederzeit zum Umschalten auf einen anderen Weg bereit zu sein, wenn man einsehen muß, daß ein Weg in eine Sackgasse führt; und solcher Sackgassen gibt es viele!

Klaus Wolters[*]

Sackgassen – ? Also: Sprechen wir von Methoden!
Methode: Voraussetzung für erfolgversprechendes Lehren – ?
Methode: Ariadnefaden zwischen Lust und Frust im Alltagslabyrinth – ?
Methode: Ausgetretene Bahn der Gewohnheit – ?
Methode: Pädagogischer pas oder fauxpas de deux – ?

Es waren viele Blitzlichter nötig, um all die Momentaufnahmen aus Unterrichtssituationen, all die Schnappschüsse von Charakteren und Talenten, all die Panoramen der Schülerinteressen und -wünsche aufs Papier zu bannen. Und jetzt bekommt die Sache ihren Sinn!

Wer beim Lesen gewohnt ist, nach dem „Warum" zu fragen – warum diese Ausführlichkeit des Vorangegangenen –, wird die Antwort wissen: Es galt, vom logischen Gesichtspunkt her, besser: vom humanen Gesichtspunkt her, deutlich zu machen,

> daß eine Methode, welche es auch sei, nicht in der Lage ist, nicht in der Lage sein kann, den unterschiedlichen und mannigfaltigen Veranlagungen unserer Schüler gerecht zu werden.

Machen wir die Probe aufs Exempel!

Da ist die Methode, seit gut zweihundert Jahren mit Erfolg (???) praktiziert: Hier Note, hier Taste, hier Finger; schlag an und sieh zu, wie du zurechtkommst (metaphorisch: *Die Einzelhaft am Klavier*[**]). Wieviele meiner vorgenannten Schüler wären, nach ergeben abgesessener Inkubationszeit, als gemütskranke outdrops aus dem Schema herausgetropft? Da sollte es prozentuale Erfahrungswerte geben: Unzählige traf es bereits vor ihnen.

Aber gut; wenn nicht Einzelhaft, dann Gruppengemeinsamkeit! Zum allein seligmachenden Modell erhoben, ließe sich aus vorgenanntem Schülerkreis so mancher nennen, der schon bald die Lust am Teilen und immerwährenden Mit-Machen verloren hätte.

---

[*]   Klaus Wolters, *Unterrichtsmodelle für den Klavierunterricht*, Verlag Gustav Bosse, Regensburg
[**]   Grete Wehmeyer, *Carl Czerny und die Einzelhaft am Klavier*, Kassel 1983

Nun die Methode, seit Jahren mit Erfolg – wie bitte?? Pardon: – mit größtem Erfolg!! praktiziert: „Spiele nach und übe, was ich dir vorspiele. Permanentes Kassettenabhören führt dich zur Nachspiel-Perfektion." Papageienmethode. Imitationsmethode. Kinder werden zu perfekt funktionierenden, jedoch *musikalisch mehrfach verhinderten Marionetten*[*]. Wie sollen sie auch ahnen, was da psychologisch abläuft? Geschieht doch mit dem Mechanismus dieser Methode ein langsames partielles Abtöten ihrer innewohnenden Möglichkeiten und zwar der kostbarsten, der kreativen Möglichkeiten.

Das Bild abrundend: Gerade die kreativen Möglichkeiten macht eine weitere Methode sich dienstbar. Auf Improvisation sich gründend, bleibt sie über Jahre darin verstrickt, nichts anderes vollziehend. Da hätten meine Schüler anfangs fast alle gern mitgemacht. Für vier oder fünf wäre es auch die weiterführende Seligkeit gewesen, – aber die anderen?

Summa summarum: Jedes Kind gerät in dem Augenblick, da es Schüler wird, unausweichlich in eine Vogel-friß-oder-stirb-Situation hinein, und je dogmatischer sein Lehrer sich in eine dieser methodischen Einbahnspuren eingerastet hat, um so schlimmer für das Kind.

Hier angelangt, ist wohl mit dem Einwurf zu rechnen, daß der entscheidende Faktor im Unterricht doch wohl der Lehrer sei und nicht die Methode. Betrachten wir die Sache also von dieser Seite!

Der Slogan, es kommt nicht auf die Methode an, sondern auf den Lehrer, der sie unterrichtet, beziehungsweise die inzwischen zur Platitüde gewordene Inversion dieses Slogans, daß jede Methode so gut ist wie der Lehrer, der sie unterrichtet, ist bestenfalls nur die Hälfte der Wahrheit. Zumindest darf vermerkt werden, daß wieder einmal derjenige außer acht bleibt, um den es ja eigentlich geht: der Schüler. Und so heiße die andere Seite der Medaille:

Jede Methode, wes Namens und welcher Schematik sie sich auch bedient, mag gut sein für einen ganz bestimmten, ihr entgegenkommenden Typus von Schüler, und nur für ihn.

Aber auch dies ist nur mit Einschränkung zu verstehen. Denn Erfolge gerade jener Methoden, die besonders spektakulär von sich reden machen, sind letztlich nur Resultate von extrem schmalspurigen Lernprozessen.

Mit diesen Vorzeige-Erfolgen im Blickfeld geht nunmehr jegliche Vernunft verloren. Nach dem Motto „Was gut ist für einen, ist gut für alle" wird jeder, der sich meldet, durch den Gleichmacherwolf gedreht: Oben kommt er als Noch-Individuum hinein, unten kommt er griffig, uniform, schablonengerecht angepaßt heraus. Das funktioniert prächtig. Aber abgesehen von der Frage, was an Individuellem da wohl zu Bruch geht, bleibt die Frage nach denen offen, die von vornherein nicht in gerade das Schema passen, dessen Verlockungen sie guten Glaubens gefolgt sind.

[*] Wilhelm Keller, in: *Üben & Musizieren* 12/1984

Das sind dann aus Sicht der Methode die Ungeeigneten, die erst lustlos, dann mutlos, schließlich tatenlos werden und als „leider unmusikalisch" aus dem Einheitstopf herausfallen.

Das sind die, denen zugleich mit der Freude am Instrument die Freude an der Musik verleidet wird.

Das sind die, die bei individuellerem Ansatz sehr wohl ihr musikalisches Glück hätten finden können.

Das sind auf jeden Fall die, über die man nicht spricht.

Und es sind immer viel zu viele.

Geben wir an dieser Stelle einem weiteren Einwurf Raum! Es ist ja nicht so, daß jeder Schüler, dem die Methode nicht auf den Leib geschneidert ist, gleich ein potentieller Abgänger sein muß. Absolut nicht! Erziehung, wo und wie auch immer, wird ohnehin nicht allzu oft der angeborenen Natur des Kindes gerecht. Die Natur ist darauf vorbereitet, sie reagiert mit Flexibilität und Anpassungsfähigkeit. Das Leben setzt nun einmal Normen, denen es sich anzupassen gilt; da nimmt man hin, daß sich das wahre Selbst bisweilen versteckt; irgendwann kommt es schon wieder zum Vorschein! Wie sagte doch ein – immerhin namhafter – Kollege zu diesem Thema: „Was wollen Sie! Es ist Naturgesetz: Von vielen Samen schlagen einige Wurzeln. Und auf die kommt es an!"

Sehen Sie, auch das hat (ist) Methode – überall dort, wo man generell, wenn nicht gar ausschließlich, dem Werk verpflichtet ist, das es zu unterrichten gilt. Und das Werk kann im Früh-Instrumentalbereich schon eine simple Fünftonangelegenheit sein.

Aber wir Pädagogen, die wir es nicht mit Studenten und Berufsmusikern zu tun haben (dort nämlich hat diese Einstellung ihre Berechtigung), wir sind auch, nein: in erster Linie dem Menschen verpflichtet, den wir zu bilden haben, dessen Leben zu bereichern uns aufgetragen ist. Und hier heißt es, den persönlichen Ehrgeiz hintanzustellen, es sei denn, unser Ehrgeiz beruht gerade darauf, dem Schüler, und zwar jedem Schüler, in dieser Hinsicht gerecht zu werden.

Wie sieht das nun in praxi aus – ?

Pars pro toto: Gruppenunterricht, die für den Umgang mit Früh-Instrumentalschülern geeignetste und somit zu empfehlende Unterrichtsform. Aber, soll ich Namen nennen – ? für Schüler wie Johanna, Alexandra, Thilo wäre sie eher demotivierend.

Pars pro toto: Improvisieren, Medizin gegen Langweile und Lustlosigkeit. Für Schüler wie Christoph, Isabel, Alexander hätte das Medikament eher gegenteilige Wirkung.

Ferner: Es werden im weiteren Verlauf zehn Möglichkeiten der Einstudierung von Spielstücken vorgestellt. Wohlgemerkt, zehn! Wie steht es nun mit den Methoden, die, um an das jeweilige Werk zu gelangen, stets und ausschließlich nur die eine – ihre – Möglichkeit kennen? Welcher Chancen begibt man sich dort: Zum einen der Chance, Vielfalt und Abwechslung in die Stunde zu bringen, zum anderen der Chance, anhand dieser Vielfalt auf die Neigungen der Schüler eingehen zu können.

Nochmals: Es gilt, zu begreifen und sich darauf einzurichten,
daß jedes Individuum, jeder Schüler, Anspruch auf optimale Förderung seiner ihm innewohnenden individuellen Möglichkeiten und Fähigkeiten hat,

und es gilt zu begreifen,
daß jedes Individuum, jeder uns anvertraute Schüler, stets aufs neue eine menschliche wie pädagogische Herausforderung ist, der wir uns zu stellen haben.

Es gibt ihn nicht, den Standard-Schüler, und also kann es keine Methode geben, so fein sie auch ausgeklügelt sei, die allen gerecht werden könnte. Wir werden uns danach zu richten haben, was als Motto dem Vorwort voransteht: Die Methode ist dem Schüler anzupassen, und nicht umgekehrt.

Unterrichtsformen

Es erweist sich als unumgänglich, sich der Frage der verschiedenen Unterrichtsformen zu stellen, bevor die Inhalte der einzelnen Unterrichtsphasen zur Abhandlung kommen. Für den Früh-Instrumentalunterricht empfehle ich den Gruppenunterricht, mit dem ich gute Erfahrungen gemacht habe (siehe das Resümee im ersten Teil, Seite 115). Auch die Musikschulen bevorzugen diese Unterrichtsform.

Die Beschäftigung mit Gruppenunterricht bedingt allerdings, daß auch die alternativen Möglichkeiten angesprochen werden, als da sind

– Einzelunterricht mit Früh-Instrumentalschülern,
– Formen der Überlappung,
– fächerübergreifende Unterrichtsansätze.

Denn auch was die Unterrichtsform betrifft: Das Wort „ausschließlich" (ausschließlich Gruppenunterricht, ausschließlich Einzelunterricht) darf es nicht geben!

I. Gruppenunterricht: Zwei Schüler, ein Instrument

Die günstigste Unterweisung von Anfängern [...] ist der Gruppenunterricht, und zwar für Lehrer und Schüler gleichermaßen.

Margit Varró, *Der lebendige Klavierunterricht* [*]

Daß der Mensch ein Gemeinschaftswesen ist, hat Konsequenzen für das Lernen, auch für musikalisches. Im Einzelunterricht [...] bleiben Lernfähigkeiten brach liegen, die im Gruppenunterricht höchst produktiv werden können. Gruppenunterricht ermöglicht dem einzelnen wichtige Erfahrungen auf dem Weg, sein eigenes musikalisches Ich zu entdecken und zu stärken. Gleichzeitig bildet diese Unterrichtsform musikalisches Sozialverhalten aus: Durch musikalische wie sprachliche Kommunikation lernt der einzelne, die Persönlichkeit des anderen Mitlernenden wahrzunehmen und auf sie einzugehen. Dieser Bildungswert hebt den Gruppenunterricht über den oft geäußerten Verdacht hinaus, er habe sich letzten Endes [...] vor allem als Sparmaßnahme durchgesetzt.

Ulrich Mahlert [**]

1. Voraussetzungen

Bei der Überlegung, ob es nicht rationeller sei, dieses Kapitel kurz und bündig mit einem Hinweis auf mein Buch *Klavierunterricht mit Gruppen* abzutun [***], überzeugt mich doch die Notwendigkeit, hier wenigstens in geraffter Fassung über die wesentlichen Aspekte dieser Unterrichtsform zu informieren. Mein Buch möge zur Ergänzung herangezogen werden.

[*] Wörtlich: *Die günstigste Unterweisung von Anfängern, das ist von Kindern zwischen acht und zwölf Jahren, ist der Gruppenunterricht.* Man sieht: Sechsjährige waren damals nicht im „Programm". Aber um wieviel mehr gilt ihr Wort gerade für Sechsjährige! – Varrós Buch, 1929 bei Simrock in Hamburg und London erschienen, gilt auch heute noch als eines der führenden Standardwerke klavieristischer Methodik.

[**] Ulrich Mahlert, in: *Üben & Musizieren*, April 1984, Schott, Mainz

[***] Verlag Florian Noetzel, Heinrichshofen-Bücher, Wilhelmshaven

1.1.

Gruppenunterricht ist die Unterrichtsform, die einer prozentual hohen Zahl unserer Schüler weit mehr zu bieten hat, Geborgenheit und Motivierung eingeschlossen, als der Einzelunterricht. Das erweist sich besonders auffällig im Früh-Instrumentalbereich. An Dreingaben kommen hinzu:

– Die Gemeinsamkeit des Tuns steigert das Interesse an allen Aufgaben, das Üben eingeschlossen.
– Das Vorspielen wird zur Gewohnheit.
– Das Moment der Ermüdung wird herabgesetzt durch die Wechselbeziehung ihrer Spieler- und Partnerrollen.
– Das kritische Urteilsvermögen wird geschärft beim Vorspielen des anderen.
– Der Schüler lernt aus den Fehlern des Partners, eifert aber dessen Stärken nach.
– Die Beschäftigung mit Liedspiel, Improvisation und theoretischen Aufgaben findet bei zweien mehr Resonanz als bei einem Einzelnen.

Diese Vorteile kommen allerdings nur unter bestimmten Voraussetzungen zum Tragen. Ein effektiver, dem Einzelunterricht mindestens ebenbürtiger, eher überlegener Gruppenunterricht bedingt:

1. eine gegenüber dem Einzelunterricht verlängerte Dauer der Gruppenstunde;
2. zwei von Typus, Alter und wenn möglich auch Begabung sich entsprechende Schüler;
3. eine Raumausstattung, die den reibungslosen Ablauf einer Gruppenstunde möglich macht;
4. einen Unterricht, der auf zwei Schüler bezogen so variabel ist, daß er beiden Partnern gleichermaßen gerecht wird;
5. einen Lehrer schließlich, der damit umzugehen versteht und ein Gespür hat für gruppendynamische Verhaltensweisen.

1.2.

Von diesem Idealzustand sind wir weit entfernt. Gruppenunterricht ist, so wie er vielerorts praktiziert wird (beziehungsweise praktiziert werden muß) frustrierend, *und zwar für Lehrer und Schüler gleichermaßen* (um Varrós Verheißung in pädagogische Umkehrung zu setzen). Gewiß, es gibt wohltuende Ausnahmen, doch eine Situationsanalyse macht auf bedrückende Weise deutlich, wo wir heute gemeinhin stehen. Sie zeigt, obige Punkte von unten nach oben durcheilend,

zu 5.: den während seiner Ausbildungszeit mit Gruppenunterrichtspraktiken kaum behelligten Lehrer;
zu 4.: den Ablauf einer Unterrichtsstunde, die in zwei aufeinander folgende halbe Einzelstunden „im Beisein eines Partners" zerfällt;

zu 3.:   das Institut, Musikschule etwa, das in Seminarangeboten Lücken einer viel-
          semestrigen Ausbildung zu stopfen versucht; das aber versäumt, den zweiten,
          nicht minder wichtigen Schritt zu tun: Räumliche, zeitliche und organisa-
          torische Voraussetzungen zu schaffen, die einen reibungslosen Ablauf erst
          gewährleisten;
zu 2.:   den einem Zufallspartner zugeteilten Schüler, der froh sein darf, wenn ein
          einigermaßen konfliktloses Gemeinsamkeitserlebnis die wöchentliche Stunde
          trägt;
zu 1.:   die zeitliche Kalamität einer Gruppenstunde.

Letzteres ist nun das Deprimierendste von allem. Denn nach wie vor versteht man
unter Gruppenunterricht eine Stundenlektion, die sich mit der gleichen Zeiteinheit
zu begnügen hat wie der parallele Einzelunterricht. Damit nicht genug! Stillschweigend
wird vorausgesetzt, daß gleiche fachliche Ergebnisse erzielt werden. Dabei liegt es auf
der Hand: Bei gleicher Zeiteinheit kann mit zwei Schülern nicht das gleiche erwartet
werden wie mit einem Schüler, der die gesamte Zeit für sich allein in Anspruch nehmen
kann.

So geschieht es, daß Gruppenunterricht gemeinhin als zweitrangig eingestuft wird.
Und schlimmer noch: Allzu oft gerät auch der vorwiegend gruppenunterrichtende
Kollege in den Ruch der Zweitrangigkeit gegenüber dem, der Einzelschüler hat, denn
natürlich kann der mit größeren Vorzeige-Erfolgen aufwarten.

1.3.
Gruppenunterricht ist, wie ich es sehe, nur dann sinnvoll und hat nur dann seine
pädagogische Berechtigung,

          wenn er dem Schüler in allen Belangen die gleiche Förderung und ein dem
          entsprechenden Einzelunterricht vergleichbares Vorankommen garantiert.

Hier allerdings gilt,

          daß Gruppenunterricht nur dem Schüler zukommt, der im gemeinsamen Tun
          und Lernen seine Lust und Motivierung findet,
          daß hingegen derjenige, der im Alleingang besser motiviert werden kann (wir
          werden sehen, wie er zu erkennen ist), den ihm gemäßen Einzelunterricht
          erhält.

2. Was möglich ist

Suchen wir jetzt nach Möglichkeiten, wie obige Vorbedingungen realisiert werden können.

2. 1. Das Zeitproblem

Die Erfahrung lehrt, und ich bitte, meiner Erfahrung zu vertrauen, daß mit der $1\frac{1}{2}$-fachen Dauer einer ortsüblichen Einzelstunde im Gruppenunterricht gleiche Ergebnisse erzielt werden können. Für das erste Früh-Instrumentaljahr bieten sich an

– 40 Minuten für die Einzelstunde,
– 60 Minuten für die Gruppenstunde.

Ab zweitem, spätestens drittem Jahr
– 50 Minuten für die Einzelstunde,
– 75 Minuten für die Gruppenstunde.

Bei längerem Bestand der Gruppe
– 60 Minuten für die Einzelstunde,
– 90 Minuten für die Gruppenstunde.

Nun hat sich eine Musikschule gemeinhin, in bürokratische Reglementierung eingebunden, nach administrativer Decke zu strecken. Aber statt resignierend von vornherein mit einem „...bei uns nicht möglich" abzuwinken, sollte doch nach Wegen gesucht werden, die wenigstens einigermaßen an obige Zeitspannen heranführen. Es läßt sich manches zurechtjonglieren. Jedenfalls lasse man nie locker, die entsprechenden Entscheidungsträger in den Stadtverwaltungen damit zu konfrontieren, daß schulische Verantwortung ebenso wie pädagogischer Auftrag dazu verpflichten, jedem Schüler gleiche Chancen zuzubilligen. Und der Hinweis, daß obige Handhabung gegenüber kostspieligeren Einzelstunden ja auch eine Einsparung erzielt, wird oft auf mehr Verständnis stoßen als man vermutet.

Übrigens: Jonglieren. Der übernächste Punkt wird zeigen, daß wir selbst, zum Vorteil und weiterem Zeitgewinn, mit diesen aufgeführten Minutenzahlen zu jonglieren beginnen –

2. 2. Das Schülerproblem

Das Problem, ad hoc das passende Partnerpaar zu finden, scheint auf den ersten Blick unlösbar. Und doch, es gibt eine Möglichkeit:

Starten Sie nicht mit zwei, sondern mit drei Schülern. Bringen Sie jeden Schüler in ein periodisches Wechselbad von Einzel- und Partnersituation nach folgendem Schema:

1. Woche: Schüler A + B = 60 Minuten ⎫
           Schüler C   = 40 Minuten ⎭ aufeinanderfolgend
2. Woche: Schüler B + C = 60 Minuten ⎫
           Schüler A   = 40 Minuten ⎭ aufeinanderfolgend
3. Woche: Schüler C + A = 60 Minuten ⎫
           Schüler B   = 40 Minuten ⎭ aufeinanderfolgend
4., 5., 6. Woche und weiter: da capo

Es läßt sich bald erkennen, welche beiden Schüler am besten zueinander passen. Vor allem: Sollte einer der typischen Einzelschüler dabei sein, können Sie ihn, ohne daß die Gruppe zerfällt, herauslösen und seinem Naturell gemäß allein unterrichten. Wie ein solcher Einzelschüler schnell zu erkennen ist, beschreibt der Abschnitt III: Früh-Instrumentalunterricht als Einzelunterweisung.

Meist stellt sich jedoch gerade bei Schülern im Früh-Instrumentalalter heraus, daß alle drei auf das partnerschaftliche Spiel positiv reagieren. Da steht nichts im Wege, dieses Rotationsspiel beliebig lange fortzusetzen. Es ergibt sich hierbei auf längere Sicht gesehen sogar die Chance, den einen oder anderen streckenweise herauszunehmen, allein zu unterrichten und nach Belieben wieder einzugliedern. Auch kann ein im Zeitverlauf vorausdrängender – oder zurückfallender – Schüler letztlich ganz herausgenommen und allein weitergeführt werden. Auch bei eventuellem Abgang eines Schülers: Die Gruppe bleibt unbeschadet bestehen.

Aber das ist nicht alles! Die drei Schüler arbeiten ja, zunächst jedenfalls, in einer Art Dreiergemeinschaft zusammen. Und daraus ergibt sich ein weiterer Vorteil. Da der Unterricht stets aufeinanderfolgend stattfindet, können sich Gruppen- und Einzelstunde überlappen: Jede Stunde greift und wirkt in die andere hinein.

2.3. Geschenkte Unterrichtszeit: Die Überlappung
Dieses Hineingreifen der Einzel- in die Gruppenstunde und umgekehrt festigt nicht nur das Zusammengehörigkeitsgefühl unserer drei Schüler. Es ermöglicht eine nochmals verlängerte Unterrichtszeit:

14.00 – 14.50 Uhr: Partnergruppe, 2 Schüler
14.50 – 15.10 Uhr: Überlapp-Phase, 3 Schüler
15.10 – 15.40 Uhr: Einzelschüler

Die Partner sind also nicht 60, sondern 70 Minuten im Unterricht.
Der Einzelschüler ist nicht 40, sondern 50 Minuten im Unterricht.

Das ergibt als Gesamtunterrichtszeit für die Schüler 120 Minuten, der Lehrer unterrichtet jedoch nach wie vor seine 100 Minuten.

Grafisch dargestellt:

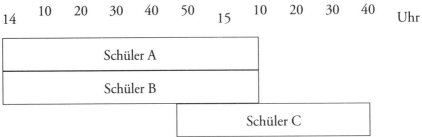

Die Aufteilung:
Gruppe 50 Minuten, Überlappung 20 Minuten, Einzelschüler 30 Minuten

In der Überlapp-Phase sind die Schüler also zu dritt. Sie sind, vom Improvisieren vielleicht abgesehen, grundsätzlich nicht mit Klavierspiel beschäftigt. Aber Hörschulung, Notation, formale Analysen (und damit „spielen" mit großem Spaß auch Sechsjährige schon) sind auch in „normalen" Klavierstunden obligate Unterrichtsinhalte. Um wievieles leichter (und zeitsparender) ist das hier zu handhaben.

2.4. Die sich überlappende Doppelgruppe
Es soll nun noch auf die – ähnlich gelagerte – Möglichkeit hingewiesen werden, mit zwei Gruppen, also mit vier Schüler, zu starten. Dies bietet sich dort an, wo Früherziehungskurse laufen, wo nach Kursende mehrere Schüler gleichen Alters und gleicher Vorbildung zu gleicher Zeit den Klavierunterricht aufnehmen wollen.

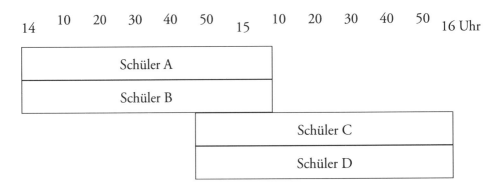

Auch dieses erweist sich als vorteilhaft. Die Schüler bilden anfangs, durch Überlapp-Phase und gleichen Lehrstoff vereint, eine Viererpartnerschaft, die es ermöglicht,

– die Gruppen durchlässig zu machen, Schüler also beliebig auszutauschen;
– einen eventuellen Einzelschülertyp herauszunehmen, worauf die oben erwähnte Rotation einer Dreiergruppe weiterlaufen kann;
– schließlich auch hier Schüler streckenweise allein zu unterrichten und wieder einzugliedern.

Ein geradezu musterhaftes Beispiel hierfür bildete die Doppelgruppe des Projektes „Kinder komponieren" (Dritte Schülergeneration S. 68 und 88, weiter 103 und 121), die dreieinhalb Jahre als Vierergemeinschaft gut harmonierte. Gelegentlicher Austausch innerhalb der Gruppen trug dazu bei. Nach Julias Abgang blieb eine Dreiergemeinschaft weitere vier Jahre zusammen, teils mit wöchentlicher Rotation, teils mit längeren Einzelphasen (July), aber stets mit Überlappung.

3. Die möglichen Konstellationen

> 3. 1. Konstellation A: Spieler und Partner
> 3. 2. Konstellation B: Zwei Spieler
> 3. 3. Konstellation C: Der Lehrer an den Tasten
> 3. 4. Konstellation D: Lehrer und zwei Spieler
> 3. 5. Konstellation E: Lehrer, Spieler und Partner
> 3. 6. Unverzichtbar: Das Sitzbrett

Die Aufzählung zeigt die fünf möglichen Konstellationen der drei Beteiligten zur Tastatur, beziehungsweise zum Spiel auf den Tasten. Es gilt zu untersuchen, welche Rolle jede dieser Konstellationen im methodischen Ablauf einer Unterrichtsstunde spielen kann.

3. 1. Konstellation A: Spieler und Partner
Diese Konstellation wird, vom zweiten Halbjahr oder vom zweiten Jahr ab, mehr und mehr zur Hauptkonstellation. Es soll ja „klaviergerecht" gespielt werden (die Meinung, im Gruppenunterricht spiele man ständig, nebeneinandersitzend, eine Oktave zu hoch oder zu tief, ist weit verbreitet), geübte Stücke sollen vorgetragen und ausgefeilt werden. Dabei sitzt der Spieler selbstverständlich in der Mitte der Tastatur. Die Konstellation A gleicht also der Situation des Einzelunterrichtes. Da wir aber von der Prämisse ausgehen,

> daß ein Gruppenunterricht nur dann erfolgreich sein kann, wenn beide Schüler in jeder Phase in das Unterrichtsgeschehen einbezogen werden,

gilt hier das Augenmerk dem Partner, der sinnvoll zu beschäftigen ist. Kein Nacheinander, sondern ein Miteinander ist zu erreichen.

139

Anders als im Einzelunterricht, in dem sich der Lehrer ausschließlich dem Spieler widmet, wendet er sich, beziehungsweise richtet er das Wort im Gruppenunterricht grundsätzlich an den Partner (der bald heraus hat, daß eigentlich der Spieler gemeint ist). Der Partner wird auf diese Weise ständig in das Geschehen einbezogen, ist aufmerksamer, mitdenkender Teil der Lerngemeinschaft. Der pädagogische Weg läuft also vom Lehrer über den Partner zum Spieler.

Dann folgt das Resümee aus dem Munde des Partners: Was war gut und warum, was kann oder muß noch verbessert werden und warum.

Beschäftigung des Partners, welche Möglichkeiten gibt es da! Es würde zu weit führen, hier alles aufzuzählen; da möge mein Buch zu Rate gezogen werden. Besser noch: Selbst probieren und suchen. Jede neue Idee oder Erkenntnis ist doch ein neues Erfolgserlebnis, oder – ?

3.2. Konstellation B: Zwei Spieler

Konstellation B bringt uns die Situation des Vierhändigspiels: Anwendbar beim Einstudieren im „Jeder-mit-einer-Hand-Prinzip". Dies nicht nur beim Einstudieren, nein, ebenso wirkungsvoll bei der Wiedergabe gemeinsam geübter Stücke: Hier kann das Wieder-Hineinfinden beim Verspielen und Herauskommen geübt werden. Das „Finde dich wieder hinein" als Aufforderung wirkt Wunder im Hinblick auf Sicherheit beim späteren Vorspielen.

Sodann, das übliche Spiel vierhändiger Stücke natürlich, auch Improvisieren zu zweit, oder… – Selbst finden, siehe oben.

3.3. Konstellation C: Der Lehrer am Klavier

Hörschulung. Lehrervorspiel. Sehr beliebt ist das Vorspiel des Lehrers mit Ankündigung: Ein Fehler ist drin! (Falscher Ton, falscher Rhythmus, falsche Pause, auch falsche Artikulation oder absichtlich unschönes Spiel, zu laute Begleitfiguren etwa.) Das ist für die Schüler wie Ostereier Suchen: Hier ist es, ich hab es entdeckt! Dabei gilt es aber, das Zusammenarbeitsprinzip zu beachten (4.1.), damit nicht immer derselbe Schüler mit der Lösung herauskommt. Allerdings darf auch einmal das Wettbewerbsprinzip (4.3.) einbezogen werden mit der Frage: Wer entdeckt den Fehler zuerst – ?

Weitere Möglichkeit: Lehrervorspiel, einer zwei- oder viertaktigen Phrase etwa, und Nachspiel eines Schülers oder beider Schüler zugleich nach Gehör. Das wäre ein Wechsel zwischen den Konstellationen A, B und C.

3.4. Konstellation D: Lehrer und zwei Spieler

Vormachen (Lehrer), Nachmachen: Kurze Übungen, Fingerbewegungen, Handgelenk, Tiefschwung und Hochschwung, gegenseitige Kontrolle dabei. Erkennen, wenn der Lehrer absichtlich etwas falsch macht.

Blattspiel dreihändig; metronomgenaues Spiel und – wenn ein Schüler sich verspielt – Weiterspiel des Lehrers. Schüler müssen mitkommen, sich wieder hineinfinden
und so weiter.

Improvisation sechshändig.

3. 5. Konstellation E: Lehrer, Spieler und Partner

Untypisch für den Gruppenunterricht, manchmal aber nicht zu umgehen. Diese Konstellation tritt dann ein, wenn es, aus welchem Anlaß auch immer, notwendig wird,
direkt mit dem Spieler zu arbeiten. Im Prinzip haben wir die Konstellation A wieder
vor uns, nur gestaltet sich das Problem der Partnereinbeziehung beziehungsweise -be-
schäftigung schwieriger. Nach Möglichkeit sollten hier beide angesprochen werden, so
daß der Partner sich nicht ausgeschlossen fühlt.

> Konstellationen:
> Legen Sie sich eine Übersicht der Konstellationen A – E sichtbar auf das
> Instrument. Wägen Sie ständig ab, welche Konstellation für welche Unter-
> richtssituation die günstigste ist. Bedenken Sie dabei: B, C und D sind die
> Konstellationen, die Zeit einsparen.

3. 6. Unverzichtbar: Das Sitzbrett

Unlösbar verbunden mit dem reibungslosen Ablauf einer Unterrichtsstunde im logischen Wechsel der Konstellationen ist das Problem der Sitzordnung. Man stelle sich
das mit Hilfe dreier Stühle vor:

– Konstellation A: Ein Stuhl für den Spieler in Klaviermitte, einer für den Partner
  links oder rechts daneben.
– Wechsel zu Konstellation B: Stuhlgerücke, damit beide Schüler als Spieler neben-
  einandersitzen können.
– Dann noch die D-Konstellation; es kommt der Stuhl des Lehrers hinzu

und so fort, die Stunde hindurch. Nein, so geht es nicht!

Es geht auch nicht mit einer Sitzbank für zwei, die hier und da für das Vierhändigspiel zu finden ist. Die reicht zwar für die Konstellationen B und C; für A (Spieler und
Partner) dann schon weniger. Gewiß, der Partner kann aufstehen und sich auf einen
nebenstehenden Stuhl setzen, aber durch Aufstehen, Wiederkommen und so fort
entsteht immer wieder Unruhe. Und beim Spiel zu dritt gibt es dann wiederum neues
Stuhlgerücke.

Was benötigt wird, ist eine Sitzgelegenheit, so breit wie die Tastatur, lieber ein paar
Zentimeter mehr, eine Bank also, die Platz hat für drei und die beim Wechsel von
Konstellation A zu B kein Aufstehen und Wiederkommen erfordert. Zwar gibt es
Bänke dieser Breite im Klavierhandel zu kaufen, aber für sehr teures Geld. Außerdem

ist es mit e i n e r Bank ja nicht getan: Diese Sitzfläche muß in a l l e n Räumen zur Verfügung stehen, in denen Klavier-Gruppenunterricht erteilt wird.

Benötigt wird ein Sitzbrett, Holz, mit den Maßen Länge 130 cm, Breite zirka 35 cm, Stärke 2 cm, glatt poliert, damit man leicht zur Mitte oder zur Seite rutschen kann; eine Längsseite (130 cm) abgerundet, damit es beim Sitzen nicht in den Kniekehlen stört (Tischlereien haben Maschinen, die das mit einem einmaligen Durchzug erledigen). Dazu zwei Stühle mit gerader Sitzfläche, auf die das Brett gelegt wird. Die oben genannte Breite von 35 cm ist nur als ungefähr anzusehen; sie richtet sich nach der Breite der Stuhlsitzfläche. Das Brett soll also den Stuhlsitzflächen angepaßt werden.

Dieses Brett ermöglicht durch einfaches Seitwärtsrutschen ein Wechseln von jeder Konstellation in jede andere: Sitzt ein Spieler in der Mitte, der Partner rechts daneben (Platz dafür ist ja vorhanden), dann rutscht beim Wechsel der Spieler nach links, der bisherige Partner rückt nach und wird jetzt Spieler und so fort.

Möglicherweise, ja, wahrscheinlich, liegt das Brett auf den Stühlen für die kleinen Früh-Instrumentalschüler zu tief. Darum sind einige weitere Bretter vonnöten, kleinere, stuhlsitzflächengroße. Die können nach Bedarf zwischen Stuhlsitz und Sitzbrett gelegt werden. Die Bank läßt sich so nach Belieben erhöhen.

Haben – es ist nicht oft der Fall – die beiden Partner unterschiedliche Sitzhöhe, kann eines dieser Brettchen a u f das Sitzbrett gelegt werden; der kleinere rückt es dann stets mit sich.

Ich habe außerdem die nicht abgerundete Längsseite des Sitzbrettes mit vier Ösenschrauben versehen, durch die ich Band zog und damit das Brett an den Stuhllehnen befestigte. So erhielt ich eine Sitzbank, die stabil war und allen Ansprüchen genügte.

4. Die Unterrichtsprinzipien

    4.1. Das Zusammenarbeitsprinzip
    4.2. Das Gemeinsamkeitsprinzip
    4.3. Das Wettbewerbsprinzip
    4.4. Unverzichtbar: Der Studiertisch

Die Unterrichtsprinzipien bringen das Verhältnis des Lehrenden zu seinem Schülerpaar sowie das Verhältnis der beiden Schüler untereinander ins Blickfeld. Im Einzelunterricht ist es der Lehrer allein, der das Verhalten seines Schülers beeinflußt:

In einer Gruppe jedoch wird jeder Schüler in seinem Verhalten durch den Lehrer und durch den Mitschüler beeinflußt. Das Ergebnis des Unterrichts hängt darum stark von der Art des Einflusses ab, den der einzelne auf die anderen ausübt: Unbewußt bei den Schülern, bewußt, hoffentlich, beim Lehrer. Seine erste Aufgabe ist eine kommunikatorische; er hat aus dem anfänglichen Nebeneinander der beiden Schüler ein Miteinander zu machen. Dabei bieten sich ihm in der Gruppenkonstellation verschiedene Möglichkeiten an. Und jedes dieser Prinzipien bringt gruppendynamisch sein ganz spezifisches kommunizierendes Spannungsverhältnis zur Wirkung.

4.1. Das Zusammenarbeitsprinzip
Es ist das wichtigste von allen; es ist das Prinzip, das die Gruppe zusammenhält, das ein reibungsloses Zusammenarbeiten ermöglicht.

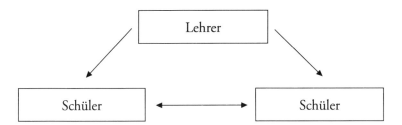

Das Tun und das Verhalten eines Schülers ist nicht nur auf sich selbst bezogen, wie etwa im Einzelunterricht und, gesteigert noch, in Wettbewerbssituationen, sondern es ist auf den Partner eingestellt. Echte Partnerschaft entsteht, wenn es dem Lehrer gelingt, aus zwei Individuen eine intakte Lerngruppe zu formen. Dabei kann er sich das Bedürfnis der Schüler, vom Partner anerkannt zu werden, zunutze machen. Es wurde bereits geschildert (siehe 3.1.): Beim Resümee zuerst Anerkennung und Lob für die gut vorgetragenen Teile des Stückes und zwar aus dem Mund des Partners, danach die kritische Bewertung.

Das Wesentliche und Entscheidende im Gelingen der Zusammenarbeit stellt jedoch das Moment des gegenseitigen Zuwendens dar: Wurde eine Aufgabe oder eine Frage gestellt, dann wendet sich der Schüler, der als erster die Lösung hat, dem Partner zu. Nach kurzem Abwarten folgt das Verhandeln miteinander, und erst, wenn beide übereinstimmen, wird die Lösung gegeben, meist von beiden zugleich. Diese Zuwendung, dieses einander Nahekommen, dieses Ausschalten jeglichen Konkurrenzgehabes ist das Band, das die beiden Individuen vereint.

Frage- beziehungsweise Aufgabenstellung im Zusammenarbeitsprinzip: „Sucht, findet, schreibt, probiert zusammen dies und das…"

Sollte es nicht klappen, das kann anfangs wohl der Fall sein, dann besteht die Möglichkeit, die Aufgabenstellung zu trennen. Als Beispiel: Ein Klavierstück mit mehreren Vorzeichen liegt vor uns. „Wir wollen entdecken, Mascha, das machst du, in dieser Notenzeile der rechten Hand: Wieviel schwarze Tasten werden angeschlagen, wenn du das spielst?" Und Christina, dieselbe Zeile: „Wieviel weiße Tasten sind es, wenn du es spielst?" Anschließend wenden sich die Schüler einander zu, jeder erklärt dem anderen die Lösung. Hierbei kann die Situation übergehen zum Gemeinsamkeitsprinzip (4. 2.) in dem Augenblick, in dem der Lehrer sich in das Gespräch mit einschaltet.

4. 2. Das Gemeinsamkeitsprinzip

Im Gemeinsamkeits- oder Gleichheitsprinzip begibt sich der Lehrer vollends seiner dominierenden Rolle und wirkt mit bei Lösungssuche als gleichgewichtiger Teil der Gruppe. Diese Situation kann dann eintreten, wenn im Zusammenspiel des vorigen Prinzips kein Ergebnis erzielt wird. Unmerklich schaltet sich der Lehrer ein, sucht nun selbst mit seinen beiden Partnern nach Lösungsmöglichkeiten, fragend, handreichend, hinführend. Lehren und Belehren wird abgelegt zugunsten eines unauffälligen Lenkens und Abwartens, wobei die Schüler jetzt in Kooperation mit dem dritten Gruppenpartner arbeiten, ohne daß ihnen das Gefühl der Selbständigkeit abhanden kommen darf:

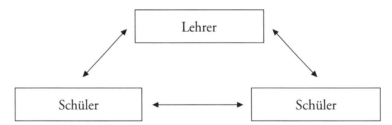

In diesem Gemeinsamkeitsprinzip egalisiert sich auch das leidige Lehrer-Schüler-Dilemma, das als Unstern über jedem Lehren und Lernen steht: Das Dilemma des einen, der sein Lehrerleben lang mit bis zur Unlust geläufigen und bis zum Überdruß klarliegenden Aufgaben zu tun hat, und das Dilemma des anderen, der sein Schülerdasein lang die fertigen Lösungen serviert bekommt und hinzunehmen hat.

In dieser Form des Unterrichtes erfahren die Schüler wieder das Abenteuer des Forschens und Entdeckens. Im Vorschulalter haben sie doch so die Welt entdeckt – ?

Aufgabenstellung im Gemeinsamkeitsprinzip: „Laßt uns gemeinsam…"

4. 3. Das Wettbewerbsprinzip

Wetteifer ist ein wirksames Erziehungsmittel. Und zweifellos ist es der Wetteifer – Wettbewerbe jeder Art bestätigen es –, der zu höchstmöglicher Leistung stimuliert. Permanent dieser Situation ausgesetzt, leider erlebt man das ringsum immer wieder, kommt bei vielen irgendwann der Zusammenbruch, das Aus, der Abgang, verbunden oft mit einer nicht wieder umzukehrenden Aversion gegen Klavier und Musik, – die viel zu große Zahl der zu frühen Abgänger bestätigt es. Die Situation der Konkurrenz ist latent in jeder Gruppe vorhanden, belebend oder ungut prickelnd. Wird hier nicht mit behutsamer Hand geglättet, wird es im Unterricht zu einem permanenten Kräftemessen kommen mit dem Ergebnis, daß die Gruppe nach kurzer Zeit auseinanderfällt:

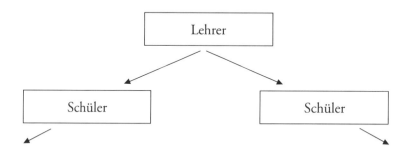

Bewußt und geschickt eingesetzt, hat jedoch auch das Wettbewerbsprinzip im Gruppenunterricht seinen Platz. Dabei sollte es seine Anwendung finden nur unter etwa gleicher Voraussetzung der Partner, für ganz bestimmte vergleichbare Einzelaktionen, und zum Erreichen kleiner und kleinster Teilziele.

Auf Wettspiele sprechen die Schüler gern an. Zum Beispiel setze ich sie gern ein bei Aufgaben, die die Schüler prinzipiell zunächst als Spiel begreifen, etwa wenn es gilt, die Namen der schwarzen Tasten zu lernen oder die der Intervalle. Kündige ich aber für das nächste Mal ein Wettspiel an, habe ich die Gewißheit, daß gründlich vorgelernt wird. Die Schüler sitzen dann nebeneinander am Klavier, Hände auf den Knien: „Schlagt an: Fis!, Ges!" und so weiter. Erschwert: „Dritter Finger rechte Hand: Cis!, Es!" etc. Oder: „Quarte auf e!" beziehungsweise erschwert: „Quarte mit 2. und 5. Finger auf G!" Wer hat zuerst zehn Punkte?

4.4. Unverzichtbar: Der Studiertisch
Die Einbeziehung eines separaten Arbeits- oder Studiertisches empfiehlt sich für die Handhabung der Konstellationen und Unterrichtsprinzipien. Die Konstellationen bedingen ja nicht, daß die nicht an den Tasten beschäftigten Schüler stets mit am Klavier sitzen müssen. Für das Mitlesen beim Fehlerspiel des Lehrers zum Beispiel ist der Tisch, auf dem die Schüler ihre Kontrollnoten vor sich liegen haben, weit besser geeignet, als es das Mitlesen am Klavier wäre.

Die wichtigste Funktion hat der Studiertisch jedoch bei der Einstudierung, besser: bei der Vorbereitung eines neu zu erarbeitenden Werkes. An ihm geschieht vor dem ersten Anschlag das geistige Eindringen, die gedankliche Auseinandersetzung, das inhaltliche Beziehung-Aufnehmen mit dem neuen Spielstück. Erst wenn hier ein erster motivierender Kontakt hergestellt ist, beginnt die Arbeit an den Tasten. Dieser Grundsatz gilt sowohl für Früh-Instrumentalschüler wie für Schüler oder Studenten, die vor einer neuen Sonate stehen.

Aber betrachten wir die Funktion des Studiertisches noch einmal im Zusammenhang mit den vorangegangenen Gebieten:

– Konstellation A: Der Partner hat die Wahl,
   1. neben dem Spieler am Klavier zu sitzen,
   2. am Studiertisch die Noten mitzulesen,
   3. an einem Notenständer fern von Klavier oder Tisch mitlesend seinen „Triangelschlag" zu tun.
– Konstellation C: Beide Schüler können am Tisch, die Noten vor Augen, das Spiel des Lehrers verfolgen.
– Zusammenarbeitsprinzip: Weiterführung der in Konstellation C begonnenen Lernphase.
– Gemeinsamkeitsprinzip: Der Lehrer gesellt sich zu den Partnern als Dritter im Bunde.
– Wettbewerbsprinzip: Neben den am Klavier geschilderten Wettspielen gibt es genug Möglichkeiten auch am Tisch.
– Überlappungen: Am Studiertisch finden statt: Hörschulung, Notenschreiben, Komponierversuche, vieles mehr.

5. Was die Gruppe zusammenhält

Selbst wenn man die passenden Partner, ja selbst ein ideales Partnerpaar gefunden hat: nie wird man erleben, daß beide Schüler in allem gleich sind. Stets gibt es einen mit schnellerer, einen mit langsamerer Auffassungsgabe, stets gibt es einen, der sicherer im Blattspiel ist als der andere, einen, der phantasievoller improvisiert, einen, der geläufiger an den Tasten oder talentierter im Auswendigspielen ist. Unterschiedliche Veranlagung muß jedoch nicht zum raschen Zerfall der Gruppe führen. Unter sozialen Gesichtspunkten ebenso wie unter dem der Vielfältigkeit kann sie zum Gewinn werden für alle Beteiligten.

Ich bin nun in der glücklichen Lage, durch die Ausführlichkeit des ersten, erzählenden Teiles hier auf Schülergruppen verweisen zu können, die trotz konträrer Veranlagung und Verhaltensweisen ihrer beiden Partner erstaunlich gut harmonierten. Besonders typisch die Martin-Cornelia-Gruppe: Er, der ungeduldig zum Improvisieren drängte, sie, die das Singen und das Begleiten anderer Instrumente liebte. Die Gruppe wäre weit über ihre dreieinviertel Jahre hinaus verbunden geblieben, hätte ich sie nicht im Rahmen des Schüleraustausches verabschieden müssen. Oder, in vierter Generation, Mascha-Christina die etwa drei Jahre zusammenblieben. Sodann Anna-Janina, oder Anna-Gregor in Überlappung mit Phil. Unterschiedlichere Partner gibt

146

es kaum. Sie sind inzwischen sieben beziehungsweise sechs Jahre zusammen, und dies nicht mir zuliebe. Sie wollen es!

5. 1. Was also hält eine Gruppe zusammen? Ad eins:
Im Abschnitt „Unterrichtsprinzipien" steht an erster Stelle (4. 1.) das Zusammenarbeitsprinzip. Wie kein anderes ist es in der Lage, die beiden Partner einander – im Wortsinn – nahezubringen. Und wie kein anderes ist es in der Lage, die Konkurrenzsituation auszuschalten, die normalerweise bei einer Aufgabenstellung wie: „Sucht, findet, probiert das und das…" entsteht. Denn: In solchen Situationen ist es gewöhnlich immer derselbe Schüler, der mit seiner Antwort voraus ist. Es ist der fixere, reaktionsschnellere. Der bedächtigere hingegen, obgleich nicht minder intelligent, wird stets den entscheidenden Moment zu spät reagieren, wird irgendwann abschalten und dem Partner unbewußt das Sagen überlassen. Darum: Hat einer die Lösung, dann wendet er sich als erstes dem Partner zu, verhält vielleicht einen Augenblick (das spielt sich bald ein), dann folgt das Wispern untereinander (der Lehrer soll es ja noch nicht hören), und erst, wenn beide übereinstimmen, kommt die Antwort, meist von beiden zugleich.

Die „Zuwendung" im Zusammenarbeitsprinzip; Janina und Anna (offenbar „hat" Janina die Lösung schon).

Diese Zuwendung nach gelöster oder halb gelöster Aufgabe ist dabei das Entscheidende. Das Miteinander, das aufeinander Eingehen, das Zusammenarbeiten: So sieht das Bindemittel aus, das eine Gruppe zusammenhält. Und das oft auf Dauer.

5. 2. Was also hält eine Gruppe zusammen? Ad zwei:
Im Abschnitt „Konstellationen" wird auch die Rolle des Partners untersucht (siehe 3. 1.). Unter anderem ist er gehalten, das vom Spieler vorgetragene Klavierstück zu kommentieren. Dabei ist ein Grundsatz strikt einzuhalten: Zuerst wird ausgesprochen, was am Spiel gut war. Anschließend folgt die kritische Wertung. Hier mag sich der Lehrer zunächst zurückhalten und abwarten, ob der Spieler mit Einverständnis reagiert und bereit ist zur Wiederholung, oder ob er mit eigenen Gegenvorschlägen kommt, wobei dann allerdings die Lehrermeinung gefragt ist. Entscheidend jedenfalls ist die

Anerkennung aus dem Mund des Partners. Sie ist weit motivierender als Lob von Lehrerseite.

5.3. Was also hält eine Gruppe zusammen? Ad drei:

Schon Sechsjährige begreifen, daß Kinder verschieden sind in ihren Begabungen. Bringen wir es zur Sprache: Wenn einer etwas besser kann als der andere, dann kann dafür der andere irgend etwas besser, was der eine nicht so gut kann. So ist das eben! Hierbei kann ein lebhaftes Gespräch in Gang kommen in der Absicht, die Kinder selbst entdecken zu lassen (meist wird ein Aha-Erlebnis draus), wer aus Familien- oder Freundeskreis worin begabt ist und worin nicht.

Behutsamer dann im direkten Vergleich: „Auch ihr habt eure Talente hierin und darin; vielleicht kannst du schneller rechnen, und vielleicht kannst du besser malen. Einer ist begabter fürs Notenspiel, der andere fürs Auswendigspiel –." Man glaube mir: Kinder können damit umgehen und bekommen Akzeptanz und Toleranz als Zugabe gleich mitgeliefert.

5.4. Was also hält eine Gruppe zusammen? Ad vier:

Es sei hier nochmals auf das Prinzip der Überlappung und der Rotation hingewiesen (siehe 2.2. und 2.3.). Eine Gruppe zu festigen und die Voraussetzung zu schaffen für ein Miteinander von längerer Dauer bedingt ein harmonierendes und möglichst zueinander passendes Schülerpaar. Die Chance, ein solches Schülerpaar zu finden, ist gering beim Start mit nur zwei (Zufalls-)Schülern, ist jedoch überraschend groß beim Start mit drei oder gar mit vier Schülern, bei denen sich im Rotationstest das geeignetste Paar herauskristallisiert. Die Möglichkeit, dabei auch eine Dreiergemeinschaft über längere Zeit zu unterrichten (nach dem Prinzip 2 + 1 mit Überlappung), ist verlockend und ermöglicht auch nach Übergang eines Schülers in den Einzelunterricht ein Fortbestehen der Gruppe.

5.5. Schließlich, ad fünf, was hält eine Gruppe zusammen?

Die Schüler arbeiten anfangs nach gleicher Literatur, Klavierschule zumeist, die sie eine mehr oder weniger lange Strecke gemeinsamen Weges begleitet. Aber, wiederum sei es gesagt, keine zwei Schüler sind gleich. Über kurz oder lang stellt es sich heraus, daß einer der beiden rascher vorankommt. Ehe der Unterschied allzu spürbar zutage tritt, ist es ratsam, die Literatur zu trennen. Die Folgehefte, die schon im letzten Viertel einer Klavierschule herangezogen werden können, sollten ohnehin für beide Schüler unterschiedlich sein. Bekommt etwa der eine seinen Leopold Mozart, bekommt der andere sein Anna-Magdalena-Bach-Heft. Dies hat mehrere Vorteile. Es entfällt einmal der ständige direkte Vergleich; der langsamere, oder auch weniger geläufigkeitsbegabte, hat in jeder Stunde ebenso wie der raschere Partner sein Erfolgserlebnis, allein schon durch das obligate Lob seines Partners. Zweitens lernen die Schüler, bedingt durch die Einbeziehung des Partners, mehr Literatur kennen, als wenn beide stets an ein und demselben Stück arbeiten.

An der Vorbereitungsphase am Studiertisch jedoch sind beide Partner stets gemeinsam beteiligt. Das Einfinden in das neue Stück, das geistige Einarbeiten ist Aufgabe beider Schüler, des Schülers, der das Werk später erarbeiten wird, wie des Schülers, der nur Starthilfe gibt und das Werk, das er selbst nicht einzuüben hat, von Anfang an mit kennenlernt und an dessen Ausarbeitung er als Partner auch stets mit beteiligt ist. Und dies ist auch das Entscheidende daran: Die getrennt einzustudierenden Werke sind stets eine Sache der Gemeinsamkeit.

Darüber hinaus sollten beide aber auch gemeinsame Stücke in Arbeit haben. Wenn sie schon zu zweit sind, gehört Vierhändiges selbstverständlich dazu. Aber auch zweihändige Literatur, an der sie ihr „Einhändig-zu-zweit" oder ihr phrasenweises Wechselspiel üben können.

Was eine Gruppe zusammenhält:

> Vermeidung des permanenten Leistungsvergleiches, der sich im parallelen Tun zweier Individuen zwangsläufig einstellt.

6. Das Aufgabenheft im Gruppenunterricht

Das Aufgabenheft: Mittler zwischen Unterrichtsstunde und häuslichem Üben. Doppelte – bei Dreierüberlappung gar dreifache – Schreibarbeit? Mitnichten! Ich benutze ein Durchschreibverfahren:

Die Schüler bekommen zur ersten Stunde einen DIN-A5-Hefter (wer viel notieren will, mag DIN-A4-Format benutzen) mit durchsichtigem Plastikdeckblatt. Ich selbst habe ein DIN-A5-Ringbuch mit gelochten leeren Blättern darin, dazu mehrere DIN-A5-Bogen Blaupapier (Durchschreibpapier), von denen ich für meine Zweiergruppe zwei zwischen die oberen Blätter lege. Ich erhalte so das obere Blatt als Original, die beiden nächsten Blätter als deutliche Durchschläge, habe also nun drei Aufgabenblätter zur Verfügung. Die beiden Schüler bekommen je eines und heften es in ihrem Hefter obenauf. Ihr Hefter soll zu Hause sichtbar neben den Tasten des Klavieres liegen; das bedeutet: Sie haben ihre Aufgaben, durch das durchsichtige Deckblatt des Hefters, sofort im Blick, ohne, wie sonst üblich (wenn überhaupt) die akute Seite erst ungeduldig suchen zu müssen.

Und ich habe das Blatt für die kommende Woche parat, kann mich vor dem Unterricht einstimmen; ich kann die Blätter sammeln, kann sie mit früheren Abläufen vergleichen, statistisch auswerten, was auch sonst immer…

7. Der Unterrichtsraum

Auf der gegenüberliegenden Seite: Darstellung eines Unterrichtsraumes mit einem Instrument, daneben der Studiertisch, mein dreibeiniger runder Klavierdrehstuhl (für Schüler am Klavier längst ausrangiert) dazwischen. Die Raummitte ist frei für Bewegungsaufgaben. Nicht unwichtig auch die beiden Ablagetische, deren Gebrauch das Suchen und Herbeiholen von Noten und anderem während des Unterrichts vermeidet.

Im Früh-Instrumentalunterricht steht der Studiertisch besser weiter vom Klavier entfernt. Die Entfernung kommt dem Bewegungsdrang der Sechsjährigen entgegen, die den Weg vom Klavier zum Tisch stets übermütig laufend überbrücken. Dann hat dort natürlich ein weiterer Stuhl für den Lehrer zu stehen.

7. 1. Instrumente, Mobiliar
– Klavier/Flügel
  darauf, gut sichtbar, eine Aufstellung der Konstellationen und eine Aufstellung der zehn Einstudierungsmöglichkeiten
– Die Sitzbank
  in Tastaturbreite, wie unter 3.6. beschrieben. Dazu, im Schrank oder Regal, die weiteren kleinen Bretter zur Sitzerhöhung
– Der Studiertisch
  daran: drei Stühle für Überlappung Gruppe – Einzelschüler, oder vier Stühle für Überlappung Gruppe – Gruppe
  Der Studiertisch ist von allen Ablagen freizuhalten; er darf nicht erst durch Wegräumen irgendwelcher Noten oder Utensilien nutzbar gemacht werden.
– Drehstuhl
  Lehrersitz, leichte Hinwendung zum Klavier und zum Studiertisch, Höhe: auf Blickniveau mit den Schülern
– Ablagetisch Schüler
  neben dem Klavier, gut zugänglich. Er dient zur Notenablage. Es sollten alle benötigten Noten zu Stundenbeginn hier deponiert werden, damit nicht bei jedem neuen Stück in der Notentasche herumgesucht werden muß.
– Ablagetisch Lehrer
  darauf: Kassettenrecorder für Aufnahme und Wiedergabe, Metronom, Holzblocktrommel sowie Notizpapier und Bleistift für die Aufgabenhefte (siehe unter 6.)
– Wand- oder Standtafel
  hierzu bereitliegend: Kreide und Lappen
– Schrank, Regal
  für Notenfundus (Verleihnoten sind wichtig), Mehrfachnoten zum gleichzeitigen Gebrauch für zwei, oder, bei Überlappung, drei und vier Schüler (zum Mitlesen etc.)

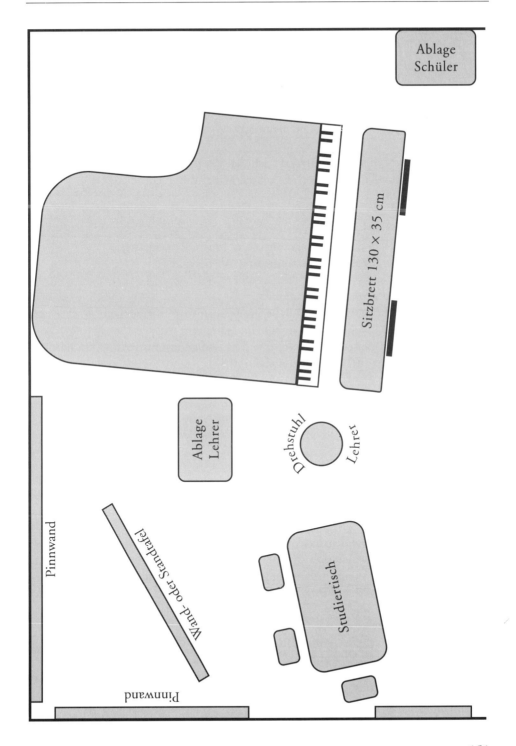

- Xylo- oder Metallophon
je tiefer (ich hatte Tenorversion), um so schöner; ferner im Schrank weiteres Orff-Instrumentarium, das im Früh-Instrumentalunterricht gern benutzt wird
- Pinnwände
daran die selbstgemalten Bilder, die die Schüler zu Liedern, Improvisationen etc. anzufertigen lieben. Daran ferner: Instrumententafeln, Komponistentabelle, Programme von Elternvorspielen und weiteres
- Stühle
zusätzlich bereitstehend für wartende Schüler, Eltern, die auf ihre noch im Unterricht befindlichen Kinder warten. Es sollten Stapelstühle sein.

7.2. Utensilien
- Schematische Tafeln der Konstellationen und Einstudierungsarten
- Kassettenrecorder, bereit für Aufnahme und Wiedergabe
- Metronom
- Triangel, Holzblocktrommel, Klangstäbe
- Hefter mit leeren Blättern und Durchschreibpapier für Aufgabenhefte
- Ein Notenständer bereitstehend, weitere im Schrank
Ferner Notiz- und Notenpapier, Bleistifte und Radiergummis für den Studiertisch und – Papiertaschentücher (nicht unwichtig!)

II. Weitere Versionen

1. Gruppenunterricht: Zwei Schüler, zwei Tastaturen

1.1. Zwei Schüler an zwei Instrumenten
Von der dritten Schülergeneration an stehen zwei Flügel in meinem Unterrichtsraum. Wie lange habe ich an einem Instrument gearbeitet, mit Einzelschülern und Schülergruppen? Zwanzig, fünfundzwanzig Jahre sind es wohl gewesen. Genug zum Sammeln von Erfahrungen. Genug, um fortan jede neue Stunde dankbar die Unterrichtserleichterung zu erleben.

Nun also zwei Schüler an zwei Instrumenten, bei Überlappung drei Schüler. Ich versuchte es eine Strecke lang mit festen Dreiergruppen, gab es aber wieder auf: Drei Schüler ständig ins Unterrichtsgeschehen einzubinden, sich ständig auf drei zu konzentrieren, befriedigte nicht. So beschränkte ich mich auf die Überlappung, aber mit doppelmanualiger Erleichterung.

Meine vier komponierenden Mädchen kamen mit als erste in den Genuß der beiden Flügel. Hier Susi (vorn) und Inka beim zweiklavierigen Spiel.

Die Funktion des Partners verliert an Bedeutung: Bei der Konstellation A (Spieler/Partner) bleibt der Partner jetzt lieber an seinem Instrument. Die Konstellation B (Spieler/Spieler) gewinnt an Wichtigkeit: Formteile wiederholen, phrasenweise Abwechslung, das Spiel mit jeweils einer Hand (das geht jetzt ohne Oktavversetzung!), ja, das volle Spiel zu zweit: Die Schüler genießen es, ständig in Klaviermitte sitzen zu können. Da wird auch das Spiel vierhändiger Literatur lieber an zwei Instrumenten durchgeführt als mit Ellbogengerangel an einem.

Und dann wird entdeckt, wie viel schöner Musik vierhändig an zwei Klavieren klingt: Doch leider gibt es dafür kaum für Anfänger geeignete Literatur. Also werde ich wieder aktiv. Es entstehen eine Unmenge leichter und leichtester zweiklavieriger Stücke[*], die von den Schülern begeistert aufgenommen werden.

[*]   *2 x 2. Zwei Spieler an zwei Klavieren*, 3 Hefte, Hug, Zürich; *Leichte Musik für zwei Spieler an zwei Klavieren oder am Partnerklavier*, 6 Hefte, Heinrichshofen, Wilhelmshaven

Die Konstellationen C (Lehrer am Klavier), D (Lehrer und zwei Schüler) und E (Lehrer, Spieler und Partner) bleiben weiterhin von Bedeutung im Unterrichtsverlauf.

Übrigens bin ich dieser Situation – Unterricht an zwei Instrumenten – bei Fortbildungsseminaren an Musikschulen öfter begegnet, als zu erwarten gewesen wäre.

1.2. Zwei Schüler am Partnerklavier

Wie die Idee entstand, wie sie realisiert wurde, wie die Schüler darauf reagierten, das wurde schon im Anna/Janina-Kapitel (Seite 92) geschildert. Auslöser, ein solches Klavier zu entwickeln, war, auf einen Nenner gebracht, der Wunsch, die Vorteile der Zweiklavierigkeit zum Preis von einem Klavier zu ermöglichen. Zur Musikmesse 1986 in Frankfurt stand dann ein erstes Exemplar, belagert und bestaunt, im Areal der Pianofortefabrik Schimmel.

Das Partnerklavier enthält, im Unterschied zu einem normalen Klavier,
– zwei Tastaturen im Umfang von vier Oktaven C – c′′′;
– zwei Pedalpaare, die mit fest daran verankerten Fußstützen eine Einheit bilden und in der Höhe stufenlos verstellbar sind;
– ein über die ganze Breite der Tastatur reichendes Notenpult.

Das Klavier bietet sich im Anfangsunterricht für eine Zeitspanne an, die die üblichen Klavierschulen samt einer relativ weitreichenden Folgeliteratur in Anspruch nehmen (etwa zwei Jahre). Der eingeschränkte Spielumfang wird ausgeglichen durch Vorteile wie:

– Jeder Schüler spielt an einer normaler Klaviatur im mittleren Tonbereich.
– Die Schüler sitzen nicht eingeengt; sie haben an jeweils eigener Tastatur volle Bewegungsfreiheit des Körpers und der Arme.
– Speziell für den Früh-Instrumentalunterricht ist das Klavier mit dem neuartigen Kinderpedalsystem ausgestattet, das samt Fußstütze problemlos jeder erforderlichen Höhe angepaßt werden kann.
– Der Spielumfang von 4 Oktaven ist für Kinder dieser Altersstufe leicht zu überblicken und grifflich einzuordnen.

Nicht zu realisieren ist an diesem Instrument die übliche vierhändige Literatur. Wie unter 1.1. angeführt, stehen inzwischen die sechs Hefte *Am Partnerklavier* mit leichter zweiklavieriger Musik zur Verfügung, darin auch Vorschläge für die Ausführung von zweihändigen Stücken an zwei Tastaturen. Übrigens wird empfohlen, neben das Partnerklavier ein normales Klavier zu stellen, so daß der Raum nicht nur für Anfangsunterricht genutzt werden muß. Und im Bedarfsfall stehen dann sogar drei Tastaturen zur Verfügung!

Mit 40 Partnerklavieren haben Musikschulen aus Deutschland, Österreich und der Schweiz Modellversuche durchgeführt. Sie werden entscheiden, ob das Instrument in Serie geht oder – ins Kuriositätenmuseum.

Die sich überlappende Dreiergemeinschaft Anna und Phil
am Partnerklavier, links dahinter Gregor
(auf der MUSICA 1987 in Hamburg)

2. Früh-Instrumentalunterricht: Einzelschüler

Wer einmal Gruppenunterricht erteilt hat, mit Gewinn nicht nur für die Schüler, sondern mit Gewinn auch für sich selbst, der wird seinen Unterricht nie mehr so gestalten wie vordem. Er wird vieles, was die Arbeit mit zwei Partnerschülern so locker und zwanglos von der Hand gehen läßt, in den Einzelunterricht einfließen lassen.

Einzelschüler, das sind Schüler ganz unterschiedlichen Gepräges. Da ist erstens

2.1. der Einzelschülertyp,

der vom Verhalten oder von der Veranlagung her Einzelgänger ist, ja, introvertierter Einspänner sein kann, bestrebt, ohne klettenhaft mitlaufenden Partner voranzukommen. Er ist relativ schnell zu erkennen. Er ist ungeduldig, wenn der Partner, mit dem er eventuell die Anfangsstunden durchläuft, an der Reihe ist. Er drängt an die Tasten, will machen, nicht mitmachen. Paradebeispiel hierfür ist die fünfjährige Gabi (Seite 38), die ungeachtet ihrer wartenden Partnerin oder der Folgeschüler nicht von den Tasten zu trennen war. Ebenso Alexandra, die sofort in der ersten Stunde mit einem gebieterischen „Wann fange ich jetzt mit Klavierspielen an?!" die Sache in die Hand nahm und fortan nichts anderes begehrte als einen nichtkindbezogenen, ganz normalen Klavierunterricht nach Noten und mit „richtigen" Übeaufgaben (Seite 60). Nicht anders war es mit Martin, der sich allerdings ganz gegen sein Naturell zu einem mehr oder minder gutwilligen Gruppenpartner mauserte (Seite 37 beziehungsweise 66). Aus dieser Art Holz waren auch Isabel und Alexander geschnitzt (Seite 80 beziehungsweise 89). Und auch Phil ist ein Einzelschülertyp (Seite 100), der sich zwar ständig zu den beiden – in seinen Augen beneidenswerten – Zweiergruppen hingezogen fühlte, mit denen er manchmal zum zweiklavierigen Spiel, zum Improvisieren, Komponieren und Geschichtenanhören zusammentraf, der aber auf Nadeln saß und zunehmend grantig wurde, wenn er einmal die volle Unterrichtsdauer mit einem dieser vier Gruppenschüler durchlaufen durfte.

Die Disposition zum Einzelschüler hängt vielleicht auch mit Begabung zusammen, mit einer überdurchschnittlichen oder mit einer speziellen Begabung. Da sehe ich die Bächli-Brüder, oder auch Phil, als Rundumbegabungen: Ob Noten- oder Auswendigspiel, ob Improvisieren oder Komponieren aus eigenem Antrieb, das lief alles mühelos zusammen. Diese Schüler sind für den Lehrenden kein Problem. Sie wollen vorankommen, Fortschritte machen; sie akzeptieren einen Unterricht, wie er gewöhnlich älteren Schülern zuteil wird.

Johanna, Thilo hingegen, deren Begabung für ein spezielles Teilgebiet geprägt ist, gehören ihrer Wesensart nach eher zur nächsten Sparte, die ich

2.2. die verhinderten Gruppenschüler

nennen möchte. Hätte sich für sie ein Partner gefunden, der ihnen im schöpferischen Wollen (und frühzeitigen Können) entsprach, es hätte ihnen gefallen. Solche Schüler sind lediglich deshalb allein, weil sich kein Partner für sie findet oder weil die anfängliche Gruppenzweisamkeit erfolglos blieb.

Beispiele? – Martina, mein Unglückswürmchen (Seite 42). Daniela, die so gern einen Partner bekommen hätte (Seite 38). Florian, der bedauernswerte und so hoffnungsvolle Partner einer Anfangsstunde mit Alexandra (Seite 54). Fritjof und Bernhard, die als Gruppenpaar einander hemmten, mit passenden Partnern aber weit mehr vom Unterricht hätten profitieren können (Seite 78).

In solchen Fällen ist ein sehr behutsames, vorsorgliches Herantasten vonnöten. Vielleicht, daß ich, der Lehrer, zugleich als Lehrer und Partnerschüler-Ersatz fungieren kann? Oder was läßt sich als Lückenfüller für den fehlenden Partner herbeizaubern? Danielas Puppe zum Beispiel, die zu einer Art Pseudo-Partner avancierte; das lief beispielhaft (Seite 38). Stofftiere eignen sich ebenfalls, werden ins Gespräch einbezogen, kommentieren, was es so zu kommentieren gibt.

Hier, mit sechsjährigen Schülern dieser Spezies, gilt es gesteigert, gewisse Verhaltensnormen zu beachten, die im Gruppenunterricht fast zwangsläufig von selbst ablaufen. Es gilt

– nicht „von oben nach unten" zu unterrichten;
– reiche Abwechslung in den Stundenablauf zu bringen;
– den Schüler in die Verantwortung einzubeziehen, ihm also zu übertragen, was im Gruppenunterricht dem Partner zufällt: „Hast du gehört, wo dein Spiel gut war? Und wobei du noch verbessern kannst?";
– Wörter zu vermeiden, die mutlos machen („schlecht", „falsch");
– den Bewegungstrieb zu berücksichtigen und öfter einmal zum Studiertisch zu wechseln;
– und schließlich nach getaner Stunde zu ermutigen: „Das haben wir heute erreicht, und dieses hier war schon viel besser als das letzte Mal!"

Wem dies mit Früh-Instrumentalschülern einmal gelang, der wird auch mit älteren Schülern nicht mehr in die beklemmende Situation des stets auf Korrektheit pochenden Lehrers und des stets auf Empfang geschalteten Schülers zurückfallen.

3. Mischformen im Früh-Instrumentalunterricht

3.1. Zweimal wöchentlich, Einzel- und Gruppenunterricht im Wechsel

Darf ich hier die möglicherweise ideale Form des Früh-Instrumentalunterrichtes vorstellen? Die Schüler – ich gehe zunächst wiederum von zwei zusammengehörigen Gruppenschülern aus – kommen zweimal in der Woche zum Unterricht, einmal allein, einmal zusammen. Aber diese Möglichkeit bietet sich gar zu selten: Unter meinen Schülern, Kinder einer Großstadt, ist keiner, der nicht von früh auf schon Ballett, Sport und wer weiß noch alles hätte. Und dann noch zweimal die Woche Klavierstunde? Ich bin der letzte, der darauf pochte.

3.2. Möglichkeiten der Überlappung

Sie seien an dieser Stelle, der Vollständigkeit halber und mit Hinweis auf die Punkte 2.3. und 2.4. dieses Kapitels noch einmal aufgeführt. Überlappungen können erfolgen zwischen

- Einzelschüler und Einzelschüler,
- Einzelschüler und Schülergruppe,
- Schülergruppe und Schülergruppe,

können aber auch erfolgen, und das wird Thema des nächsten Punktes sein, zwischen

- Klavier und Melodieinstrumenten (Streicher, Bläser) beziehungsweise Klavier und Kurs- oder Klassengemeinschaften.

4. Der fächerübergreifende Unterricht – Modelle

> *Die optimale Unterrichtsqualität ist besonders im Hinblick auf die Entwicklung der Musikalität nicht zu erreichen ohne eine möglichst frühzeitige Einbeziehung des Zusammenspiels mit instrumentalen und vokalen Partnern.*
>
> Fritz Emonts, *Neue Aspekte…*, in: *Die Musikschule* IV, Schott, Mainz

Es gibt Szenen, die lassen einem graue Haare wachsen! Mir geht es so mit der folgenden, die ich immer und immer wieder erlebte:

Schülervorspiel. Zwei (oder drei oder vier) Blockflötenspieler spielen irgendetwas von irgendwem, der Haydn heißen kann oder Bach oder Unbekannt. Am Flügel Herr Blockflötenlehrer/Frau Blockflötenlehrerin oder, nach einem „Bitte bitte, Frau Kollegin/Herr Kollege, übernehmen Sie das?", ein Klavierist, der sich freundlich lächelnd dazu herabläßt.

Ist es wirklich nur Denk-Lethargie, die uns von dieser Standardsituation nicht loskommen läßt? Sollte es nicht selbstverständlich sein, daß, wenn irgend möglich, ein S c h ü l e r ans Klavier gehört?

Die Situation ist verfahren. Fragen wir uns doch einmal ehrlich – uns Instrumentallehrer, uns Musikschul- und Fachgruppenleiter –, was wir tun, um dem Klavierschüler überhaupt die Möglichkeit zum Mitspielen zu bieten, – nicht irgendeine („mitmachen" kann er fast überall), sondern eine, die ihn befriedigt. Wir haben zahlreiche Ensemble- und Zusammenspielstunden im Unterrichtsangebot: Blockflötenkreise musizieren, Streicher und Bläser üben sich in Quartett- und chorischen Sätzen, Gitarre-, Akkordeon-, Orffgruppen pflegen ihr Zusammenspiel. Und so weiter. Der Klavierspieler ist nicht gefragt; für ihn ist Entsprechendes auch nicht vorgesehen – wie auch! Da ist Vierhändigspiel schon das Höchste an Gemeinsamkeit.

In den Spiel- und Ensemblekreisen wird der Klavierspieler nicht „gebraucht". Und dort, wo er gebraucht würde, als Begleiter, ist er nicht verfügbar. Warum? Dafür gibt es mehrere Gründe:

- Es finden sich kaum Schüler, die aufs Begleiten eingeübt sind (fehlende Vorbereitung).
- Man kennt keinen Schüler, der eventuell so etwas übernimmt (fehlender Kontakt zu Kollegen).
- Man kennt zwar einen Schüler, der das könnte; aber der hat Angst, der Herausforderung nicht gewachsen zu sein (Risiko wegen fehlender Übung).
- Und ein Hauptgrund: Der Klavierpart ist zu schwer in Relation zu den Solopartien (Continuo).

Wenn wir wirklich der Überzeugung sind, daß unsere Klavierschüler, und auch die im Früh-Instrumentalalter, so früh wie möglich zum Zusammenspiel mit anderen instrumentalen oder vokalen Gruppen geführt werden sollen, dann müssen wir uns etwas einfallen lassen, wie das in die Wege geleitet und in das pädagogische Geschehen integriert werden kann. Und dafür sind die Voraussetzungen gar nicht schlecht!

- Schüler im Gruppenunterricht wissen mit dem Problem des Verspielens umzugehen. Durch das ständige Sich-wieder-hineinfinden-Müssen werden sie von vornherein auf Situationen des Begleitens vorbereitet.
- Es gibt Literatur mit leichter Klavierbegleitung. Der Klavierlehrer sollte sich auskennen.
- Daraus ergibt sich: Es sollte nicht erst die Anfrage abgewartet werden; da kriegt man meist einen viel zu schweren Klavierpart serviert. Nein, umgekehrt: Der Klavierlehrer muß anbieten: „Diese Stücke können meine Schüler begleiten…"
- Die entsprechende Vorbereitung erfolgt in der späteren Unterrichtsphase „Einübung in Begleiten und Ensemblespiel". Sie ist hierfür vorgesehen (siehe Seite 373).
- Praxis im Begleiten soll, wenigstens streckenweise, wöchentlich einbezogen werden. Das wird möglich durch fächerübergreifende Absprachen unter Kollegen.
- Das Prinzip der Überlappung kann auch hier angewandt werden: Es schenkt uns zusätzliche Unterrichtszeit.

Die Intention also ist, den Unterricht durchlässig zu machen zum Unterricht im Nachbarraum, ihn sporadisch mit dem Unterricht eines Kollegen zu vereinen, ihn phasenweise fächerübergreifend zu machen. Daß viele meiner Schüler dieses Angebot mit Begeisterung angenommen haben, sei hier nochmals erwähnt. Geschildert wurde es im Fall von Cornelia ausführlicher (Seite 66), doch ließen sich noch viele weitere Namen nennen.

Inka begleitet im Nachbarraum eine Blockflötenspielerin

4. 1. Ein Lehrer, der zwei Instrumente unterrichtet

Beispiel 1: Die Blockflötengruppe vereint sich in der letzten Phase der Klavierstunde mit dem Klavierspieler. Anstelle Blockflötengruppe kann es Geigenschüler heißen, als Einzel- oder Gruppenschüler, auch Sing- oder Rhythmikklasse, je nachdem welche zwei Fächer der betreffende Lehrer unterrichtet.

Beispiel 2: Die Klavierschülergruppe überlappt sich mit der Blockflötengruppe. Hier gibt es zwei Möglichkeiten. Entweder beteiligen sich beide Schüler an der Begleitphase, durch wechselweises oder auch vierhändiges Spiel, oder es bleibt im wöchentlichen Wechsel immer ein Schüler länger, während der andere geht, wenn seine Stunde herum ist.

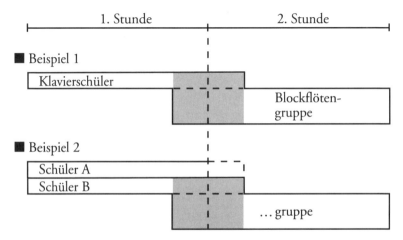

160

4.2. Zwei Lehrer, verschiedene Instrumente, Klavier in beiden Räumen
Beispiel 3: Beide Kollegen arbeiten mit Überlappung. Voraussetzung ist gleicher Stundenbeginn, so daß auch die Überlappung gleichzeitig erfolgen kann. Hier stehen drei Möglichkeiten zur Anwendung:

– Klavierspieler A wechselt in den Blockflötenraum und begleitet die vereinten Blockflötengruppen. Dadurch steht dem überlappenden Partner eine verlängerte Unterrichtszeit zur Verfügung. Dies kann wechselweise erfolgen.
– Blockflötengruppe A wechselt in den Klavierraum hinüber; hier können beide Spieler wechselweise die Begleitung übernehmen. Der Blockflötenlehrer kann indes mit der bereits vor ihrer normalen Zeit eingetroffenen Gruppe B (verlängert) arbeiten.
– Klavierspieler A wechselt in den Blockflötenraum und arbeitet mit Blockflötengruppe A. Blockflötengruppe B beginnt ihren Unterricht zugleich mit Klavierspieler B im Klavierraum und wechselt nach der Zusammenspielphase in den nun freigewordenen Flötenraum hinüber.

Beispiel 4: Letzteres geschieht hier zwischen sich überlappenden Unterrichtsstunden im Klavierraum und im Violin- (Cello-, Flöten-)Raum zwischen Einzelschülern. Natürlich kann auch hier einer der beiden Klavierschüler zu den sich überlappenden Violinstunden wechseln zur Begleitung des Geigenduos, während der andere Klavierist in den Genuß einer verlängerten Einzelstunde kommt.

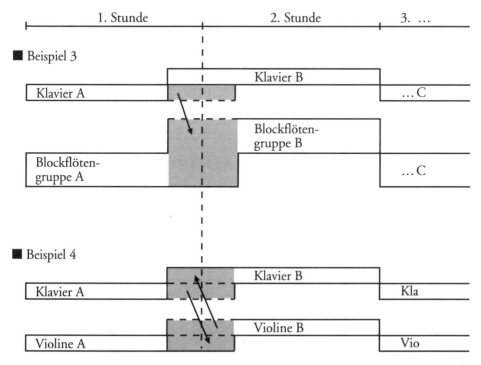

161

4. 3. Ungleicher Unterrichtsbeginn

Beispiel 5: Nach Beendigung seiner offiziellen Stunde wechselt der Klavierschüler in den Nachbarraum, wo er die Schlußphase des parallelen Unterrichtes (instrumental oder vokal) begleiten kann.

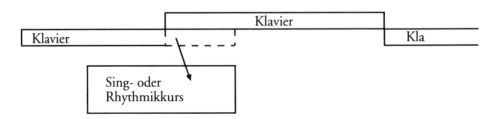

Das A und O dieser fächerübergreifenden Möglichkeiten im Früh-Instrumentalunterricht ist natürlich die geeignete Literatur. Geeignet zum Zusammenspiel sind Lieder: sie kommen in erster Linie für alle diese Kombinationen in Frage. Ob es Blas- oder Streichinstrumente sind, ob es Sing- oder Rhythmikklassen oder, als Kombination derselben, sogenannte Grundkurse sind, ob es sich um Früherziehungskurse handelt: Liedbegleitung ist bei allen gefragt. Es ist lediglich eine Frage der Absprache zwischen den Kollegen, welche Lieder gemeinsam erarbeitet werden sollen. Und hier sollte der Klavierlehrer fähig sein, je nach Stand des Unterrichtes für seine Schüler die angemessene Begleitung selbst zu erstellen. Das kann mit leichtesten Bordunquint-Begleitungen beginnen; bald ist dann die Stufe leichter Klavier-Liederbücher erreicht, die mit leichtesten Musizierstücken fortsetzen.

Es ist nun nicht die Absicht, an dieser Stelle eine Literaturliste aufzustellen. Sie würde bald veralten. Da befrage man die Verlagskataloge, jedes Jahr kommen auch auf diesem Gebiet neue Veröffentlichungen heraus. Für Komponisten, die sich dessen annehmen wollen, sei hier als Ratschlag ein „Forderungskatalog" beigegeben, der zeigt, daß „leichte Musik", die scheinbar den Stellenwert der Beiläufigkeit hat, nicht auf die leichte Schulter genommen werden will, sondern ein zielbewußtes Hineindenken verlangt:

- Der Klavierpart soll so leicht sein, daß der Spieler mit dem/den zu Begleitenden mithalten kann. Das bedeutet: Gleicher Schwierigkeitsgrad für alle beteiligten Spieler.
- Jede Instrumentengruppe muß „in sich" klingen. Das bedeutet: Auch der Klavierpart sollte so komponiert sein, daß er nicht nur Begleitfloskeln aufweist, sondern (und das ist möglich) wenigstens streckenweise wie ein selbständiges Klavierstück klingt.
- In allen Stücken sollte das Klavier auch einmal führen dürfen oder ein kleines Solo zugeteilt bekommen.

Diese Forderungen waren mir Richtschnur, als ich daran ging, Spielliteratur mit leichter und leichtester Klavierbegleitung zu erstellen. Ich habe von ihnen lebhaft Gebrauch gemacht und ich weiß, daß nicht nur meine kleinen (und größeren) Klavierschüler, sondern gleichermaßen die Schüler aus parallelen Instrumental-, Vokal- oder Bewegungsgruppen ihren Spaß und ihre Erfüllung darin fanden.

Als „Strickmuster" für die, die nachzubilden Lust haben, als Musiziermuster für die, die das Begleiten in ihren Unterricht integrieren wollen, sind einige meiner Sätze im dritten Teil dieses Buches, Phase 6c: „Einübung in Begleiten und Ensemblespiel" (Seite 373) aufgeführt.

Die Unterrichtsphasen
der ersten Wochen und Monate

*Wer das erste Knopfloch verfehlt, kommt mit
dem Zuknöpfen nicht zurande.*

Goethe

Die ersten Stunden sind entscheidend; wer sie verfehlt…

Schon die erste Stunde ist für das Kind von grundlegender Bedeutung: Hier wird der Grund gelegt, der den Charakter aller weiteren Stunden bestimmt, der über die psychologische Atmosphäre der Folgezeit entscheidet, der die Sympathie/Antipathie-Schwingung zwischen Schüler und Lehrer auslöst.

Mit Kinderaugen betrachtet: Mag ich den Raum, in den ich hier eintrete? Ich mag ihn, die Wände hängen voller lustiger Bilder und Malereien; oder: ich mag ihn nicht, er ist kahl, vollgestellt mit klobigen Stühlen und Tischen, furchteinflößend das Rieseninstrument da hinten –. Mag ich den Lehrer, oder, wichtiger, mag er mich? Ich bin ihm gleichgültig; er spricht mit Mutter, beachtet mich kaum, spricht dann zu mir von oben herab; oder: er nimmt mich an, wendet sich mir zu, hat sofort mein Stoffhündchen entdeckt, das ich bei mir habe, zeigt mir, wie er sich freut, daß ich zu ihm gekommen bin –. Mag ich das Klavier, an das ich jetzt geführt werde? …und so weiter.

Danebengeratene erste Stunden: Wie mühselig, wie langwierig ist es, die ersten Eindrücke mit unendlicher Geduld wieder zurechtrücken zu müssen, ein Vertrauensverhältnis im nachhinein aufbauen zu müssen! Mißglückte erste Stunden, auch sie wurden geschildert im ersten Teil (etwa: Thilo/Christoph, Seite 57).

Vertrauensverhältnis. Da haben wir nun das entscheidende Wort! Ein Vertrauensverhältnis zu schaffen, das sei unsere erste und vornehmste Aufgabe. Ein Vertrauensverhältnis aufzubauen zum Lehrer, zum Unterrichtsraum, zum Instrument. Zur Tastatur ferner, dann, entsprechend, zu den Bewegungsabläufen des eigenen Körpers, den Gelenken (die es zu erkennen und bewußtzumachen gilt). Zur Notation (zum Spiel *mit* Noten, nicht aber zum Spiel *nach* Noten). Ein Vertrauensverhältnis, last but not least, zum selbstsicheren „Ich kann das".

Die Unterrichtsphasen der ersten Monate sind schwerpunktmäßig dem Anliegen „Vertrauensverhältnis" gewidmet. Hier wird der Grund gelegt für eine dauerhafte Motivierung.

Das Nachstehende geht davon aus, daß sich jede früh-instrumentale Unterrichtsstunde in eine Folge von sechs Phasen gliedert. Es ist beabsichtigt, jede dieser Phasen für sich Stufe um Stufe zu durchschreiten. Die einzelnen Schritte zum Stundengebrauch zu kombinieren, sei dem Lehrenden überlassen.

Das erste Vierteljahr:

Die Phasenfolge des ersten Vierteljahres steht unter dem Motto: Ein Vertrauens-verhältnis aufbauen zum/zur

Voraus:	Lehrer/Lehrerin
Phase 1:	Unterrichtsraum
Phase 2:	Instrument
Phase 3:	Tastatur
Phase 4:	Spielbewegung
Phase 5:	Notation/Hörschulung
Phase 6:	Improvisieren, Liedspiel, Singen

Das zweite Vierteljahr:

Phase 1:	Vorzuspielendes
Phase 2:	Die Musik atmet; Bewegung im Raum
Phase 3:	Spiele mit Tasten, Fingern, Gelenken
Phase 4:	Notation und Hörkontrolle
Phase 5:	Schulung des Hörens
Phase 6:	Improvisieren

Peter Heilbut beim EPTA-Kongreß 1985 in Hannover
über Früh-Instrumentalunterricht referierend

Das erste Vierteljahr

Sechs Unterrichtsphasen im Ablauf einer Früh-Instrumentalstunde:

Gesprächsphase	(Lehrer)	das Eingangsgespräch; das Gespräch zwischendurch; Verhaltensweisen
Phase 1:	Unterrichtsraum	sich wohlfühlen; Geborgenheitsgefühl; gern wiederkommen
Phase 2:	Instrument	kennenlernen; Freundschaft schließen: Man liebt nur, was man kennt
Phase 3:	Tastatur	Raumgefühl; Bewegungsgefühl; sich zurechtfinden
Phase 4:	Spielbewegung	Arm-, Hand-, Fingergelenke; entdecken, was sie können; Fingerspiele
Phase 5:	Notation/Hörschulung	hinhören, lauschen, horchen, werten; die Welt der Zeichen, Töne und Geräusche
Phase 6:	Improvisieren, Liedspiel, Singen	die Tastatur als Spielplatz; Musik kann schildern; Lieder
Schließlich, alle Phasen betreffend:	Vertrauensverhältnis zum „Ich kann"	Selbstsicherheit; Selbstbewußtsein; „Ich kann, was ich soll."

Bei diesem auf dem Papier sich starr ausnehmenden Schematismus der Phaseneinteilung versteht es sich von selbst, daß die vorgegebene Reihenfolge im Unterricht beliebig umgestellt werden kann, daß ferner eine spürbare Trennung nach dem Schema: „Nun ist die nächste Phase an der Reihe" nicht stattfindet. Manch eine Phase läuft unmerklich in die nächste hinein – die Gelenkstellen sollten im voraus eingeplant werden –, und manche Phasen erscheinen gekoppelt, wobei besonders die Hörschulung sich zur Kombination mit anderen Phasen eignet und anbietet (siehe Seite 171).

Sodann sei nochmals mit Nachdruck darauf verwiesen, daß sich Schwerpunktbildung am Schüler orientieren soll, daß also auf ganze Phasen verzichtet werden kann, ja, werden muß, etwa wenn der Schüler absolut nicht singen, nicht Lieder spielen, nicht improvisieren mag oder nach Musik sich bewegen zu sollen kindisch findet („klinkerkindsisch", um unserem sechsjährigen Martin nach dem Mund zu reden, Seite 66).

Voraus: Gesprächsphase, Lehrerverhalten

Lehren heißt zu wissen, wie man anregt.

Amiel

Lehrender am Klavier, was bist du dem Schüler, was solltest du ihm sein? Du sollst ihm sein

- Begleiter auf dem Weg zur Selbstfindung
- Geleitender durch die sensible, intime Wunderwelt Musik
- Bezugsperson im zwischenmenschlichen Beziehungsfeld
- Mittler und Spielpartner im Instrumentalen und, zweiergruppenbedingt, „der Dritte im Bunde"

Versteht sich: Jeder hat seine eigene Art und Weise der Kontaktnahme mit Kindern. Es gilt aber doch, einige unumgängliche Modalitäten zu beherzigen.

Das Gespräch am Anfang, zum Stundeneinstieg: „Hallo, ich freue mich, daß ihr da seid / daß du da bist…" Das Gespräch zwischendurch, bei Phasenübergängen etwa, zur Auflockerung. Die wichtigsten Punkte sind:

● Das Kind zum Erzählen animieren: Kenntnisse erlangen, Erkenntnisse sammeln über möglichst zahlreiche Dinge, die dem Kind wichtig sind. Geburtstag, Hobby, Begebenheiten in Schule und Freundeskreis. Musiksituation zu Hause; spielen Eltern, Geschwister, Nachbarkinder ein Instrument? Haustier(e); Wohn- und Lebenssituation.

- Zeithaben. Zuhören können: dem jungen Schüler das Gefühl vermitteln, daß ich mich für ihn und seine Belange interessiere.

- Selbst kleine Erlebnisse und Begebenheiten, die Kinder interessieren, erzählen: erreichen, daß ich, der Lehrer, Eingang finde in den Daseinshorizont des Schülers, daß ich einbezogen werde in seine Erzählwelt.

- Ausstrahlung sei „heitere Gelassenheit". Ich weiß nicht, wo mir dieses Wortpaar begegnete, ich übernehme es gern. Es umfaßt alles: Ruhe, Freundlichkeit, Geduld, Ausgeglichenheit und schließt auch Spontaneität und Konsequenz nicht aus.

- Beim Gespräch, beim Unterricht, beim Umgang mit dem Schüler auf gleicher Körperhöhe agieren, auf Blickniveau gehen; nicht „von oben nach unten" unterrichten, das Kind nicht ständig zum Lehrer aufblicken lassen.

- Gespräch, apropos: Sprache, Aussprache: Deutliches Artikulieren ist Pflicht, da sonst ein Sechsjähriger lediglich für das verbale Verstehen des Gesagten zu viel ablenkende Konzentration aufwenden muß. Hier also schon „Artikulation": Jetzt nuschele ich – jetzt spreche ich artikuliert; hörst du den Unterschied? Siehst du, so ist es auch in der Musik; beim Klavierspiel kann man beides, nuscheln und deutlich spielen, und was ist wohl schöner?

- Aussprache, nochmals: Kein monotones Abspulen. Stimmlage wechseln. Tonlich hervorheben, was wichtig ist. Pausen (Erwartungspausen) einstreuen.

- Sprachbegleitend, Gestik: Offene Hand, Handfläche nach oben – animierend; nach unten – abdämpfend. Öffnen der Arme, Zuneigung des Körpers, Kopfbewegung, Mimik, Lächeln.

- Abwechslung, Kurzweil im Stundenverlauf: Manche Phasen lassen Variierung zu. Der Ablauf einer Phase kann örtlich wechseln zwischen Tastatur, Studiertisch, Tafel, Pinnwand. Bewegungsmöglichkeiten ausnutzen: Triangelschlag fern vom Klavier. Auch Bewegung nach Musik…

- Adjektiva wie „falsch", „schlecht", „nicht gut", „schwer" sollten vermieden werden. Statt dessen Unrichtigkeiten möglichst indirekt ansprechen: „Sieh einmal, dein Handgelenk hat sicher nicht gut zugehört, als wir sagten, daß es sich nicht so hochheben soll…"

- Auch das Stofftier und das Püppchen können angesprochen werden. Dann ist das Kind nicht selbst „betroffen". Ich schrieb weiter vorn (Daniela, Seite 38) von „Emotionsfilter" zwischen Lehrer und Schülerin…

- Schließlich und endlich: Nicht rauchend, nicht bonbon- oder schokoladelutschend, nicht teetrinkend und brotkauend unterrichten. Ich weiß um die Nöte manch eines vielstundengeplagten Instrumentallehrers, der, aus welchen Gründen auch immer, auf Pausen verzichtet. Trotzdem: Es geht nicht!

Elterninformation I

Vor Anlaufen des Unterrichtes, möglichst schon bei Schüleranmeldung, m u ß ein Elterngespräch stattfinden, das darüber informiert, was Sie vorhaben, was auf das Kind, vor allem aber, was auf die Eltern zukommt.

„Am besten, Sie vergessen zunächst einmal alles, was Sie aus Ihrer Klavierstundenzeit in Erinnerung haben. Erwarten Sie bitte nicht, daß man Ihrem Kind die gleiche Klavierschule vorsetzt, nach der Sie selbst einmal gelernt haben. Eine moderne Anleitung ist unumgänglich, die einmalige Ausgabe hierfür kein hinausgeworfenes Geld.

Da wir gerade bei Noten sind: Ihr Kind wird später viele benötigen, und ich sage schon jetzt, daß ich nicht nach kopierten Notenseiten unterrichte. Abgesehen davon, daß Kopieren von Noten nicht erlaubt ist, ist es für das Kind wenig animierend, mit billigen, knittrigen Notenblättern arbeiten zu müssen. Aber seien Sie unbesorgt: Ihr Kind wird später in den Besitz vieler schöner Notenbücher kommen, und ich werde Ihnen, liebe Eltern, wenn es an der Zeit ist, einen Tip geben, wie dies ohne spürbaren finanziellen Aufwand Ihrerseits zu ermöglichen ist.

Aber bleiben wir beim Jetzt! Eltern von Kindern aus Früherziehungskursen sind es gewöhnt und werden es weiterführen; es geht auch Sie an: Schüler im Früh-Instrumentalalter sind auf elterliche mithelfende Zuwendung angewiesen. Bleiben Sie in den Anfangsphasen im Unterricht dabei, achten Sie darauf, was wir machen. Sie wissen dann zu Hause, worauf es ankommt und wie Sie nachhelfen können.

Vermeiden Sie zunächst das Wort ‚Klavier Üben‘. Wir sprechen, zunächst jedenfalls, nur von ‚Klavier Spielen‘. Und nehmen Sie das Wort ‚täglich‘ ernst. Täglich eine Viertelstunde spielen (später wird es länger sein müssen) ist besser als zweimal in der Woche eine Dreiviertelstunde. Noch besser: Zweimal am Tag; das nochmalige Durchspielen des Pensums vor dem Schlafengehen wirkt oft Wunder.

Wenn es möglich ist, stellen Sie Ihrem Kind von Anfang an ein gutes Instrument zur Verfügung, und achten Sie darauf, daß es immer gestimmt ist. Was nützt das Mühen um Anschlagskultur und Tonqualität im Unterricht, wenn zu Hause nur negative Klangerfolge erzielt werden?

Anfangs wird Ihr Kind oft im Stehen am Klavier spielen. Für das Sitzen soll aber eine feste und in der Höhe verstellbare Klavierbank verfügbar sein. Die aus früheren Zeiten oft noch im Gebrauch befindlichen dreibeinigen Drehstühle sind ungeeignet für unsere Sechsjährigen! Dann schon eher einen einfachen Holzstuhl mit gerader Sitzfläche, der durch eine feste Auflage erhöht werden kann, nicht aber durch ein Kissen.

Möglicherweise wird Ihr Kind mit einem zweiten Kind zusammen Unterricht bekommen; wir nennen das Gruppen- oder Partnerschaftsunterricht. Ich hoffe, es läßt sich einrichten, denn die positiven Seite dieser Unterrichtsform sind längst durch Erfahrung bestätigt.

Und lassen Sie Ihr Kind öfter einmal wissen, wie sehr Sie sich darüber freuen, daß es jetzt Klavier spielen lernt."

Phase 1:
Vertraut werden mit dem Unterrichtsraum, dazu Hörschulung

Dauer 10 Minuten, auch weniger
Situation Zweiergruppe (Sabine, Jan)

Eine Phase im Unterricht, die nach sechs bis acht Wochen ihre Schuldigkeit getan hat und von einer neuen Phase abgelöst wird. Die Schrittfolge dieser Phase ist übersichtlich und genau abgrenzbar, so daß an diesem Beispiel die Progressivität der Stunden gezeigt werden kann.

- Erste Stunde: Bekanntschaft schließen
Seht euch im Raume um. Sagt mir, was ihr seht. Die Schüler stellen fest: Fenster, Klavier, Tafel und so weiter.

Geht hin. Faßt es an. Berührt es. Wie fühlt es sich an? Könnt ihr erkennen, aus welchem Material es besteht? Aus Glas, Stein, Holz, Kork…

Klopft daran. Hört gut zu und merkt euch, welchen Klang diese Dinge haben.

Hier bietet sich eine Kombination mit der ersten Stunde der Phase 2 („Vertraut werden mit dem Instrument") an; das erste Kennenlernen des Instruments.

- Zweite Stunde: Inneres Sehen, Inneres Hören
Seht euch wieder um im Raum. Betrachtet alles genau.

So, jetzt schließt die Augen. Erzählt mir, was ihr seht – das geht nicht? Doch, das geht. Ihr könnt alles mit dem Inneren Auge sehen. Also, sagt mir etwas, was ihr jetzt mit dem Inneren Auge seht. Erzählt mir, wie es aussieht und wo es sich im Raum befindet. Was befindet sich in seiner Nachbarschaft – nahe dabei, weiter entfernt?

Wenn ihr daran pochen würdet, wie würde es klingen? Man kann den Klang mit dem Inneren Ohr hören. Hört ihr es? Geht jetzt noch einmal herum; klopft an den Gegenständen, die ihr mit dem Inneren Auge gesehen habt und kontrolliert, ob sie wirklich so klingen, wie ihr sie mit dem Inneren Ohr gehört habt.

Pocht auch noch einmal an den anderen Gegenständen und merkt euch den Klang. Wir machen in der nächsten Stunde ein Spiel daraus.

- Dritte Stunde: Hörschulung
Wiederholung des Konzentrationsspieles „Inneres Hören" und „Inneres Sehen". Daran anschließend:

„Sabine, du bleibst jetzt bei mir stehen und machst die Augen zu und die Ohren weit auf. Jan, du gehst zu irgendeinem Gegenstand und klopfst daran, mit dem Fingerknöchel. Sabine soll herausfinden, woran du geklopft hast und ob es Holz ist, oder Stein, oder Glas oder was sonst."

Hat Sabine richtig erkannt, werden die Rollen gewechselt.

- Vierte Stunde: Hörschulung, differenzierter

Das gleiche Erkennspiel wie in der dritten Stunde. Zum Fingerknöchel tritt nun der Fingernagel, Jetzt gilt: Welcher Gegenstand? Welches Material? Womit wurde geklopft: Fingernagel oder Knöchel?

- Fünfte Stunde: Weitere Differenzierung

Wiederholung des Spieles der Vorstunde. Diesmal andere Gegenstände finden und klingen lassen.

Entweder kann hier schon zum nächstfolgenden Schritt übergegangen werden, oder aber es kann die weitere Differenzierung der sechsten Stunde vorbehalten sein:

Zu Fingerknöchel und Fingernagel kommt nun die Fingerkuppe hinzu (die „Wassertropfenstelle", die in einer anderen Phase schon an der Reihe war, oder den Begriff „Fingerpolster" hier schon einführen).

Fingerkuppe (-polster) ist die Pianissimoversion unseres Spieles.

- Sechste Stunde und weitere Stunden

Entweder Fingerkuppe hier erst einführen, oder, falls dies in der fünften Stunde geschah, weitergehen. Es ergibt sich jetzt eine Kombination mit der Phase „Instrument".

Wir wenden uns dem Flügel wieder zu. Wieder, das meint, wir schließen an die erste Stunde von Phase 2 („Instrument") an, die mit der ersten Stunde von Phase 1 („Raum") ja parallel lief. Als Hörübung, Hörschulung jetzt aber diffiziler: Während ein Schüler, wie bereits gewohnt, die Augen schließt und sich ganz aufs Hören konzentriert, klopft der andere mit Knöchel (erschwert auch mit Fingernagel oder -kuppe) an den Tastendeckel, das Kompaktholz der Beine, das Notenpult, den Resonanzboden. Hier hörend zu bestehen zählt schon zu den höheren Weihen.

Die hier geschilderten Spiele werden von fast allen Kindern gern angenommen. Doch gibt es Ausnahmen! Undenkbar, es mit den Bächli-Brüdern zu versuchen. Auch Klaus-Peter und Martin sträubten sich. Und wie Alexandra reagierte, erzählt die Seite 60. Selbstverständlich entfällt bei diesen Kindern die Phase „Raum". Überhaupt ist diese Phase sehr auf Gruppenschüler zugeschnitten. Bei Einzelschülern ist das Mitspiel des Lehrers gefragt.

Phase 2:
Vertraut werden mit dem Instrument

Ein Vorspann, eine Begründung ist notwendig.

„Wohl kein Musiker kennt sein Instrument so schlecht wie der Pianist", sagt Klaus Wolters in seinem Buch *Das Klavier* *. Dies betrifft wahrlich nicht nur den Pianisten, das trifft gleichermaßen auf den Klavierschüler, -lehrer, -liebhaber zu, wobei rühmliche Ausnahmen diese Aussage nur bestätigen.

Klavierliebhaber? Das Wort steht etwas verloren hier. Musikliebhaber, ja, das ist schon geläufiger; Musik liebt man, man „kennt" sie. Man liebt, was man kennt.

Und wie steht es mit dem Klavier? „Jenseits des Klavierdeckels ist es ihm in der Regel keines näheren Interesses mehr wert", fährt Wolters fort. Gut denn, mag für den Pianisten lediglich das Reagieren und Funktionieren von Tasten und Pedalen letztlich das entscheidende Moment sein. Aber die Frage sei erlaubt: Hat er sein Instrument, als Anfänger, als Unter-, Ober-, Meisterstufenschüler, je geliebt?

Wir Klavierpädagogen im Musikschul- und privaten Bereich haben neben vielem anderen die Aufgabe, über das Entdecken und Verstehen eine Basis des Vertrauens, ein Verhältnis des Liebens zu vermitteln. Uns obliegt dies in besonderem Maße, da das auf Distanz gehaltene körperliche Vis-à-vis von Spieler und Instrument eine intimere Verbundenheit kaum von selbst entstehen läßt.

Wie anders dort, wo Bläser und Streicher ihr Instrument handhaben! Sehen wir im früh-instrumentalen Parallelkurs einem Cellospieler zu. Erleben wir mit, wie er sein Instrument beim Spiel umfängt, das Schwingen der Saiten, das Vibrieren des Bogens empfindet. Sein Streichen, sein Zupfen erweckt es zum singenden Leben. Es ist sein Instrument; und das Glück, dieses, und gerade dieses zu besitzen, mit seiner vertrauten Maserung, seiner klanglichen Eigenart, prägt sein Verhalten zu ihm. Nicht anders der Geigenspieler. Ein Arm umfängt das Instrument, der andere bringt durch Zupfen oder Streichen die Saite zum Klingen. Stets besteht direkter Körperkontakt. Nach Gebrauch wird es sorgsam umkleidet, liebevoll verwahrt. Der Bogen wird entspannt und hinzugefügt, das Behältnis geschlossen – lauter Ausführungen, die ein inniges Verhältnis von selbst entstehen lassen.

Sehen wir in einer Flötenstunde zu! Das Mühen um gute Atemführung, um Bildung eines Tones, einer Tonfolge, das Klangerlebnis durch den eigenen, lebendigen Atem, der sensible Fühlkontakt zwischen Finger und Material! Dann auch hier: Das liebevolle Reinigen, Trocknen, Zur-Ruhe-Betten. – Innige Verbundenheit ergibt sich von selbst.

Die „Behandlung" dagegen, die wir unserem Instrument angedeihen lassen, ist recht martialischer Natur: Die Tasten werden an-„geschlagen" (die nicht so martialischen Franzosen drücken es mit ihrem „toucher" konzilianter aus), die Pedale werden „getreten" oder mit dem Fuß „niedergedrückt", genauer: mit der Schuhsohle. Und der einzige direkte Fühlkontakt mit dem Instrument, die Berührung Fingerkuppe – Taste,

---

* Schott, Mainz

hat mit Entstehung des Tones nur indirekt zu tun: Der Anschlag setzt mit Hebelwirkung zunächst eine komplizierte Mechanik in Bewegung, die den Schwung an ein Hämmerchen weitergibt und so weiter – eine ziemlich abstrakte Angelegenheit jedenfalls, die eine unmittelbare Beziehung Spieler – Saite – Klangerlebnis zunächst in weite Ferne rückt. Will sagen:

– wenn überhaupt ein Instrument darauf angewiesen ist, die Liebe seines Spielers zu erringen, dann ist es das Klavier;
– wenn überhaupt ein Spieler darauf angewiesen ist, die instrumentbedingte Distanz durch ein Liebenlernen zu überbrücken, dann ist es der Spieler am Klavier.

Man liebt nur, was man kennt. Somit ist die Zielrichtung wie die Notwendigkeit dieser Phase begründet. Lernen wir also unser Instrument kennen!
    Und Kennen heißt zunächst Benennen.

Wie Phase 1 ist auch diese nach einigen Wochen beendet und wird von einer anderen Phase abgelöst. Auch hier läßt sich die mögliche Stundenfolge in einzelnen, abgrenzbaren Schritten aufzeigen, so daß das Nebeneinander, die Gleichzeitigkeit beider Phasen, sichtbar wird.

Dauer: 10 Minuten, auch weniger, auch mehr
Unterrichtseinheit: Zweiergruppe, 60 Minuten
Angenommene Situation: Flügel im Unterrichtsraum, Klavier im Elternhaus der Schüler

• Erste Stunde: Kontaktaufnahme
Diese Stunde fließt mit der ersten Stunde der vorigen Phase „Raum" zusammen, ist gewissermaßen in diese eingeschlossen. Wenn es dort heißt: „Seht euch im Raume um; sagt mir, was ihr seht", gerät unumgänglich auch der nicht zu übersehende Flügel ins Blickfeld. Also ebenfalls: „Geht hin, faßt ihn an. Was seht, was entdeckt ihr noch daran?"
    Da sind die Beine (wieviel Beine hat der Flügel? Seht zu Hause nach, auf wieviel Füßen oder Rollen euer Klavier steht). Pedale werden entdeckt (Pedale, wo gibt es die noch?).
    Klappt den Deckel hier auf, darunter findet ihr… die Tasten (den Kindern natürlich nichts Neues).
    Hier haben wir jetzt die Weiche zu Phase 3 („Tastatur"). Mögliche Hausaufgaben: Betrachtet den Flügel genau: Meint ihr, daß ihr ihn zu Hause aus dem Gedächtnis malen könnt? Oder, wenn nicht, malt ihr euer Klavier einmal ab?

• Zweite Stunde: Kennenlernen = Benennen lernen
Wie die Teile des Flügels heißen und warum sie so heißen.
    Auch Kennenlernen ist ein Lernen.

Macht noch einmal den Tastendeckel auf. Warum heißt der wohl Tastendeckel? Und Tasten, warum heißen die wohl Tasten? Was meint ihr? Legt eure Hände darauf, mit geschlossenen Augen: Tastet und berührt sie, fühlt die kühle Glätte der Tasten, die Rillen der Zwischenräume, die höherliegenden schwarzen Tasten und ihre weiten Zwischenräume. Alles antasten, – Tasten.

Da lernen wir auch gleich die Leiste vor den Tasten kennen. Hier: Die Tastenleiste (Vielleicht purzeln sonst die Tasten hier vorne heraus – ?)

Jetzt klappe ich den Deckel, diesen hier oben, nach hinten. Darunter kommt zum Vorschein –, man kann es herausziehen, kann es aufstellen, kommt, versucht es einmal. Wozu ist das wohl da?

Um die Noten daraufzustellen; ein Notenständer…

Das Notenpult.

Den Flügel kann man abschließen. Findet ihr das Schloß? Wo befindet es sich bei euerem Klavier zu Hause?

Wortschatz: Tastendeckel, Tastenleiste, Notenpult, Flügelschloß, Pedale. Hausaufgabe: Merkt euch diese Teile. Vergleicht zu Hause: Was ist bei euerem Klavier anders?

- Dritte Stunde: Festigen der Begriffe

Wiederholung. Ich sage: „Ich trete jetzt auf ein Pedal", (tue es) „Ich öffne jetzt den Tastendeckel –"

Schüler: „Nein, das ist die Klappe für das Notenpult!"

„Gut, daß ihr aufpaßt! Richtet ihr das Pult jetzt einmal auf, so daß man Noten daraufstellen kann?" Die Schüler machen lassen.

„Erinnert ihr euch, wie diese Leiste hier vorn heißt?" Und so weiter.

Wortschatz: Der Flügelkörper, die geschwungene und die gerade Seitenwand, die Deckplatte, die den Innenraum abdeckt und sich öffnen läßt (ich öffne sie noch nicht).

„Stellt euch auf die beiden Stühle und legt euer Ohr an die Deckplatte." Ich klopfe daran, spiele einige Akkorde, wiederhole beides mit Pedalwirkung. Wachsende Neugierde, was sich darunter verbirgt.

- Vierte Stunde: das Erlebnis Resonanzboden

Das Hörerlebnis, das die Flügel-Deckplatte bereitete, wiederholen wir, diesmal wesentlich eindrucksvoller und an anderem Ort. Die Schüler kauern oder knien unter dem Flügel, klopfen an den Resonanzboden, einmal mit, einmal ohne Pedalwirkung. Ich spiele Akkorde, Harmoniefolgen, Hörvergleich mit und ohne Pedal. Die Schüler baden geradezu in Schallwellen; – ich komme zu dieser Formulierung durch eine Reaktion von Anja Prause, damals siebenjährig, die auflachend rief: „Das ist wie unter Musik duschen!"

Es ist erlebenswert, das Verhalten der – in unserem Fall fünf- oder sechsjährigen – Schüler zu beobachten: Sie sind äußerst animiert, verlangen oft mehr und mehr. Wir sprechen von Hall, von Schall.

Wortschatz: Resonanzboden. Kommt, sagt selbst: Resonanzboden. Vereinfacht auch: Hallboden, Flügelboden.

- Fünfte Stunde: Wie funktioniert eine Taste?

Schlagt eine Taste an; kräftig, bis zum Anschlag…

Wortschatz: Bis zum Anschlag. Anschlagspunkt.

…die Taste senkt sich; das sieht man ja deutlich, nicht wahr? Sie senkt sich aber nur, soweit wir sie sehen: Hinter dem Tastendeckel hebt sie sich. Ich zeige euch einmal, wie das funktioniert. Ihr kennt doch eine Wippe: seht, so!

Ich nehme ein Lineal, lege in der Mitte einen Bleistift quer. Eine Wippe: Wenn ich hier drücke, geht sie dort hoch. Jetzt lege ich einen Knopf auf das hintere Ende. Wenn ich hier vorn drücke, kräftig, wie man eine Taste anschlägt, dann fliegt da hinten der Knopf nach oben, seht ihr? Im Flügel liegt natürlich kein Knopf darauf; dort befindet sich ein Hämmerchen, das durch den Schwung nach oben fliegt und eine Saite anschlägt. Seht, so:

Ich halte meinen rechten Unterarm waagerecht, Handfläche halb geschlossen nach oben zeigend. Der Unterarm ist jetzt die halbe Tastenlänge im Flügel. Ich lasse ihn nach oben schnellen, das Handgelenk schwingt aufwärts (das Hämmerchen) und schlägt eine Saite an, die ich mit nach unten zeigender Handfläche der linken Hand darstelle.

Jetzt öffne ich die Flügel-Deckklappe, gebe den Blick in den Flügelinnenraum frei. Was wird da alles entdeckt! Ich lasse den Kindern Zeit für ihre Reaktionen, ihr Staunen, ihre Fragen.

Ein fester Tritt aufs Pedal: Zum dritten Mal wird das Phänomen Hall erlebt, im Innenraum selbst. Nachhorchen, bis der Hall verklingt.

Aber hier: Die Taste! Ich schlage eine Taste an. Hier könnt ihr sehen, was da im Flügel passiert! Das Hämmerchen, wie es zur Saite hochschwingt – und sofort wieder zurückfällt. Erinnert ihr euch, wie mein Handgelenk nach dem „Anschlag" auch sofort wieder zurückfiel? Ich demonstriere es noch einmal. Nochmals Tastenanschlag: Beobachtet das Hämmerchen, wie es die Saite anschlägt und wieder zurückfällt.

Und hier bewegt sich noch etwas, immer gemeinsam mit dem Hämmerchen: Jetzt schlage ich die Taste an, das Hämmerchen schwingt nach oben, schlägt die Saite an, und zugleich hebt sich dieses Ding da, gibt die Saite frei, damit sie klingen kann. Lasse ich die Taste los, dann senkt es sich wieder auf die Saite nieder und dämpft sie ab; sie klingt nicht mehr: Der Dämpfer.

Wenn der Dämpfer beim Anschlag auf der Saite liegenbleiben würde, dann würde sie nicht klingen, jedenfalls nicht so, wie sie klingen soll: Ich dämpfe die Saite jetzt beim Anschlag einmal mit meinem Finger ab. Na, ihr hört es, was dabei herauskommt!

Wortschatz: Hämmerchen, Dämpfer; Saite anschlagen, abdämpfen.

Merken: Das Schema der Tastenwippe.

- Sechste und siebente Stunde: das Erlebnis Flügelinnenraum; das rechte Pedal; die Dämpfer

Mit Filzschlägeln dürfen die Schüler bei niedergedrücktem rechten Pedal auf den Saiten herumexperimentieren. Sie rufen, singen in den Klangraum hinein, horchen auf die Echoantwort des Flügels. Zum Vergleich: ohne Pedal.

Wie kommt es wohl, daß die Saiten alle so bereitwillig tönen und schwingen? Lernten wir in der letzten Stunde nicht, daß Dämpfer die Saiten nur freigeben, wenn zugleich Tasten angeschlagen werden? Wir haben aber keine Taste angeschlagen; wieso klingen die Saiten trotzdem?

Aha, das macht das rechte Pedal! Sehen wir zu, was passiert hier drinnen, wenn ich draußen das Pedal drücke: Sämtliche Dämpfer heben sich zugleich. Mal sehen, wie das funktioniert. Seht euch das Pedal an: Vorn senkt es sich, wenn ich darauf trete, aber hinten hebt es sich.

Richtig, es funktioniert wie die Taste. Auch das Pedal ist eine Wippe!

Sehen wir weiter. Der hintere Teil des Pedals hebt einen Metallstab und der hebt alle Dämpfer zugleich hoch. (Bei Interesse genauer: Der Stab hebt eine hölzerne Querleiste, die unter den Hämmerchen angebracht ist; man sieht sie nicht. Mit dieser Querleiste sind die Dämpfer verbunden: man sieht den Draht, auf dem die Dämpfer befestigt sind.)

Alle Saiten haben Dämpfer, behaupte ich. Alle – ?

Nein! Die Saiten hier oben, die hoch und hell klingen, haben keine Dämpfer. Sie brauchen keine. Beim Klavierspielen macht es nichts, wenn sie etwas länger tönen. Das helle Weiterschwingen vermischt sich gut mit dem, was wir spielen.

• Achte Stunde: Flügelinnenraum; Saiten
Spiel im Flügelinnenraum. Vergleich: Filzschlägel – Holzschlägel (zart anschlagen). Frage- und Antwortspiel: Ein Schüler mit Filz-, einer mit Holzschlägeln.

Die Saiten. Sind alle Saiten gleich, oder…? Es werden entdeckt: Saiten, die zu dritt oder zu zweit zusammengehören. Einzelsaiten. Die Einzelsaiten sind die dicksten von allen. Was noch? Sie sind umsponnen. Auch die nicht so dicken Zwillingssaiten sind umsponnen. Die Drillingssaiten nicht.

Weiter: Es gibt lange Saiten, weniger lange und kurze Saiten.

Die langen Saiten sind zugleich die dicken, kräftigen; sie geben die tiefen, dunklen Töne.

Zur anderen Seite hin werden die Saiten immer kürzer. Je kürzer die Saite, umso höher, heller klingt ihr Ton.

Die kürzesten sind ganz am anderen Ende. Es sind die, die keine Dämpfer haben.

• Neunte Stunde: Nochmals Dämpfer
Wir entdecken: Nur die Einzelsaiten haben einen Dämpfer für sich. Aber jede Drillings- und Zwillingsgruppe ist unter einem Dämpfer vereint.

Seht euch die Dämpfer genau an. Sehen sie alle gleich aus?

Nein! Die Dämpfer sind unterschiedlich geformt. Die Dämpfer der Einzelsaiten sehen anders aus als die Dämpfer über den Zwillingssaiten. Die Dämpfer über den Drillingssaiten sind wiederum anders. Warum das wohl so ist – ?

Erkenntnis (zunächst einmal): Die langen, dicken (und umsponnenen) Saiten klingen tief (dunkel), die kurzen, dünnen klingen hoch (hell). Woran sind die Saiten wohl festgemacht? Hier, an diesem glänzenden Metallrahmen. Klopft einmal daran, ich drücke das rechte Pedal: Jedes Teilstück des Rahmens hat einen anderen Klang!

- Zehnte Stunde: Nochmals Saiten

„Ich habe hier etwas mitgebracht! Eine Schachtel voll…" „Schnipsgummis!" „Richtig. Hier sind sie: Es sind kleine, mittlere, große, dicke, dünne…; ich nehme jetzt mal einen und ziehe ihn lang! Komm, zupf mal daran." – „Das klingt!" –

Jetzt suche ich mir den dicken hier heraus…

„Ach, das ist wie bei den Saiten!"

Und wie wird der dickere klingen? Dunkler, tiefer.

Ich nehme einen von den mittelgroßen, hänge ihn an die Türklinke und ziehe ihn lang. Wenn ihr daran zupft, gibt es einen Ton. Probiert, und behaltet den Ton im Ohr.

Jetzt ziehe ich ihn länger, noch strammer; zupft einmal: Er klingt höher. Ich entspanne ihn wieder; er wird tiefer.

Saiten. Jede einzelne Saite kann höher oder tiefer gestimmt werden. Die Saiten müssen doch übereinstimmen! Probiert es mit diesen Drillingssaiten hier: Ich drücke die Taste nieder, ganz langsam, so daß kein Ton kommt. Der Dämpfer hebt sich: Jetzt zupft mit dem Fingernagel eine dieser Saiten an. So klingt sie! Nun die mittlere: sie klingt genau so. Nun die dritte: es klingt nochmals der gleiche Ton. Die Saiten sind gestimmt. Mit der Zeit verstimmen sie sich aber. Dann kommt der Klavierstimmer und stimmt das Klavier, so sagt man; aber er stimmt natürlich die Saiten!

Wie macht er das? Er hat einen Stimmschlüssel, der auf diese Wirbel paßt: Er zieht die Wirbel an, oder lockert sie. Dabei werden die Saiten gespannt – also klingen sie höher, oder entspannt, dann klingen sie tiefer. Seht zu Hause einmal zu, wenn der Klavierstimmer kommt.

Es empfiehlt sich, dieses Spannen und Entspannen anhand des Wirbels, falls Gelegenheit besteht, an einer Geige, Gitarre, einem Cello zu demonstrieren.

Erkenntnis: Spannen – Entspannen. Zwei Begriffe, die unseren Weg ständig begleiten werden.

Zehn Stunden „Instrumentkunde". Zehn Stunden, die nicht unbedingt mit den ersten zehn Wochen gleichzusetzen sind. Es kann, wenn ratsam, Woche um Woche pausiert werden, so daß die Phase „Instrument" gut und gern ins zweite Vierteljahr hineinreichen kann.

Sicher jedenfalls ist, daß dieses Entdecken des Instrumentes für alle meine Schüler der Früh-Instrumentalgenerationen interessant war, gleich, ob sie diese Phase als Sieben-, Sechs- oder Fünfjährige durchliefen. Im Gegensatz zur Phase „Raum", in der einige Kinder das Mitmachen verweigerten, gab es hier keine Ausnahmen. Und spätestens von dem Augenblick an, da der Flügel-Innenraum Objekt des Forschungseifers wurde, konnte sich kein Kind dieser Faszination entziehen.

Nutzen wir es aus. Weiteres ist zu entdecken. Jetzt dürfen zwischen den folgenden Vorschlägen jedoch Wochen und Monate liegen.

- Stunde X: das linke Pedal

Zuerst Hörversuch. Ändert sich der Ton, die Lautstärke, die Klangfarbe? Die Unterschiede sind, besonders bei Klavieren, gering, oft nicht zu erkennen. Beim Flügel: Weniger stark, gedämpfter, dumpfer, matter (oder wie soll man's nennen?) die Klangfärbung.

Zur Mechanik. Was passiert, wenn das linke Pedal getreten wird? Die Tasten, die ganze Tastatur verschiebt sich. Wozu das? Das ergibt, für sich gesehen, keinen Sinn.

Ein Blick in den Flügel-Innenraum bringt weitere Erkenntnis. Mit der Tastatur verschieben sich die Hämmerchen.

Erkunden: Verschieben sich alle Hämmerchen? Oder einige nicht? Was machen die Dämpfer? Verschieben die sich auch? Kein bißchen? Und die Saiten? Bleiben die, wo sie sind?

Was bewirkt das nun? Die Hämmerchen verschieben sich, die Saiten bleiben am Ort.

Nochmals: Ich trete das linke Pedal. Die Hämmerchen rücken nach rechts. Jetzt schlage ich eine Taste an, eine für die hohen Saiten, die als Drillinge vereint sind. Seht ihr? Das Hämmerchen trifft nur noch zwei von den drei Saiten! Und hier bei den Zwillingssaiten: Das Hämmerchen ist so weit gerückt, daß es nur noch eine Saite trifft. Das ist es also, was den Klang verändert! Wie ist das mit den dicken Einzelsaiten? Seht nach, wie das mit denen ist. Rücken die Hämmerchen so weit zur Seite, daß sie die Saiten nicht mehr treffen? Oder wie ist das?

Ihr seht: Die Hämmerchen treffen die Einzelsaiten voll. – „Dann gibt es hier ja keinen Klangunterschied!" – O doch! Seht euch so einen Hämmerchenkopf einmal an: Dort, wo er die Saite trifft, wenn wir das linke Pedal nicht treten – und das ist so gut wie immer der Fall – an der Stelle ist der Filz festgedrückt, man sieht es deutlich. Er ist dort hart geworden; der Anschlag ergibt einen vollen, kräftigen Ton. Rückt das Hämmerchen jetzt aber seitwärts, dann schlägt es die Saite mit einer Stelle an, die selten beansprucht wird und darum noch weich ist. So klingen auch die Einzelsaiten gedämpfter und leiser.

Unterschiede zwischen Flügel und Klavier: Im Flügel liegt die Besaitung, im Klavier steht sie aufrecht. Die Hämmerchen schlagen also von der Seite an. Ich demonstriere wieder mit Ellbogen und Händen den Anschlag im Klavier, lasse die rechte Hand seitwärts gegen die linke schwingen und so weiter.

Bei Gebrauch des linken Pedales rücken die Hämmerchen näher an die Besaitung heran; der Schwung ist dadurch geringer, die Lautstärke reagiert darauf.

Bei vielen Klavieren läßt sich die obere vordere Deckplatte abnehmen und der Anschlagsvorgang beobachten. Apropos Filz: Der Hämmerchenkopf besteht aus einem Holzkern und der Filzauflage. Filz schlägt die Saite an. Auch die Dämpfer haben eine Filzauflage, die die Saiten abdämpft.

Zum Schluß spiele ich den Schülern ein kleines klassisches Stück vor, das in Zwei- oder Viertakt-Phrasen komponiert ist. Dabei wiederhole ich jede Phrase als „Echo" mit dem linken Pedal.

- Stunde Y: stummer Tastenanschlag; fixierte Dämpfer

Zu erkennen, zu erfühlen: Der leichte Widerstand beim langsamen Niederdrücken einer Taste. Probiert es: Es soll kein Ton entstehen!

Beobachtet das Hämmerchen: Es hebt sich, wenn ich die Taste langsam senke; zugleich hebt sich der Dämpfer. Jetzt bin ich beim Druckpunkt; das Hämmerchen ist nahe an der Saite, berührt sie jedoch nicht. Jetzt drücke ich stärker, überwinde den Druckpunkt: Das Hämmerchen macht einen kleinen Hüpfer nach oben, erreicht aber auch jetzt die Saite nicht. Die Taste ist ganz unten, bis zum Anschlag niedergedrückt; das Hämmerchen hat nicht angeschlagen.

Seht, was ich hier habe! – Eine Wäscheklammer! – Die nehme ich jetzt auseinander. Da sind sie: zwei halbe Wäscheklammern.

Drück' du jetzt eine weiße Taste stumm nieder. Und du diese andere weiße Taste, ebenfalls stumm. (Zwei Tasten im Quintabstand). Was geschieht jetzt im Flügel? Dort haben sich zwei Dämpfer gehoben und ihre Saiten zum Klingen freigegeben.

Ich schiebe jetzt zwischen den gesenkten Tastenhals und die untere Kante des Tastendeckels die halbe Klammer. Seht, sie ist anfangs ganz schmal und wird immer dicker; sie paßt bequem dazwischen und hält die Taste unten. Hier, die andere auch.

Jetzt nehmen wir Schlägel und spielen auf den freigegebenen Saiten ein Ostinato. Durch den gehobenen Dämpfer kann man erkennen, welche Saiten es sind. Einer improvisiert dazu auf den Tasten.

- Stunde Z: Die Saite schwingt.

Für diese Stunde sollte ein Kontrabaß als Demonstrationsobjekt zur Verfügung stehen. In Musikschulen dürfte dies kein Problem sein. Die tiefe Saite eines Cellos tut es auch.

Gespräch: Wenn eine Biene fliegt, hören wir einen Ton; einen Summton. Vormachen: „sssss". Wie entsteht so ein Ton? Macht die Biene das mit ihrem Mund? Oder – ?

Es sind ihre Flügel, die ganz schnell auf und nieder schwingen. Dieses Schwingen ergibt einen Ton.

Wie das vor sich geht, dieses Schwingen, können wir an Vögeln beobachten. Dort sieht man es deutlich; das Schwingen ist jedoch so langsam, daß es für einen hörbaren Ton zu langsam ist.

Eine Mücke hat einen sehr hellen, hohen Summton. Ihre Flügel schwingen sehr schnell. Der dicke Brummer hat einen tiefen Ton. Seine Flügel schwingen langsamer als die der Mücke, aber immer noch so schnell, daß wir die Flügel nicht sehen können.

Wenn etwas schnell schwingt, ergibt das einen hohen Ton. Schwingt etwas langsamer, ist der Ton tiefer.

Hier, ein Kontrabaß. Zupfe einmal kräftig diese (tiefste) Saite an. Brummmm! Da ist der Ton. Sehr tief, nicht wahr? Die Saite schwingt recht langsam: man kann das Schwingen sehen!

Nun diese andere Außensaite. Ein höherer Ton; sie schwingt also schneller. Na: ein kleines Zittern sieht man gerade noch –.

Gehen wir nun zum Flügel: Jetzt verstehen wir auch, warum sich der Dämpfer hebt. Er gibt die Saite frei, damit sie schwingen kann. Ohne Schwingung kein Ton.

Ich schlage eine Taste an. Der Dämpfer hebt sich. Die Drillingssaiten schwingen jetzt. Sehen kann man das nicht, sie schwingen zu schnell.

Aber man kann es fühlen! Ich schlage noch einmal an. Berührt mit einer Fingerspitze ganz zart die Saiten! Nun? Es kitzelt ein bißchen, nicht wahr?

Jetzt eine tiefe, umsponnene Saite. Ich schlage an; da ist der Ton. Wie fühlt sich die Schwingung an? Stärker, deutlicher als bei den höheren Saiten.

Kommt, nun ihr! Einer schlägt die Taste an, der andere erfühlt sich die Schwingungen.

Wo gibt es noch Schwingung, die man hört – ?

Phase 3:
Vertraut werden mit der Tastatur; Spielbewegung

Auch hier eine Begründung voraus.

„Der Alpdruck eines Pianisten besteht darin, von einer kilometerlangen Tastatur zu träumen", sagt Ramón Gomez de la Serna in seiner spritzigen Aphorismensammlung *Greguerias*, wobei sich in unserem Fall ergänzen ließe, daß die scheinbar unübersichtliche Endlosigkeit einer Tastatur, sehen wir sie einmal nicht mit den Augen des Erwachsenen, sondern mit den Augen des jungen Anfängers, dieser Kilometervision recht nahe kommt.

Was also tun? Rettung suchen in der weißtastigen Oase zwischen f und g′ mit der Doppeldaumentaste c′ in der Mitte? Die Geborgenheit, die uns dort scheinbar umgibt, ist eine trügerische!

Um ein Freundschaftsverhältnis mit der Tastatur einzugehen, eignet sich dieser Beginn, den die meisten Klavierschulen voraussetzen, jedenfalls nicht. Wohl ist es verlockend, die Symmetrie der Hände mit der Symmetrie des Notensystems zu kombinieren: So, wie die rechte Hand Schritt um Schritt in das Violinschlüsselsystem aufwärts führt, führt spiegelgleich abwärts die linke Hand in das System des Baß-Schlüssels hinein. Man verstehe mich nicht falsch: Dies ist nach wie vor der günstigste Weg, Zugang zu finden zur symmetrischen Struktur unseres Notensystems.

Die Beschränkung auf die genannten neun weißen Tasten jedoch ist ebenso ungeeignet für ein offenes In-Beziehung-Treten mit der Tastatur wie für das bewegungsrelevante Einüben des Klavier-„spielens". Beides verlangt, ohne Wenn und Aber,

die sofortige Freigabe der ganzen Tastatur.

Und hier ist es die symmetrische Ordnung der schwarzen und weißen Tasten, die uns jetzt und künftig beim Heimisch-Werden auf der Fingerspielwiese helfen wird.

181

Anfangs ist es das einladende Zwillings-Drillings-Schema der schwarzen Tasten, mit dem wir uns überwiegend beschäftigen. Diese Einteilung wird uns wenig später den Blick auch für das Schema der weißen Tasten erleichtern.

Freigabe der ganzen Tastatur heißt zugleich: Spielerisch leichten Umgang auch in und mit der höchsten und tiefsten Lage. Und das ist für unsere Sechsjährigen im Sitzen nicht mit der erforderlichen Lockerheit zu bewerkstelligen. Das ungebundene Spiel über alle sieben Oktaven bedingt Klavierspielen im Stehen[*].

Dauer von Phase 3: 10 Minuten, in Kombination mit Improvisation und Liedspiel auch wesentlich länger

Es widerstrebt mir, diese Phase, analog zu den vorigen, in fest abgegrenzte Stundenabschnitte einzuteilen. Zu vielfältig sind die Möglichkeiten, die Lernschritte zu bündeln, zu kombinieren, auszutauschen oder durch Zusätzliches zu erweitern, je nach Lust des Lehrers, je nach Bestreben oder Auffassungsgabe des Schülers.

Gehen wir also Schritt für Schritt voran; die Situation möge entscheiden, wie viel oder wie wenig in eine Stundenphase paßt.

- 1. Lernschritt: die schwarzen Tasten
Die Tastatur hat Drillinge und Zwillinge. (Auch Einzeltasten?) Wie viele Drillinge? Wie viele Zwillinge? Gleichviel, oder – ?

Tippt (schlagt) mit eurem Mittelfinger, dem dritten Finger, die mittleren Tasten der Drillingstasten an, immer im Wechsel, links – rechts, von unten nach oben und zurück.

- 2. Lernschritt: die schwarzen Drillinge
Es empfiehlt sich, die Drillinge vor den Zwillingen an die Reihe zu nehmen. Es fällt den Kindern leichter, spontan die drei mittleren Finger auf die Drillinge zu legen. Bei den Zwillingen geht meist ein Zögern, ein Überlegen voraus, ob man sie mit dem zweiten und dritten oder mit dem dritten und vierten Finger spielen soll.

Legt beide Hände auf die Drillinge. So wie sie jetzt liegen: Das sind genau die richtigen Finger, die auf die Drillinge gehören. (Durch die Übung des 1. Lernschrittes: Mittelfinger = Mitteltaste benutzen die Kinder ganz von selbst die richtigen Finger. Aber auch ohne diese Vorübung nehmen die meisten Kinder diese Finger von selbst.)

---

[*] Franzpeter Goebels, *Klavierspielen im Stehen. Neue Wege im pianistischen Anfangsunterricht*, in: *Neue Musikzeitung*, Okt./Nov. 1978, Regensburg. Goebels empfiehlt das Klavierspiel im Stehen auch aus spieltechnischen und Haltungsgründen. Er hat sich *seit Jahren mit dieser Ausgangsposition für den Anfangsunterricht beschäftigt und dazu Modellversuche mit Kindern durchgeführt*. Parallel geführte *Vergleiche mit normaler Sitzhaltung sprechen unbedingt für den neuen Weg*. Dieses Stehen ermöglicht *eine Flexibilität des ganzen Körpers. die eine individuelle Zuneigung und seitliche Neigung dynamisch zuläßt. Die gemachten Erfahrungen […] waren so einprägsam, daß auch der Übergang zum sitzenden Klavierspiel kein neues Problem war*. Bei etwas älteren Schülern wurde das Klavier mit kleinen Blöcken erhöht, um eine gute Spielhaltung zu gewährleisten. Das Pedal wurde mit einer einfachen Kippleiste versehen, *die auch Pedalgebrauch ermöglichte und zudem noch den Vorteil hatte, daß die Bedienung des Pedals als Neigung des ganzen Körpers erfahren wurde.*

Linke Hand auf die Drillinge legen, nur tasten. Nun die rechte Hand auf die nächsten. Die linke Hand geht über die rechte, die noch liegenbleibt, bis die linke die nächsten Drillinge im Griff hat. Dann die rechte Hand auf die nächste Drillingsgruppe und so weiter.

Gleiches zurück, nur umgekehrt: Die rechte Hand schlägt einen Bogen über die linke.

Nun Gleiches mit Tastenanschlag. Es erklingen kleine Cluster. Die linke Hand bleibt liegen, bis die rechte die nächste Drillingsgruppe angeschlagen hat; diese wiederum bleibt liegen, bis die linke Hand ihre Gruppe gefunden und angeschlagen hat…

- 3. Lernschritt: die schwarzen Zwillinge
Übungen wie mit den Drillingen des 2. Lernschrittes.

Bewußtes Konzentrieren auf den 2. und 3. Finger.

Das fällt vielen Schülern nicht leicht. Manchmal helfe ich ihnen, indem ich kleine Klebeblättchen – ich habe sie für die unterschiedlichsten Spiele und Blickhilfen in Form von lustigen Marienkäfern stets bereit – auf die Fingernägel hefte.

- 4. Lernschritt: die weißen Tastenpaare zwischen den Tälern
Ich stelle die Behauptung auf: Zwischen zwei weißen Tasten liegt stets eine schwarze Taste. – Oder?

Es wird entdeckt: Zwischen den Tälern der schwarzen Zwillinge und Drillinge liegen Tastenpaare, die nicht durch eine schwarze Taste getrennt sind. Ein Tastenpaar füllt genau ein Tal aus.

(Ich vermeide hierfür den Begriff „weiße Zwillingstasten". Die weißen Zwillingstasten werden später an anderem Ort entdeckt und andere Funktion haben.)

Ich habe hier zwei… – Zwei Postkarten! – Gefallen sie euch? – Ja, toll! Und ein bißchen verrückt auch!

Mal sehen, wer die gemalt hat: Hier auf der Rückseite kann man es lesen: Wassily Kandinsky. Und hier die andere: Paul Klee heißt der Maler. Und sein Bild heißt *Mit den beiden Verirrten*. Seht einmal, die beiden Winzlinge hier unten in der Ecke, ganz verloren und verirrt stehen sie da… (Kunstpostkarten dieser Art werden uns später in den Improvisationsphasen noch sehr animieren. Aber auch für das jetzige Spiel sind solche phantasieanregenden Karten der tristen weißen carte postale vorzuziehen).

Hier, nimm du eine Karte und stecke sie in den Spalt zwischen zwei weiße Tasten. Du mußt herausfinden, welche Tasten bereit sind, die Karte aufzunehmen.

Es wird entdeckt: Nur das Tastenpaar zwischen den Tälern hat einen Spalt, in den die Karte paßt. Dort paßt sie aber auch millimetergenau hinein!

So, und nun du, mit der zweiten Karte. Welche Spalte ist der anderen am nächsten? Richtig, hier paßt deine Karte hinein!

Jetzt haben wir die schwarzen Zwillinge im Käfig! (Zugleich bekommen wir die weißen Drillinge in den Blick. Sie werden uns später beschäftigen; jetzt erwähne ich sie noch nicht.)

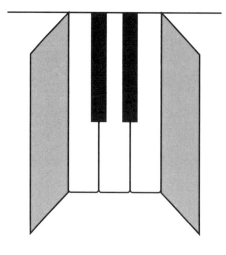

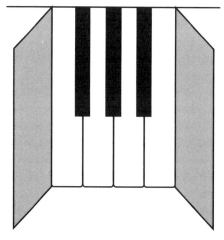

Nehmen wir jetzt die linke Karte heraus, lassen sie über die andere hinüberspringen und stecken sie in den nächstmöglichen Spalt. Wir haben die schwarzen Drillinge im Käfig.

Das Spiel mit den Karten half uns, so nebenbei eine Eigenart der weißen Tastatur zu erkennen. Legen wir die Karten beiseite. Es war ein Spiel, nicht mehr, nicht weniger.

Drücken wir jetzt mit jeder Hand die weißen Doppeltasten nieder, die zwischen den schwarzen Zwillingen und Drillingen liegen, dann die nächsten und so fort.

Wir kreisen dabei wechselweise immer eine schwarze Zwillings- oder Drillingsgruppe ein. Anschlag beziehungsweise Andruck mit je zwei Fingern oder mit einem Finger, der beide Tasten zugleich niederdrückt.

- 5. Lernschritt: nochmals die schwarzen Drillinge

Lernziel: Armbewegung; Koordinierung; Unabhängigkeit der Hände

Wir greifen die Übungen des 2. Lernschrittes wieder auf. Geübt wurde dort das Wandern von Drillingsgruppe zu Drillingsgruppe durch Überschlagen der Hände, aufwärts wie abwärts.

Diesmal schreiten wir, immer die Gruppe im Griff, Ton für Ton voran: linke Hand, Gruppe im Griff: 4–3–2; rechte Hand, Gruppe im Griff: 2–3–4; linke Hand überschlagen, Gruppe im Griff: 4–3–2; rechte Hand… und so fort.

Abwärts umgekehrt.

Schwierig wird die Übung, wenn Gleichmäßigkeit angestrebt wird. Die Schrittfolge/Denkfolge ist:

Linke Hand	spielt (langsam, gleichmäßig).
Rechte Hand	liegt bereit, übernimmt im gleichen Pulsschlag.
Linke Hand	schlägt, während die rechte Hand spielt, über. – Und übernimmt.
Rechte Hand	legt sich, während die linke Hand spielt, auf die nächste Gruppe. Und übernimmt.

Wichtig dabei ist, daß die eine Hand ihre neue Tastengruppe bereits sicher im Griff haben muß, bevor die andere, spielende Hand ihren letzten Ton gespielt hat. Dabei ist das Überschlagen bei lockerem Arm mit einem leichtem Bogen zu vollziehen.

- 6. Lernschritt: nochmals die schwarzen Zwillinge
Lernziel: Konzentration auf 2. und 3. Finger
  Zunächst Einspielen und Eindenken durch Wiederholung der Drillingsübung des 5. Lernschrittes. Gleichmäßigkeit erstreben. Nun gleiches Spiel mit den Zwillingstasten. Als Griff gilt hier nur 2. und 3. Finger.
  Diese Übung ist gegenüber den Drillingstasten eine Erschwernis, da das Überschlagen bei nur zwei zu spielenden Tasten schneller erfolgen muß. Dabei ist zunächst nur auf Lockerheit des überschlagenden Armes und auf richtigen Fingersatz zu achten. Gleichmäßigkeit zusätzlich zu erwarten, wäre hier eine Überforderung.

- 7. Lernschritt: Festigung; Gleichmäßigkeit
Obiges Spiel fortführen. Jetzt auch bei den Zwillingen Gleichmäßigkeit anstreben. Eventuell schon einmal das Metronom einschalten – ?*

- 8. Lernschritt: Zwillinge und Drillinge; Kombination
Linke Hand auf den Drillingen, rechte auf den Zwillingen.
  Eine Tonleiter spielen:
  Aufwärts: Die linke Hand setzt über die rechte.
  Abwärts: Die rechte Hand setzt über die linke.
  Nun umgekehrt: Linke Hand auf Zwillingen, rechte auf Drillingen.
  Das Übersetzen geschieht wie oben.
  Gleichmäßigkeit anstreben.

- 9. Lernschritt: das Eisenbahnspiel
Das Spiel des vorigen Lernschrittes wieder aufnehmen. Bei den Wendepunkten aber nicht abstoppen, sondern sofort im Wenden weiterspielen. Wir stellen uns das Schienenoval einer Spielzeugeisenbahn vor. Das Hin und Her, oder, akustisch, das Auf und Ab, ist das Rundherum des Zuges.

- 10. Lernschritt: Weiße Drillinge und Zwillinge; Spielbewegung
Der Umgang mit den weißen Tasten ist den Schülern durch die Gleichzeitigkeit mit anderen Phasen – Tierspielen, Anschlagstudien mit der „Wassertropfenstelle", schwarz-weiß-Improvisationen – längst geläufig. Trotzdem lohnt es sich, die auf schwarztastiger Pentatonik begonnene Umsetzung klavieristischer Spielbewegung auf weißen Tasten fortzuführen. Außerdem erhalten die Schüler den Blick dafür, daß auch die weiße Tastatur eine aus Zwillingen und Drillingen sich aufbauende pentatonische Ordnung besitzt. Für das anzustrebende Vertrauensverhältnis zur Tastatur wird dies zu einer starken, prägenden Orientierung.

---

* siehe den Abschnitt „Vom Umgang mit Kassette und Metronom", Seite 254

a) Die Übung des 5. Lernschrittes auf die weißen Drillinge übertragen.

b) Die Übung des 6. Lernschrittes auf die weißen Zwillinge übertragen.

- 11. Lernschritt: Fortsetzung

a) Die Übungen des 8. Lernschrittes auf die weißen Zwillinge und Drillinge übertragen.

b) Die weißen Zwillinge und Drillinge mit Tasthilfe der schwarzen Tastengruppen blind finden.

- 12. Lernschritt: blindes Tastenspiel

Weiterführung von 11 b. Diesmal klingend: Während die eine Hand spielt, soll die andere, blind geführt, die nächste Tastengruppe rechtzeitig in den Griff bekommen und das Spiel weiterführen.

- 13. Lernschritt: Kombinationen; weiße und schwarze Drillinge; nochmals das Eisenbahnspiel

Beim Aufwärtsspielen: Linke Hand auf den schwarzen, rechte Hand auf den weißen Drillingen.

Beim Abwärtsspielen: Rechte Hand auf den schwarzen, linke Hand auf den weißen Drillingen.

Beim Wendepunkt, der höchsten schwarzen Drillingsgruppe, übernimmt die rechte Hand ohne Verzögerung die Drillingsgruppe von der linken; sie legt sich dabei bewußt über die linke Hand, die ihrerseits nun auf den weißen Drillingen zurückspielt.

Der Wendepunkt im Baß sind wiederum die schwarzen Drillinge (auch wenn darunter noch eine weiße Zwillingsgruppe ist). Jetzt legt sich die linke Hand über die rechte und übernimmt die schwarzen Tasten zum Aufwärtsspiel.

- 14. Lernschritt: Kombination; weiße und schwarze Zwillinge; Klangspiel

Obiges Spiel mit allen Regeln – auch die der Wendepunkte – auf die weißen und schwarzen Zwillinge übertragen.

Dies kann auch mit ständig niedergedrücktem rechten Pedal ausgeführt werden. Es entsteht eine Klangkette*.

Die Fortsetzung dieser Phase „Tastatur/Spielbewegung" erfolgt im Abschnitt „Das zweite Vierteljahr".

---

* Pedalgebrauch beim Klavierspielen im Stehen: Eine einfache Kippleiste auf das rechte Pedal legen (siehe Fußnote auf Seite 182).

Phase 4:
Tier- und Fingerspiele, Arm-, Hand- und Fingergelenke
Vertraut werden mit der körpereigenen Spielmechanik

Finger und Taste, Arm und Klaviatur, Körper und Instrument bilden aber ein System mit gegenseitiger Beeinflussung.

Christoph Wagner*

Dauer etwa 10 Minuten, anfangs weniger, später mehr
Ausführung: Arbeitstisch, Tastatur
Situation: Gruppe, Janina und Anna

Parallel zur gleichlaufenden Phase 2 lassen sich die Bewegungsvorgänge, die Gelenkfunktionen der Klaviermechanik mit denen der körpereigenen Gelenke vergleichen.

Die folgenden Spiele und Übungen laufen größtenteils mit meiner Klavierschule für den Früh-Instrumentalunterricht *Spaß am Klavierspielen* parallel.

• Erste Stunde. Komm, lerne deine Finger kennen.
Legt eure Hände vor euch auf den Tisch, mit gespreizten Fingern, Handfläche nach unten. Dies ist die linke Hand; und dies ist die rechte Hand.

Ein Klavierspieler sagt zu seinen Fingern: Du, Daumen bist der erste Finger. Du, Zeigefinger, bist der zweite Finger...

Anna, zeige mit dem Zeigefinger einer Hand auf irgend einen Finger der anderen Hand. Janina soll sagen, welcher Finger es ist und welche Hand es ist.

Janina, schlage eine Taste mit einem Finger an. Anna soll sagen, mit welchem Finger und mit welcher Hand du angeschlagen hast.

Seht euch einen eurer Finger an, bewegt ihn und probiert, was er alles kann: Er kann auf- und niederwippen, er kann sich drehen wie ein Karussell. Auch seitwärts hin und her?? Er kann sich beugen und strecken, nach vorn, zur Handfläche zu; nach hinten nicht, – warum nicht? Er kann sich im Handteller verstecken, die anderen Finger decken ihn dabei zu.

Seht: Der Daumen hat mehr Bewegungsfreiheit als die anderen Finger!

• Zweite Stunde: Fingergelenke; Brücke
Ich frage: Ein Gelenk, wißt ihr, was das ist? – warte die Antworten der Kinder ab, hole aus der Hosentasche mit geschlossener Hand etwas heraus: Was habe ich hier wohl? – öffne – ein Taschenmesser! Ich ziehe die Klinge heraus: Seht, hier bewegt es sich, im Gelenk. Und jetzt dieses: Eine winzige Schere erscheint. Auch sie kann sich bewegen. Wo? Im Gelenk!

---

* in EPTA-Dokumentation 1987

Seht einen eurer Zeigefinger an. An wie vielen Stellen bewegt er sich, das heißt, wie viele Gelenke hat er? Wie viele Gelenke haben die anderen Finger? Und der Daumen?

Versucht, mit einem Finger das äußere Gelenk allein zu bewegen. Ihr seht, es geht nicht! Das mittlere Gelenk bewegt sich mit. Kann man vielleicht das mittlere Fingergelenk allein bewegen? Auch nicht: Das äußere Gelenk bewegt sich mit.

Die vier Finger: Dort, wo sie aus der Hand heraustreten, hat jeder Finger noch ein Gelenk. Legt eine Hand leicht gerundet auf den Tisch, so daß eine Höhle entsteht. Jetzt bilden diese vier Gelenke eine Brücke. Die vier Gelenke gemeinsam heißen auch so: Die Brücke.

Unter jedem Fingergelenk ist eine Hautfalte. Über jedem Gelenk ist ein Knöchelchen, das das Gelenk schützt. Geht einmal mit den Fingern der anderen Hand darüber hin: Man fühlt es deutlich. Die Knöchel der Brücke sind auch deutlich zu sehen.

- Dritte Stunde: das Raupenspiel

Die Ausführung der Tierspiele gilt überwiegend der Finger- und Gelenkgymnastik. Hand- und Armhaltung zeigen sich dabei, dem Zweck entsprechend, in untypischer Klavierhaltung: Der Arm streckt sich nicht rechtwinklig der Tastatur entgegen, wie beim normalen Klavierspiel, sondern er liegt über den Tasten, parallel zu ihnen. Wie und warum diese Tierspiele entstanden, ist im Überblick zur ersten Schülergeneration (Punkt 4) zu lesen.

Kommt, wir machen ein Raupenspiel! Die Hand ist eine Raupe. Zuerst die rechte Hand. Sie liegt lang gestreckt mit ganzer Handfläche auf dem Tisch. Die Finger zeigen zur linken Seite hin; der Ellbogen zeigt nach rechts. Die Raupe liegt still zunächst, sie ruht sich noch aus.

Nun bewegt sie sich vorwärts: Die Fingerkuppen saugen sich am Holz fest und ziehen das Handgelenk zu sich heran. Die Hand wölbt sich, die Brücke hebt sich deutlich. Der Handballen geht so nahe wie möglich an die Fingerkuppen heran, ohne daß sie umknicken.

Jetzt liegt der Handballen auf dem Holz. Die Finger (der vordere Teil der Raupe) strecken sich wieder. Die Fingerkuppen suchen einen neuen Ansatzpunkt und saugen sich wieder fest. Das Spiel beginnt von neuem.

Nun die linke Hand: Die Finger zeigen zur rechten Seite hin; der Ellbogen zeigt nach links. Die Raupe bewegt sich in der Gegenrichtung voran.

Übertragen wir jetzt das am Tisch vorgeübte Spiel auf die Tasten. Die Hand liegt (quer) auf den Tasten. Unsere Raupe ist so schwer, daß alle Tasten unter ihr niedergedrückt sind. Die Fingerkuppen saugen sich an einer Taste fest und ziehen die Hand zu sich heran. Das Handgelenk nähert sich den Fingerkuppen und senkt sich dann auf die Tasten nieder. Es erklingt ein kleiner Cluster.

Während der Handballen seinen Cluster hält, strecken sich die Finger und senken sich auf die nächsten Tasten. Es erklingt ein größerer Cluster.

Die Fingerkuppen saugen sich aufs neue fest, ziehen das Handgelenk nach und so weiter.

Die linke Hand bewegt sich in Richtung Diskant. Die rechte Hand bewegt sich in Richtung Baß.

Klangbild der Raupe: Anfangscluster der ganzen Handfläche. Dann immer im Wechsel kleiner Cluster – größerer Cluster.

Merkt euch das Klangbild; wir brauchen es für die nächsten Spiele.

- Vierte Stunde: das Storchenspiel
Kommt, wir machen ein Storchenspiel. Zwei Finger, der zweite und der dritte, sind die langen Storchenbeine. Die linke Hand soll beginnen. Die beiden Finger stehen langgestreckt auf einer Taste nebeneinander. Der Unterarm schwebt waagerecht über der Tastatur, parallel zu ihr.

Das Handgelenk ist erhoben – nicht aber der Ellbogen, und die Schulter auch nicht!

Nun macht der Storch einen Schritt in Richtung Diskant. Er krümmt das Bein – Fingerknöchel dabei sehr hoch heben – und tritt auf die nächste Taste. Dabei erklingt ein einzelner Ton.

Jetzt das andere Storchenbein; genau so wie das erste: sehr hoch, gravitätisch langsam. Und weiter Schritt für Schritt, langsam und stelzend. Jeder Schritt läßt einen Einzelton erklingen.

Die Schüler spielen das Storchenspiel, so wie eben das Raupenspiel, im Stehen – nein, im langsamen Gehen. Die Spiele können die ganze Tastatur einbeziehen.

Nun das Spiel mit der rechten Hand. Sie schreitet von rechts nach links, in Richtung Baß. Beobachtet beim Schreiten von Taste zu Taste, wie sich die Fingergelenke bewegen. Könnt ihr das beschreiben?

- Fünfte Stunde: Storch und Raupe, Klangbilder; die Schulter
Anna, geh ans Klavier und laß eine Raupe oder einen Storch über die Tasten wandern. Janina soll erkennen, welches Tier du spielst. Noch ist es leicht, den Unterschied herauszuhören. Aber wartet! Es kommen mehr Tiere dazu!

Könnt ihr vielleicht schon heraushören, welches Tier von welcher Hand, der rechten oder der linken, gespielt wird? Wandert der Klang nach unten oder wandert er nach oben?

Janina, du spielst Raupe mit der rechten Hand. Fang ganz hier oben an. Anna, du kommst als Storch mit der Linken vom Baß her. Die beiden Tiere treffen sich und fangen eine Unterhaltung an. Spielt das mal!

Ich habe gemerkt: Wenn ihr den Storch stolzieren laßt, dann zieht ihr die Schulter doch ein wenig hoch. Das soll nicht sein. Lernen wir, darauf zu achten!

Doch zunächst: Mal sehen, was die Schulter alles kann! Probiert, welche Bewegungen ihr mit der Schulter machen könnt.

Die Schulter kann sich heben und senken. Sie kann sich vor und zurück bewegen. Sie kann kreisen, vorwärts und rückwärts. Beide Schultern können gemeinsam zugleich kreisen – oder auch gegeneinander kreisen, wie beim Paddeln im Paddelboot.

Übung im Stehen: Schulter langsam heben, dabei einatmen. Schulter locker fallen lassen, dabei, ohne zu pressen, „pff" – ausatmen. Noch einmal, bitte. (Ich mache es

Das Raupenspiel

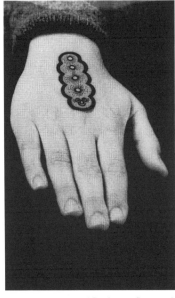

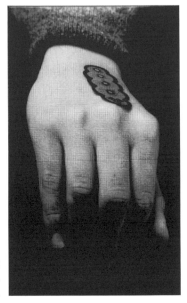

Mit ganzer Handfläche aufliegend.
Großer Anfangscluster

Fingerkuppen „saugen" sich fest
und ziehen das Handgelenk nach.
Die Hand wölbt sich.

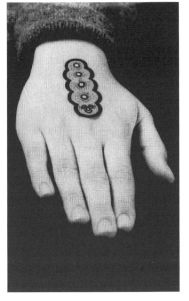

Der Handballen senkt sich
auf die Tasten. Kleiner Cluster

Bei liegendem Handballen strecken sich die Finger
und senken sich auf die nächste Tastengruppe.
Großer Cluster

Das Storchenspiel

Die beiden Finger, hier der zweite
und der dritte, stehen langgestreckt
zum Schritt bereit.

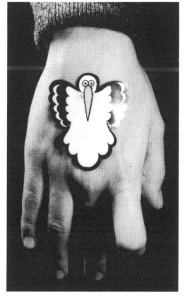

Bei stehendem dritten Finger
hebt sich der zweite…

…und streckt sich dann
zum Schritt.

Und so von Bein zu Bein,
von Taste zu Taste.

vor, lasse die Schulter beim Ausatmen jedoch nur langsam sinken. Frage: War es gut so? Feststellen, daß die Schulter nicht locker fiel. Macht es besser! Zeigt mir, daß ihr es könnt!)

Und nochmals, diesmal mit geschlossenen Augen: Schulter heben und einatmen. Fallenlassen und ausatmen. Laßt die Augen geschlossen und fühlt in euch hinein: So fühlt es sich an, wenn die Schultern locker hängen. Die Arme hängen ebenfalls locker am Körper herab.

Setzt euch an die Tasten. Augen zu: Sind die Schultern jetzt ganz locker? Ihr könnt es fühlen. Nun spielt etwas und achtet auf die Schultern. Nur wenn die Schultern locker sind, sind es Arme und Hände auch.

- Sechste Stunde: die „Wassertropfenstelle" als Anschlagspunkt; Fingerspiele mit der Wassertropfenstelle

Setzt euch hier auf die beiden Stühle und stellt euch vor, ihr habt eine Schüssel mit Wasser auf dem Schoß. Taucht jetzt eine Hand in das Wasser und hebt sie wieder heraus, so, daß sie locker herabhängt. Auch die Finger hängen locker herab. An jeder Fingerspitze hängt jetzt ein glitzernder Wassertropfen. Wenn ihr zu Hause seid, dann macht das mit richtigem Wasser. Dort, wo die Wassertropfen hängen, ist die „Wassertropfenstelle" eurer Finger.

Probiert es – jetzt wieder als Gedankenspiel – mit der rechten Hand. Taucht sie in euer gedachtes Wasser, zieht sie locker hängend heraus und zeigt bei jedem einzelnen Finger, wo der Tropfen hängt: beim Zeigefinger, beim Mittelfinger, beim Ringfinger. Beim kleinen Finger hängt der Tropfen nicht genau an der Spitze. Beim Daumen schon gar nicht; zeigt genau, wo er hängt.

Nun umgekehrt: An den Fingern der linken Hand hängen die Tropfen. Zeigt auch hier oder besser: berührt mit dem Zeigefinger der rechten Hand die Stellen, an denen die Tropfen hängen.

Merkt euch die Wassertropfenstelle! Nur mit ihr werden die weißen Tasten angeschlagen. Die schwarzen Tasten schlägt man mehr mit dem Fingerpolster an.

Fingerspiel:
- Studiertisch. Stützt die Ellbogen, nicht zu nah beieinander, auf den Tisch.
- Legt die Fingerspitzen der beiden Hände zusammen: Die Fingerpolster berühren sich. Klopft nun sacht mit den Fingern, die ich ansage, aneinander:
- Die beiden dritten Finger.
- Die zweiten Finger; die fünften Finger.
- Die beiden vierten Finger (versucht es). Da gibt's Probleme, nicht wahr?
- Nun die ersten und fünften Finger zugleich.
- Die ersten und zweiten Finger zugleich.
- Die vierten und fünften zugleich – : Ihr merkt, das geht leichter als die vierten Finger allein!

• Siebente Stunde: Fingerspiel, Weiterführung; Fingergymnastik
Nehmen wir das Fingerspiel der letzten Stunde wieder auf. Ellbogen aufstützen, Fingerpolster zusammenlegen. Wir wiederholen die Bewegungen der einzelnen Finger gegeneinander, dann der Fingergruppen.

Und weiter: 1. und 3. Finger zugleich. Das geht nicht gleich beim ersten Mal. Bereiten wir es vor: Beide 1. Finger für sich, dann die beiden 3. Finger für sich. Die 3. Finger weiter bewegen und jetzt die 1. dazukommen lassen. So geht es.

Versuchen wir es mit den 1. und 5. Fingern; dann mit den 1. und 4. Fingern. Mit den 2. und 4., mit den 3. und 4., und wie geht es wohl mit den 3. und 5. Fingern? Kaum sofort. Übt das zu Hause.

• Achte Stunde: Storch, weitere Übungen; Wassertropfenstelle –Taste.
Heute hat sich Storch etwas Schwieriges zum Stolzieren ausgesucht! Da sind doch wahrhaftig hohe, querliegende Hindernisse zu überwinden. Unser Storchenspiel, das gravitätische Schreiten von Taste zu Taste, vollzieht sich diesmal zwischen den schwarzen Tasten. Mit (fast) jedem Schritt muß unser Storch über eine schwarze Taste hinwegsteigen. Probiert, ob er das kann! Und als Hausaufgabe dürfen 3. und 4. Finger einmal Storchenbeine sein.

Bringen wir jetzt unsere Wassertropfenstellen mit den Tasten zusammen: Jeder Finger legt sich auf eine Taste, fünf Finger, fünf Tasten. Liegen die Finger jetzt wirklich mit der Wassertropfenstelle auf? Die Finger dürfen die Tasten aber nicht niederdrücken! Ein Finger klopft auf eine Taste, die anderen bleiben leicht auf ihren Tasten liegen. Nur leicht klopfen, es darf kein Ton entstehen. Die Fingerbewegung soll so ausgeführt werden, wie wir es bei dem Fingerspiel der sechsten Stunde vorgeübt haben*.

Daß in praxi der erste Kontakt zwischen Wassertropfenstelle und Taste wie vieles andere hier Empfohlene und Geschilderte sich in der Arbeit mit Fünfjährigen ganz anders anläßt, zeigt das Bild auf der nächsten Seite. Man sieht, mit welch winzigen Lernschritten oft vorangegangen werden muß, um ein bestimmtes Lernziel zu erreichen. Zu beachten sei Annas Verhalten: Ein interessiertes Mitdenken, ein lernendes Aufnehmen für sich selbst.

• Neunte Stunde: Das Grashüpferspiel
Kommt, wir machen ein Grashüpferspiel, – oder wird es ein Tastenhüpferspiel?

Zwei Fingerspitzen – wir nehmen hier die des dritten und vierten Fingers – stehen nebeneinander auf einer Taste. Sie berühren die Taste so leicht, daß sie nicht niedergedrückt wird; so ein kleiner Grashüpfer wiegt ja nicht viel. Die Hand ist gerundet, das Handgelenk liegt so tief, daß es fast die Tasten – oder das Holz, wenn wir es am Tisch spielen – streift.

---

* Diese Übung, fünf Finger auf fünf Tasten, darf keinesfalls als jene bekannte (und berüchtigte) Fesselungsübung ausgeführt werden, bei der vier Finger passiv auf niedergedrückten Tasten liegen und ein aktiver Finger kräftig seine Taste anschlägt. Es ist die Übung, die schnell zur Verkrampfung führt. Unseren jungen Schülern bleibe diese ungute Erfahrung erspart!

Das Bild zeigt Janina, fünf Jahre alt, bei ihrem ersten Versuch,
Wassertropfenstelle mit Taste zusammenzubringen.

Ganz plötzlich springt unser Grashüpfer los: Ein kräftiges Abschnellen der Finger, das Handgelenk schwingt aufwärts, Hand und Arm fliegen hoch.

Es erklingt ein kurzer, scharfer Ton. Am Ton könnt ihr kontrollieren, ob euch der Absprung gut gelungen ist: je kürzer und gerissener, um so besser das Abschnellen.

Lockeren Armes fällt die Hand wieder herab; die beiden Finger landen auf einer entfernteren Taste oder auf zwei Tasten, wenn der Zufall es will. Handgelenk und Fingergelenke wippen locker nach, so wie eure Knie es tun, wenn ihr von einem Stuhl springt. Ein kräftiger, langer Einzel- oder Doppelton erklingt.

Probiert den Grashüpfersprung auf dem Tisch oder dem Tastendeckel voraus: Leicht berühren dritter und vierter Finger das Holz mit der Wassertropfenstelle. Das Handgelenk ist tief gesenkt zum Abschnellen bereit.

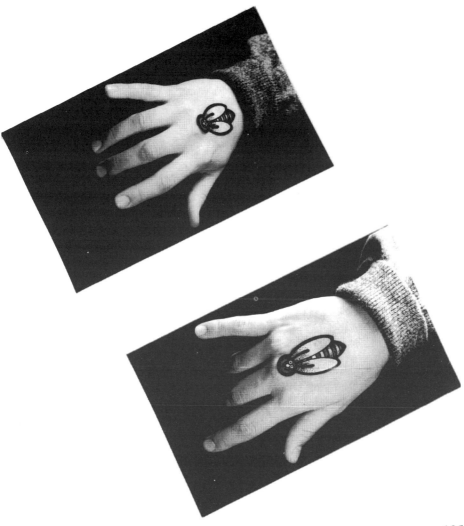

Und nun, hopp! das Abschnellen vom Holz. Hört ihr mit dem inneren Ohr dabei den kurzen Absprungton?

Spielt Grashüpfer mit jeder Hand. Die rechte Hand springt von rechts nach links, immer auf die tiefen Tasten zu; die linke Hand springt von links nach rechts, immer auf die hohen Tasten zu.

Klangbild des Grashüpfers: Kurzer, scharfer Ton (Absprung); Pause (Flug); langer Einzel oder Doppelton (Landung und Abfedern beim Aufsetzen).

Storch, Raupe, Grashüpfer: Einer spielt auf den Tasten, der andere sagt, welches Tier es ist.

- Zehnte Stunde: Wiederholungen und Weiterführungen
Wassertropfenstelle:
Alle Finger einer Hand auf die Tasten legen, so, daß jeder Finger „seine" Taste hat. Jetzt mit einem Finger eine Taste mehrmals anschlagen. Dabei sollen die anderen Finger n i c h t auf ihren Tasten liegenbleiben; sie dürfen sich mit dem anschlagenden Finger auf und ab bewegen, so daß der Anschlag aus dem Handgelenk kommt oder aus dem Unterarm.

Wir wollen uns noch einmal mit der Wassertropfenstelle des fünften Fingers beschäftigen; der Finger soll selbst das Gefühl bekommen, wo sie ist: Näßt mit eurer Zunge die Wassertropfenstelle des Fingers an und blast sie kräftig aus etwa 2 Zentimetern Entfernung an. Nach kurzer Zeit wird die Stelle eiskalt! Der Finger spürt es deutlich. Und nun sagt zu ihm: „Merk dir die Stelle von nun an genau und vergiß sie nicht wieder!" Das kann man natürlich auch mit den anderen Fingern machen.

Fingerspiel:
Studiertisch. Ellbogen aufstützen. Fingerpolster aneinander. Wiederholung mit den in der 6. Stunde genannten Fingern. Nun weiter: Vierte Finger allein; erste und dritte Finger zusammen; zweite und fünfte Finger zusammen – das geht nicht sofort? Also: Zweite Finger allein, weiter mit ihnen und die fünften jetzt dazubewegen.

Storchenspiel:
Mit 2. und 4. Finger stolzieren, mit 3. und 5., und weitere Möglichkeiten nutzen.

Alle diese Wiederholungen und Weiterführungen auch in den nächsten Stunden immer wieder heranziehen, auch ohne daß sie jedesmal aufs neue angeführt werden.

- Elfte Stunde: das Froschspiel
Der Frosch ist das Negativbild unserer Menagerie. Seine ihm zugedachte Haltung und Bewegung sagen: So nicht!

Während ich später bei Problemen des Handgelenkes, der Finger, des Armes gern wieder auf die Tierspiele zurückgreife, auf Storch, Raupe, Grashüpfer – es werden noch Spinne und Krebs hinzukommen –, und mit einem „Seht, so habt ihr es damals gelernt und geübt" auf sie Bezug nehme, dient mir der Frosch bei zu bemängelnder Arm-, Hand- und Fingerhaltung oder -bewegung als dem Kind verständliche Begründung für eine Korrektur.

Nun, unser Frosch hat sich, möglichst leise und unbemerkt, im Gras niedergelassen. (Leise, denn ein Storch, vor dem er Angst hat, kann in der Nähe sein. Oder es läßt sich vielleicht ein Räuplein oder ein Grashüpfer erwischen.) Die Hand liegt platt auf den Tasten, die sie niederdrückt (so ein Frosch hat ja kein geringes Gewicht).

Das Niederdrücken der Tasten erfolgt möglichst stumm, so langsam also, daß kein Ton erklingt. Der Storch?? (Der Partner kann ihn mit zwei stolzierenden Fingern Ton für Ton heranstelzen lassen.)

Erschreckter, kräftiger Absprung mit vier Fingern. Die Hand fliegt hoch. Vergleicht:

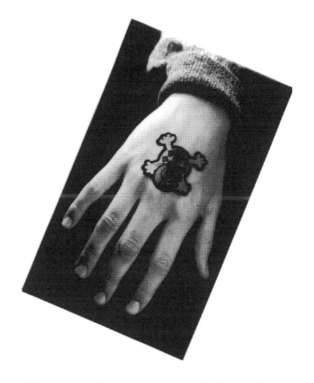

Der Grashüpfer sprang nur mit zwei Beinen ab. Sein Absprung war hörbar als kurzer gerissener Ton. Der Absprung des Frosches ist stumm, er erfolgt ja von niedergedrückten Tasten aus. Mit Bauch und Beinen zugleich klatscht der Frosch ins Wasser. Die ganze Handfläche fällt in eine Tastengruppe hinein.

Klangbild Frosch: Nur das Niederpatschen ist zu hören als lauter, handspannengroßer Cluster.

Vier Tiere haben wir jetzt, vier Klangbilder, vier Bewegungsvorgaben. Hörschulung: Erkennen, welches Tier, in welcher Richtung, vielleicht auch mit welchem Arm, welcher Hand, rechts (Richtung Baß) oder links?

Diese elf Stunden reichen bei weitem, das erste Vierteljahr mit Fingerspielen unterschiedlicher Art zu füllen. Manches mag in das nächste Vierteljahr hineinreichen, zumal vieles hier gestreckt werden, anderes Zusätze erfahren kann. Die Weiterführungen bringt Phase 3 des zweiten Vierteljahres.

Noch ein Wort zu den Tier-Fingerspielen. Sollte es bisher nicht geschehen sein, sollte es schleunigst nun beginnen: Geschichten ausdenken, in denen die vier Tiere, die wir kennen und in Bewegung setzen lernten, ihre Rolle spielen. Ihr habt, liebe Schüler, zusammen vier Hände. Da kann jede Hand eins der Tiere übernehmen. Also, denkt euch zu Hause eine Geschichte aus, die ihr dann hier im Unterricht nachspielt; auf den Tasten natürlich, die Klangbilder sollen ja zu hören sein.

Was liegt nahe? Ach, die Situation ist beängstigend: Storch frißt Frosch. Grashüpfer und Raupe wiederum sind Frosches liebste Speise. Bringen wir also andere Ideen ins Spiel: Feuchtwiese mit Tümpel, ein Erlenkönig, der seine schützende Hand darüberhält, oder besser, wenn's schon wer mit Krone sein soll, eine Erlenkönigin. (Nach den Erfahrungen dieser Welt endet es mit Königen doch stets mit Fressen und Gefressen-Werden.) Aber laßt die Kinder nur machen; die entwickeln mehr Phantasie –

Phase 5:
Spiel mit Noten; Hörschulung

Dauer sehr unterschiedlich

Grundsätzlich: Ich bin dafür, das Spiel mit Noten ebenso früh in den Unterricht einzubeziehen wie das Klavierspiel selbst, also von Anfang an.

Ich werde es begründen, möchte vorher jedoch gestehen, daß ich zu dieser Überzeugung erst mit Auslaufen der zweiten Schülergeneration gelangt bin, genauer gesagt, zu dem Zeitpunkt, als sich der Studiertisch endgültig als wahrhaft unentbehrlicher Partner im Unterrichtsgeschehen etabliert hatte.

Erst der Studiertisch ermöglicht das unbekümmerte Spaß-Haben beim Spiel mit Noten. Grund: Das Spiel mit Noten findet fern von den Tasten statt und ist eine Beschäftigung in sich selbst und ohne Bezug zum Blattspiel. Höchst überrascht erkannte ich, von der dritten Generation an jedenfalls, daß die Schüler genau so gern und eifrig mit Noten spielen wie mit Tasten. Voraussetzung dabei ist, daß das Spiel mit Noten und das Spiel mit Tasten zunächst verschiedenen Kategorien zugeteilt werden.

Für das Spiel mit Tasten ist das Klavier da. Für das Spiel mit Noten ist der Studiertisch da. Als so einfach erweist sich das.

Nochmals: Voraussetzung für die sofortige Beschäftigung mit Noten ist der unabdingbare Grundsatz:

> Noten und Tasten sind getrennte Lernbereiche.

Für Absolventen der Musikalischen Früherziehung nach dem VdM-Programm empfiehlt sich die sofortige Weiterbeschäftigung mit Noten ohnehin. Notenkenntnis haben sie ja bereits, und es wäre schade, etwas verkümmern zu lassen, was als wenn auch vager Fundus schon vorhanden ist.

Diese Früherziehungs-Absolventen überspringen natürlich die nun folgenden ersten Anfangsschritte und setzen sofort dort ein, wo die Spiele mit den Notentäfelchen beginnen (siehe Punkt 6).

198

1

Ich beginne mit zwei Noten zugleich, die durch eine Linie voneinander getrennt sind. Im Prinzip macht es keinen Unterschied, ob ich mit einer Linie oder sofort mit fünf Linien beginne. Dort ist es die Mittellinie, die die beiden Noten trennt. Doch ist eine Linie zunächst weniger verwirrend.

Diese eine Linie sagt: „Ich bin eine leere Taste dazwischen."

Zum einen Schüler: „Geh ans Klavier und spiele die beiden Noten; zusammen, wie sie übereinander stehen, nacheinander, wie sie nach einander stehen." Der eine Schüler überträgt die erkannten Noten im Kopf vom Studiertisch auf die Tasten, während der andere die Noten am Tisch behält und das Spiel seines Partners mitlesend und mithörend verfolgt und kontrolliert.

Das ist das Prinzip aller folgenden Aufgaben. Und an dieser Stelle muß ich den eben herausgehobenen Grundsatz erweitern:

> Noten und Tasten sind getrennte Lernbereiche. Sie treten nur in Verbindung durch Überbrückung des Weges vom Studiertisch zum Instrument.

2

Es ist nun völlig einleuchtend, daß die Taste dazwischen auch eine Note bekommt. Wir sprechen jetzt von der Note unter der Linie, auf der Linie, über der Linie. Auch das Fortschreiten von einem Ton zum nächsten wird benannt als Tonschritt, Sprung und Tonwiederholung, wobei der Tonschritt stets in die Nachbartaste schreitet, der Sprung (zunächst) eine Taste überspringt. So schaffen wir uns einen Wortschatz, der uns das Reden darüber ermöglicht.

Uns stehen nun zahlreiche Dreitonkombinationen zur Verfügung: Tonschritte, Nachbartasten:

Tonwiederholung tritt hinzu:

Und Sprünge:

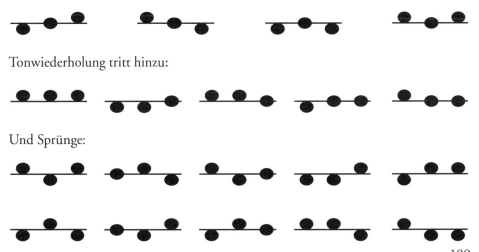

199

Dieses Prinzip der Noteneinführung unterscheidet sich von dem allgemein üblichen in entscheidendem Maße. Hier heißt es

> nicht :„Diese bestimmte Note ist jene bestimmte Taste",
> sondern: „Diese Note steht zur nächsten Note in einer bestimmten Beziehung", in einer Schritt-, Sprung- oder Wiederholungsbeziehung.

3

Und so läuft die Phase dann ab (Sonja und Annette): Die Dreitonfolgen liegen als Einzelblättchen oder in Vergrößerung vor uns auf dem Tisch. „Hier dieses. Erzählt, was ihr seht!"

Sonja: „Tonschritt aufwärts, Sprung abwärts."

„Einverstanden, Annette?"

„Ja, Schritt aufwärts, Sprung abwärts!"

„Spielst du es vor, Sonja?"

Langer intensiver Blick des Einprägens. „Du kannst gern mit den Fingern hier auf dem Tisch vorprobieren!"

Sonja tut es, wendet sich dann zum Instrument, stutzt beim Blick auf die Tasten, läuft zurück, betrachtet noch einmal die Tonfolge, geht wieder zum Klavier und spielt.

Annette hat am Tisch mitgelesen: „Ja, das war richtig."

Dieses Stutzen am Klavier, das Zurücklaufen, nochmalige Betrachten und der neuerliche Anlauf mit dem nunmehrigen Spielergebnis wird man auch in späteren Zeiten immer wieder erleben.

Dann, natürlich, Annette. Sie spielt: Tonwiederholung, Schritt abwärts. Währenddessen lugt Sonja zu den Tasten hin…

„Komm, Sonja! Deine Ohren sagen dir, ob das so stimmt oder nicht. Vergleiche das, was du hörst, mit den Noten hier." So oder ähnlich.

Weiter: Ich spiele eine dieser Dreitonfolgen vor.

Wettbewerbsprinzip: „Wer erkennt zuerst, was ich gespielt habe?"

Zusammenarbeitsprinzip: „Findet es zusammen heraus, besprecht euch und zeigt es mir, wenn ihr euch einig seid."

Viele weitere Anregungen dort, wo dann die „richtigen" Notentäfelchen ins Spiel kommen.

4

Sind die Dreitonfolgen geläufig, wird der Tonumfang erweitert durch Hinzufügen je einer weiteren Linie über und unter unserer Linie, die nun auch real zur Mittellinie wird. Die Weiterführung ist im zweiten Vierteljahr zu finden, dort in Phase 4.

5

Parallel mit diesem Notationsbeginn liebe ich es, schon recht früh mit grafischer Notation zu beginnen. Die Anfänge ähneln sich, da ich zum nicht geringen Teil grafische Zeichen einführe, die den Blick für die reale Notenschrift öffnen.

Zum Beispiel ist das grafische Zeichen für eine Note, wie allgemein üblich, ein Punkt. Im Zusammenklang von zwei Tönen stehen also zwei Punkte da. Entscheidend ist nun die Konstellation dieser beiden Punkte zueinander, und hier wird, verbunden mit Höraufgaben, der Blick bereitet für späteres schnelles Erkennen von Intervallkonstellationen:

Diese beiden übereinanderstehenden Noten kennen wir bereits, wobei es keine Rolle spielt, ob sich dazwischen ein Strich befindet oder nicht. (Mit Strich auch hier die Erklärung. Er ist die leere Taste dazwischen.) Die Noten stehen übereinander. Sie berühren sich freundschaftlich. Sie mögen sich, und man hört es: Es erklingt ein Wohlklang.

Dies ist das grafische Zeichen für das gleichzeitige Erklingen zweier Nachbartasten. Die beiden Noten, die, im Zusammenklang, ja auch viel lieber übereinander stehen würden, drängeln sich beiseite. Sie reiben sich aneinander, und das ist auch zu hören: Es erklingt eine Reibung.

Diese beiden Noten trennt ein leerer Raum. Im Gegensatz zu den beiden Noten, die sich so freundschaftlich berühren und von denen wir ja wissen, daß sich eine leere Taste zwischen ihnen befindet, werden diese Töne durch zwei oder mehr Tasten voneinander getrennt. Das ist zu hören: Es erklingt ein leerer Klang.

Daß dann die üblichen Zeichen für Cluster, Melodielinien, Glissandi und so weiter hinzukommen, versteht sich von selbst. Auch diese Fortsetzung ist im Kapitel des zweiten Vierteljahres zu finden.

Wesentlich jedoch im Hörschulungssinn ist hier die frühe Unterscheidung von Intervallzusammenklängen, erkannt als Wohlklang, Reibung und leerer Klang.

6

Ist die oben beschriebene Notenfolge schließlich im Fünfliniensystem gelandet, oder ist das Fünfliniensystem bereits, wie bei Früherziehungsschülern, geläufig, dann nehmen wir jetzt unsere Notentäfelchen und verteilen sie, jedes gut sichtbar, auf dem Tisch.

Diese Notentäfelchen sind zwar, als Einlage, Teil meiner Sopranblockflötenschule, doch können sie auch separat erworben werden (Verlag Otto Heinrich Noetzel, Wilhelmshaven; Einlage zu N 3386). Sie enthalten Dreiviertel- und Viervierteltakt-Täfelchen, darin Viertelnoten und halbe Noten, ferner für späteren Gebrauch Schlüsseltäfelchen und Schlußtäfelchen zum Melodielegen.

Und damit können die Spiele beginnen!
- Der Lehrer klopft den Rhythmus eines Täfelchens (Halbe und Viertel, die sind inzwischen auch geläufig). Findet zusammen heraus, welches Täfelchen es ist.
- Einer klatscht ein Täfelchen; der Partner soll es herausfinden.
- Einer zeigt auf ein Täfelchen, der Partner soll es spielen.
- Ebenso, diesmal soll der Partner es singen.

– Der Lehrer zeigt auf ein Täfelchen, spielt es dann selbst und spielt eine Tonhöhe oder eine Tonlänge falsch. Findet gemeinsam heraus, welche Note falsch gespielt wurde.

– Spielt mal zum Spaß ein Täfelchen von hinten nach vorn und laßt raten, welches es war.

– Wir machen ein Wettspiel. Der Lehrer spielt die Melodie eines Täfelchens. Wer es zuerst herausfindet, greift es sich. Wer zuerst zehn Täfelchen bei sich hat, hat gewonnen. – Und vieles mehr.

7

Daß Notation und Hörschulung sich eng in einer Phase vereinen, hat natürlich seinen Grund. Nirgends ist die Schulung des Hörens, des Mithörens, nirgends ist die gemeinsame Aktion von Auge und Ohr wichtiger als in Verbindung mit Notenschrift. Ist es doch eines unserer vornehmsten Ziele, den Schüler zu befähigen

> hörend zu lesen,
> lesend zu hören.

Nach der jahrhundertelangen mißlichen Gepflogenheit des sofortigen Notenlernens in Verbindung mit Vomblattspiel und der inzwischen erkannten unguten Erfahrung damit, geht man heute mehr und mehr dazu über, drei Monate oder auch ein halbes Jahr lang auf Noten zu verzichten. Auch ich verhielt mich so, bis mich der Studiertisch lehrte, wider den Strom zu schwimmen. Aber wie auch immer: Auch bei anfänglichem Verzicht auf Noten ist Schulung des Hörens unverzichtbar.

Nun haben ohnehin alle übrigen Phasen ihren Pflichtanteil daran zu leisten. In Phase 1 („Unterrichtsraum") wurde er schon umfassend vorgeführt. In Phase 2, die von der Entdeckung des Instrumentes handelt, wird ständig das wertende Hören mit einbezogen. Phase 3 („Tastatur") gibt dann in Verbindung mit Hörschulung gehäufte Möglichkeiten, die einzubeziehen dem Lehrenden Verpflichtung seien. Da bieten sich Höraufgaben unterschiedlicher Natur an. Einige seien genannt:

– Zwei Töne nacheinander im Vergleich:
   Welcher der beiden Töne war   höher, tiefer?
                                       länger, kürzer?
                                       lauter, leiser?

– Wie wurden die Töne gespielt: Kurz, wie Grashüpferabsprung?
                                       Länger, aber voneinander getrennt?
                                       Gebunden?

– Drei Töne nacheinander im Vergleich:
   Welcher der drei Töne war   der höchste?
                                       der tiefste?
                                       der längste?
                                       der lauteste, der leiseste?

– Welche beiden der drei Töne wurden gebunden?

– Zwei Töne im Zusammenklang im Vergleich:
Klingen jetzt   zwei Nachbartasten?

                                          zwei Tasten mit einer freien Taste zwischen sich?

                                          zwei weiter entfernte Tasten?

– Eine weitere wesentliche Forderung an die Höraufmerksamkeit ist die Achtung auf Tonqualität von Anfang an: Jeder Ton ist wichtig.

                                          Jeder Ton will leben,

                                          will schwingen,

                                          will volltönender Klang werden.

Es ist Sache des Anschlages, ob ein guter Ton entsteht oder nicht. Und es ist Sache des Ohres, zu kontrollieren, ob der Ton gut gelang.

Noch etwas: Das Hören entstehe aus der Stille!

Frühzeitige Gewöhnung: Keine Höraufgabe, die nicht mit einer Stille beginnt und möglichst mit einer Stille endet. Das heißt, nach Verklingen des letzten Beispieltones einen Augenblick noch nachhorchend warten, ehe die Antwort kommt.

Schließlich ist in Phase 4 und in Phase 6 („Tier- und Fingerspiele", „Improvisation") die Hörschulung so eingebettet, daß es an dieser Stelle keiner weiteren Hinweise bedarf.

Aus Vorangehendem abzuleitende Konsequenz:

      Hörschulung ist Schulung der Konzentration.

Phase 6:
Improvisation, Liedspiel, Singen

Improvisieren, welch weites, buntes, unerschöpfliches Wunderland! Dem, der einzutreten wünscht, stehen die Tore verheißungsvoll offen von Anfang an, von der ersten Stunde an.

Es sind viele Tore, die sich dem Eintretenden anbieten. Und jeder Einstieg wiederum führt zu höchst unterschiedlichen, verlockenden Wegen, die sich vielfältig weiter verzweigen, so daß dem Reichtum an Wahlmöglichkeiten kaum Grenzen gesetzt sind.

Eine Auflistung und Schilderung der für den Früh-Instrumentalunterricht interessanten und gangbaren Wege wird gegeben, allerdings an späterer Stelle. Lassen wir es langsam anlaufen. Eingebunden in die vorbesprochenen Phasen ist Improvisation ohnehin schon ständig im Spiel. Fassen wir zusammen:

- Improvisation, anteilig in Phase 2, dort Flügel-Innenraum

Sechste Stunde und weiter

Klangspiele mit der „Saitenharfe" gezupft, angetupft mit Filz- oder Holzschlägeln, Glissandospiele –

Wellen, Cluster und Klänge im Wechselspiel mit Stimme, den Hall des Flügelinnenraumes nutzend...

- Improvisation, anteilig in Phase 3 („Tastatur")

Siehe dort 9. Lernschritt

Eisenbahnspiel – das Oval des Schienenkreises, dargestellt durch das Hin und Zurück der Drillings-Zwillingsfolge. Langsames Anfahren – schneller werden – langsamer wiederum in den „Kurven" (beim Wendepunkt, der in unserer Übung zugleich Handwechsel bedeutet) – schneller werdend zurück und so fort.

Schwarztastige Pentatonik zunächst. Dann aber auch bald im gleichen Spiel der weißen Zwillinge und Drillinge über die weißtastige Pentatonik laufend. Beliebt ist das Eisenbahnspiel, das nur über die Drillingstasten läuft. Aufwärts: Linke Hand auf den schwarzen, rechte auf den weißen Drillingen (da haben wir die Pentatonik verlassen und sind unversehens in die Ganztonskala geraten!) Beim Wendepunkt Handwechsel: Rechts übernimmt zum Abwärtsspiel nun die schwarzen, links die weißen Drillinge. Prinzip: Immer die überschlagende Hand auf den höher gelegenen schwarzen Tasten spielen lassen.

Andere Spiele in Ganztonskala erfinden lassen.

- Improvisation, anteilig in Phase 4 („Tier- und Fingerspiele")

Achte Stunde und weiter.

Hier finden sich bereits Raupe, Storch und Grashüpfer zum Phantasiespiel bereit. Kleine Geschichten ausdenken, etwa: Morgens in aller Frühe – auf Halmen und Zweigen glitzert noch der Tau der Nacht – treffen sich Raupe und Grashüpfer. „Guten Morgen, Meister Hüpfer, so früh schon beim Morgenputz?" Da stakst von ferne der Storch heran. Alles Angesprochene wird von beiden Schülerpartnern sofort auf den Tasten in Bewegung und Klang umgesetzt.

Die neunte Stunde bringt den Frosch ins Spiel. Und später tritt noch die Spinne hinzu, die durch quirliges Fingerspiel und Tongewusel Turbulenz mit sich bringt.

Bei allen Phantasieausgeburten – Kinder sind voll von skurrilen Einfällen und Geschichten.

- Improvisation, anteilig in Phase 5, dort im Bunde mit grafischer Notation

Hier also schon Improvisation nach Vorlagen. Ausführung von vorgegebenen Tonlinien, -ballungen (Clustern, Klängen), Spielfiguren.

Viel Eigennotierungen und, natürlich, deren Ausführungen. Man betrachte es als Vorbereitung auf das, was in den nächsten Viertel- und Halbjahren noch kommen soll.

• Liedspiel, Singen

Ebenfalls in Phase 5 und mehrfach im Vorausgegangenen wurde das Singen und Spielen von Liedern angesprochen. Ich habe angeraten, sich bei Früherziehungskindern über das Liedgut zu informieren, das dort gesungen wird und das sich als aufbauendes Element für den Folgeunterricht eignet. Anfänger ohne Früherziehung sollten sich einen Stamm von Liedern aneignen. Dabei konzentriere man sich zunächst auf Lieder im pentatonischen Bereich, der leichteren Praktizierbarkeit wegen.

Hier, beim Thema Improvisation, geht es nicht in erster Linie um das Liedsingen und eventuelle Spiel oder Mitspiel der Liedmelodie mit der rechten Hand, sondern um das, was als freie Zutat der linken Hand mitklingen soll. Beschränken wir uns zunächst – später wird es erweitert und bereichert – auf die übliche Begleitquint, die zunächst immer stimmt und zufriedenstellt. Und beschränken wir uns außerdem zunächst auf Lieder, die auf der schwarzen Tastatur gespielt werden können, auf pentatonische.

Da hätten wir also die Quinte fis–cis im Griff und im Ohr. Aber schnell sollte ein Gegenklang hinzutreten. Ein Lied, dessen zweite Strophe vor dem klanglichen Hintergrund der terzverwandten Quinte es–b erklingt, zeigt trotz gleicher Melodie ein völlig anderes Kolorit.

Ist dies ausgekostet, darf ein weiterer Klang hinzutreten. Der Daumen, der bei der Quinte fis–cis auf dem cis liegt, tut einen Schritt zur Nachbartaste hinüber. So klingt die Sexte fis–dis, wobei der Daumen von Zeit zu Zeit auf den beiden Zwillingstasten hin und her wandern kann. Dieses Prinzip des „wandernden Daumens" wird später noch zu Improvisationsehren gelangen.

• Die ersten selbständigen Improvisationsansätze sind in der Improvisationsphase des zweiten Vierteljahres versammelt. Natürlich steht es frei, manches davon schon ins erste Vierteljahr hereinzunehmen. Die Entscheidung, ob ja, ob nein, ist oft ein zeitliches Problem. Einerseits können Anstöße zum kreativen Tun nicht vielseitig genug sein und nicht früh genug erfolgen, andererseits darf die Phase „Improvisieren" gegenüber den anderen Phasen nicht übergewichtig werden. Sie ist mit den oben angeführten Spielarten oft schon mehr als ausgefüllt.

Aber so mancher Schüler hat an diesen geschilderten Spielen der Erstlingsphasen keinen rechten Spaß, und da sollte es dann doch heißen: „Wenn nicht dies, dann eben das". Dann wirft man doch mal einen Blick voraus und findet dort, im zweiten Vierteljahr:

> Improvisationsinhalt „Spielplatz"
> Improvisationsinhalt „Tierpark"
> Improvisationsinhalt „Zirkus"
> Improvisationsinhalt „Erlebnis Natur"

Oder, schon möglichst früh anzusetzen, Improvisationseinstieg mit Klängen: Beginn einer Linie, die uns übers Jahr beschäftigen wird.

Aber, da ist noch dieser Improvisationsansatz des „Komm, spiel mit": Der gehört ins erste Vierteljahr hinein, ist ausführbar fast vom ersten Anschlag an und ist vielleicht auf Dauer – und die Dauer kann Jahre währen – der animierendste von allen.

Also, das „Komm, spiel mit"-Spiel.

Ich beginne zu spielen, auf den beiden Zwillingstasten vielleicht, mit Pedal. Dann auffordernd: „Komm(t), spiel(t) mit!"

Je sparsamer im Tastengebrauch, desto eher haben die Schüler Mut zum ersten eigenen Anschlag. Etwa:

Läuft die Sache erst einmal, kann sie sich im weiteren Verlauf zum Riesenspaß weiten, immer willkommen, wenn die Stunde in ein Ermüdungs- oder sonstiges Tief zu fallen droht. Dabei genügt oft eine einzige Minute, um neuen Schwung in den Unterricht zu bringen. Auch als heiteres Stundenfinale hat es sich bewährt.

Interessant ist die Reaktion der Kinder auf mein erstes „Komm, spiel mit"-Angebot: Lachen. Sich zieren. Hemmung – soll ich, soll ich nicht. Auch sofortiges spontanes Mitmachen. Hierbei oft unsicheres, vorsichtiges Beginnen, Abwarten, ist es das, was er meint?? – dann mutiger werdend und bald aufgehend im Spiel. Oder auch, nach kurzem, fragendem Blick sofort mit Verve loslegend und mitmachend von Anfang an.

Bemerkenswert auch das unterschiedlich musikalische Reagieren der Kinder bei ersten Versuchen. Die einen, die, ihrem Lehrer gleich, zu den Zwillingstasten greifen und genau das mitspielen, was ich da gerade vormache. Die anderen, die sofort eigene Phantasiegebilde, Zufallsgebilde natürlich, auf die Tasten bringen. Bei den ersteren reagiere ich, indem ich entweder den Klang komplizierter mache, etwa, daß ich den Zwillingen cis–dis mit der linken Hand die Terz f–a hinzugebe, oder ich bringe kleine Zwischenmelodien ins Spiel, Floskeln also, die nicht sofort nachvollzogen werden können, und die die Schüler nötigen, etwas anderes zu machen als der Lehrer, wobei ich ständig mit einem „spielt weiter!" animiere, notfalls darauf hinweise, daß das Klavier doch wohl auch andere Tasten hat als nur die zwei, auf die sie sich konzentrieren.

Mehrmals erlebte ich den gleichen Ablauf von Frage und Antwort:

„Komm, spiel mit."

„Was denn?"

„Spiel einfach mit."

„Irgendwas?"

„Irgendwas!"

Das genügt meist.

In Erinnerung blieb mir Mascha, die mich nach diesem letzten „Irgendwas" einen Augenblick noch zweifelnd ansah, dann aber, nach einem befreienden Atemzug mit einem resoluten „Selber schuld!" ein turbulentes „Irgendwas" zum Klingen brachte.

Anlegen einer Phasenkartei

Während meiner Hochschultätigkeit ließ ich die Studenten im Verlauf des Semesters Früh-Instrumentalunterricht stets eine Phasenkartei erstellen. Für jede Phase wurden zehn oder zwölf Karten bereitgestellt; jede Phase in einer anderen Farbe. So wurden die Stunden des ersten Vierteljahres quasi programmiert. Jede Unterrichtsstunde hatte also sechs Karten in sechs verschiedenen Farben. Etwa:

Grün:	Unterrichtsraum
Braun:	Instrument
Orange:	Tastatur
Gelb:	Fingerspiele, Gelenke
Rosa:	Notation, Hörschulung
Blau:	Improvisation

Die Karten jeder Farbe sind numeriert von 1 bis 10 oder 12.

Die Sechser-Serie für die erste Stunde mit Nr. 1:

Grün 1:	Bekanntschaft schließen (+ Ablauf)
Braun 1:	Kontaktaufnahme (+ Ablauf)
Orange 1:	schwarze Tasten (erster + zweiter Lernschritt)
Gelb 1:	die Finger (+ Ablauf)
Rosa 1:	vorgezogen aus zweitem Halbjahr, Seite 225

Rosa 1: (diese Karte ist eng beschrieben, da auf ihr drei oder gar vier Versionen, dem jeweiligen Schüler angepaßt zu notieren sind)

Version A:	erster beziehungsweise auch zweiter Lernschritt
Version B:	erster Lernschritt (+ Ablauf)
Version D:	erster Lernschritt (+ Ablauf)

Blau 1: Komm spiel mit; Eisenbahnspiel

Die Sechser-Serie 2:

Grün 2:	Inneres Sehen, Inneres Hören (+ Ablauf)
Braun 2:	kennen – benennen (+ Ablauf)
Orange 2:	Fortsetzung und Spiel mit den Kunstkarten (+ Ablauf)
Gelb 2:	Fingergelenke und Brücke (+ Ablauf)

Rosa 2:	Version A:	dritter Lernschritt (+ Ablauf)
	Version B:	zweiter + dritter Lernschritt (+ Ablauf)
	Version D:	zweiter + dritter Lernschritt (+ Ablauf)

Blau 2: Spielplatz, vorgezogen aus 2. Vierteljahr

und so weiter –

Die Karten werden also numeriert und erhalten nicht die Bezeichnung „erste Stunde", „zweite Stunde" und so weiter. Das ermöglicht, die Karten für jede Stunde frei zusammenzustellen. So kann zum Beispiel eine Phase, die in der zweiten Stunde nicht zum Zuge kam, als Nr. 2 in der Serie der dritten Stunde auftauchen. Es können auch Karten für schneller vorankommende Schüler oder Schülergruppen vorgezogen werden. Es kommt mir darauf an,

> daß keine feste Programmierung vorgenommen wird, in der etwa jede zweite Karte einer Phase unbedingt auch in der zweiten Stunde absolviert werden muß.

So ist es denkbar, daß die sechste Unterrichtsstunde folgende Serie enthält:

Grün:	(bereits alles durchlaufen) entfällt
Braun:	Karte 6
Orange:	Karte 7 (10. Lernschritt)
Gelb:	Karte 6
Rosa:	Karte 2, darauf Version A
Blau:	abgegolten durch Tastenimprovisation auf der Karte Orange 7, dafür „Komm, spiel mit"

Diese Orientierung nach farbigen Karten hat sich sehr bewährt. Meine Studenten, die nach Ablauf (oder auch schon während) ihrer Studienjahre Kollegen an unserer Jugendmusikschule wurden und denen ich vorrangig Schüler im Einschulungsalter anvertraute (wir hatten ständig Mangel an geeigneten Lehrkräften), bestätigten immer wieder, welche Sicherheit die Karten ihnen in den Anfangsjahren vermittelten.

Es bietet sich also an, sich anfangs von einem solchen Ariadnefaden leiten zu lassen. Gleicht doch der Früh-Instrumentalunterricht zunächst einem recht unübersichtlichen Labyrinth, in dem Wegmarkierungen gar wohl zur methodischen Orientierung beitragen können. Es ist eben ein gerüttelt Maß Erfahrung nötig, bis man des Weges sicher ist und ohne Hilfsmittel zurechtkommt.

Das zweite Vierteljahr

Die sechs Unterrichtsphasen des zweiten Vierteljahres

Phase 1:   Vorzuspielendes
Phase 2:   Die Musik atmet; Bewegung im Raum
Phase 3:   Tasten, Finger, Gelenke; weitere Spiele und Übungen
Phase 4:   Notation und Hörkontrolle
Phase 5:   Schulung des Hörens
Phase 6:   Improvisieren

Abgeschlossen ist nun Phase 1 des ersten Vierteljahres („Unterrichtsraum"), ebenfalls die Phase „Instrument", wenn auch die Inhalte der Stunden 7 und 8 ins zweite Vierteljahr hinein, die Stunden X, Y und Z gar darüber hinaus reichen mögen.

Im Gegensatz zur mehr zufälligen Phasenreihung des ersten Vierteljahres eignet sich diesmal die Folge der obigen sechs Phasen auch für den zeitlichen Ablauf einer Unterrichtsstunde: Die Phase „Vorzuspielendes", die in besonderem Maße geistige Anspannung abverlangt, belegt den Stundenbeginn. Dieser Intensivphase folgt die Motivationsphase „Bewegung", die ein Entspannen, ein Atemholen schenkt, ehe Phase 3 einsetzt, die wieder erhöhtes geistiges Mitmachen erfordert. In ihr werden, von den vertrauten schwarzen Tasten ausgehend, bereits das Tonleiterspiel begonnen, Finger- und Gelenkbewegungen fortgesetzt und Übungen des Untersetzens, Übersetzens und Tastenanschlags einbezogen. So läuft zumindest die erste Stundenhälfte im bewußten Wechsel von Spannung – Entspannung – Spannung ab, wie dies grundsätzlich auch für spätere Perioden angestrebt werden sollte.

Der Stundenbeginn mit der Phase „Vorzuspielendes" beinhaltet sowohl Wiedergabe von zu Hause Geübtem wie auch die Einübung neuen Spielstoffes. Diese im Grunde verschiedenen Sparten treten später getrennt auf. Dort entwickeln sie sich bald zu den beiden anspruchsvollsten und zeitaufwendigsten Phasen im Unterrichtsgeschehen.

Die beiden im ersten Vierteljahr noch getrennt auftretenden Phasen „Tastatur" und „Spielbewegung" vereinen sich nun in einer Phase, so daß künftig Taste und Technik in eins zusammenfließen. Neu aufgenommen wird die Phase „Bewegung im Raum". Sie folgt der Vorspielphase, ist fast in sie eingebunden, gar Teil von ihr: Musik nicht nur einzuüben und wiederzugeben, sondern durch Bewegung zum körperlichen Erlebnis werden zu lassen – gibt es Tieferes, als den musikalischen Gehalt eines Stückes so zu erfahren? Oder auch: Inhalt und musikalischen Bogen eines Stückes durch körperliche Bewegung schon in sich aufzunehmen, bevor es ans eigentliche Üben geht?

Noten. Das ist für mich ein Kapitel, bei dem ich unschlüssig bin und voller Zweifel, an welcher Stelle dieses Buches es einzureihen sei. Empfahl ich vorn, Notenspiele schon frühzeitig in den Unterricht einzubeziehen, so hat das seinen Grund in meiner Erfahrung, die ich mit Schülern ab der dritten Generation machte, während ich in den Jahren davor dazu tendiert hatte, das erste halbe Jahr notenabstinent durchzuführen. Es wäre also durchaus angebracht, das Kapitel „Noten" bereits für das erste Vierteljahr zu empfehlen. Da man mittlerweile mehr und mehr dazu übergeht – im Blick auf die demotivierende Methode des konservativen Klavierbeginns – den Anfangsunterricht mehr auditiv zu gestalten und auf Notenspiel (und damit auch auf eine Klavierschule) längere Zeit zu verzichten, wäre das Kapitel „Noten" aber auch im letzten Abschnitt des Buches sinnvoll untergebracht. Daß es seinen Platz nun an dieser Stelle erhält, ist ein Kompromiß. Man kann sich entscheiden, ob man es schon früher oder erst später in Gebrauch nimmt. Die vielen Möglichkeiten des Einstiegs in die Welt der Noten lassen jeden beliebigen Zeitpunkt als den gerade richtigen zu.

Sträflich vernachlässigt wird gar zu oft eine konsequente Schulung des Hörens. Sie gehört zum Unterricht in Musik, sei unverzichtbarer Teil einer jeden Stunde. Gewiß, Anforderung, die das Hören betrifft, ist in allen Phasen anteilig dabei. Weder ist Qualität des Vortrags, Mühen um Klangfülle, Kontrolle beim Notenspiel denkbar ohne wertende, abwägende Hörsensibilität. Doch kommen im Folgenden Höraufgaben ins Spiel, die für sich selbst stehen und nicht vernachlässigt werden sollten.

Schließlich, zu Phase 6: Ein paar Improvisationsminuten im Unterrichtsverlauf sind doch wohl zu erübrigen – ?

Phase 1:
Vorzuspielendes

„Vorzuspielendes", das umfaßt alles das, was zu Hause geübt und nun, zu Beginn der Stunde, zum Vorspiel gelangt. „Vorzuspielendes" ist somit eine Vorphase zur Folgezeit, in der sie zweigeteilt einmünden wird in die Phasen „Vortrag geübter Stücke" und „Einstudierung neuer Stücke". Beide sind „Intensivphasen", die ebenfalls in der ersten Stundenhälfte ihren Platz finden werden, in der die Schüler noch geistig frisch und aufnahmefähig sind.

„Vorzuspielendes" vereint hier, im relativen Anfang des Klavierunterrichtes und solange noch keine feste Spielliteratur im Programm ist, Lieder, Übungen, auch manches, was improvisierend begonnen und im Wochenverlauf Ausgestaltung erfuhr, kurz alles, was übend vorbereitet wurde. Es ist eine Intensivphase, das heißt: Es werden Anforderungen gestellt an präzisen Anschlag, stimmige Fingerbewegung, Klangergebnis. Frühzeitige Gewöhnung daran, daß es Momente gibt, in denen ein sonst so zwanglos-freizügiger Lehrer nichts durchgehen läßt und „streng" sein kann, für Minuten zwar nur, aber für sehr konsequente Minuten.

Daß bei Absinken der Spannung sofort umzuschalten ist, versteht sich: Ein Zueinandersetzen und ein „Komm, spiel mit"-Improvisieren bringt augenblicklich Aufatmen und Mäßigung.

- Situation: Schülergruppe; Cornelia, Martin

Martin spielt. Rechte Hand Melodie, linke Hand Begleitintervalle mit Quint auf Grundton und Sext im beliebigen Wechsel.

War die Melodie gut hervorgehoben?

War jeder einzelne Melodieton gut im Klang?

Cornelia, du hast mitgehört: Welcher Ton gelang nicht so gut?

Warum nicht, Martin? Da war kein deutlicher Fingeranschlag.

Spiel es noch einmal. Spiele deutlich, jeden Ton!

Waren die Begleitklänge der linken Hand gleichmäßig in der Lautstärke? Der erste war wohl gar zu leise, und ein anderer war viel zu stark angeschlagen. Spiel es zum dritten Mal, versuch es hinzukriegen!

So, nun du, Cornelia. Wo atmet die Melodie? Sing sie mit und stell es fest: Hat deine Hand, als du es eben vorgespielt hast, auch wirklich dort geatmet? Spiel es noch einmal und achte darauf, daß die Hand dort von den Tasten geht und die kleine Atempause läßt. Martin, du achtest darauf, daß das Handgelenk mitatmet, das heißt, sich hebt, wenn die Finger von den Tasten gehen, und sich senkt, wenn sie weiterspielen.

- Beispiel Improvisation als Übung: Schlange und Springmaus; Genauigkeit von *legato* und *staccato*

War das *legato* gut gebunden, ohne Lücke? – Eine Schlange mit Lücke mitten im Schlangenleib, gibt's denn das?? Also noch einmal versuchen. Du kannst die Töne ein wenig „verschmieren", also die eine Taste in den nächsten Anschlag hineinhalten. Übertreib das einmal. Bei einer schleichenden Schlange kann man das machen.

Nun die Springmaus, die hüpft aus purer Lebenslust. Laß es hören! War jeder Sprung wirklich kurz und energisch abgeschnellt? Nicht jeder? Probiert's noch einmal: Martin, du spielst die Schlange, aber bitte keine Lücke dabei. Und du, Cornelia: Handbewegung und Ohr müssen zusammenspielen. Dein Ohr sagt dir, ob die Bewegung der Hand, des Handgelenkes, des Armes energisch und richtig war.

- Beispiel Tonleiter

Ich weiß, ihr könnt sie schon recht schnell spielen. Aber jetzt einmal langsam: Jeden Ton mit gleichem Anschlag. Kontrolliert selbst. Und auch: Nach dem Unter-, nach dem Übersetzen: Habt ihr die nächste Tastengruppe sicher im Griff, bevor weitergespielt wird?

So etwa – für zwei mal zwei Minuten pro Stunde.

Die Phase „Vorzuspielendes" wird hier sehr knapp beschrieben; ich habe mich auf das Thema „Einübung von Präzision" beschränkt, das hier, im zweiten Vierteljahr, erstmalig erscheint und dem Schüler ein völlig anderes Lehrerverhalten vermittelt als bislang gewohnt. Daß das Thema „Vorzuspielendes" sehr viel mehr Aspekte in petto hat, versteht sich. Sie werden nicht zu kurz kommen! Im dritten Teil des Buches heißt Phase 1 „Vortrag und Ausarbeitung geübter Stücke". Dort wird das Thema ausführlich behandelt.

Phase 2:
Die Musik atmet; Bewegung im Raum

Das Kind im Einschulungsalter steckt voller Bewegungsdrang und -lust. Freude haben, etwas gern tun, sich bewegen, das gehört zusammen. Dabei bedingen sich die Dreierfolgen und lassen in ihrem Ablauf den Bogen Entspannung – Spannung – Entspannung entstehen:

	Musik	Bewegung	Atem
=	Ausdruck	Erlebnis	Besinnung
=	hören	reagieren	ruhen
=	aufnehmen	gestalten	verweilen

Musik ist Melodie, auch Klang; Bewegung ist gleitendes Maß, ist Metrum, auch Rhythmus; Atem ist Entspannen, ist Nachklingen-Lassen. Musik wird zugleich körperlich und geistig erfahren, wenn sie als reine Bewegung erfaßt, vom ganzen Körper aufgenommen und in Bewegung umgeformt wird.

Wer es seinen Schülern einmal ermöglicht hat, Musik gestaltend zu vollziehen, wird wissen, wie offen und bereitwillig es von unseren Sechs-, Sieben-, Achtjährigen aufgegriffen wird. In dieser freudigen Bereitschaft liegt ja nicht zuletzt der Vorteil des Früh-Instrumentalunterrichtes, daß musikalische Erkenntnisse auf die natürlichste Weise erfahren werden. Ältere Anfänger verweigern sich zumeist.

Alles basiert hier auf dem Hören: Bewege dich nach dem, was du hörst. Alle Aufgaben einer normalen Hörschulung – unterscheide hoch und tief, laut und leise, lang und kurz – finden sich hier wieder, werden sichtbar in Bewegungskontrasten. Durch körperlichen Vollzug festigt sich musikalische Erfahrung. Etwa:

- Dynamik der Zeit: Schnell – langsam, kurz – lang, schneller werden – langsamer werden, gleichmäßig – ungleichmäßig, Erfahrung der Pause, Wechsel zwischen Gleichmaß und Pause.
- Dynamik des Klanges: Laut – leise, völltönend – eintönig, lauter werdend – leiser werdend, nachhallend und so weiter.

– Dynamik der Form und des Raumes: Formaler Verlauf eines Liedes in den Raum
projizieren, als imaginäre Zeichnung: Hört zu: Anfangs- und Endton sind gleich;
also wollen wir beim Endton wieder dort stehen, wo wir begonnen haben. Bei
Halbschluß hocken, bei Schlußton stehen. Spannung der Phrasenbogen: Geneigt
beginnen, während des Schreitens aufrichten, Zehenspitzen und Armheben in Phra-
senmitte, wieder absinken…

Alles zum Spiel des Lehrers und – das ist wesentlich – nicht (nur) zu irgendeiner Musik,
sondern zu Liedern, auch Improvisationen, die im Stunden- und Aufgabenprogramm
stehen.

Und wie steht es mit Tierimprovisationen und -imitationen? Parallel zu Phase 6
(„Improvisieren"): Erlebnisse im Zoo, im Tiergarten. Der Spieler improvisiert: der
Bär, die stolze, hochgereckte Giraffe, die Affen, der Elefant, das Faultier. Was liegt
näher, als dies durch den Partner in den Raum projizieren und Bewegung werden zu
lassen?

Dann umgekehrt: Die ausladende Bewegung im Raum auf Arm, Hand und
Fingerbewegung auf die Tasten übertragen. So wird „Ganzheitliches" (möge dieses
verschlissene Schlagwort zu neuer Würde gelangen) erreicht, Zusammengehöriges
erkannt.

Wichtig ist aber auch in dieser Phase: Selbst unter unseren Sechsjährigen gibt es
nicht wenige, die den Bewegungsaufgaben recht reserviert gegenüberstehen. Auch hier
soll Lust oder Unlust zum Mitmachen oder Nichtmitmachen entscheiden, ob und wie
intensiv die Phase mit in den Unterricht einbezogen wird.

Ein Kinderbild (siehe nächste Seite): Lehrer und Spielerin am Klavier im Vierhändigspiel. Das ist Herr Heilbut, unverkennbar! Künstlerisch verfremdet, aber stau-
nenswert gut getroffen. Daneben Mascha, mit langen, dunklen, glatten Haaren und
etwas klein für ihr Alter. Und tanzend im Raum Christina Domnick mit ihrem zum
Zopf gerafften roten Haar. Sie ist auch die Malerin dieses Bildes, das so wirklichkeitsnah
ist und die Situation so genau widerspiegelt. Man spielt nach Noten, also läuft der
Unterricht wohl schon das eine oder andere Jahr.

Phase 3:
Tasten, Finger, Gelenke (Fortsetzungen);
weitere Spiele und Übungen

Tastatur, Fortsetzung

Die letzten Lernschritte des ersten Vierteljahres galten der Kombination der weißen
und schwarzen Drillinge und Zwillinge. Hier setzen wir an:

- 15. Lernschritt: weiße und schwarze Drillinge, Klangspiel, Pedalgebrauch
Linke Hand die beiden äußeren Tasten der weißen, rechte Hand die beiden äußeren
der schwarzen Drillinge. Anschlag jeweils mit 2. und 4. Finger. Handunter- beziehungsweise -übersatz über die ganze Tastatur. Dann umgekehrt: rechte Hand auf
weißen, linke auf schwarzen Tasten. Stets setzt die Hand über, die auf den schwarzen
Tasten liegt.

- 16. Lernschritt: Variante
Eine Hand schlägt Drillinge an, kleiner Cluster, die andere Hand nur die mittlere
Drillingstaste der anderen Tastenfarbe. Klangspiel wie oben.

- Weitere Lernschritte
Es bestehen so viele weitere Möglichkeiten, die Sache nach Belieben auszuweiten, daß
hier an den Einfallsreichtum der Ausführenden (Lehrer oder Schüler) appelliert werden
muß.

Ziel: Frühes Tonleiterspiel
Wir wenden uns zunächst wieder der schwarzen Tastatur zu:

- 1. Schritt
Rechte Hand im Wechsel Drillinge und Zwillinge anschlagen. Dabei mit leichtem
Handgelenkschwung von Tastengruppe zu Tastengruppe springen („über das Tal hinüberspringen"). Die Handlage muß stimmen: Die Fingergruppe 2., 3., 4. Finger fällt
auf die Drillinge, die Fingergruppe 2., 3. Finger auf die Zwillinge. Das muß sehr
bewußt vonstatten gehen: Hier wird der Keim gelegt für die Gewöhnung, daß sich das
Tonleiterspiel im steten Wechsel der Fingergruppen vollzieht und nicht als Spielfolge
von Einzeltönen.
    Linke Hand übt nun das Gleiche, und zwar doppelt so oft.

- 2. Schritt
Beide Hände zugleich. Vor dem jeweils nächsten Hinübersprung lange Zeit zum
Vorausdenken lassen: Bist du sicher, welche Fingergruppe jetzt an die Reihe kommt?
Ja? Dann spring jetzt.

- 3. Schritt
Tastengruppen, die eben noch als Griff mit Fingergruppen kombiniert waren, nacheinander anschlagen, dabei nun mit leichtem Handgelenkschwung vom zuletzt anschlagenden Finger abspringen.
    Die rechte Hand spielt zunächst nur aufwärts, die linke Hand nur ab-
wärts, – denn es ist leichter, nach dem Sprung jeweils nur auf den zweiten Finger zu
fallen, gleich ob auf die Zwillings- oder Drillingsgruppe gesprungen wird.
    Langsam spielen. Gute Fingerbewegung. Auf Gleichmäßigkeit achten.

- 4. Schritt

Beide Hände zusammen, und zwar in Gegenbewegung. Mit Drillingen in Tastaturmitte beginnen; die rechte Hand spielt aufwärts, die linke abwärts.

- 5. Schritt

Nun umgekehrt. Jetzt spielt die linke Hand aufwärts und die rechte Hand abwärts. Der Griff muß deutlich im Bewußtsein sein, denn es fehlt jetzt die Nachdenkpause vor dem Sprung. Denkt man in Griffen, erübrigt sich das Nachdenken, ob nun auf den dritten oder auf den vierten Finger zu springen ist.

Dies zunächst nur mit jeweils einer Hand, mit der Linken öfter als mit der Rechten.

- 6. Schritt

Beide Hände zusammen. Wieder in Gegenbewegung, versteht sich. Das hat den Vorteil, daß beide Hände jeweils auf den gleichen Finger zu springen haben, auf den dritten zugleich, auf den vierten zugleich.

- 7. Schritt

Beide Hände einzeln auf und abwärts. Hierbei geschieht es, daß ich zum ersten Mal ein Metronom zur Hand nehme. Das ist für die Schüler eine völlig neue Erfahrung. Langsames Gleichmaß durch Metronom (siehe hierzu Seite 254).

- 8. Schritt

Unsere Hände haben sich „den Fuß verstaucht". Sie können nicht mehr springen. Also müssen wir über das Tastental eine Brücke bauen. Brückenpfeiler ist der Daumen.

Wir bauen Brückenpfeiler auf die beiden weißen Tasten, die neben den schwarzen Drillingen liegen (also f und h). Wir kehren wieder zu den Schritten 1 und 2 zurück, nur daß wir, von Griff zu Griff (Cluster), nicht mehr hinüberspringen, sondern hinüberstelzen: 234 1 23 1 234 1 23 1 234 1 23 und so weiter. Einzeln hin und zurück. Beide Hände zusammen. Jetzt parallel: Beide aufwärts, beide abwärts zugleich.

Einzeln nochmals: Was macht das Handgelenk? Was macht der Arm?

Handgelenk und Arm (Ellbogen) gehen dem untersetzenden Daumen voraus, ziehen gewissermaßen die Hand hinter sich her.

Hierzu Untersetzübungen dieser Phase (Seite 223 „Das Tunnelspiel").

Die weiteren Schritte:
- 9. Schritt, entsprechend 3. Schritt:

Tonleiterspiel, mit Drillingsgruppe beginnend. Rechte Hand nur aufwärts, linke Hand nur abwärts.

- 10. Schritt, entsprechend 4. Schritt:

Hände zusammen, in Gegenbewegung, rechts auf-, links abwärts.

- 11. Schritt, entsprechend 5. Schritt:

Umgekehrt. Links auf-, rechts abwärts; entsprechend 6. Schritt: Zusammen in Gegenbewegung.

- 12. Schritt:

Tonleiterspiel, mit fis beginnend, auf und abwärts, jede Hand zunächst für sich.

- 13. Schritt:

Das geht auch zusammen; parallel im Oktavabstand. Und stets in Griffen denken!

Der Eingewöhnung ins Tonleiterspiel liegt hier zugrunde die Fis- beziehungsweise Ges-Dur-Tonleiter. Sie hat gegenüber der allgemein (auch von mir früher) bevorzugten H-Dur-Tonleiter* den Vorteil, daß beide Hände mit der gleichen Lage auf einer Drillingsgruppe beginnen und schließen können und daß die benötigten beiden weißen Daumentasten symmetrisch neben den Drillingsgruppen liegen, also mit dem Blick leichter erkannt werden.

Hier darf aus Erfahrung gesagt werden, daß dieses Tonleiterspiel zu diesem frühen Zeitpunkt von den Schülern grundsätzlich gern und ohne Schwierigkeit durchgeführt wird. Und die Erkenntnis, daß sich Klavierspiel in Handlagen und Griff-Folgen vollzieht, kann nicht früh genug begriffen werden.

Übrigens: durch Wechsel nur einer einzigen weißen Daumentaste gelangt man dann schnell auch zur H-Dur-Tonleiter hinüber.

Fingerspiele, Gelenke; Fortsetzung

Der Abschnitt „Das erste Vierteljahr" schloß mit der Kombination der vier bis dahin durchgespielten Tierstudien. Dabei wurden bewußtgemacht: die Fingergelenke (Storch), die „Brücke" (Raupe), das Handgelenk (Grashüpfer, auch Frosch). Hier schließen wir an.

- Zwölfte Stunde: das Handgelenk

Bewegt euer Handgelenk und erzählt, was es alles kann! Es kann sich heben und senken. Es kann sich seitwärts hin und her bewegen. Es kann schwingen, es kann kreisen.

Wir machen ein Fahrstuhlspiel. Fahrstuhl ist das Handgelenk. Träger ist der Mittelfinger; er trägt das Gewicht der Hand und des Armes.

Stellt die Hand auf die Wassertropfenstelle des Mittelfingers und bringt den Handballen (das tiefliegende Handgelenk) nah an den Standfinger heran. Diese Ausgangsstellung gleicht beim Raupenspiel dem Augenblick, da sich die Raupe zusammenzieht und das Handgelenk zum kleinen Cluster ansetzt.

Nun laßt, auf den dritten Finger gestützt, den Fahrstuhl nach oben fahren; das Handgelenk hebt sich.

Wir sind im Kaufhaus; der Fahrstuhl hält im ersten Stock: Haushaltwaren, uninteressant! Halt im zweiten Stock: Möbelabteilung, interessiert nicht! Dritter Stock, dann weiter nach ganz oben, da ist die Spielwarenabteilung. Jetzt sind wir da.

---

* Daß meist auch heute noch als erste zu übende Tonleiter die C-Dur-Tonleiter herhalten muß, darf inzwischen als Anachronismus gelten.

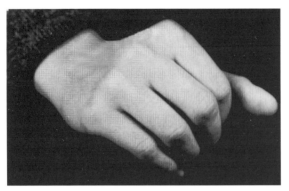

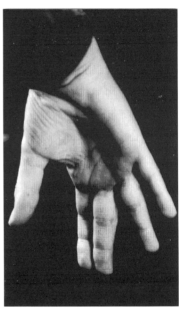

Das Handgelenk ist jetzt so hoch, daß man bequem in die Handfläche hineinsehen kann. Die Hand ist ganz gestreckt. Vergleicht diese Stellung mit der Ausgangsstellung des Storches: Es ist die gleiche, nur steht der Storch auf zwei Beinen (Fingern), während unser Fahrstuhl auf nur einer Stütze steht.

Ihr müßt beim Aufwärtsfahren unbedingt darauf achten, daß sich mit dem Handgelenk die Schulter nicht hebt. Bei unserem Fahrstuhlspiel muß der Oberarm locker hängen.

Abwärts ohne Halt bis zur Ausgangssituation zurück. (Ich mache das Abwärtsfahren vor, lasse die Hand dabei in weiterhin gestreckter Haltung umkippen.) War es so richtig? Nein! Zeigt mir, wie die Abwärtsbewegung richtig verläuft: Nur das Handgelenk senkt sich.

Nun wieder aufwärts. Diesmal ohne Zwischenhalt ganz nach oben, langsam, und auf die Schulter achten.

Apropos: Dieses Fahrstuhlspiel wird nur auf der Tischplatte oder auf dem Tastendeckel gespielt, nicht auf den Tasten.

Auch die Tasten haben ein Fahrstuhlspiel für sich; wir werden es noch kennenlernen.

- Dreizehnte Stunde: das Spinnenspiel
Die Spinne läßt sich von der Zimmerdecke herab und spinnt dabei ihren Spinnfaden.

Zwei Fingerkuppen und Daumen reiben aneinander. Die Hand senkt sich, Handrücken nach unten, langsam von hoch oben herab. Kurz über den Tasten dreht sie sich um, rollt sich zusammen (Faust) und landet auf den Tasten. Ein Cluster erklingt.

Das Spinnchen bleibt, zusammengerollt, ein Weilchen liegen, es stellt sich tot, wer weiß, welche Gefahr nahe ist!

Dann stellt es sich vorsichtig auf die Beine. Die Hand öffnet sich langsam, bis die Finger auf den Fingerspitzen stehen.

Und plötzlich krabbelt die Spinne los, lebhaft, doch nicht überhastet. Die Bildfolge zeigt es. Es erklingen schnelle, wirre Tonfolgen.

Bei Hand- oder Triangelschlag erschrickt die Spinne und rollt sich wieder zur Kugel zusammen. Das Spiel beginnt von neuem.

Ihr kennt jetzt fünf Tierspiele, also auch fünf Klangbilder:

Raupe:	kleine und größere Cluster im Wechsel
Storch:	langsam fortschreitende Einzeltöne, tonleiterartig
Grashüpfer:	scharfer, kurzer Absprungton; langer Ton/Doppelton bei der Landung
Frosch:	ein, bei mehreren Sprüngen sich wiederholender, großer Cluster
Spinne:	schnelle und unregelmäßige Tonfolgen

Unterscheidet beim Hören nicht nur, welches Tier sich gerade über die Tasten bewegt, sondern auch in welche Richtung. Also: Erkennt die spielende Hand.

• Vierzehnte Stunde: Nochmals das Handgelenk; Schaukelspiel

Laßt euer Handgelenk als „Fahrstuhl" wieder aufwärts fahren, dies mal aber nicht bis ganz nach oben: Im dritten Stock unseres gedachten Kaufhauses anhalten. Der Fahrstuhl stützt sich wieder auf den dritten Finger.

Das Handgelenk verwandelt sich jetzt in eine Schaukel. Gestützt auf den dritten Finger schwingt es hin und her, her und hin und ist ganz locker dabei. Auch der Standfinger schwingt mit, nur die Fingerspitze, auf der er steht, bleibt unverrückbar an ihrem Platz.

Und vergeßt nicht, daß auch die andere Hand an die Reihe kommen muß!

• Fünfzehnte Stunde: Das Ellbogengelenk

Wir spielen ein Trampolinspiel. Hüpft zuerst einmal so, als ob ihr ein Trampolin unter euch hättet: Beobachtet dabei, wie eure Knie und eure Fußgelenke elastisch nachgeben und wieder neu zum Absprung spannen. Zwei Finger sind eure Beine beim Trampolinspiel. Heute sollen es der dritte und vierte Finger sein.

Bei diesem Spiel bewegen sich vor allem die Finger- oder Knöchelgelenke der „Brücke", das Handgelenk und das Ellbogengelenk.

Wir spielen das Trampolinspiel nur am Tisch oder am Tastendeckel, nicht auf den Tasten.

Verfolgen wir das Spiel zunächst sehr langsam, „in Zeitlupe" gewissermaßen, in einzelnen Schritten:

– Zwei Finger, dritter und vierter also, springen kräftig vom Holz ab; das Handgelenk fliegt dadurch hoch.
Stoppen wir hier den Bewegungsvorgang ab: Das Handgelenk also ist erhoben, die Hand hängt locker herab.
Der Absprung, vom Abstoß der Finger bis zum Hochfliegen des Handgelenkes, ist der gleiche wie beim Grashüpferspiel. Während dort jedoch der ganze Arm einer entfernten Taste entgegenfliegt, bleibt hier alles an Ort und Stelle. Wir wollen ja auf unser Trampolin zurückfallen.

Das Spinnenspiel

Langsames „Abseilen"
am Spinnfaden von der Decke

Die Spinne wendet sich…

…und „landet" zusammengerollt
auf den Tasten.

Die Spinne stellt sich auf die Beine…

…und krabbelt los.

220

- Wenn der Arm beim Absprung wirklich locker ist, fällt er durch sein Gewicht von allein wieder zurück.
- Finger und Handgelenk fangen den Fall elastisch auf. Auch hier gleicht das elastische Zurückschwingen der Landebewegung beim Grashüpfer.
- Nach dem elastisch abgefangenen Aufprall sofortiges Wiederabspringen.

Das alles jetzt in einem Bewegungsverlauf. Nur Hand und Unterarm schwingen auf und nieder. Oberarm und Schultergelenk sollen ruhig bleiben. Nur auf die Bewegung des Ellbogengelenkes kommt es an.

• Sechzehnte Stunde: nochmals das Handgelenk

Das Schaukelspiel, wie in der 14. Stunde geschildert, jetzt mit dem vierten Finger ausführen. Die linke Hand öfter als die rechte.

Ebenfalls mit dem vierten Finger das Fahrstuhlspiel wieder aufnehmen (siehe 12. Stunde). Als Standfinger ist der vierte Finger aus Gründen einer ausgewogeneren Handhaltung dem kräftigeren dritten sogar vorzuziehen. Diese Übungen sollten nicht nur Teil einer bestimmten Stunde sein, sondern in Wochenabständen immer wieder vorkommen.

Die Kombination von Fahrstuhl- und Schaukelspiel wird zum „Karussellspiel", zum Kreisen des Handgelenkes. Die Anfangsbewegung des Schaukelspiels wird als Bogenschlag des Handgelenkes weitergeführt. Standfinger: dritter, auch vierter Finger. Besser noch: Das Gewicht im Wechsel vom 3. zum 4. Finger verlagern.

Das läßt sich vorbereiten als Bewegungsspiel im Raum: Stehend mit dem Rumpf kreisen und dabei das Gewicht je nach Rumpfposition vom rechten auf den linken Fuß verlagern und umgekehrt.

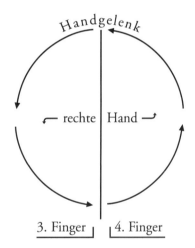

Finger und Tasten; Spiele und Übungen

1. Freundschaft schließen

Die Fingergruppe 1. bis 4. Finger auf eine Vierergruppe der weißen Tasten legen. Anfühlen, antasten, den Kontakt zwischen Fingerkuppe oder Fingerpolster und Taste spüren. Das Fingerspitzengefühl muß sagen: Wir mögen uns. Nun den fünften Finger leicht auf die fünfte Taste dazulegen.

2. Nun umgekehrt

Die Fingergruppe 2. bis 5. Finger auf eine Vierergruppe der weißen Tasten legen. Anfühlen, antasten wie oben. Haben wir ein gutes Gefühl in den Fingerspitzen, legen wir den Daumen dazu. Wie! Er reicht nicht hin? Da seht ihr: Die mittleren Finger müssen so nah an den schwarzen Tasten liegen, daß sie sie fast berühren. So findet auch der Daumen sofort seinen Antastpunkt.

3. Anschlag

Wie oben beschrieben, Tastenkontakt herstellen. Der dritte Finger senkt sich mit kleinem Anschwung in die Tiefe. Beim Anschlag dürfen sich die anderen Finger von den Tasten heben. Während der Ton klingt und die Hand auf dem dritten Finger steht, wiederholen wir unser Fahrstuhlspiel, wie wir es in der zwölften Stunde vorgeübt haben: Das Handgelenk hebt sich langsam, die Hand öffnet sich, bis wir in die Handfläche hineinsehen können. Dann löst sich der Finger von der Taste, die Hand lockert sich, wir schütteln sie aus, schütteln die Wassertropfen weg. Habt ihr die Schulter bedacht? Sie darf sich mit dem Handgelenk nicht mitheben, bleibt locker gesenkt.

Nun wird das Spiel mit dem vierten Finger wiederholt. Wir spielen es nur mit dem dritten und vierten Finger, nicht mit den anderen.

4. Das Fingerbesuch-Spiel (Untersetz-Vorübung)

Alle Finger ruhen leicht auf ihren Tasten. Der zweite Finger senkt sich in seine Taste; das kann stumm oder klingend geschehen. Nun verläßt der Daumen seine Taste und bewegt sich unter den Zeigefinger; er sucht Berührungskontakt zum Fingerpolster des Zeigefingers. Dann begrüßen sie sich freundschaftlich durch leichtes Aneinanderreiben, „sie reiben die Nasen aneinander", wie es, so sagt man jedenfalls, die Eskimos bei der Begrüßung tun. Bei der Begrüßung muß der kurze Daumen dem Besuchsfinger weit entgegengehen: Die Hand wölbt sich dabei, rundet sich. Achtet darauf, daß die „Brücke" nicht nach außen kippt!

Während des Begrüßens haben die anderen Finger große Mühe, auf ihren Tasten zu bleiben; sie möchten viel lieber die Begrüßung aus der Nähe miterleben. Das dürfen sie auch. Sie dürfen ihre Tasten verlassen und sich den einander begrüßenden Fingern nähern.

Geht der Daumen dann zu seiner Taste zurück, finden sich auch alle anderen Fingern wieder auf ihren Tasten ein.

Als zweites besucht der Daumen den langen Mittelfinger. Als nächstes und übernächstes besucht der Daumen den vierten, dann den fünften Finger. Dabei hat er weite Wege zu gehen, die ihm erleichtert werden müssen: Handgelenk und Arm bewegen sich nach außen vom Körper weg und ziehen dadurch den Daumen seinem Ziel entgegen.

5. Anschlag mit Daumenhilfe

Das beginnt wieder mit dem Fingerbesuch-Spiel. Der Daumen besucht den dritten Finger, begrüßt ihn durch freundschaftliches Reiben, bleibt dann zu längerem Besuch: Er heftet sich fest an dessen Fingerpolster. Die Hand hebt sich und bleibt dann über den Tasten stehen, etwa fünf Zentimeter hoch. Der Arm hält die Hand fest, daß sie nicht herabfällt.

Dann lassen wir los, Hand und Unterarm fallen herab, der kräftige Tastenanschlag geschieht mit Daumen und Mittelfinger zugleich. Das Handgelenk federt etwas nach.

Wieder endet die Sache mit dem Fahrstuhl: Das Handgelenk hebt sich, die Hand streckt sich, der kurze Daumen löst sich dabei von selbst von der Taste, auf der der dritte Finger stehenbleibt. Nach voll gestreckter Hand loslassen und lockern, alles wie oben bereits beschrieben. Das gleiche mit 2., 4. und 5. Finger. Anschlag mit Daumenhilfe: Das verhindert ein Durchknicken vor allem des vierten und fünften Fingers. Auch hier: Handgelenk und Arm nach außen!

6. Bockspringen (Übersetz-Vorübung)

Die fünf Finger liegen auf fünf Tasten. Der Daumen schlägt seine Taste an, vielleicht die Taste c. Der dritte Finger springt jetzt über ihn und fällt in die Taste h hinein. Der Daumen rückt weiter (Taste g). Wieder springt der dritte Finger über ihn (Taste f) und so weiter. Bockspringen, wenn's beliebt, die ganze Tastatur entlang.

Und links: Daumen liegt auf c (oder einer beliebig anderen Taste). Der dritte Finger springt über ihn und fällt in die Taste d hinein. Der Daumen rückt weiter (Taste f), der dritte Finger springt (Taste g) und so fort.

Man kann auch anders beginnen:

Der Daumen liegt auf einer Taste, hat sie niedergedrückt. Der dritte Finger springt über ihn in die Daumen-Nachbartaste hinein und wieder zurück in die Ausgangstaste. So immer hin und her. Das auch mit dem vierten Finger.

7. Den Berg hinunterrutschen

Die Finger rutschen von einer schwarzen Taste auf die nächsthöhere (rechte Hand) beziehungsweise nächsttiefere (linke Hand) weiße Taste. Handlage auf den schwarzen Drillingen. Der 2. Finger rutscht von fis nach g (rechte Hand) beziehungsweise von b nach a (linke Hand), der 3. Finger von gis nach a beziehungsweise von as nach g, der 4. Finger von ais nach h beziehungsweise von ges nach f.

8. Das Tunnelspiel (Untersetzübungen)

Die drei mittleren Finger auf den schwarzen Drillingen. Der Daumen bewegt sich langsam darunter weg, soweit er kommt, ohne daß die oberen Finger ihre Taste verlassen.

Dann in chromatischer Folge von f bis h (rechts), von h bis f (links), wobei die Tasten der schwarzen Drillinge von den darauf liegenden Fingern, die weißen Tasten darunter vom Daumen angeschlagen werden. Bei diesem Spiel dürfen die nicht anschlagenden Finger ihre Taste verlassen. Handgelenk und Arm müssen unbedingt mitgehen.

9. Weiterführung

Die mittleren Finger halten ihre schwarze Drillingsgruppe niedergedrückt. Der Daumen schlägt in leichtem *staccato* die beiden weißen Tasten an, die links und rechts neben der Taste des Zeigefingers liegen. Jede Taste zweimal nacheinander anschlagen; dies mehrmals im Wechsel.

Wer Lust hat, kann versuchen, auch noch die nächste im Tunnel liegende Taste mit dem Daumen zu erreichen. Bei ständig niedergedrückten schwarzen Drillingen, versteht sich, und wirklich nur, wenn es ohne Mühe geht!

10. Wir spielen Seitwärtsgehen (stummer Tastenwechsel)

Vorübung als Bewegungsspiel im Raum: Stehen, Füße zusammen. Partner im Gruppenunterricht stehen sich gegenüber. Ein Fuß setzt sich seitwärts, der andere zieht nach, schließt wieder eng auf, und so weiter, Fuß um Fuß. Das macht natürlich mit Musik mehr Spaß als stumm: Lehrer, spielst du mal dazu?

Jetzt aber sollen die Füße nicht mehr nebeneinander stehen, sondern hintereinander: Ein Fuß, der rechte jetzt einmal, geht einen Schritt seitwärts, der linke zieht nach und setzt sich vor ihn, so daß Hacke und Spitze der Schuhe sich berühren. So mehrmals.

Jetzt übertragen wir das auf die Tasten. Ein Finger, der vierte, schlägt eine Taste kräftig an. Der dritte – da er länger ist als der vierte, geht das besonders gut – setzt sich über beziehungsweise vor ihn und übernimmt die niedergedrückte Taste (Gewichtsverlagerung). Der vierte rückt weiter zur nächsten Taste, die er jetzt deutlich anschlägt. Der dritte Finger übernimmt stumm, und so fort. Dies auch mit anderen Fingern durchspielen, auch dann, wenn einmal ein kürzerer Finger die Taste stumm vom längeren übernehmen muß – der zweite vom dritten zum Beispiel.

Nur der Daumen macht hier eine Ausnahme: Er darf sich beim stummen Fingerwechsel unter den Finger setzen, den er ablösen soll.

11.

Zum Schluß noch eine Übung am Tisch: Eine Hand, Handrücken nach unten, Handteller nach oben, auf den Tisch legen. Finger einzeln so hoch heben wie möglich. Die anderen beiden Fingergelenke nicht krümmen, den Finger also möglichst gerade aufrichten.

Vergleich: Auf dem Rücken liegend ein Bein, Knie gut durchgedrückt, hochrecken, so gerade wie möglich.

Daumen spreizt sich seitwärts wie aufwärts im Wechsel.

Dann umgekehrt: Handfläche nach unten, Finger heben, das ist, als wenn man auf dem Bauch liegt und die Beine rückwärts zu heben versucht. Das ist erheblich schwieriger. Zeigefinger allein heben. 3., 4. und 5. Finger als Gruppe heben. Daumen seitwärts bewegen.

Nach der Übung Arme locker hängen lassen und ausschütteln.

Und viele, viele weitere Übungsspiele sich selbst einfallen lassen!

Phase 4:
Notation und Hörkontrolle

Es werden in der Folge fünf Versionen vorgestellt, die den ersten Umgang mit Notation, den Einstieg und die mögliche Weiterführung, zur Wahl stellen. Doch welche auch immer für welchen Schüler herangezogen wird: Hörschulung ist stets obligat mit im Spiel. Kein Auf und Ab im Notenbild ohne auditives Nachvollziehen von Hoch und Tief, von Schritt oder Sprung, kein sichtbares Zugleich im Notenbild ohne Einordnen des Zusammenklanges und seiner Eigenarten.

Die fünf Einstiege:
Version A: Beginn mit grafischer Notation
Version B: mit einer Linie beginnend über das Drei- zum Fünfliniensystem
Version C: Noten, auf das Früherziehungsprogramm des VdM aufbauend
Version D: Noten zum Beginn auf schwarzen Tasten
Version E: der symmetrische Beginn mit Violin- und Baßschlüssel zugleich

Version A: Beginn mit grafischer Notation

1. Schritt: Tief und hoch.
              Nah beieinander, weiter entfernt.
              Punkt ist Ton (gesungen) oder
              Tastenanschlag (auch Xylophon etc.).

2. Schritt: Lang (beliebig lang) und weniger lang.
              Tonwiederholung (zugleich das Prinzip
              „länger – kürzer" auf einem Ton –
              auf einer Taste üben).
              Dann „hoch – tief" einbeziehen.

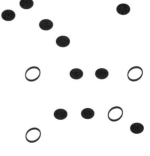

3. Schritt: Cluster, „Tontrauben aus nebeneinander-
              liegenden Tasten". Leise, lauter, laut.
              Kleine (Finger), größere (Handfläche),
              große Cluster (Arm oder beide
              Handflächen).

4. Schritt: Tonlinien auf und ab: Melodie folgt
              der Linienführung.
              Dies mit obigem kombinieren.

5. Schritt: Klänge
              Vier oder mehr nicht benachbarte Tasten.
              Klänge mit Pedal ausführen. Dabei
              können die Töne des Klanges nach-
              einander angeschlagen werden. Das
              Pedal „hält sie fest" und bindet sie zum
              „Klang" zusammen.

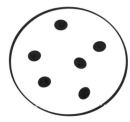

6. Schritt: Klang, zusammen anzuschlagen.
              Hier: Vier- oder Vielklang.
              Doch auch: Zweiklang, Dreiklang.

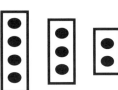

Die folgenden Schritte sind bereits Vorstufen zur realen
Notation.

7. Schritt: Die lange Note bekommt einen Hals
              und sagt von nun an: „Ich bin zwei
              Schläge lang, zwei langsame Pulsschläge
              lang. Nach zwei Schlägen muß es also
              weitergehen."

8. Schritt: Die Punktnote sagt: „Ich bin einen
              Schlag lang; nach einem Schlag geht es
              weiter."
              Die lange Note ohne Hals ist zunächst
              noch „beliebig lang".

9. Schritt: Wollt ihr schnelle Noten haben, dann
              schreibt mehrere Punktnoten enger
              zusammen und setzt einen Balken
              darüber. Der Balken sagt: Schnelles,
              aber nicht zu schnelles Spiel.

10. Schritt: Weitere Zeichen.

11. Schritt: Ein Pünktchen über oder unter der Note
               sagt: „Spiele den Ton kurz." (Pickendes
               Huhn, Grashüpferabsprung)

12. Schritt: *Glissando*, – gleitend, auf- und abwärts

Den Zusammenklang betreffend. Noten als grafische
Zeichen

13. Schritt: Doppelton. Der Strich dazwischen
               bedeutet: Eine leere Taste liegt
               dazwischen. Die Noten „berühren" sich.

14. Schritt: Doppelton. Noten in schräger
               Anordnung, dabei sich berührend:
               Zwei Nachbartasten

Hausaufgaben nach jedem Schritt: Eine Folge grafischer Notationszeichen auf Papier-
blatt oder Karton malen und abspielen. Im Unterricht soll auch der Lehrer die Schü-
ler-„Komposition" spielen unter Kontrolle (Mitlesen) der Schüler.

Fortsetzung im Schlußkapitel:
– Spiel mit grafischen Täfelchen
– Kombination von Grafik und realer Notation
– Spiel/Improvisation nach abstrakten Bildern (Kunstkarten) von Kandinsky, Klee
  und anderen

Version B:
Mit einer Linie beginnend über das Drei- zum Fünfliniensystem (weiße Tasten)

Während bei der grafischen Version A die Schüler auch gern spontan an die Tasten
gehen und „vom Blatt" spielen können – auf Tonhöhengenauigkeit kommt es dabei
ja nicht an –, sollte hier konsequent vom Studiertisch aus gearbeitet werden:
– Notenfolge feststellen (Tonschritt, -sprung, Tonwiederholung).
– Absingen oder -summen mit Lehrerhilfe.

– Anschlagsfolge mit den Fingern am Tisch unter Mitsummen ausprobieren.
– Notenfolge nochmals ablesen und einprägen.
– Nun aus dem Gedächtnis die Melodiefolge auf die Tasten übertragen.
– Die Noten verbleiben am Tisch, wo der Partner das Spiel Note für Note verfolgt…
– und dann seinerseits zu einem Versuch an die Tasten geht.
– Also: getrennte Beschäftigung mit Noten und Tasten
  in kleinen Lernschritten vorangehen
  kein Vom-Blatt-Spiel

Anfangs kann in dieser Version mit jeder beliebigen (weißen) Taste begonnen werden. Doch empfiehlt es sich, einzelne „Beginntasten" zu markieren, mittels bunter Klebemarken etwa, so daß, zum leichten Mitsingen, die Kuckucksterz erklingt. Dabei sollte zunächst mit dem höheren Ton begonnen werden. Zu markieren wären dann die Tasten c, d, f oder g.

1. Schritt: Eine Notenlinie.
               Die Note über der Linie hat den Hals auf
               der linken Seite. Der Hals zeigt nach unten.
               Die Note unter der Linie hat den Hals auf
               der rechten Seite. Der Hals zeigt nach oben.
               Die Linie sagt: „Ich bin die leere Taste,
               die zwischen den beiden Noten
               (beziehungsweise Spieltasten) liegt."

2. Schritt: Mehrere Noten nacheinander bilden
               eine Tonfolge.

Schrittfolge im Unterricht, die auch bei den weiteren
Lernschritten einzuhalten ist (dem obigen Ablauf entsprechend):
        – Feststellen der Notenfolge
        – Absingen der Tonfolge mit Lehrerhilfe
        – Der Lehrer singt oder spielt (am Klavier) die Tonfolge vor.
          Die Schüler folgen mit dem Finger, in späteren Wochen mit den
          Augen.
        – Die Schüler prägen sich die Tonfolge ein und gehen wechselweise an
          die Tasten.
        – Dieser Wechsel geschieht mehrmals: Es klappt nicht gleich beim
          ersten Mal.
        – Als Hausaufgabe kleine Notenfolgen schreiben: nicht mehr als vier,
          fünf Noten. Das Einprägen und auswendige Abspielen üben von
          Anfang an!

3. Schritt: Vom Tonsprung des Kuckucksrufes (eine Taste wird übersprungen) zum „Tonschritt" (von Taste zur Nachbartaste). Die Note dazwischen tritt hinzu. Sie trägt, wie die obere Note, den Hals nach unten.

4. Schritt: Alle diese Noten sind zwei Schläge lang, zwei langsame Pulsschläge lang. Wir müssen zählen, oder besser: Wir stellen uns ein Pendel vor, das hin und her schwingt. Immer wieder kleine Tonfolgen schreiben (Hausaufgaben), einprägen und spielen.

5. Schritt: Dies sind Zweiklänge. Zwei Tasten werden zugleich angeschlagen. Noten ohne Hals sind vier Schläge (oder zunächst „beliebig") lang.

6. Schritt: Zu unserer Linie (kenntlich am Kreuz am Anfang) kommen zwei neue Linien hinzu. Unsere Linie wird zur Mittellinie. Die Mittellinie entscheidet über Hals nach unten oder Hals nach oben. Eine Linie oder drei Linien: Das Notenbild bleibt sich gleich.

7. Schritt: Neue Noten treten hinzu. Wieder sagen nun auch die beiden neuen Linien: „Achtung! Wir sind freie Tasten dazwischen!"

8. Schritt: Die „Noten dazwischen" werden eingefügt.

9. Schritt: Schreibt genau! Eine Note zwischen zwei Linien muß beide Linien berühren. Eine Note an einer Linie (um eine Linie herum) darf keine andere Linie berühren.

10. Schritt: Ausgefüllte Noten, schwarze Noten auf unserem Notenpapier (Vorsicht: auf der Wandtafel sind sie weiß!) sind nur einen Schlag lang.

229

11. Schritt: Merkt euch, besonders für die linke Hand,
               dieses Notenbild. Es sagt: Anschlag mit
               dem 5. und 1. Finger. Es sind zwei Tasten
               Fünftonabstand. Es ist eine „Quinte".
               Diese Quinte müßt ihr mit einem
               schnellen Blick erkennen.
               Merkmal: die Linie dazwischen.

12. Schritt: Auch diese Notenbilder sind Quinten.
               Merkmal: Bei völlig freiem Zwischenraum
               wird keine Linie überschritten.

13. Schritt und weitere Schritte: Langes Verweilen mit
               immer neuen Aufgaben auf dieser Stufe.

Schließlich: Vom Drei- zum Fünfliniensystem und
               weiter zur Violin-Baßschlüsseleinheit.

Version C: Noten, auf das Früherziehungsprogramm des VdM aufbauend

Das Programm „Musikalische Früherziehung" des Verbandes deutscher Musikschulen entläßt seine Schüler mit Notenkenntnis im Fünfliniensystem des Violinschlüssels. Sie kennen die Noten von c′ bis f″, dazu fis und b. Sie kennen Achtel, Viertel, halbe und ganze Noten und nennen sie auch so, ebenfalls die entsprechenden Pausenwerte.

Ein beachtlicher Fundus also, den sie bereits mitbringen in die erste Klavierstunde. Aber da ist Vorsicht geboten. Wer etwa meint, nun auch gleich anstellige Blattspieler vor sich zu haben – und so mancher Folgelehrer geht davon aus –, der irrt. In diesem Irrtum liegt manches begründet, was einen Folgeunterricht frühzeitig zum Scheitern brachte und bringt.

Nein, was diese Notenkenntnis für uns Folgelehrer wertvoll macht, ist die Gewöhnung, mit Noten umzugehen, ist das Wissen, was Noten in ihren Konstellationen aussagen.

Hier ist nun noch einmal das „Tastenspiel" zu erwähnen (es wurde auf Seite 26 vorgestellt). Zwar wird es in absehbarer Zeit aus den Räumen der Früherziehung verschwunden sein – seit Anfang der neunziger Jahre wird es nicht mehr gebaut –, aber bis dahin ist davon auszugehen, daß Kinder in den Folgeunterricht kommen, die darauf gespielt haben, und zwar auch nach Noten.

Dieses „auch nach Noten" ist jedoch nicht so gewichtig, wie es sich zunächst anhört: Es ist insofern kein „Blattspiel" im eigentlichen Sinne, als nur das gespielt wird, was

230

bereits auswendig gelernt im Kopf ist, Lieder die im Kurs gelernt wurden. Es ist eine Art Auswendigspiel mit Blick auf die Noten (oder auch nicht).

Ein anderes Problem ergibt sich aber daraus: das des Umgangs mit dem Notenhals. Dort heißt es: Notenhals nach oben – die rechte Hand spielt; Notenhals nach unten – die linke Hand spielt. Der Notenhals läuft somit meist der „richtigen" Richtung entgegen*.

Aus diesem Grund ist die Version C nur für Schüler zu empfehlen, die diese Gewöhnung aus der Früherziehung mitbringen. Da mag man dem Rechnung tragen und es eine Zeit lang so weiterlaufen lassen. Ich habe es in meiner Klavierschule *Spaß am Klavierspielen* so gehalten, die ja direkt auf das VdM-Curriculum aufbaut**:

Ein Folgelehrer ist nicht schlecht beraten, wenn er den Schüler hier „abholt" und nach und nach umschult. Als leicht verständliches Prinzip bietet sich an: „Notenhals immer auf die Mittellinie zu" (nur die Mittellinie selbst sagt: „Meine Note trägt den Hals nach unten").

Immerhin kann das Notenhalsprinzip der Früherziehung hier und da auch einmal zum Vorteil gereichen. Durch die Kombination von Notenhals und Hand wird bereits auf dieser Stufe das Prinzip der Zweistimmigkeit innerhalb eines Systems erfahren***:

Mit Einführung des Baßschlüssels im zweiten oder nach dem zweiten Quartal löst sich das Problem der Halsrichtung. Entweder ist es schon vom Tisch, oder es wird jetzt mit einbezogen. Hierfür empfiehlt sich mein *Komponierbuch für junge Klavier-*

---

*   In den ersten drei Quartal-Heften sind alle Notenhälse nach oben gerichtet, auch wenn die Mittellinie überschritten wird.

**   aus: Peter Heilbut, *Spaß am Klavierspielen. Schule für Kinder aus Früherziehungskursen*, Bärenreiter, Kassel

*** aus: Peter Heilbut, *Spaß am Klavierspielen*

spieler *, das sich gleich zu Beginn mit dem Problem „Notenhals" auseinandersetzt. Des Titels *Komponierbuch* ungeachtet: Dieses Heft ist vor allem eine intensive Lehre des Notenschreibens; es wird an späterer Stelle noch ausführlich besprochen.

Hier nun läuft unsere Version C in die Violin-Baßschlüssel-Version E hinein.

Version D: Noten für den Beginn auf schwarzen Tasten

Da „unser" früh-instrumentaler Klavierunterricht auf der schwarzen Tastatur beginnt und auch noch lange, nachdem die weißen Tasten mit im Spiel sind, daran festhält, kam ich darauf – und setzte es in meiner Klavierschule *Spaß am Klavierspielen* in die Praxis um –, eine Notation zu finden, die von schwarzen Tasten ausgeht und Sechsjährigen verständlich und einleuchtend ist.

Diese Version D arbeitet mit einem Dreilinien- und einem Zweiliniensystem, und keinem Kind fällt es schwer, im Dreiersystem die schwarzen Drillinge, im Zweiersystem die schwarzen Zwillinge zu erkennen. Die Kreuze am Zeilenanfang verdeutlichen schon jetzt, zu Beginn des Notenlesens, daß es sich um schwarze Tasten handelt.

Der Werdegang mag sich in folgenden Lernschritten aufbauen:

1. Schritt: Die Note auf der mittleren Linie ist die mittlere Drillingstaste. Da es eine schwarze Taste ist, steht ein Kreuz voran.

2. Schritt: (Nun mache man nicht den Fehler, die Noten für die äußeren Drillingstasten auf die Außenlinien zu setzen! Der sichtbare Abstand von Tonschritt und Tonsprung muß gewahrt bleiben.)
Also: Die Noten über und unter der Mittellinie stehen für die beiden äußeren der Drillingstasten. Diese Noten füllen ihre Zwischenräume voll aus. Auch sie haben ihre Kreuzchen am Zeilenanfang.

3. Schritt: Kreuzchen malen –

4. Schritt: Tonfolgen auf den Drillingstasten. Hierbei sind unbedingt die Aufgabenfolgen einzuhalten, die im 2. Schritt der Version B aufgeführt sind.

5. Schritt: Zwei Linien für die Zwillingstasten, darin geborgen die beiden Noten im Tonschritt-Abstand.

---

*   Peter Heilbut, *Komponierbuch für junge Klavierspieler*, Verlag Heinrichshofen, Wilhelmshaven

6. Schritt: Schwarze Noten sind „Schrittnoten" oder „Einschlagnoten".

Sämtliche Notenbeispiele bisher ohne Notenhals. Denn: Der Version C gleich weist auch hier die Richtung des Notenhalses auf die Hand hin, die zu spielen hat. Hals nach unten: linke Hand, Hals nach oben: rechte Hand*.

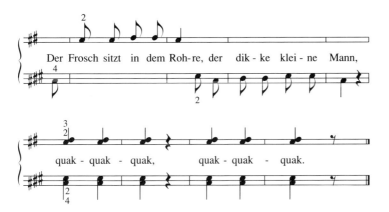

Dabei kann man es sich sogar erlauben, einer Hand, wie hier der linken, zwei Systeme zuzuteilen: Das obere zum Handüberschlagen, die linke setzt über die rechte. Dieses Überschlagen der Hände ist längst vertraut: siehe Phase 3 (Seite 181).

Und weiter mit den Lernschritten:

7. Schritt: Die Noten bekommen Hälse.

8. Schritt: Die Hälse bekommen Fähnchen. Aus dem Liedtext ist das Zeitmaß zu erkennen.

* aus Peter Heilbut, *Spaß am Klavierspielen*

233

Apropos Zeitmaß, Metrik, Rhythmus: Früherziehungsschüler haben für bestimmte, oft wiederkehrende Rhythmen gewisse „Codewörter" in petto (siehe die nebenstehenden „rhythmischen Täfelchen"). Der Folgelehrer sollte sie kennen und bei passender Gelegenheit heranziehen. Rhythmische Übungen lassen sich darauf aufbauen, Liedtexte animieren zu rhythmischen Vergleichen und so weiter.

Rin - gel - nat - ter

Mit meinen Früherziehungsschülern ließ ich die Versionen C und D parallel laufen. Dies läßt sich verketten: Version C für weiße, Version D für schwarze Tasten. Man darf gewiß sein: Unseren Sechsjährigen fällt das Hineindenken in die Zwillings–Drillingsstruktur leichter als uns, die wir fest auf „das Normale" eingestellt sind.

Eis - - bär

Versteht sich: Version D wird bald umschalten und Weiterführung suchen im normalen Notensystem. Vorerst jedoch erweist sie sich als vorzüglich geeignet für Lieder im pentatonischen Bereich. Aus der Früherziehung bringen die Kinder viele solcher – und zwar gern gesungener – Lieder mit, etwa: *Im Bahnhof steht ein Zug bereit, Spannenlanger Hansel* (in der dortigen Version), *Mückchen Dünnebein, Tropftropftroll* und andere.

Schmet-ter-ling

Da ist natürlich eigenes Notieren angesagt, vom Lehrer, oder am Studiertisch von den Schülern. Außerdem erweist es sich hier als unerläßlich, daß der Folgelehrer informiert ist über das, was in der Früherziehung voranging, vor allem über die Lieder, auf die er jetzt im Klavierspiel zurückgreifen kann.

Schild - krö - te

so lang wie „Eisbär"

Version E: Der Beginn mit Violin- und Baßschlüssel zugleich

Hier haben wir nun den Einstieg ins Notenlesen vor uns, wie er heute allgemein üblich und in den meisten der neueren Klavierschulen zu finden ist. Daß ich ihn für Anfänger im früh-instrumentalen Bereich nicht empfehle, ist aus vielen vorangegangenen Passagen zu ersehen: Den sechsjährigen Schülern wird gleich zu Beginn zuviel zugemutet, und die Konsequenz ist, daß es ihnen geht wie demjenigen, der „das erste Knopfloch verfehlt"… Vergessen wir nicht: Je jünger der Schüler, um so kleiner der Lernschritt! Das Doppelsystem des Violin-Baßschlüssels ist Früh-Instrumentalschülern erreichbar durch zumutbare Schritte, die letztlich ohne Beschwer zum Ziel führen. Die Versionen A bis D zeigen den Weg.

Dennoch gibt es in meinem im ersten Teil aufgeführten Schülerkreis einige Schüler, denen ich sofort diese schulübliche Version in die Hand gab. Sechs waren es insgesamt:

Johanna aus der ersten, Klaus-Peter und Alexandra aus der zweiten, Isabel aus der dritten und Alexander und Phil aus der vierten Generation. Das aber hatte seinen Grund: Mit einer Ausnahme kamen diese Schüler bereits klavierspielend zu mir und hatten Violin- und Baßschlüssel schon kennengelernt. Allerdings arbeitete ich gerade mit diesen Schülern konsequent „vom Studiertisch aus", was sich – abgesehen von Hans-Peter, der an den Noten klebte, wenn er nicht auswendig spielte – auch bei diesen Schülern positiv auswirkte.

Die genannte Ausnahme war Alexandra, deren erste Stunde bei mir auch wirklich ihre erste Klavierstunde war. Ich schilderte sie, Seite 60, ausführlich. Zur Erinnerung: Eine ihrer ersten Schülerhandlungen war, daß sie mir die erste Invention von Bach in die Hand drückte mit der kategorischen Weisung: „Das da will ich spielen!" Getreu meiner Richtschnur, grundsätzlich und wo immer es möglich ist auf den Schüler einzugehen, saßen wir denn auch bald am Studiertisch mit den Bach-Noten vor uns und machten uns ohne Umschweife daran, anhand des originalen Druckes auf Entdeckung auszugehen in Bezug auf Tonschritte, Tonsprünge und, und, und…

Also, Alexandra, die ersten sieben Noten: Drei Tonschritte aufwärts, zwei Sprünge, die nur eine Taste überspringen, abwärts; ich spiele vor: Hörst du? Der achte Ton gehört auch noch dazu, er schließt die kleine Melodie ab. Noch einmal – einen Ton habe ich jetzt falsch gespielt, welchen? Ferner: Suchen wir einmal, ob nicht irgendwo diese Melodie mit genau den Schritten und Sprüngen wiederkehrt, auch von anderen Tönen ausgehend? Schließlich die Spiegelung: Drei Tonschritte abwärts diesmal und so weiter und so weiter; man kennt das inzwischen, nur, es war faszinierend, mit welchem Forschungseifer diese Sechsjährige in ihr geliebtes Wunschwerk eindrang, das ihr vom Spiel des Vaters her vertraut war und das auch spielen zu können ihr leidenschaftlicher Wunsch war.

Phase 5:
Schulung des Hörens

> *Das menschliche Ohr fragt immer, denn wenn man gut zusieht, ist es in Form und Zeichnung ein Fragezeichen.*

Ramón Gomez de la Serna

„Das menschliche Ohr fragt immer" – fassen wir diesen nie versiegenden Frageeifer beim Schopfe und lassen wir ihm Antwort zukommen, wo immer sich Gelegenheit bietet.

Und die bietet sich unentwegt. Keine Phase des Unterrichtes, in der das Ohr nicht permanent gefordert wird. Da ist etwas vorzuspielen? Ohr, sage mir genau, wo ich dir nicht genügte! Da wandelt Musik sich in Bewegung? Ohr, hilf mir bei der Gestaltung.

Hier ist Sauberkeit einer Tonfolge, dort Erkennen einer Notenfolge gefragt? Ohr, du weißt, wie sehr ich auf dich angewiesen bin!

Lassen wir die Hörprobleme der bisherigen Phasen hier beiseite und sehen wir uns nach weiteren Möglichkeiten um.

Fortführung und Erweiterung der Aufgaben des ersten Vierteljahres:

1. Nach wie vor im Vergleich:
   – Tonhöhe, Tondauer, Tonstärke, Tonqualität…

   Weiterhin im Vergleich einer Dreitonfolge:
   – Höchster, tiefster Ton; längster, kürzester Ton; lautester, leisester Ton; der am besten gelungene Ton…
   – Erweiterung zur Viertonfolge

2. Weiterhin aus dem ersten Vierteljahr übernehmen: Aus Phase 5 Punkt 5. Zu unterscheiden sind Intervallbeziehungen als Einklang, Wohlklang, Reibung, leerer Klang. Nicht die Namen dieser Intervalle (Prime, Terz, Sekunde, Quarte) sind hier gefragt – den Sechsjährigen auf dieser Stufe sind sie völlig unwichtig – , sondern für ein bewußtes Improvisieren ist wesentlich, was diese Intervalle aussagen: Wann setze ich einen Wohlklang, eine Reibung und so weiter ein, um dies und jenes zu erreichen? Dies wird sofort offenbar, wenn es bei dem späteren Improvisationsbeginn mit „Klängen" darum geht, bestimmte Klänge mit Gewürzen zu vergleichen. Gut, jetzt schon zu wissen, wie ein scharfes Gewürz, Pfeffer etwa, oder ein mildes, aromatisches Gewürz als Klang zu erscheinen hat.

Neue Höraufgaben und -spiele:

1. Mochte es eben, unter Punkt 2, den Anschein haben, als spielten die Namen von Intervallen hier noch keine Rolle, so betrifft dies einige bestimmte Intervalle nicht: Schon früh gehen wir um mit Intervallen wie Terz, Quinte und Sexte, und wir benennen sie auch so. Das hat seinen Grund in den Begleitmöglichkeiten des frühen Liedspiels. Schon unter Phase 1 dieses Vierteljahres („Vorzuspielendes") heißt es: „Linke Hand Begleitklänge mit Quint und Sext in beliebigem Wechsel". Und schon vorher wurde angedeutet, daß beim Liedspiel die Melodie ausgeterzt werden kann bei kadenztonalem Wechsel von Grund und Dominantton im Baß.
   Quinte und Sexte in Wechselbeziehung eignen sich zudem als weiterer guter Einstieg in frühes Improvisieren. Ein Grund also, sie hier schon zu benennen und einzubeziehen in unser Hörschulungsprogramm.
   Es ist sicher das Normale, daß man eines dieser Intervalle anschlägt und dann erkennen und sagen läßt, welches es war. Interessanter und spielerischer jedoch ist der umgekehrte Weg:

Ich schlage ein Intervall an und sage: Hört gut zu und behaltet es im Ohr. Dann schlage ich mehrere verschiedene Intervalle nacheinander an. Aufgaben:
- Wenn eins dieser Intervalle das gesuchte ist, ruft ihr: Halt!
- Ich schlage drei (bald vier, fünf) Intervalle nacheinander an. Ihr wartet bis zum letzten und sagt mir dann, das wievielte es gewesen ist.

2. Dieses Spiel vom Intervallhören übertragen wir jetzt auf ein Spiel mit unseren Notentäfelchen. Herauszuhören und zu erkennen sind kurze Ton- beziehungsweise Notenfolgen.
Jeder Schüler nimmt sich ein Notentäfelchen, das vom Hörvergleich erkannt werden soll. Ich spiele Drei- oder Viertonfolgen. Stimmt eine Tonfolge mit den Noten seines Täfelchens überein, kommt das „Halt, das ist meins!" eines Schülers.

3. Auch hier ist die andere Version möglich, indem ich mehrere verschiedene Tonfolgen spiele. Eine ist jeweils mit einem Schülertäfelchen identisch. Der Schüler sagt mir dann, die wievielte Tonfolge mit seinem Täfelchen übereinstimmte.

4. Hier nun empfehle ich, die Hörschulungsübungen mit heranzuziehen, die in meinem Buch *Improvisieren im Klavierunterricht* in überaus großer Zahl angeboten werden. Zwar wendet es sich grundsätzlich Schülern zu, die einige Jahre später mit dem Klavierunterricht beginnen als unsere Sechsjährigen, doch eignet sich manche Aufgabe des Kapitels V, *Hörschulung*, schon jetzt in den Früh-Instrumentalunterricht einbezogen zu werden.
Einen Wortschatz schaffen. Prüfen, vergleichen, werten. Differenzieren. Das Voraushören üben. Da ist manches, was unser zweites Vierteljahr bereichern kann.

Phase 6:
Improvisieren

Wie beginnen? Welche der vielen Angebote, die wir aus dem Hut zaubern können, zuerst? Welche für später aufheben?
Da haben wir wirklich die Qual der Wahl! Nicht weniger als zwanzig verschiedene Improvisations-Einstiege warten ungeduldig darauf, unseren Sechsjährigen in die Finger zu kommen. Wer wählen möchte: Alle sind im letzten Kapitel „Wie es weitergeht" zusammengefaßt.
Einige sollen vorgezogen werden. Schon im ersten Vierteljahr lernten wir das „Komm, spiel mit"-Spiel kennen. Das kann allerdings nicht auf aktives Mittun des Lehrers verzichten. Wenden wir uns jetzt den Möglichkeiten zu, die von Schülern allein – oder, im Unterricht, zu zweit – ausgeführt werden können. Dies nicht zuletzt mit der Nebenabsicht, sie auch für das häusliche Üben – Pardon! Spielen – heranzuziehen.

1. Improvisationsansatz „Erlebnisbereich"

- Spielplatz

Situation: Einstimmung am Studiertisch

Schülergruppe, Sabine, Jan

Ihr habt doch sicher einen Spielplatz in eurer Gegend, mit einem Sandkasten zum Beispiel und, na, und…

…mit einer Wippe!

Wippe. Wie bewegt sich die wohl? Macht mal vor, mit den Armen. Jan, gehst du ans Klavier und probierst, wie sich das auf den Tasten macht? Und was gibt's noch? Eine Rutsche!

Sabine, jetzt du einmal.

(Sabine spielt „Rutsche" und zwar so, wie es vielen zum ersten Mal passiert: Glissando mit der rechten Hand, vom Baß in Richtung Diskant).

Jan ist nicht ganz einverstanden: Du mußt doch erst mal hinaufsteigen, ehe du losrutschst!

Aber bevor Sabine die Sache wiederholen will, kommt erst einmal ein Gespräch, was beim Klavier wohl die oberen und unteren Tasten sind. Außerdem: Das Rutschen über die Tasten erwies sich als nicht ganz schmerzlos. Was tun? Probieren: Mit gestreckter Hand, Handrücken nach unten, die Fingernägel über die Tasten gleiten lassen. Das geht bei leicht reagierenden Tasten. Und sonst? Pulloverärmel über die Hand ziehen. Auch Handkante. (Fingernagelglissando zuerst auf dem geschlossenen Tastendeckel ausprobieren.)

Weiter, was gibt's noch?

Schaukel, Karussell, Kletterbaum und…

Macht zu Hause weiter. Zum nächsten Mal eine Improvisation „Spielplatz". Und nicht vergessen: Dazu ein Spielplatzbild malen.

Anzumerken: Wichtig, wie bei den meisten Aufgaben dieser Zeit: Nichts absolut Neues aufgeben, sondern alles im Unterricht beginnen, so daß „Hausaufgabe" als „etwas Begonnenes fertigmachen" empfunden wird.

- Tierpark

„Gehn wir mal zu Hagenbeck", heißt es in Hamburg, „in den zoologischen Garten", heißt es woanders. Jedenfalls kann man Eltern in einiges Erstaunen versetzen, wenn man als häusliches Pensum „Tierpark besuchen" ins Aufgabenheft schreibt.

Was zu sehen und zu erleben war, läßt man sich dann in der nächsten Stunde am Studiertisch erzählen. „Was! Ein Bär platschte ins Wasser? Das mußt du uns mal auf dem Klavier vorspielen, damit wir uns das richtig vorstellen können."

Am Studiertisch dann Überlegungen: Wie sind die stolzen Pinguine in ihrem Watschelgang, die Antilopen, die spaßigen, oft turbulenten Affenfamilien klanglich oder mittels Bewegung darzustellen? Einiges zur Probe einmal, die Riesenschlange vielleicht, oder das Känguruh.

Dann – zu Hause weiter, und zum nächsten Mal…

Und nicht vergessen, ein Bild zu malen!
Übrigens: Spielplatz und Tierpark werden im dritten Teil interessante Fortsetzungen finden.

- Zirkus

Ein Zirkus residiert in der Stadt. Grund genug, falls eine Veranstaltung besucht wird, auch dieses Thema für eine Improvisation heranzuziehen.
Was gibt's da alles! Den trompetenumschmetterten Herrn Zirkusdirektor, der die Zirkusnummern ankündigt und anpreist. Die Pferdedressurnummer – hopphopp, hopphopp –. Die Trapezkünstler, die Seiltänzerin, den Clown, der ohnehin zum bevorzugten Sujet der Improvisationen wird. Vorgehen wie oben: In der Stunde beginnen, zu Hause vollenden. Und auch hier das Bild nicht vergessen.

- Naturerlebnisse und -schilderungen

Hier kommt uns der nächste Improvisationseinstieg sehr entgegen: Klänge. Nebel als Nebelklänge, hell, dunkel, sich bewegender Nebel. Dann Regen, ziehende Wolken, Blitz und Donner auch. Sonne (einen strahlenden Sonnenklang finden), Vogelgesang dazwischen, ein Bach und, und, und…
Hier darf gern der Flügelinnenraum mit einbezogen werden.

2. Improvisationseinstieg „Klänge"
Mit dieser Spielart beginnt eine Version, die uns noch weit in die Zukunft hinein begleiten wird. Sie beginnt leicht und führt uns auf spielerische Weise Erkenntnissen und Fähigkeiten entgegen, die ohne sie mühevoll und oft gar trocken erlernt werden müßten. Beginnen wir also.
Beispiel: Sehr früher Beginn, darum kleine, festgelegte Schritte.
Zwei Schüler nebeneinander am Klavier. Stehend (dann mit Pedalbrettchen; siehe Anmerkung zur Frage „Klavierspielen im Stehen" auf Seite 182) oder sitzend, dann mit „Kinderpedal" oder anderen Möglichkeiten, das Pedal festzuhalten oder auch festzuklemmen (etwa halbe Wäscheklammer, Bleistift etc. dazwischen). Das rechte „Klangpedal" wird jedenfalls gebraucht. Zwischen den Aufforderungen längere „Denk"-Pausen. Je früher der Beginn mit dieser Version, um so längere Zeit zum Überlegen und Gedankenzurechtrücken benötigen die Schüler.
Legt eure Hände auf die Tasten.
Jede Hand wählt sich jetzt mit zwei Fingern zwei Tasten aus… (Pause) …und zwar nimmt jede Hand eine schwarze… (Pause) …und eine weiße Taste. – Habt ihr?
Nun das Pedal drücken, und zusammen anschlagen. Ich mache mit: Seht, wenn ich meine Hand auf das Notenpult fallen lasse, dann schlagen wir alle zusammen an. – War nicht so gut zusammen, nicht wahr? Probieren wir's noch einmal. Und zwar jetzt mit Atem: Wir atmen zusammen ein, und beim Ausatmen kommt unser Tastenanschlag, so geht es gleich besser! (Gleich der erste Zusatzeffekt: Das gemeinsame Anschlagen üben.)
Also: Atmen, dann Ausatmen und Anschlag zugleich.

- Klang = Verinnerlichen, Mitschweben, Schmetterling

Da ist der Klang! (Das weitere sehr suggestiv):

Hört hin. Der Klang schwebt jetzt über euch – (Pause) Horcht euch in ihn hinein – (Pause) Geht jetzt in ihn hinein – Ihr seid jetzt mitten im Klang – (Pause).

Jetzt entschwebt er – (langes Nachhorchen)

So. Tief Luft holen. Arme hängen lassen, ausschütteln.

Nun noch einmal. Sucht euch neue Tasten, eine schwarze und eine weiße mit jeder Hand.

Pedal. Atmen und anschlagen, schön kräftig – da ist der Klang! Da schwebt er über euch. (Eventuell jetzt: Schließt die Augen!) Geht in ihn hinein, schwebt mit ihm. Ihr seid jetzt Schmetterling, ihr schwebt mitten im Klang (Pausen einhalten!).

Jetzt wird der Klang immer leiser, immer ferner (Nachhorchen) – da sind wir wieder. Augen auf, tief Luft holen. Arme hängen lassen, ausschütteln. War das ein wunderbares Schweben – !!

Ziel: Ein Vertrauensverhältnis schaffen zum Phänomen Klang. Klänge als musikalisches Ereignis akzeptieren. Mit Klängen umgehen lernen.

- Klang = Farbe

Eine der nächsten Stunden: Schlagt an, laßt einen Klang entstehen. Laßt ihn weiterklingen, während ich spreche.

Die Welt ist bunt, und es gibt viele Farben! Helle Farben, dunkle, leuchtende, gedeckte, Mischungen –. Habt ihr die Tasten noch? Bringt den Klang noch einmal; da sind doch Farben drin! Hellere, dunklere. Und was meint ihr: Lassen sich bestimmte Farben heraushören?

Nun mit anderen Tasten einen anderen Klang. Unterscheidet: Ist die Farbmischung heller? – dunkler? Ist vielleicht gar Silber darin? – oder hat der Klang Blaufärbung? Ein Spiel mit Klang-„Farben" entsteht so, mit dem näheren Ziel, bewußt Farben (silbern, rot wie Mohn, blau wie die Glockenblume) auf der Tastatur zum Klingen zu bringen. Aneignung konkret vorstellbarer Improvisationselemente zur baldigen oder späteren Anwendung.

Schon auf dieser Stufe liebe ich es, Kunstpostkarten aus der Tasche zu „zaubern". Dabei ziehe ich die abstrakten vor, sie entsprechen den Zufallsklängen, mit denen wir ja zunächst arbeiten: Kandinsky vielleicht, *Gegenklänge 1924* (schon im Begriff steckt Klang und farblicher Kontrast). Oder *Ein Kreis*: großflächige Farbkompositionen, die Klang werden möchten.

- Klang = Gewürz

In weiteren Stunden: Schlagt an, laßt einen Klang entstehen. Laßt ihn weiterklingen, während ich spreche.

Wir stehen jetzt einmal am Herd und kochen uns eine Suppe, kosten davon; noch ist sie fade. Was tun wir, um sie schmackhaft, um sie würzig zu machen? Natürlich, wir tun Gewürze hinein.

Gewürze, was gibt es wohl für welche? Es gibt scharfe, milde, salzige Gewürze, und ganz fremdartige. Bringt euren Klang noch einmal und schmeckt ihn auf der Zunge ab, laßt ihn „im Munde zergehen", so, als ob ihr eine Suppe kostet. Nun, was schmeckt ihr heraus? Sicher mischen sich verschiedene Gewürze, aber was ist vorherrschend? Scharf, mild? Ist Pfeffer darin, oder Salz, oder Zimt?

Einen anderen Klang jetzt: Ich zähle euch mehrere Gewürze auf. Wenn ihr meint, daß eines davon im Klang enthalten ist, sagt ihr: „Halt, das ist drin!"

Hausaufgabe: Klänge nach Gewürzen sortieren.

Spätere Aufgabe: Sofortiges Finden von scharfen oder sanften Klängen.

Ziel: Das Wissen, wie. Es ist (nicht immer zwar, aber grundsätzlich) ein Problem der „Lage". Enge Lage – scharf. Weite Lage – sanft.

- Naturerscheinungen

Regenbogen: Klänge aneinanderreihen (auch kleinere Cluster). Leise im Baß beginnend, immer höher steigend. Jeden neuen Klang in den vorigen hineinklingen lassen (das macht das Pedal), bis wir den Bogen in der hohen Lage beenden.

Nebelklänge. Heller, dunkler Nebel. Sich bewegender, wabernder Nebel: Klang beziehungsweise Hände leicht in Bewegung setzen als weiches Tremolo (dieses Spiel mit Nebelklängen wird uns noch umfassend beschäftigen). Sonnenklang. O ja, laßt uns einen strahlenden Sonnenklang finden!

Dies als Hausaufgabe: Viele Klänge ausprobieren. Nach jedem Klang die Finger so lange auf den Tasten behalten, bis der Klang als Sonnenklang akzeptiert wird oder weiter probiert werden muß. Ist ein Klang als Sonnenklang gefunden und akzeptiert: Merken und oft nacheinander anschlagen; eventuell die Tasten aufzeichnen. Und dann in der nächste Stunde den Sonnenklang vorspielen.

Ziel: Einen Klang wiederholbar machen.

Wesentliches, diese Improvisationsphase betreffend:

1. Unbedingt die Eltern rechtzeitig auf das vorbereiten, was da auf sie zukommt.
2. Improvisationsspiele „häppchenweise" aufgeben: Die Beschäftigung mit Improvisation und das Finden von klanglichen und anderen Lösungen soll zu Hause relativ wenig Zeit in Anspruch nehmen.
3. Den Schülern nichts absolut Neues abverlangen. Hausaufgabe bedeutet auf dieser Stufe: Etwas im Unterricht Begonnenes zu Hause weiterführen.

Außerdem: Die obige Reihung der Improvisationsspiele ist keine Stundenfolge. Stets im Wechsel anbieten: Spielplatz, Farbklänge und so weiter.

Kontrollblatt für Lehrproben und zur Selbstbeurteilung

Dieses Kontrollblatt nahm ich bei Lehrversuchen in Methodikkursen in Gebrauch. Auch zur Selbstbeurteilung nach absolvierten Unterrichtsstunden kann es hilfreich sein und Erkenntnisse offenlegen.

Lehrinhalt: Bildete der Inhalt des Unterrichtes ein abgerundetes Ganzes?
War er der Geistesstufe der Kinder entsprechend angelegt?
Stand sein Umfang im richtigen Verhältnis zur Unterrichtzeit?

Lehrstufen
(Phasen): Waren alle notwendigen Lehrstufen vorhanden?
War deren Reihenfolge sinngemäß angelegt?
Waren alle Lehrstufen in dieser Ausdehnung notwendig?

Lehr- und
Arbeitsformen: Wurde die den einzelnen Teilen entsprechende Lehrform angewendet?
Im Gruppenunterricht:
     Zusammenarbeitsprinzip,
     Gemeinsamkeitsprinzip,
     Wettbewerbsprinzip.
Wurden die notwendigen Hilfsmittel genutzt?
– und waren sie sofort zur Hand?
Erwies sich die Aufgabenstellung in allen Teilen
– als richtig?   – als zu leicht?   – als zu schwer?

Lehrer: War die Haltung des Lehrers
     sicher?   –   unsicher?
     geduldig?   –   ungeduldig?
     ausgeglichen?   –   nervös?
War das Sprechen des Lehrers
     zu leise?   –   zu laut?
     zu langsam?   –   zu schnell?
     deutlich artikuliert?
     dem Alter der Kinder angepaßt?
War erteiltes Lob gerechtfertigt?
Fehlte Lob, wo es angebracht gewesen wäre?
Wurden die Schüler zur positiven Einstellung zum Tun des jeweiligen Partners animiert?
Wurde beim Spiel eines Schülers der jeweilige Partner ständig in das Geschehen einbezogen?
War den Schülern die Aufgabenstellung zur nächsten Stunde klar verständlich?

242

Schüler: Kamen die Schüler motiviert zur Stunde?
War ihr Verhalten im einzelnen
       schüchtern?
       sich vordrängend?
       den Partner einbeziehend?
Kamen sie gut vorbereitet zur Stunde?
Waren sie erkennbar aktiv/passiv
       beim eigenen Spiel?
       beim Spiel des Partners?
Trat ein Ermüdungstief ein?
Wenn ja, wann?
Beachteten sie die Partnerregel: Erst das Lob, dann das
kritische Werten?

Ziel: Ist das gesetzte Ziel erreicht worden?
Welches waren die fördernden Umstände?
Welches waren die zu überwindenden Hindernisse?

Dritter Teil
Und wie es weitergeht –
Die Unterrichtsphasen der Folgezeit

Folgezeit –

Das Kapitel „Folgezeit" beginnt mit dem zweiten Halbjahr, in dem der Schüler in seinem Tun und klavieristischen Vermögen noch recht in den Kinderschuhen steckt. Hier laufen Phasen der vergangenen beiden Vierteljahre zunächst weiter, Bewegung im Raum etwa, auch Liedspiel, die irgendwann zum Abschluß kommen.

Folgezeit reicht aber weit in die Folgejahre hinein, in denen der anfängliche Früh-Instrumentalunterricht längst zum ganz normalen Klavierunterricht geworden ist. Hoffen wir nur, daß der Qualitätsbegriff „normal" nicht mit den klavierstundenüblichen Negativ-Vorzeichen daherläuft, sondern daß er, der Richtung folgend, die unser erstes Halbjahr wies, als Lehren und Lernen begriffen wird, das Freude auszulösen vermag und reich ist an motivierenden Zutaten wie Improvisieren, Komponieren gar, fächerübergreifenden Begleitangeboten und manchem mehr.

Zu zeigen, daß und wie dies zu erreichen ist, habe ich mir für dieses Kapitel zum Ziel gesetzt. Bewußt werden darum Schwerpunkte gesetzt. Das Einstudieren neuer Spielstücke zum Beispiel, gemeinhin im phantasielosen Noten-Tasten-Einerlei ablaufend, bekommt insofern Priorität, als statt nur einer Möglichkeit deren zehn vorgestellt und abgehandelt werden. Und Improvisation! Da stehen gleich doppelt soviele Einstiegs- und Weiterführungsrichtungen zur Wahl. Und Komponieren, das heiße Eisen, an dem man sich möglichst die Finger nicht verbrennen möchte – ? Die Anregungen, die ich gebe, ermutigen vielleicht dazu, es selber einmal auszuprobieren und Gefallen daran zu finden.

Die beiden Hauptblöcke bilden natürlich die Phasen 1 und 2. Doch stehe stets vor Augen: Es sind die Phasen der höchsten Intensität, und man lasse es sich angelegen sein, sie mit motivierenden Momenten zu mischen. Intensivphasen und Motivationsphasen im Wechsel* halten Konzentration und innere Bereitschaft auf höherem Durchschnittsniveau, als wenn, unter Zeitdruck vor allem, ausschließlich die schnell zu erreichende Leistung angestrebt wird.

---

* siehe Phase 1, Punkte 1 und 2

Die beiden Pole im Unterrichtsverlauf:
Lehrer und Schüler

Wer nur auf die glücklichen Preisträger blickt, übersieht das weitgehend unbekannte Leiden derjenigen, für die Erinnerungen an Instrumentalunterricht eher einem Horrortrip gleichen, die […] jahrelang so gelitten haben, daß ihnen die Freude an Musik lebenslang vergällt ist.

Können wir das Unglück der einen angesichts der strahlenden Erfolge anderer etwa in dem Sinne akzeptieren, wie in der Marktwirtschaft in Konkurs gehende und prosperierende Firmen als Teil eines sich selbst regulierenden Systems betrachtet werden?

Klaus-Ernst Behne, *Thesen zur Musikalitätsforschung*

1. Gut sein, was ist das?

Zunächst: Bin ich gut als Lehrer?…

Bin ich gut, wenn ich Schüler vorweisen kann, möglichst viele, die in Wettbewerben Preise einspielen, möglichst hohe?

Oder: Bin ich gut, wenn ich, einem Lehr- und Stufenplan folgend, von meinen Schülern konsequent das Erreichen der vorgeschriebenen Halbjahrshürden, die als Vor-, Unter-, Mittel- und anderen Stufen zu überwinden sind, einfordere?

Oder: Bin ich gut, wenn ich auf all das pfeife, ungeachtet gar mancher in Unterrichtsverträgen festgeschriebenen Verpflichtung, und nur meinen eigenen Intentionen folge, die möglicherweise vom allgemein Erwarteten abweichen?

Furore zu machen ist mit letzterem kaum; und will ich vorankommen (vorankommen wohin?), dann rät es sich wohl doch, angesehenen Vorbildern nachzueifern, dem oben ehrfurchtsvoll Erstgenannten: Hohes Ansehen genießt er in Öffentlichkeit und Medien. Oder dem konsequenten Nächstfolgenden: Als Vorzeigesujet wird jeder Institutsverantwortliche ihn herausstellen, menschgewordenes Pflichtbewußtsein, beispielweisend dem Kollegenkreis.

Also, wie ist das nun? Bin ich gut in meiner Funktion als Lehrer, oder – ?

Laßt uns sehen, nach welchen Attributen ein Schüler seinen Lehrer einstuft in „gut", „geht so", oder „mies"? Die Antwort, meine ich, ging wiederholt aus vielen der vorangehenden Passagen zur Genüge hervor. Aber wägen wir doch einmal die oben angedeuteten Qualitätseinschätzungen des Lehrers mit denen des Schülers ab!

Daß sein Lehrer Preisträgerproduzent ist, schert ihn wenig, es sei denn, er zählt mit zur Elite. Ständig demotiviert durch ein permanent schlechtes Gewissen, seinen angesehenen Lehrer zu enttäuschen, ständig in Vergleich gesetzt zu seinen Mitschülern, die ihrem Lehrer „Ehre machen", gerät er bald auf die Mißerfolgskurve, von der das obige Motto spricht.

Daß sein Lehrer entschieden das Erreichen vorgeschriebener Lehrplanstufen einfordert, kümmert ihn dagegen viel. Das unerbittliche Üben und Feilen an ausschließlich ein und demselben Werk, zum Zwecke, das nächste Zwischensoll zu be- und überstehen, senkt die Motivationskurve über kurz oder lang auf Punkt Null der Leistungsskala.

Dann: Wie kann ich gut sein als Schüler?...

Man erlaube mir an dieser Stelle, mich selbst einmal zurückzuversetzen in eine Zeit, da ich die Welt mit Schüleraugen sah. Man schreibt das Jahr 1933. Die mehr oder weniger heile Welt beginnt zusammenzubrechen. Tumult, Chaos, politisch sanktionierte Brutalität –

Noch habe ich andere Sorgen. Ich sehe mich, zwölfjährig, mit Beklemmung im Herzen und Notentasche unterm Arm Richtung Konservatorium trotten, mühsam die Tränen bekämpfend – ein Junge weint ja nicht (damals jedenfalls nicht) –, dann die breiten, endlosen Treppen hinauf (der Musiktempel, ein Prachtbau), dann, mit permanent sich steigernder Pulsfrequenz, das zaghafte Klopfen an geheiligter Pforte, das Eintreten, der verschreckte erste Blick auf das schwarze, drohende Monstrum dort drüben (zu Hause steht nur ein bescheidenes Klavier). Vom Nebenzimmer, das Teearoma verströmt, erklingt die gefürchtete, unverbindliche Stimme: „Geh rüber und fang schon an!" Der zögerliche Mut, der mich den Weg zum Flügel überwinden läßt, und dann stehe ich neben dem Instrument. Und da stehe ich nun.

Minuten weiten sich zu Ewigkeiten. Schüchtern? Sicher, auch, aber mich hat die pure Angst gepackt. Da, nach einem neuerlichen „Warum fängst du nicht an!?" erscheint sie, gedrungen, in Filzpantoffeln und weitem Kittel, die dampfende Tasse in der Hand, und kommt auf mich zu –

Das *Frühlingslied* von Mendelssohn ist ein herrliches Werk, voller Arpeggienzauber und Frühlingsromantik. Ich habe es im Band der *Lieder ohne Worte* nun aufgeschlagen vor mir stehen und hasse es aus Herzensgrund. Ist es nun ein halbes Jahr her, oder sind es Jahrhunderte, daß ich mich mit diesem Stück herumquälen muß und es, trotz tagtäglichen Übens, immer noch nicht und immer noch nicht und immer noch nicht kann, zur händeringenden Verzweiflung meiner unbarmherzigen Dompteuse? Ich entsinne mich nicht, zeit ihrer pädagogischen Dressur je etwas anderes gespielt, geübt, repetiert zu haben als das *Frühlingslied* von Mendelssohn.

Ich habe nachher – vorher auch – andere Lehrer gehabt und andere Skurrilitäten und Marotten erfahren; aus diesem Interimshalbjahr aber nahm ich eines mit fürs Leben:

„Nie", schwor ich mir, als ich später dann selbst vor Schülern stand, „nie darf es geschehen, daß Schüler mit Angst in meinen Unterricht kommen –".

Und das wird früh zwischen mir und meinem Schüler klargestellt. Wir schließen einen „Vertrag".

„Paß auf", sage ich, „wir schließen einen Vertrag: Du versprichst mir etwas und ich verspreche dir etwas, ja? Du versprichst mir, daß du jeden Tag ans Klavier gehst und spielst…" (so die Version für Früh-Instrumentalschüler, bei Älteren klingt das mit dem Reizwort „Üben" schon relevanter), „…und ich verspreche dir, daß du nur solche Stücke zu spielen (und zu üben) brauchst, die du magst und gern spielst. Du kannst also in der nächsten Stunde zu mir kommen und sagen: ‚Ich möchte dieses Stück oder Lied nicht spielen!', und dann suchen wir uns ein anderes, zu dem du vielleicht mehr Lust hast."

Ich habe das sowohl mit Früh-Instrumentalschülern wie mit Älteren so gehalten, und man glaube mir: Es ist kein Risiko. Die Schüler nutzen es aus? Die Erfahrung sagt mir: Sie tun es nicht. Wohl versuchte der eine oder andere, mein Versprechen immer mal wieder auf die Probe zu stellen, und mit ernstem Gesicht – obwohl ich wußte, daß es meist nur als Test gemeint war – bot ich dann beflissen Neues zur Wahl.

Je weiter die Schüler in den Unterrichtsjahren vorangekommen sind, um so größer und vielfältiger ist doch die Auswahl der zur Verfügung stehenden Literatur. Habe ich es nötig, auf ein und demselben Werk bis zum Überdruß zu beharren? Zum Wohle des Schülers etwa, oder der Geradlinigkeit halber? – Doch wohl nicht!

Es sei denn –

– es sei denn, es ist ein zum Vorspiel ausersehenes oder eines jener Schlüsselwerke, von denen die Version 10 der Phase 2 („Einstudierung") handelt. Doch wie ich damit umzugehen pflege, ohne „vertragsbrüchig" zu werden, darüber später.

2. Über das Üben

> Das Schwerste ist nicht die Tat,
> das Schwerste ist der Entschluß.

Seien wir ehrlich: Vor uns steht etwas, das getan werden muß, täglich getan werden muß sogar. Wir sind grundsätzlich gewillt, es zu tun, einverstanden damit, daß es getan werden muß, aber dieser letzte kleine Schritt zur Überwindung der Jetzt-Hürde, der wird immer wieder hinausgeschoben. Könnte/sollte/müßte nicht erst noch dies getan, jenes erledigt werden? Oder muß es gerade jetzt sein? Kann es vielleicht auf einen etwas späteren Zeitpunkt verschoben werden?

Wer kennt es nicht, dieses Hinausschieben einer mehr oder weniger lästigen Pflicht! Und welcher Schüler wäre frei davon, wenn es ans Üben gehen soll! So wie wir alle, wird auch der Schüler lernen müssen, damit umzugehen, wird erkennen müssen, daß zum Üben nicht nur Bereitschaft gehört, sondern auch der Entschluß, ans Instrument zu gehen, und zwar jetzt!

Und erkennen wir an: Daß der nach unserem Geheiß täglich ans Klavier gehende und technikübende Schüler ein Opfer an Zeit und Energie zu bringen bereit ist – und ein Opfer ist es –, wird gar zu oft vergessen, wenn es in diesem Sinne überhaupt bewußt ist.

„Wer sich heute und in dieser Welt des Lärms die Zeit und Ruhe zum Üben nimmt, vollzieht damit einen Akt der Askese", so bringt es Wilhelm Twittenhoff auf den Punkt. Einen Akt der Askese, wofür? In den Augen des Schülers meist für etwas recht Diffuses, etwas, das sich in zeitlicher Ferne vielleicht irgendwann einmal auswirkt. Oder auch nicht.

Dessen eingedenk sollten wir, die wir diese Askese erwarten, darüber nachdenken, wie es nahezubringen sei, daß das Üben als sinnvoll erkannt wird, und wie es anzustellen sei, daß der Akt des Übens gern und mit Interesse, aber nicht, wie es viel zu oft der Fall ist, mit Unlust vollzogen wird.

Systematisieren wir! Der Komplex „Üben" in seiner Phasenfolge:

1. Phase der Motivation, der inneren Bereitschaft
2. Überwindung der „Ich könnte aber vorher noch"-Phase (Fußballspielen, Fernsehen, Schularbeiten…)
3. Vorbereitungsphase (Noten aufstellen, im Aufgabenheft blättern…)
4. Phase des Übens
5. Phase des Wertens, (des Aufatmens auch), des „Wie morgen weiter"-Überdenkens, des Zusammenräumens
6. Phase, unbewußt, der Verinnerlichung, des inneren Weiterwirkens

Anmerkung zu Phase 2: Erwähnenswert ist die Tatsache, daß Schüler, wenn sie erst einmal am Instrument sitzen und angefangen haben, dann auch dabei bleiben (Beharrungstendenz). Zumindest im Früh-Instrumentalunterricht kann darauf verzichtet werden, Übeminuten anzusetzen.

Anmerkung zu Phase 3: Hier bewährt sich der kleine Sichtordner, der das Übepensum ohne Blättern und Suchen sofort herzeigt (siehe Seite 149: „Das Aufgabenheft im Gruppenunterricht").

Anmerkung zu Phase 4: Das tägliche Üben ist eine Frage von Bereitschaft und Motivation. Ein ursächlicher Zusammenhang zwischen dem täglichen Aufwand an Zeit und Fleiß und einem befriedigenden Ergebnis muß erkennbar sein (Goebels: „Übe, um anzukommen").

Grundsätzlich hat der Schüler Lust an Aufgaben, die er als sinnvoll akzeptiert. Sie werden vom Schüler motiviert angenommen,

– wenn sie ein Ziel haben, das ihm erstrebenswert erscheint,
– wenn dieses Ziel auf jeder Übestufe sichtbar vor ihm steht,
– wenn es Anreize besitzt, auch lästige Hürden zu überwinden, und
– wenn es, ist es erreicht, etwas herzeigt.

Dieses Ziel sichtbar zu machen ist Aufgabe des Lehrenden beim Akt der Aufgabenstellung. Versäumt er dies und wird der Sinn des Übens vom Schüler nicht erkannt, dann wird das tägliche Muß zur lästigen Pflicht. Und mit zunehmender Lustlosigkeit beginnt sich jetzt jener vertrackte circulus vitiosus zu drehen: Lustloses Üben erzeugt lustloses Unterrichten erzeugt lustloseres Üben erzeugt lustloseres Unterrichten erzeugt lustlosestes Üben…

Anmerkung zur Phase 5: Im Früh-Instrumentalunterricht wird hier Engagement der Eltern erwartet: „Noch eine Minute bitte! Was meinst du, hast du heute erreicht? Und womit willst du morgen beginnen?"

Anmerkung zur Phase 6: Kurzfristige Übepausen wie auch längerfristige Unterbrechungen lassen ein in Arbeit befindliches Stück nicht verloren gehen. Das Unterbewußtsein arbeitet daran fort, bewirkt ein Weiterreifen der nächsten Stufe entgegen, in der es wieder ins Übeprogramm aufgenommen wird. Man kennt ja das Phänomen: Melodien, die man gerade gespielt oder auch nur gehört hat, nisten sich ein und klingen und singen innerlich weiter. Man kommt von ihnen nicht los, auch wenn man mit etwas ganz anderem beschäftigt ist.

Deshalb ist es auch sinnvoll, vor dem Schlafengehen das Pensum noch einmal durchzuspielen. Gerade in nächtlicher Entspanntheit wirkt das zuletzt Getane und Durchdachte weiter, wird verinnerlicht, reift.

> Eine mögliche Formel für sinnvolles Üben:
> Bereitschaft – Tun mit Hingabe und Konzentration – Erfolgsgefühl.

3. Vom Üben-Üben im Unterricht zum bewußten Üben zu Hause

Nicht nur das Klavierspiel muß erlernt werden, sondern auch das Wie des Übens. Eine Motivation ist aufzubauen; dazu gehört, zu zeigen, wie das Üben Schritt für Schritt vollzogen wird. Den Schüler zum „Wie fang ich's an" und „Wie führe ich's durch" zu befähigen, ist Aufgabe des Lehrers. Folgendes laufe zunächst beispielhaft im Unterricht ab – im Früh-Instrumentalunterricht möglichst im Beisein eines aufmerksamen Elternteils.

Die Beispiele, etwas fortgeschrittenen Schülern angemessen, seien auf unterster Stufe dem Früh-Instrumentalniveau anzupassen.

– Am Studiertisch, Notentext vor Augen, wird das zu übende Stück durchdacht:
Was macht hier das Handgelenk? Der Arm? Hier den Fingersatz merken; stumm probieren und eventuell auswendig lernen. Hier soll die Oberstimme führen; mitsingen. Hier ist genaue Artikulation wichtig; stumm vorprobieren.
Empfehlung: „Richte dir zu Hause eine ‚Studierecke' ein. Du kannst auch auf dem Teppich sitzen und die Noten auf den Knien vor dir haben. Wenn kein Platz ist:

Noten am Klavier, Tastendeckel schließen; du kannst auch darauf gut vorprobieren."

– Im Unterricht minutiös durchführen: Wie man umgeht mit technisch schwierigen Passagen:
Langsam, in Zeitlupe gewissermaßen, mit großer, energischer Fingerbewegung.
Tempo nun etwas anziehen; kleinere, doch sehr bewußte Anschlagsbewegung.
Schneller; und jetzt „die Finger laufen lassen".
„Übe zu Hause in gleicher Manier!"

– Mehrfaches, zunächst langsames, dann sich steigerndes Durchspiel mit Konzentration jeweils
auf genaues Metrum,
auf präzisen Rhythmus,
auf richtigen Fingersatz,
auf dynamische Feinheit,
auf klangliche Klarheit.
Ins Aufgabenheft notiert: Metrum – Rhythmus – Fingersatz – Klang – Dynamik.
„Konzentriere dich beim Üben stets auf e i n Problem."

Weitere Merksätze, dem Schüler mit auf den Weg zu geben:
„Zu Hause bist du mit deinem Instrument allein. Also höre dir beim Spielen selbst zu und lasse dein Ohr entscheiden, woran du noch zu feilen hast."

Oder: „Spiele (übe) und stell dir vor, daß ich (dein Lehrer) neben dir stehe und kritisch zuhöre."

Oder auch: „Spiele (übe) so, als ob ein anderer spielt und du als ‚Partner' aufmerksam kontrollierend danebenstehst (…wie es im Gruppenunterricht ja der Fall ist)." – Offensichtlich hatte Anni (siehe Seite 46) diese Situation im Kopf, als sie den inzwischen gar nicht mehr so rätselhaften Ausspruch tat: „Das wäre viel besser, wenn ich mit mir üben könnte, dann wären wir beim Üben zwei, so wie hier."

Und schließlich, den Abschluß des täglichen Übens betreffend: „Spiele dir, wenn du mit allem durch bist, das, was du geübt hast oder etwas, was du schon kannst, selbst vor. Gib dir selbst ein Konzert; du bist Pianist und Publikum zugleich. Auch richtige Pianisten, das ist kein Geheimnis, verspielen sich hier und da: Nur, sie finden sich sofort wieder hinein und spielen weiter. Sie sind darin so geschickt, so versiert, daß ein Zuhörer es oft nicht einmal merkt. Das kommt nicht von ungefähr! Auch der Umgang mit dem Problem des Verspielens kann geübt werden, auch das gehört zum täglichen Üben. Wenn du dich verspielst, spiele fort, finde dich wieder hinein, irgendwie, nur daß es weitergeht. Dieses tägliche abschließende Konzertgeben wird bald zur Gewohnheit und gibt Sicherheit, wenn es wirklich gilt, einmal vorzuspielen, beim Elternabend oder sonstwo."

Dieses Konzertgeben für sich selbst kann noch weit praxisnäher inszeniert werden. Darüber mehr im Abschnitt „Rausgekommen – was nun?" (Seite 263).

4. Vom Umgang mit Kassette und Metronom

Halten wir uns noch einmal die Ausstattung des Unterrichtsraumes vor Augen, wie sie auf Seite 151 abgebildet ist. In Nähe von Studiertisch und Instrument befindet sich, vom Lehrerplatz mit einem Griff erreichbar, ein Tisch, bestückt mit Utensilien für den sofortigen Lehrergebrauch, darunter ein spiel- und aufnahmebereiter Kassettenrecorder und ein Metronom.

Der Kassettenrecorder hat mehrfache Funktion. Bekommt er, mit zunehmender Unterrichtszeit, zunehmende Bedeutung als Kontrollgerät – hier kann der Schüler wirklich einmal konzentriert sich selbst zuhören, ohne die Konzentration mit gleichzeitigem Spiel teilen zu müssen –, so läuft er oft bei Improvisationen mit, deren gelungenste Partien beliebig wiederholt und analysiert werden können.

Hierbei offenbart sich ein interessantes Phänomen! Beim mehrmaligen Hören einer improvisierten Musik prägen sich unvermittelt Zusammenhänge ein, werden vertraut, scheinen sich vagen Formelementen einzufügen –

Aber der Recorder erfüllt auch wichtige Funktion als Helfer beim häuslichen Üben.

Dic Situation ist bckannt, und nichts fürchtet ein Lehrer mehr als falsch eingeübte Rhythmen, Tonfolgen oder Passagen. Fehler, die sich im Übeverlauf der Woche eingenistet und verfestigt, ja, durch tägliches (und vermeintlich gewissenhaftes) Üben geradezu automatisiert haben, wieder herauszukriegen und zurechtzubiegen, gehört mit zum Schlimmsten, was im Unterricht vollzogen werden muß, und nichts, absolut nichts führt daran vorbei. Man vergeudet vielfach die Hälfte der Stunde dafür und verbraucht das Vielfache der Zeit und Mühe, die das Einstudieren von etwas Neuem benötigen würde.

Es gibt unterschiedliche Bedingungen, unter denen Schüler zu Hause üben müssen. Die einen haben Eltern, die selbst Musik machen, bei denen zumindest ein Elternteil im Hause ist, wenn geübt wird, und die von Zeit zu Zeit hinhören, was da im Nebenzimmer produziert wird. Sie können mit einem „Halt! Sieh dir diese Stelle doch einmal genauer an" eingreifen und so frühzeitig verhindern, daß sich ein Fehler festsetzt.

Andere haben diesen Vorteil nicht; und das sind meine „Kassettenschüler". Sie besitzen eine eigene „Wanderkassette", eine Hörhilfe beim Üben. Es ist „ihre" Kassette, die ebenso wie der Aufgabenhefter mitwandert zwischen Unterricht und Haus.

Es ist nun allerdings nicht so, daß ich das zu studierende Stück qualitätsperfekt zum Nachahmen vor- und aufspiele. Von eigenem Nachdenken und Entscheiden werden meine Schüler nicht entbunden. Aber jeder erfahrene Lehrer kennt die kritischen Stellen und Passagen, in denen Fehler fast programmiert sind. Meist handelt es sich um Artikulation oder rhythmische Schwierigkeiten, und nur diese Stelle erklingt vom Band und ohne jede Zutat wie Begleitung oder Gegenstimme. An Eigeninitiative bleibt dabei genug Anforderung.

Ein Wort nun zum Metronom. Die Frage stellt sich, ob das Metronom im Früh-Instrumentalunterricht überhaupt etwas zu suchen hat. Dieses tickende Schreckgespenst, das gleitende Zeit hörbar in Teilchen zerhackt und jeden musikalischen Fluß schon im Ansatz in die Fessel starrer Metren zwingt, sollte man von unseren spielfreudigen Sechsjährigen doch wohl besser fernhalten – oder?

Oder es verhält sich vielleicht auch bei ihm so wie beim Gebrauch von Noten: Zu früh und in für Sechsjährige falscher Manier eingeführt, entpuppt sich beides als Schreckgespenst. Doch wie in den vorangegangenen Kapiteln schon gezeigt wurde, akzeptieren die Kinder den spielerischen Umgang mit Noten und entwickeln ein verläßliches Vertrauensverhältnis zu ihnen.

Ebensolche Erfahrungen kann man auch beim Umgang mit unserem Taktapparat machen. Ehe es darum geht, n a c h Metronom zu spielen, dürfen die Kinder m i t ihm spielen. Auch hier gilt es, ein Vertrauensverhältnis aufzubauen zu diesem merkwürdigen, aber, wenn man es in die Hände nehmen und erforschen und ausprobieren darf, faszinierenden Utensil.

Also, geben wir es den Kindern in die Hände. Entdeckt, wie es funktioniert, stellt die Zahlen ein, wann tickt es schnell, wann langsam? Wie stellt man es wieder ab? Wozu ist es überhaupt zu gebrauchen? Zum gleichmäßigen Spiel. Probieren wir's gleich einmal: Wir sind gerade beim Handüberschlagen auf den schwarzen Drillingen; kommt, stellt eine Zahl ein, keine so schnelle. So, nun spiele ich nach Metronom; so geht das.

Auch mal versuchen? Stellt euch ein Tempo ein, aber bedenkt, daß ihr jetzt selbst danach spielen wollt! (Es wird zunächst immer auf zu schnell gestellt, dabei aber erfahren, wie Spiel und Selbsteinschätzung übereinkommen). Dann stellt der Partner die Zahl ein. Der Spieler, je nachdem wie er zurecht kommt, ruft zu: Langsamer! Ein bißchen schneller noch! und so weiter. Auf diese Weise kann die Einführung der Erfahrung „Metrum" mit Hilfe dieses neuen Spielgerätes zu einem Riesenspaß werden.

Natürlich gilt auch hier die Früh-Instrumentalregel: Kleine Schritte auf viele Wochen verteilt. Je kürzer die wöchentliche Beschäftigung mit dem Metronom ist, um so länger bleiben Neugier und Anfangsinteresse erhalten. Und, das versteht sich: Im Früh-Instrumentalunterricht eignet es sich nur für rhythmische oder technische Übungen. Von Liedern und Spielstücken ist dieser tyrannische Taktapparat fernzuhalten.

Elterninformation II

Früh-Instrumentalunterricht ist in seinem Gelingen abhängig von der Resonanz im häuslichen Umfeld, vom Mitziehen der Familie, der Eltern vor allem. Zu Lehrer und Schüler stellen die Eltern insofern den dritten Part im pädagogischen Dreieck dar; sie sind es, die die sechstägige Unterrichtspause zwischen letzter und nächster Klavierstunde zu überbrücken haben. In unserem Bild von Lehrer und Schüler als zwei Polen im Unterrichtsgeschehen stellen die Eltern das verbindende Magnetfeld zwischen diesen beiden dar. Wenn die Eltern nicht bereit sind, den Spannungsbogen aufrechtzuerhalten, den die pädagogische Situation im Lehrer-Schüler-Verhältnis entstehen läßt, ist ein gedeihliches Vorankommen kaum zu gewährleisten. Gewiß, irgendwann kommt die Zeit, daß das Kind die häuslichen Aufgaben ohne die Hilfestellung Dritter absolvieren kann, aber die liegt noch in weiter Ferne: Im Früh-Instrumentalbereich sind die Eltern zur Mithilfe aufgerufen.

Hier nun einige Empfehlungen, wie Eltern zum Gelingen beitragen können.

Sie können
1. den Anstoß geben, daß ihr Kind jetzt ans Klavier geht, und dies täglich;
2. anhand der Lehrernotizen den Übeablauf besprechen und festlegen, eventuell die Übefolge in Abschnitte gliedern. Das Kind soll dabei selbst feststellen und aussprechen, worauf besonders zu achten ist: Fingersatz, Zeitlupe etc.;
3. während des Übens für Ruhe sorgen und Störungen fernhalten. Auch indirekte Ablenkung möglichst ausschalten, etwa ungeduldig wartende Freunde, Geschwister, die fernsehen dürfen – („…und ich muß üben!!!“);
4. das Blickfeld des übenden Kindes von Ablenkendem freihalten; Spielzeug, Schmökerhefte, Puppen stören die Konzentration. Es sei denn, eine Lieblingspuppe wird in Positur gesetzt und darf zuhören;
5. sich von Zeit zu Zeit einige Phrasen vorspielen lassen und feststellen, – oder das Kind feststellen lassen –, daß ein Fortschritt erzielt wurde;
6. das Kind auch vom Nebenzimmer aus einmal loben und sich erkennbar freuen, wenn die geübte Stelle nun sitzt;
7. nach Beendigung des Übens „noch eine Minute bitte“ vorbesprechen, was morgen vorgenommen werden soll und warum;
8. vor dem Schlafengehen sich die Sachen noch einmal vorspielen lassen. Das Unterbewußtsein arbeitet weiter daran in nächtlicher Entspanntheit.

Die Bereitschaft, sich ablenken zu lassen, ist um so größer, je mehr das Kind Dinge tun muß, zu denen es auch mal keine oder nur geringe Lust hat. Auf eine kurze Formel gebracht, lautet die Aufgabe der Eltern:

> Animation und Konsequenz
> Ablenkungsursachen ausschalten
> Nachbereitung = das Morgen vorbereiten

Mit Blick auf die erste Elterninformation fällt mir ein: Ich habe ja noch ein Versprechen einzulösen! Notenbeschaffung, ohne sich pekuniär übermäßig zu verausgaben.

Noten müssen angeschafft werden, und sie kosten Geld. Und bitte, man mute Lehrer wie Schüler nicht zu, ein Heft erst vom Anfang bis möglichst zum Ende durchzuarbeiten, bis der Kauf eines nächsten Heftes nicht mehr zu vermeiden ist! Je reichhaltiger die Auswahl an Literatur, die die Notentasche des Schülers bereithält, um so reichhaltiger, abwechslungsreicher und lebendiger läßt ein Unterricht sich gestalten, zur Freude von Schüler und Lehrer – und doch wohl auch Eltern.

Das Wörtchen „reich" häuft sich im Letzteren verdächtig, und es hat ja etwas mit Geld zu tun. Nun sind Schüler mit reichem Notenschatz wirklich reich zu nennen in ideellem Sinne; und das sei ihnen auch zu gönnen. Armselig die Besitzer eines einzigen Heftes, die ihre Zusatzliteratur in Form von hastig fotokopierten Blättern vorgesetzt kriegen, ganz davon abgesehen, daß Kopieren ebenso unredlich wie unerlaubt ist.

Nein! Schöne Notenbücher gehören zum Musizieren wie erlesenes Porzellan zum Dinieren.

Notenbücher, eine finanzielle Belastung – ? Es gibt eine ebenso einfache wie wirkungsvolle Methode, um sagen zu können: Notenbücher, keine finanzielle Belastung!

„Liebe Eltern", pflege ich nach einigen Unterrichtsmonaten zu sagen, „Ihr Kind ist nun seit einiger Zeit mein Schüler und es hat den Anschein, daß es das auch bleiben wird. Dieser Umstand hat allerdings ab heute gravierende Auswirkung auf etwas, was bei Feiern und Festlichkeiten als ‚Gabentisch' bekannt ist. Ab heute also, und für alle Zukunft, gilt:

> Ein Gabentisch ohne Noten darauf ist kein Gabentisch.

Sehen Sie: Es gibt Großeltern, Freunde, Onkel, Tanten. Es gibt Geburtstag, Namenstag, Nikolaustag mit Schuh vor dem Fenster, Weihnachten, Ostern und sonstige Anlässe genug für Mitbringsel zwischendurch. Das läßt sich doch wohl kombinieren!? Wie oft, mal ehrlich, hören Sie die Frage: Was kann ich dem Kind dieses Mal wohl schenken? Nun, diesen Mozart und jenen Telemann; ich bin, als beflissener Klavierlehrer Ihres Kindes, stets bereit, Ideen zu liefern."

So also spreche ich – und von Stund an kann ich mich der Fragen, welche neuen Noten demnächst wohl gebraucht werden, kaum noch erwehren.

Die festen wöchentlichen Unterrichtsphasen

Phase 1: Vortrag und Ausarbeitung geübter Stücke
Phase 2: Einstudierung neuer Spielstücke
Phase 3: Vom Fingerspiel zur technischen Studie
Phase 4: Vom Spiel mit Noten zum Vom-Blatt-Spiel, begleitend Hörschulung
Phase 5: Improvisieren

Phase 1:
Vortrag und Ausarbeitung geübter Stücke

1. Lehrerverhalten, Stufenfolge

In der Klavierstunde wird Spielliteratur vorbereitet, dem häuslichen Übevorgang anheimgegeben, als dessen Resultat sie eine Woche darauf mit erhöhtem Niveau wieder in den Unterricht zurückgelangt. Der Schüler kommt vorbereitet zur Stunde. Nun geht es ans Ausarbeiten, und dabei sind einige Verhaltensregeln zu beherzigen.

Zunächst lasse man den Schüler sein erarbeitetes Pensum zu Ende spielen, auch wenn das klingende Ergebnis manchen Grund zu einem „Halt, so nicht!"-Einwurf gäbe. Nichts verunsichert den Schüler mehr, als wenn er ständig unterbrochen wird. Die Verunsicherung überträgt sich auf sein weiteres Spiel und läßt Unrichtigkeiten auch dort entstehen, wo sie sonst nicht vorgekommen wären.

Sodann, wenn es ans kritische Werten geht, vergesse man nicht, was im Gruppenunterricht vom Partner als unumstößlich Erstes erwartet wird: Zuerst die Anerkennung, der Hinweis auf das, was gut oder zumindest akzeptabel war am Spiel, dann alles andere. Auch einem Lehrer stünde es nicht übel an, wenn er sein Resümee auf gleiche noble Weise begänne. Schlimm, wenn der Schüler als erstes (und oft einziges) Resultat die Summierung aller falsch vorgetragenen Töne-Takte-Rhythmen-Dynamiken zu hören bekommt, nur Negativreaktion erfährt und kaum Bestätigung.

Doch bevor der Lehrer mit seinen Kommentaren beginnt, geschehe die Aufforderung an den Schüler, sein Spiel selbst zu bewerten. Und das sollte grundsätzlich zur Regel werden. Der Schüler muß es lernen und üben, kritisch seinem Spiel zuzuhören. Der Grundsatz, nach dem er zu Hause Klavier spielen soll, nämlich: „Höre dir zu, als ob ein anderer am Klavier sitzt und spielt", muß als Übe- und Kontrollvorgang Teil des Unterrichtes sein. So lange jedenfalls, bis der Schüler damit zurechtkommt.

Geht es ans Korrigieren, dann habe man zunächst das Ganze im Blick oder längere Teile, Metrum, Takt, Ausdruck, Handhaltung, Armbewegung betreffend. Nun erst komme Detailkritik zu Wort, falsch eingeübte Töne, Takte, Artikulationen –

Dabei ist es manchmal ratsam, das Stück mit all seinen Fehlern und Ungenauigkeiten noch einmal durchspielen zu lassen, diesmal bei mitlaufender Kassette. So können anschließend Fehler und Mängel anhand der Noten bei gleichzeitigem Klangablauf erkannt und durchgearbeitet werden.

Sodann erfolgt, intensiv und konzentriert, das Ausbügeln der beanstandeten Stellen an den Tasten, indem der Lehrer vorspielt, der Schüler nachspielt, oder durch selbständige Korrektur des Schülers.

Die mögliche Stufenfolge zusammengefaßt:

- Vorspiel des Schülers ohne Unterbrechung
- Aufforderung, sein Spiel selbst zu werten
- Lehrer: Anerkennung der positiven Passagen des Vortrages
- Eventuell nochmaliges Durchspiel bei mitlaufender Kassette
- Durcharbeitung längerer Partien (eventuell anhand des Kassettenbeispiels, im Hinblick auf Dynamik, Phrasierung, Agogik
- Detailkritik, falsche Töne, Fingersätze, Artikulationen
- Intensive Korrekturarbeit an den Tasten
- Präzise Instruktion und Vorbereitung für die häusliche Repetition der betreffenden Stellen

Im Partnerschaftsunterricht (Klavier-Gruppenunterricht), in dem die Phase „Vortrag und Ausarbeitung" im Beisein und unter Einbeziehung eines Partnerschülers durchzuführen ist, kommen einige zusätzliche Möglichkeiten ins Spiel:

- Vorspiel wie oben
- Aufforderung an den Partner, sich zum Spiel zu äußern, dabei zuerst das Lob, dann die kritischeren Hinweise
- Die Meinung des Spielers hierzu, zugleich von Lehrerseite Anerkennung für die gut gespielten Passagen
- Eventuell nochmaliges Durchspiel bei mitlaufender Kassette
- Durcharbeitung, mit längeren Passagen beginnend, zur Detailkritik übergehend, unter intensiver Einbeziehung des Partners
- Korrekturarbeit und
- Instruktion wie oben

2. Intensivphasen

Jetzt komme ich zu einem weiteren Punkt, der die Arbeit an einem im Werden befindlichen Spielstück betrifft. Habe ich bisher den Schwerpunkt meiner Ausführungen im Laufe dieses Buches dem Anliegen gewidmet, wie dem Schüler entgegenzukommen, wie er zu motivieren sei, daß Freude am Klavierspiel geweckt werde und erhalten bleibe, dann spreche ich jetzt davon, daß auch mein Unterricht Phasen enthält, in denen die Leistungsfähigkeit des Schülers getestet und ihm höchstmögliche Anspannung zugemutet wird. Es sind jene „Intensivphasen", die schon mehrfach genannt wurden. In diesen Intensivphasen wird konzentriert auf ein bestimmtes Ziel hingearbeitet, wobei das Erreichen des Ziels sowohl langfristig, über Wochen oder Monate hinweg, oder kurzfristig, im Stundenverlauf, vor Augen steht. Hier wird der Schüler gefordert, werden (um die Metapher zu bemühen) die Zügel angezogen, hat Präzision Vorrang.

Das beginnt, je nach Mentalität des Schülers, noch im oder kurz nach dem ersten Halbjahr, zu einer Zeit jedenfalls, da ein Vertrauensverhältnis zum eigenen Können entstanden ist und sich ein verläßliches Selbstgefühl entwickelt hat. Jetzt kann ich es dem Schüler zumuten, daß ich mit einer gespielten Stelle nicht zufrieden bin, auch nach der zweiten und dritten Wiederholung noch nicht...

„Komm, spiele deutlicher! Jeder Ton will Klang werden."

„Hörst du dir gut zu? Hörst du, daß die Melodie kein bißchen hervortritt? Spiel es noch einmal und mach es besser!"

„Deine rechte Hand kann noch deutlicher spielen. Laß sie es noch einmal versuchen."

„Komm, komm, du weißt, daß du das besser kannst! Probier's noch einmal...", so ähnlich.

Es ist Gewöhnungssache, und wenn sachte begonnen wird, nichts zu früh überspannt wird, dann läßt sich das steigern. Der Bogen kann immer etwas straffer angezogen werden, aber stets habe man es „im Griff", die Spannung unverzüglich fallen zu lassen, wenn spürbar wird, daß überzogen wurde. Dann schnell ein Lachen, ein In-die-Hände-Klatschen, ein „Komm, spiel mit"-Improvisieren, – die Entspannung ist da.

In dieser Phase versucht der Lehrer in Relation zu den Möglichkeiten des Schülers die Eigengesetze der Musik durchzusetzen. Er wird immer auf dem Möglichen bestehen, das darüber Hinausgehende für später im Auge behalten. Das jedenfalls ist es, was unter einem Wechsel von Motivationsphasen und Intensivphasen, von einem Sich-Ablösen von Spannung und Entspannung im Unterricht zu verstehen ist.

Ohne diese intensive Arbeit am Stück ist kein gutes Klavierspiel zu erreichen, kein musikalisch ausgestalteter Vortrag gewährleistet. Daß dabei der Bogen auch einmal überspannt wird, läßt sich wohl nicht ganz vermeiden. Symptomatisch hierfür ist die eindrucksvolle Szene mit Mariette (siehe zweite Schülergeneration, Seite 54): „Immer nochmal und immer nochmal", fährt Mariette aus der Haut, „du entwickelst dich..." und so weiter.

Motivations- und Intensivphasen wechseln sich auch bei der langfristigen Planung des Unterrichtsablaufs ab. Entscheidend ist dabei, daß der Schüler ein ferneres Ziel annimmt und den Wunsch hat, es zu erreichen. Das Ziel muß sinnvoll erscheinen, muß locken. Ich bediene mich zweier „Köder":

Köder 1: Ich sage: „Hier habe ich ein Stück, das ist eigentlich noch zu schwer für dich. Aber ich traue dir zu, daß du das schaffst. Hör dir's einmal an. Wenn es dir auch so gut gefällt wie mir, dann probieren wir es, ja?"

Ich spiele es ihm vor, zwei-, dreimal, wobei ich bei den Wiederholungen schon auf typische Eigenheiten und Schönheiten hinweise.

Der Reiz, etwas „eigentlich noch zu Schweres" wagen zu dürfen, verlockt sehr und bewirkt, daß ein paar Gänge zugelegt werden, dem Radfahrer gleich, der kräftiger in die Pedale tritt, wenn es bergauf geht. Dieser Motivationsanstoß erlaubt mir, sollte der Schüler nicht zurechtkommen, das Stück problemlos wieder abzusetzen: „Nun, es war ein Versuch. Wir probieren es später, wenn du die Stufe erreicht hast, noch einmal."

Köder 2: Ein Elternnachmittag mit Schülervorspiel ist in Sicht. Es ist etwas vorzubereiten, das zu einem bestimmten Termin „sitzen" muß. Wir haben also ein Ziel, auf das wir hinarbeiten.

Nun habe ich (siehe Seite 250) mit meinem Schüler ja einen „Vertrag" geschlossen, der besagt, daß er ein Stück ablehnen und absetzen kann, wenn er es nicht mag (oder nicht mehr mag – ??). Die Möglichkeit, es abzuwählen, ist also durchaus gegeben. Doch hier gilt: Wenn Schüler und Lehrer sich einig sind, der Schüler also einverstanden ist, daß ein bestimmtes Stück für einen festen Termin zum Vorspiel bereit sein soll, dann muß er dem Ziel zuliebe durchhalten. Das wird von ihm auch akzeptiert und hat, wie beim Beispiel oben, erhöhte Motivation beim Üben zur Folge.

Über diese Eltern-Nachmittage oder -Abende wird unten (Seite 265) ausführlicher gesprochen. Zunächst aber komme das Problem des Verspielens, die Angst davor und was dagegen zu tun sei, zu Wort.

3. Lampenfieber

> „Wenn du drüber lachen kannst, dann erschreckt sich das Verspiel-
> teufelchen, dann verkriecht es sich und ärgert dich nicht mehr."
>
> Christina, sechsjährig, zu Katharina, die ihr Verspielen stets
> viel zu tragisch nahm. („Die erste Generation", Seite 42)

Elternvorspiele also –

Klavierunterricht/Klavierspielen schließt Vorspielen, Sich-bewähren-Müssen mit ein. Das bedeutet, daß der Schüler vor Eltern, vor Publikum, bei Wettbewerben eventuell auch, „sich präsentieren muß".

Der Termin eines Vorspiel- oder auch Wettbewerbtages ist relativ lange im voraus bekannt. Das bedeutet, daß zu einem festgesetzten Termin das vorzutragende Stück oder Werk „stehen" soll. Das wiederum bedeutet, daß zielbewußt auf diesen Termin hingeübt und hingearbeitet werden muß und daß an diesem Tag, an diesem Abend, nicht früher und nicht später, die optimale Höhe des technischen und musikalischen Vermögens zu erreichen ist.

Für den Lehrer heißt das: Wie bereite ich den Schüler auf diese Bewährungsprobe vor? Für den Schüler heißt das: Wie werde ich mit der Angst, genannt „Lampenfieber", fertig, wie schaffe ich es, trotz der Aufregung gute Leistung herzuzeigen?

Das Phänomen Lampenfieber hat viele kluge Köpfe beschäftigt. Ursachen wurden analysiert: Mangel an Vorbereitung; Mangel an Selbstvertrauen; Angst vor hoher Erwartung, die man nicht erfüllen zu können glaubt; Angst vorm Verspielen; Angst, ein früheres Versagen könnte sich wiederholen.

Pulsfrequenzen wurden gemessen, Ratschläge ausgeklügelt: Schlafen vorher, spazieren gehen, nicht daran denken, nicht anstrengen, nicht üppig essen, schulfrei wenn möglich, Atemübungen, wissen, daß Lampenfieber notwendig sein kann zum guten Gelingen. Schließlich das Vorspiel, wenn's dann soweit ist, nicht gar so wichtig nehmen, viel des Klugen mehr.

Leider aber hat Lampenfieber die fatale Eigenschaft, daß es sich, allen vorgebrachten Vernunftsgründen spottend, verschmitzt in den Spieler einnistet und mit ihm aufs Podium steigt.

Doch wehrlos ausgeliefert ist man ihm nicht. Die folgenden, im Vergleich sich bescheiden ausnehmenden, Vor- und Ratschläge beschäftigen sich mit dem „Was tun, wenn…" und bringen das uns inzwischen bekannte Wort „Vertrauensverhältnis" wieder ins Spiel: Ein Vertrauensverhältnis aufbauen zum Problem des Sich-Verspielens, ein Vertrauensverhältnis sicherstellen zur Gewißheit des: „Ich kann!" Und dafür können sowohl Lehrer wie Schüler Entscheidendes beitragen.

July.
Lampenfieber hatte
sie immer. Ihrem
Spiel war es jedoch
nicht anzumerken.

4. Rausgekommen – was nun?

Die Situation ist erschreckend gegenwärtig. Da hat man sooo geübt, sich sooo vorbereitet! Und dann passiert's: Ein falscher Griff, man verheddert sich, Finger und Kopf versagen gleichzeitig, der Patzer ist da. Man ist rausgekommen undwasnunundwasnunundwasnun – der verzweifelt fragende Blick zum Lehrer, dem der Atem ebenso stockt wie allen anderen Anwesenden auch; Unbehagen überkriecht uns, einer Gänsehaut gleich, breitet sich aus –

– und dabei ist weiter nichts geschehen, als daß ein Schüler sich verspielt und den Faden verloren hat. Na und –? Jeder im Publikum weiß, daß der Spieler gut vorbereitet ist und seine Sache kann, normalerweise, aber ausgerechnet hier und jetzt…

Ja, wo und wann denn sonst –? Dabei ist so etwas im Prinzip doch etwas Alltägliches: Man hat mal eine Panne. Man verhaut mal eine Klassenarbeit. Man greift mal daneben oder hat eine Gedächtnislücke – jedem passiert das –, aber das ist, wenn es just beim Interpretieren passiert, ein Fiasko – der Gipfel der Peinlichkeit, die Katastrophe.

Also, wenn man denn schon weiß, daß es so ist, sollte man es sich da nicht zur Pflicht machen, nach einem Arkanum zu suchen, das gegenwirkt? Fragen wir dich doch einmal, lieber zuständiger Lehrer, der du deinen Schüler penibelst auf dieses Stück vorbereitet hast: Hast du auch etwas getan, das ihn gerade auf diese Situation vorbereitet hat? Hast du ihm verraten, wie er sich, oft gar auf recht elegante Weise, aus dem Dilemma herausmogeln kann, ohne gleich einen roten Kopf zu riskieren? Hast du ihn befähigt, mit solchen leidigen Situationen umzugehen? Meist heißt die Antwort: Leider nicht!

Ich möchte erzählen, wie ich meine Schüler mit derartigen Situationen vertraut zu machen pflege, was, im Rahmen des Möglichen, getan werden kann. Dabei kommt mir die Früh-Instrumentalsituation sehr entgegen: Fange ich zeitig genug an, dann habe ich als Lehrer im Früh-Instrumentalunterricht viel, viel Zeit für intensive Vorbereitung, zwei, ja mehr Jahre noch, denn sechs-, sieben-, achtjährige Kinder sind unbeschwert und treten noch völlig unbefangen zum Vorspiel an. Die oben erwähnte Katharina war eine der wenigen Ausnahmen.

Geraten Schüler dann in die Lampenfieberphase (oft zugleich Pubertätsphase), ist in wöchentlicher Gewöhnung die wesentliche Vorarbeit getan. Sie wissen, wie man mit Verspielern und Schrecksekunden umgeht, und haben zum Problem des Verspielens ein normaleres Verhältnis als die meisten ihrer unvorbereiteten Altersgenossen.

Das wichtigste ist: Das Spiel muß weitergehen!

Und wie kann man das erreichen? Unter diesem und jenem Blickwinkel wurde einiges schon angesprochen. Hier nun konzentriert: Zu lehren ist:

- Das Weiterspiel nach versehentlich falschem Tastenanschlag
  Eine schier unzähmbare Unart: Spielabbruch – Wiederholung des Anschlages nun auf richtiger Taste – Weiterspielen. Anzuerziehen ist, daß Falschtöne nicht „verbessert" werden dürfen und das Spiel nicht unterbrochen werden darf.

- Konzentrierter Beginn ohne Wiederholungen
Eine zweite Unart: Zwei-, dreimal wird begonnen, ehe der Start endlich gelingt. Bei Spielbereitschaft, aber vor Spielbeginn, sei die Konzentration auf die erste Phrase gerichtet. Das Innere Ohr höre sie voraus. Zuvor den Anfangston leise anschlagen, damit das Innere Ohr die richtige Tonart erfaßt.
- „Find dich wieder rein"-Übung
Beim Vierhändigspielen gilt: Verspielt sich einer, spielt der andere weiter (auch das kostet Überwindung). Wer sich verspielt hat, muß wieder ins Spiel kommen. Im Gruppenunterricht ist das beim Spiel zweier Partner weit nachhaltiger prägend als beim Spiel zwischen Lehrer und Schüler.
- Verspielübung im Stundenverlauf
Einer verspielt sich absichtlich und findet sich wieder hinein. Oder: Der Lehrer hebt während des Spiels die Hand eines Schülers mit dem Ruf: „Wieder hineinfinden!" von den Tasten. Dies wird zur Geschicklichkeitsübung und löst stets Heiterkeit aus. Die Schüler ahnen nicht, welche Fernwirkung solche Spielchen haben.
- Arbeiten beide Schüler – wieder Situation des Gruppenunterrichts – am selben Stück, dann kann zwischendurch auch einmal zweihändig zu zweit gespielt werden, jeder mit einer Hand. Wiederum: Verspielt sich einer, muß er sich wieder hineinfinden, während der Partner weiterspielt. Das läßt sich auch zwischen Lehrer und Einzelschüler durchführen, aber gerade in dieser Hinsicht ist Gruppenunterricht gegenüber Einzelunterricht eminent im Vorteil. Ein weiteres Plus: „Vorspielen wird zur Gewohnheit." (Das sagte ich in meinem Büchlein *Klavierunterricht mit Gruppen* schon vor zwanzig Jahren.) Das Beisein und kritische Mithören des Partners bringt das Abspiel des Wochenpensums mehr in Richtung Vorspielgewöhnung als das bloße Vorhandensein des Lehrers.
- Verheddert sich der Schüler vollständig, gilt das unbedingte Gebot: „Nie nochmals von vorn beginnen, sondern stets in das Stück hineinspringen!"
Um dies zu ermöglichen, wird das Stück auf Einstiege hin untersucht, kleinere oder größere Formteile bieten sich hierfür an. Die Nahtstellen werden deutlich sichtbar mit Zeichen versehen oder mit Großbuchstaben: A, B, C, D. Hausaufgabe: Beginne das Stück von C aus, von B aus und so weiter. Verspielübung im Unterricht: Lehrer nimmt dem Spieler eine Hand oder beide Hände von den Tasten, ruft einen Buchstaben; ohne Zögern wird dort eingesetzt und weitergespielt. „Im Ernstfall", beim Vorspielen vor Publikum also, darf der Spieler spontan in jeden Zwischenbeginn, der ihm gerade in die Finger gerät, hineinspringen. Dabei dürfen auch ganze, noch nicht gespielte Strecken übersprungen, das heißt ausgelassen werden. Nur eines gilt: „Das Spiel muß weitergehen."
- Gelingt gar nichts mehr, ist der Schüler ganz und gar durcheinander, dann soll er die Freiheit haben, seinen Auftritt abzubrechen. Er mag sich dem Publikum zuwenden, sich verbeugen und mit den (oder ähnlichen) Worten: „Immer hat's geklappt, heute klappt's nicht", das Podium verlassen. Er muß wissen: Jeder hat Verständnis dafür. Auch das ist im Unterricht einmal durchzuspielen.

Der Schüler kann sich auch beim Üben zu Hause auf die Vorspielsituation vorbereiten. Angedeutet wurde es schon im obigen Abschnitt „Vom Üben im Unterricht zum bewußten Üben zu Hause" (Seite 252):

- Gib dir, als Abschluß des täglichen Übens, selbst ein Konzert. Sei Klavierist und Publikum zugleich.
- Das läßt sich noch wirklichkeitsnäher arrangieren:
  - Stell alle greifbaren Stühle in Reihen nebeneinander auf.
  - Jeder Stuhl bekommt seinen „Be-sitzer": Hier sitzt Opa, hier sitzt Tante Frieda, hier sitzt... Noch besser ist natürlich: Statt vor Stühlen mit „gedachtem" Publikum ein Konzert zu geben, gib deinen Familienmitgliedern kurzerhand zu wissen: „Heute um 18 Uhr spiele ich ein Fünfminutenkonzert."
  - Stell dich an die Türe, atme gut durch, geh ans Instrument.
  - Verbeuge dich (das Publikum klatscht), setz' dich hin.
  - Mach dich mit dem Anfangston bekannt (leiser Tastenanschlag) und laß die erste Phrase, die ersten zwei oder vier Takte, vor deinem Inneren Ohr vorüberziehen.
  - Jetzt beginne. Sieh zu, daß es gleich beim ersten Mal klappt.
- Hast du geendet, spring nicht sofort vom Hocker. Laß die letzte Phrase nochmals dein Ohr passieren. Dann steh auf und danke für den Beifall, indem du dich verbeugst.
- Auch das Verbeugen sollte man einmal üben; es ist doch ganz gut, zu wissen, worauf zu achten ist, damit keine komischen Verrenkungen zustandekommen:
  Die Füße stehen nebeneinander. Bei kleinerer Verbeugung das Publikum ansehen, bei tieferer Verbeugung jedoch nicht! Sieh dir dabei auf die Schuhspitzen, dann ist die Haltung gut.

5. Elternabende

Die Durchführung von sogenannten Elternabenden – Schülervorspiel vor Verwandten- und Freundeskreis – ist mehr als nur Vorspielübung für die Schüler und Pflichterfüllung für den Lehrer. Diese Nachmittage der Präsentation (Abende kommen für unsere Sechs- bis Neun- oder Zehnjährigen wohl nur als Ausnahme in Frage) sind unerläßlich und gehören ohne Frage zur Instrumentalausbildung. Sie haben mehrfache Bedeutung:

- Sie geben dem Schüler ein Ziel, auf das er hinarbeiten kann (siehe oben: „Intensivphasen") und mit dem das Geübte zum Abschluß gelangt.
- Ein Stück wird konzentriert bis zur Vorspielreife gebracht.
- Der Schüler sammelt Erfahrung im Vorspiel, lernt umzugehen mit Problemen des Lampenfiebers und des Verspielens.
- Sie stellen Höhepunkte im pädagogischen Jahreslauf dar und werden vom Schüler auch als solche empfunden.

- Sie sind „Visitenkarten" des Lehrers und daher, was die gewissenhafte Vorbereitung und Programmgestaltung betrifft, entsprechend zu präsentieren.
- Sie halten den Kontakt zu den Eltern aufrecht.

Ich pflege solche Elternvorspiele dreimal im Jahr anzusetzen. Im Früh-Instrumentalunterricht dürfen die Zwischenräume nicht zu weit auseinanderliegen, müssen die Ziele, auf die hingearbeitet wird, in erreichbarer Nähe erscheinen. Termine, die sich als Zäsur im Jahreslauf anbieten:

- März oder April – je nach Lage der Frühjahrsferien – als Abschluß des ersten Jahresviertels;
- ein zweiter Termin vor Beginn der Sommerferien;
- Ende November/Anfang Dezember, also nicht zu nahe am beginnenden Weihnachtstrubel, das zweite Halbjahr krönend.

Bei früh liegendem Sommerferienende teile ich das zweite Halbjahr und lasse das dritte Vorspiel vor den Herbstferien stattfinden. Dann folgt allerdings – zweite Dezemberwoche – ein adventlich gestimmtes Weihnachtskonzert.

Die Programmgestaltung soll das vielseitige Angebot unseres Klavierunterrichtes widerspiegeln. Jeder Schüler präsentiere sich

- mit einem Lied, das von vielen (allen) mitgesungen wird;
- mit einem Solostück;
- als Vierhändigspieler oder als Begleiter eines Soloinstrumentes;
- mit einer Improvisation
- oder, falls akut, mit einem Stück eigenen Komponierversuches.

Dabei lege ich großen Wert auf Schwerpunktbildung. So lasse ich bei Improvisationen drei oder auch vier Schüler nach gleicher Thematik improvisieren. Für die Zuhörer ist es interessant, wie unterschiedlich die Spieler die Aufgabe lösen. Geht es zum Beispiel um grafische Notation oder um Improvisation anhand von Kunstkarten, läßt sich die Sache gut verfolgen, gut „mitlesen".

Ja, Kunstpostkarten. In der Beliebtheitsskala meiner Schüler stand Paul Klee ganz oben. Mit Leidenschaft nahmen sie sich besonders dieser Themen an: *Die Zwitschermaschine – Der Vogelgarten – Im Lande Edelstein – Landschaft mit gelben Vögeln – Schiffe im Dunklen – Der goldene Fisch – Kind als Einsiedler – Mit den beiden Verirrten.* Allein die Bildtitel lassen die Phantasie schon ins Wirbeln geraten!

Ich habe von jeder dieser Kunstkarten stets ein ganzes Dutzend bereit – in Kunsthandlungen immer gleich im Dutzend gekauft –, die Zuhörenden bekommen sie zum Mitverfolgen in die Hand, wenn Schüler Farbe und Zeichnung phantasievoll in Klang und Melodie umwandeln. Grafische Notationen hängen bei diesen Gelegenheiten vergrößert an der Tafel. Lieblingsgrafik: Mein *Sternengesang* (siehe Seite 343).

Auch Solostücke mit dieser oder jener Problematik – Neue Musik zum Beispiel – werden von drei Spielern dreimal nacheinander vorgetragen (und wenn es angebracht ist, auch von Schülern erläutert).

266

Schließlich: Was ich für Elternabende immer wieder anrege: Mitwirken von Geschwistern, von Vater, Mutter oder beiden. Versuche, ein Familienmusizieren anzuregen und in unser Vorspiel einzugliedern, gelingen manchmal zwar, aber leider viel zu selten. Indes sollte regelmäßig dazu Anstoß gegeben werden – durch Literaturempfehlung und Einübung des Klavierpartes –, das Zusammenmusizieren im Familienkreis zu aktivieren.

6. Schritte zu ausdrucksvollem Klavierspiel

> „Susi spielt, daß einem das Herz aufgeht."

> Eine Zuhörerin beim Spiel der elfjährigen Susi Schmidt (siehe Seite 108)

Wir leben im Zeitalter der technischen Perfektion. Höchstleistung beherrscht als Conditio sine qua non unser Tun und unser Dasein, und wer glaubt, musische Gefilde seien noch schützendes Refugium, wird bald seines Irrtums gewahr.

„Du mußt besser sein als…", „Du mußt schneller sein als…" – vielerorts blickt man wie hypnotisiert auf die zahllosen Konkurrenzen und Wettbewerbe. Fast zwangsläufig resultiert daraus eine Instrumentalausbildung, die ausschließlich Perfektionierung der Fingerfertigkeit zum Ziel hat: Perfekt virtuoses Spiel darf erfahrungsgemäß stets höherer Jurywertung sicher sein als musikalisch empfindsamer Vortrag. In einem Referat, gehalten 1984 in Bern, brachte es Hans E. Deckert auf den Punkt: *Der Begriff Musik existiert nur noch pro forma, in Wirklichkeit ist Technologie gemeint: Wir beherrschen unsere Musikinstrumente wie nie zuvor. Wir haben die Musik verloren wie nie zuvor.*

Eine Rückbesinnung auf das, was Musik sein könnte, tut not. Und statt dem Zeitfieber zu verfallen, möglichst viele Kinder, Schüler, gegen andere Kinder, andere Schüler, antreten und spielen (spielen??) zu lassen, sollte – von wirklich Hochbegabten abgesehen, denen Recht oder Pflicht zugestanden sei, ihren Platz in der Elite-Hierarchie zu belegen – Musik- und Instrumentalunterricht sich Inhalten und Wegen zuwenden, die Freude am Instrument, Liebe zur Musik und Bereicherung des Lebensgefühls zum Ziel haben, oder die einfach Lust darauf wecken, gute Musik machen zu können. Demnach auch: Musik gut machen zu können.

Also, wie anfangen? – Es lohnt sich sehr, so früh wie möglich bewußt zu machen, welch ein Unterschied es ist, ob man nur „Klavier spielt", oder ob man klavierspielend „Musik erklingen" läßt. Deshalb – wie weiter vorn bereits erörtert – lernen Früh-Instrumentalschüler frühzeitig mit Artikulation und Phrasierung umzugehen, den entscheidenden Postamenten des Musizierens.

- Artikulation
  Wir lernen (zunächst): Artikulation ist die deutliche Aussprache der Musik. Mit ihr ist es wie mit der Sprache: Man kann deutlich sprechen, und man kann nuscheln (ich mache es vor) – und man kann deutlich spielen, und man kann

darüber hinweghudeln und ein musikalisches Nuscheln produzieren (ich mache es vor).

So ergibt sich die Weisung „Spiele deutlich" von selbst. „Spiele deutlich! Ich weiß doch, du kannst es", das begleitet den Schüler von Anfang an, läßt ihn nicht entkommen, setzt sich im Bewußtsein fest, prägt sein Spiel und Üben. Dann, bei Verzierungen, Doppelschlägen vor allem, oft viel zu überhastet vollzogen: „Jeden Ton ausspielen. Jeder Ton ist wichtig. Jeder Ton will Klang werden." Und: „Verlangsame dein Spiel bei diesen Stellen (subjektiv empfunden), spiele deutlich und bringe jeden einzelnen Ton zum Klingen."

Wir lernen (später): Artikulation ist die Kunst, Töne aneinanderzubinden oder voneinander abzusetzen. Vergleich mit Liedern (das Lied, Ansatz- und Ausgangspunkt jedes musikalischen Lehrens*). Wir singen, erkennen dabei: Durch eine Textsilbe zusammengebundene Noten, durch Textsilben voneinander abgesetzte Noten.

Erkennen und Ausführen von abgesetzten Noten: Von Schreitnoten bis zum *staccato*-Spiel mit vielen Zwischennuancen.

Erkennen und Ausführen von Binden und Absetzen in Viertel- oder Achtelfolgen. Schon diese wenigen Schritte können das allzuoft erlebte Herunterrasen von Läufen und Figurationen verhindern.

- Phrasierung

  Wir lernen (zunächst): Die Musik atmet, – die Phrase. Brunnen der Erkenntnis wiederum: Das Lied. Dort, wo im Text ein Komma steht, ein Reim endet, dort atmet die Melodie. Eine neue Phrase beginnt. Wir setzen am Studiertisch mit Bleistift Atemzeichen zwischen die einzelnen Phrasen. Mit der Melodie soll auch die Hand atmen und das Atmen deutlich erkennbar machen. Das Handgelenk hebt sich ein wenig, löst die Finger leicht von den Tasten; die Hand atmet mit.

  Wir lernen (später): Jede Phrase hat ihren (im Notenblatt meist nicht sichtbaren) „Spannungsbogen". Und jede Phrase hat ihre eigene dynamische Spannung – Dynamik als weiteres, einzuübendes musikalisches Ausdrucksmittel. Wir versuchen, den Spannungsbogen hörbar zu gestalten.

- Pausen und Verzögerungen als Elemente der Spannung

  Wir lernen: Die Musik lebt in jedem ihrer Teile von Spannung und Entspannung. Wechsel von Spannung und Entspannung in Melodie, Harmonie, Rhythmus, Form. Pausen zählen dazu. Sie sind alles andere als leere, stumm weiterfließende Zeit. Pausen sind Spannung. Pausen in voller Länge auszuhalten, gar, als Kunstgriff, zu überziehen, oder Verzögerungen zwischenzuschalten, auch dort, wo keine Pausen- oder Wartezeichen stehen, das ist schwerer, als es den Anschein hat. Es ist für

---

Das Lied ist die Quelle aller musikalischen Ordnungen, das Fundament ihrer Gesetze, die Wurzel allen Musikgeschehens. Dieser Wurzel erwachsen die ersten und letzten Impulse künstlerischen Schaffens […] *aus ihr vermag jede Musikerziehung Sinn und Kraft zu ziehen.* Peter Heilbut, *Gruppenunterricht am Klavier*, Verlag Florian Noetzel, Wilhelmshaven

den Spieler stets ein Sich-selbst-Überwinden, das metrisch drängende Weiterspiel zu verzögern. Das Aushalten der Spannung, einer absichtlich überzogenen Pause etwa oder einer zwischengeschalteten Verzögerung, das gehört schon fast zur höheren Weihe eines Spielers.

Verharren. Die Pause vor Beginn: Schon bereit, schon die Hände auf den Tasten – und noch nicht beginnen, das gibt zweierlei Sinn. Es baut Spannung auf (beim Publikum) und schenkt dem Spieler Zeit, sich auf den Beginn zu konzentrieren.

Verharren nach Beendigung: Scheinbares Weiterwollen, Hände noch in Spielbereitschaft – Spannung bis über den Schlußakkord hinaus.

Schon schwieriger ist das kaum wahrnehmbare Hinauszögern eines erwarteten Anschlages: Vor einer auf Taktschwerpunkt eintretenden Dissonanz, bei Vorhalten vor allem, läßt es plötzlich aufschießende Spannung entstehen. Damit zusammenhängend: eingeschobene Verlangsamungen, *ritardandi*, gefolgt von *a-tempo*-Weiterspiel.

Aber da ist noch etwas, das Musik zum Blühen bringen kann: Das verinnerlichte Mitempfinden. Einem Musikstück kann eine märchenhafte Szene (Früh-Instrumental) oder ein bildhaftes Gedanken-Pendant beigegeben werden. Aladin mit der Wunderlampe eignet sich dazu: Reibt man an ihr, erklingt eine wundersame Musik, und ein Wunsch geht in Erfüllung (welches Kind kann sich dem verschließen?). Oder, ein anderes Beispiel, Andersens Märchen vom Mädchen mit den Schwefelhölzchen. Frierend steht es in bitterkalter Vorweihnacht: „Kauft Schwefelhölzchen, Leute, kauft…" Keiner hält inne, alles hastet vorüber. Zitternd vor Kälte zündet es sich ein Hölzchen an, um sich daran zu wärmen, ein einziges ja nur. Aber dann das nächste. Und noch eins. Und noch eins. Abends, als es nach Hause geht…

Die Musik zu diesem Märchen, das kleine Fast-Ostinatostück von Bartók (*For Children* I, Nr. 3, siehe das Notenbeispiel auf Seite 274), oft so seelenlos heruntergespielt, erklingt nun wirklich so, „daß einem das Herz aufgeht". Die zu Beginn dieses Abschnitts zitierte Reaktion auf Susis Spiel (sie spielte damals allerdings etwas anderes) wird nun verständlich.

Wettbewerbsehrgeiz? Kinder gegen Kinder? Es gibt Höheres, und integre Lehrmeister liefern uns gute Argumente – Robert Schumann, Carl Philipp Emanuel Bach*, Vater und Sohn Mozart… Doch, ganz unter uns: Ist nicht allein Kindsein schon Argument genug – ?

---

* Es ist unstreitig ein Vorurteil, als wenn die Stärcke eines Clavieristen in der bloßen Geschwindigkeit bestünde. Die Erfahrung lehret es mehr als zu oft, wie die geschwinden Spieler […] zwar durch die Finger das Gesicht in Verwunderung setzen, der Seele aber gar nichts zu thun geben. Sie überraschen das Ohr, ohne es zu vergnügen, und betäuben den Verstand, ohne ihm genug zu thun. Carl Philipp Emanuel Bach, *Versuch über die wahre Art das Clavier zu spielen*, Teil I, Berlin 1753

7. Vom Umgang mit Notenbüchern

Zum Thema „Ausarbeitung geübter Stücke" gehört aber auch das Problem, wie umzugehen sei mit Noten, die zu wiederholtem Male zum Üben aufgegeben werden.

Bei nachfolgendem Notenbild spielt es keine Rolle, aus welcher Klavierschule es stammt. Jedenfalls ist hier methodische Rodung erfolgt. Vielleicht hat der junge Besitzer oder die junge Besitzerin bis dahin „gut" Klavier spielen gelernt; das soll nicht in Abrede stehen. Aber, welch zufällige Ironie: Selbige Seite ziert, als Fußnote, ein Wort Robert Schumanns: „Liebe dein Instrument." Sollte die Liebe zum Instrument bis dahin auch erhalten geblieben sein, die Liebe zum Notenbuch ist nach dreißig und etlichen Seiten abhanden gekommen. Es gelangte eines Tages als Fundsache in unser Jugendmusikschulbüro. Nachfrage erfolgte nie.

Und welch passendes Ende: Das letzte von bleistiftkreisender Pädagogenhand verzierte Klavierstück ist der Choral *Jesus meine Zuversicht*. Ab dort strahlen die weiteren Seiten jungfräulich unberührt.

R. S.: *Achte schon frühzeitig auf Ton und Charakter der verschiedenen Instrumente!*

Phase 2:
Einstudierung neuer Spielstücke

Dieses Kapitel stellt zehn verschiedene Möglichkeiten des Einstieges in ein neues Spielstück vor. Von „…wohlgemerkt: zehn" spricht schon das „Blitzlicht voraus" zum zweiten Teil, und weiter heißt es dort: „Wie steht es nun mit den Methoden, die, um an das jeweilige Werk zu gelangen, stets und ausschließlich nur die eine – ihre – Möglichkeit kennen? Welcher Chancen begibt man sich dort." Von diesen Chancen soll die Rede sein.

Unter mehreren Möglichkeiten auswählen zu können, bietet viele Vorteile:

- Den U n t e r r i c h t betreffend bringen sie Abwechslung in schablonenhaftes Einheitsschema. Gesteigerte Neugier und vermehrte Aufmerksamkeit wird den Unterricht beleben.
- Den S c h ü l e r betreffend kommen sie dessen unterschiedlichen Veranlagungen entgegen. Eine bestimmte Art der Einstudierung wird dem einen Schüler zugänglicher sein als dem anderen. Für jeden Begabungstyp stehen mehrere Möglichkeiten bereit.
- Das S p i e l s t ü c k betreffend ermöglichen sie, gezielt auf dessen spezielle (spieltechnische, rhythmische, klangliche) Probleme einzugehen. Ein gigueartiges Stück erfordert anderen Zugang als ein klanglich empfindsames oder ein kontrapunktisch verschachteltes.

Man überfliege die Liste der zehn Möglichkeiten (die immer gut sichtbar vor Augen liegen sollte) mit einem raschen Blick und entscheide sich. Dabei gilt es, das jeweilige Stück auf zwei Eigenschaften hin zu prüfen:

Erstens: Welche der verschiedenen Möglichkeiten empfiehlt sich für den Einstieg? Zweitens: Enthält es, als Ganzes oder in Teilen, Ansatzpunkte, die zum Improvisieren, zum Anders- oder Weiterspinnen animieren oder die gar den Funken hergeben für eine eigene Komposition?

Die erste Begegnung mit dem neu einzustudierenden Stück geschehe am Studiertisch. Nochmals: Sinn dieser geistigen Vorarbeit ist es, ein Vertrauensverhältnis entstehen zu lassen zu der noch fremden Komposition. Erst wenn ein inniger Kontakt, ein Freundschaftschließen erfolgt ist, beginne die eigentliche Arbeit am Stück.

Hiervon eine Ausnahme bildet die Version 7 (Das Imitationsprinzip: Vorspielen – Nachspielen). Natürlich sind auch sonstige Abweichungen denkbar, etwa vorausgenommene Übungen oder improvisierte Spielbewegungen. Aber grundsätzlich geschieht der Start am Studiertisch.

Wichtigstes Hilfsmittel dieser Vorbereitung ist der V e r g l e i c h . Er ist es, der schon Bekanntes mit noch Unbekanntem verbindet, Unbekanntes bekannt werden läßt. So gilt es zum Beispiel, Unregelmäßigkeiten im Phrasenverlauf („Wo hatten wir das schon einmal?"), Veränderungen und Verarbeitung von Themen zu erkennen und zu vergleichen, auch sonstige Gemeinsamkeiten mit früher gespielten Stücken oder Liedern zu entdecken. Als ein gewichtiges Moment dieser Vorbereitungsphase gerät nun aber auch der formale Bau eines Spielstückes ins Blickfeld: Die F o r m sei frühzeitig ins Entdecken und Vergleichen einbezogen.

Einfachste Vergleiche: Zwei- und dreiteilige Liedformen der Stücke mit gleichgeformten Liedern, die ja Namensgeber dieser Formen sind. Hier ein paar, schnell zur Hand gegeben; Vogellieder etwa:

a – a$_1$: *Kommt ein Vogel geflogen*
a – b: *Die Vögel wollten Hochzeit halten*
a – b – a: *Alle Vögel sind schon da*

Schließlich das Lied, das ich stets als Präsentierlied heranzuziehen liebe für die dreiteilige Liedform:

a – b – a$_1$: *Ein Männlein steht im Walde*

Der erste a-Teil als Wiederholung. Der Represinteil a$_1$ unterscheidet sich vom ersten lediglich durch einen einzigen Ton: Es ist jedoch der melodisch höchste und somit zugleich Höhepunkt des Liedes, wodurch der Represinteil beim Hören schwer als a-Teil wiederzuerkennen ist (Kinder schaffen es, auch wenn bereits liedformgeübt, selten). Aber in Verbindung mit den Noten am Studiertisch: Welch ein Aha-Erlebnis!

Unter den nun folgenden zehn Möglichkeiten des Einstieges ist die des Vorspielens (Lehrer) und Nachspielens (Schüler), hier als Version 7 zu finden, die einfachste und die manchem jungen Schüler entgegenkommendste. Leider wird gerade diese Version vielerorts methodisch eingleisig bis zur Perfektionierung ausgewalzt und als Unterrichtsideal gepriesen – das „Blitzlicht voraus" (siehe Seite 127) erhellte die Situation bereits. Es ist aber diese Möglichkeit nur eine unter mehreren weiteren, eine gute und auch empfehlenswerte für diesen und jenen Schüler, für dieses und jenes Stück. Doch vielseitiges Instrumentallehren darf sich nicht auf sie allein konzentrieren.

Am entgegengesetzten Ende behauptet sich auch heute noch, als Einstudierungsmethode ebenfalls vielfach ausschließlich vollzogen, die Einstudierung nach Noten, nach dem sogenannten Klassischen Prinzip. Dieser Beginn mit Tasten und Noten zugleich, hier als Version 8 notiert, nimmt, wie alle anderen, ebenfalls seinen ihm zugewiesenen Platz ein und sei heranzuziehen für Schüler, die im Blattspiel ihre Begabung haben (Johanna, Klaus-Peter, Alexandra; schließlich noch Christina und Phil, dem alles recht war, aus der vierten Generation) und für Stücke, die sich für diesen Beginn eignen. Wurde Version 7 als „die einfachste" bezeichnet, so muß dieser Einstieg als der schwierigste und sprödeste gelten; allerdings ist er für gewisse Aufgabenstellungen unverzichtbar.

Zwischen diesen beiden Extremen befinden sich die übrigen acht Versionen, die alle gut zu handhaben sind. Und wer damit umzugehen gewohnt ist, wird den Vorgang des Vergleichs mit dem ausgewählten Stück, den Moment der Auswahl, der Entscheidung, als geradezu spannendes Ereignis empfinden.

Version 1:   Von der Melodie ausgehend
Version 2:   Vom Rhythmus ausgehend
Kombination der Versionen 1 und 2: Lieder
Version 3:   Von Klang und Harmonie ausgehend
Version 4:   Beginn mit technischen Übungen
Version 5:   Spielbewegung im voraus improvisieren
Version 6:   Beginn mit der schwersten Stelle
Version 7:   Das Imitationsprinzip: Vorspielen – Nachspielen
Version 8:   Nach Noten selbständig einstudieren
Version 9:   Einprägen – Übertragen
Version 10:   Problemstücke, Schlüsselwerke
Kombinationen

Damit die zehn Möglichkeiten nicht gar zu abstrakt vorgestellt werden müssen, werden sie anhand von Beispielen erläutert, die aus den folgenden zwei Veröffentlichungen stammen:

Peter Heilbut: *Erstes Vorspielbuch*, Hug & Co. Zürich
Béla Bartók: *For Children* I, Boosey & Hawkes, London

Version 1:
Von der Melodie ausgehend

Grundsätzliches: Nach der Vorarbeit, Phrasen, Form, Tonart etc. betreffend, gilt, noch am Studiertisch, die Aufmerksamkeit der Melodieführung: Wo hat sie ihren Höhepunkt? (Meist fällt er mit dem dynamischen Höhepunkt zusammen.) Wie ist sie gebaut? Tonschritte? Wiederholungstöne? Sprünge? Wo atmet sie? und so weiter.
    Wir singen sie ab (eventuell leises Mitsummen des Lehrers).
    Beschäftigung auch mit der Baßmelodie.
    Bei Dreistimmigkeit: Einmal nur die mittlere Stimme abspielen.
    Absingen der oberen (Schüler) und unteren Stimme (Lehrer) zugleich. In Kombination mit Version 9: Einprägen der ersten, zweiten und so weiter Phrase (am Studiertisch) und auf die Tasten übertragen.

Beispiel 1: *Basso ostinato* (*Erstes Vorspielbuch*, Seite 9)

Dieses Klavierstück der siebenjährigen Johanna Barthe erweist sich als geradezu ideales Beispiel auch für die Versionen 4, 7, 8 und 9. Zudem wird es von allen Kindern, die es jemals gespielt haben, heiß geliebt. Bestimmte Merkmale: Jede Phrase schließt mit einer halben Note, atmet also deutlich hörbar und sichtbar. Außerdem schließt jede Phrase mit dem Ton, mit dem die nächste beginnt. Angemerkt sei, daß dieses Stück ohne mein Zutun entstand. Das Ostinato mit der Stufenfolge I – IV – V – I stammt von Johanna, dem Organistentöchterchen (daher die Kadenz!). Ich bekam das Stück so in die Hand, wie es hier gedruckt vorliegt.

Am Studiertisch werden die Phrasen festgestellt. Wo atmet die Melodie? (Leicht zu erkennen.) Atemzeichen eintragen.

Wie viele Phrasen hat Johanna komponiert?

Wenn ihr es spielt: Wie viele Phrasen hört der Zuhörer? (Es sind unterschiedlich viele, der Wiederholungstakte wegen.)

Die erste Phrase: Kommt sie irgendwo noch einmal, mehrmals, vor?

Die zweite Phrase? Wenn nicht genau, so doch ähnlich? Und die vierte Phrase?

Absingen der ersten Phrase. Der zweiten, dritten, der vierten Phrase. Dann, ohne Noten, aufs Klavier übertragen (Kombination mit Version 9). Bevor es ans Üben geht: Fingersätze selbst ausprobieren und eintragen (es sind keine vorgegeben). Fingersatz nur beim Über- oder Untersetzen oder wenn die Handlage sich ändert (siehe dazu die Erläuterungen für Version 8, Seite 286).

Improvisationsanregung: Das Ostinato übernehmen und Neues erfinden.

Beispiel 2: *Quasi adagio* (Bartók, *For Children* I, Nr. 3)

Quasi adagio

Auch dieses ist ein Ostinatostück. Allerdings erweitert sich das Ostinato im zweiten Teil, weicht auch einmal völlig davon ab. Bestimmte Merkmale: $^2/_4$-Takt, darum grundsätzlich Viertaktphrasen. Allerdings zeigen sich die 2. und 4. Phrase erweitert. Das Warum ist leicht zu erkennen. Alles dies am Studiertisch. Dann absingen (eventuell mit Lehrerhilfe) und phrasenweise aufs Klavier übertragen – was leicht fällt.

Improvisationsanregung: Das Ostinato übernehmen, ebenso die Fünftonreihe der rechten Hand, Melodie neu improvisieren. Das Schöne daran: Die rechte Hand kann spielen, was sie will; es klingt immer stimmig.

Kompositionsanregung: Mit diesem – oder einem ähnlichen – Ostinato im Hintergrund selbst etwas versuchen. Beispielhaft gelang es der achtjährigen Susi Schmidt. Ihr *Fast ein Ostinato* ist im ersten Heft der Sammlung *Kinder komponieren für Kinder* zu finden. Die überwiegende Mehrzahl der Stücke aus diesem Heft kommt dem von der Melodie ausgehenden Einstieg nach Version 1 entgegen; so etwa die Nummern 1, 2, 3, 5, 8.

Version 2:
Vom Rhythmus ausgehend

Viel zu oft begegnet man der Auffassung, daß rhythmisch schwierige Stücke Schülern erst dann zugemutet werden sollten, wenn sie in der Lage sind, den rhythmischen Ablauf selbständig aus dem Notenbild heraus zu erarbeiten. Ich teile diese Ansicht ganz und gar nicht, wird ihnen dadurch doch manches vorenthalten, was sie ohne weiteres spielen könnten, wenn sie nur dürften. Und der rhythmische Knäuel, um den es geht, entwirrt sich mit zunehmender Reife von selbst.

Also, rhythmische Problematik ist kein Grund zum Verzicht. Wie aber geht man die Sache an? Vor- und Nachspielen wäre eine Möglichkeit, Vorklopfen – Nachklopfen auch. Indes gibt es ein Zauberwort, das Schwierigkeit in Leichtigkeit verwandelt, das selbst bei ganz vertracktem Rhythmus hilft. Das Zauberwort heißt Textunterlegung.

Hier wird allerdings vom Lehrer ein wenig Phantasie vorausgesetzt. Und so kann man etwa Taktwechsel üben:

1 – 2 – 3,   1 – 2 – 3,   1 – 2,   1 – 2,   1 – 2 – 3, … mehrfaches *da capo*
Leute kauft Kopfsalat, frischen grünen Kopfsalat…

Oder wie steht's damit:
1 – 2, 1 – 2, 1 – 2 – 3 – 4 – 5, 1 – 2, 1 – 2, 1 – 2 – 3, …?
Selbst ausdenken, und weiteres probieren.

Aber geben wir Beispiele, und es müssen jetzt nicht gerade Anfängerstücke sein.

Beispiel 3: *Fridolin der Floh* (*Erstes Vorspielbuch*, Seite 18)

Am Studiertisch: Vergleichen von Takt 1 und Takt 5, Gemeinsamkeiten, Unterschiede. Takt 3, rhythmisch-melodische Figur, wie oft erscheint sie? Linke Hand mitzählen, und weiteres.

Am Klavier: Vorspiel – Nachspiel der ersten zwei, dann der ersten vier Takte, mehrfach. Schließlich den Rhythmus festigen durch Textunterlegung. Hier hatte ich – darf ich die kleine Geschichte einflechten – zunächst mit:

„Hopp-sassa, ↓, da springt – er,“

gearbeitet (das Wörtchen „springt“ recht langgezogen, der halben Note wegen), bis eine meiner nicht mehr gar so jungen Schülerinnen, die damals neunjährige Christina Sievers, mich mit der Frage beschämte, wieso die Floh-Hand beim Wegspringen so lange auf den Tasten festkleben muß. Recht hat sie! Die Nach-Christina-Fassung lautet nun:

Hopp-sassa, ↓, da saaaugt er, Fridolin der Floh!

– wobei eine sonst so wunderschöne Dur-Terz durch die Assoziierung mit „saugt“ eher Gänsehaut verursacht als Wohlklangwahrnehmung gewährt. Wenn man will, kann im Folgetakt 5 mit: „Jetzt schwillt es aaan!“ Befundanalyse gegeben werden.

Übrigens: ↓ ist das Zeichen für Hand- oder Triangelschlag.

Beispiel 4: *Allegretto* (Bartók, *For Children* I, Nr. 14)

Am Studiertisch: Zunächst einfach, ohne Fragestellung, entdecken lassen. Was fällt euch auf? Da gibt es viel zu sagen! Phrasenfolge: Die erste, zweitaktig im $^4/_4$-Takt, normal; die zweite auch. Aber dann wird es turbulent. Warum? Durch den ständigen Taktwechsel vielleicht! Also bitte: $^4/_4 - ^2/_4 - ^4/_4 - ^2/_4 - ^3/_2$ (!) $- ^4/_4$.

Wenn nicht angesprochen, fragen: Wie oft erscheint die rhythmisch-melodische Figur der ersten Phrase? Wie oft mit anderer Tonstufe beginnend? Wie verhalten sich die Lautstärken *p* und *mf* hierbei? Vergleicht die beiden $^2/_4$-Takte miteinander. Prägt euch jetzt den ersten Akkord des ersten $^2/_4$-Taktes ein, es ist ein Griff mit fünf Tasten. Übertragt diesen Akkord auf die Tasten. Nun beide Akkorde dieses Taktes; nun den Takt, wie er da steht. (Die Noten verbleiben ständig am Studiertisch, das Übertragen erfolgt aus dem Kopf: siehe Version 9.) – Seht ihr: Jetzt könnt ihr auch den ganzen vorangehenden $^4/_4$-Takt auf die Tasten übertragen; er bringt keine anderen Akkorde und Griffe als der $^2/_4$-Takt (hier Kombination mit Version 6: Beginn mit der schwersten Stelle; siehe „Kombinationen", Seite 290).

Am Klavier: Vorspiel – Nachspiel der ersten zwei, dann der ersten vier Takte, mehrfach. Sodann den Rhythmus festigen durch Textunterlegung.

Wie schon einmal vorher (beim Märchen vom Mädchen mit den Schwefelhölzchen, siehe Seite 269) verbinde ich auch dieses Spielstück Bartóks mit einem Andersen-Märchen, dem Märchen vom standhaften Zinnsoldaten: Hier der Zinnsoldat, auf nur einem Bein stehend – für das zweite hatte das Zinn nicht gereicht – stramm und exakt sein Gewehr präsentierend, sehnsüchtig hinüberschmachtend zur kleinen Tänzerin, die sich, goldflittergewandet, in anmutiger Pose vor prächtiger Schloßkulisse in Szene setzt.

Textunterlegung der ersten beiden und aller entsprechenden Phrasen: „Standhaft bin ich Zinn-sol-dat!" Alles weitere ist rhythmisch problemlos. Gedanklicher Hintergrund der Interpretation: Die Fortetakte 5 und 6: Schneidiges Exerzieren mit Imponiergehabe – natürlich der schönen Tänzerin wegen. Also, metrisch exaktes Spiel. Der folgende *rallentando*-Takt: Sehnsüchtiges Hinüberblicken – hat sie überhaupt Notiz von mir genommen?? – aber sofort wieder: „Standhaft bin ich Zinn-sol-dat!"

Das vierzehntaktige Spielstück deckt nur die Anfangsszene des Märchens ab. Die Abenteuer nach des armen Zinnsoldaten Fenstersturz werden in anderen, aufregenderen Bartók-Stücken zu entdecken sein.

Improvisationsanregung: Nehmt einen der beiden *rallentando*-Takte (Takt 7 oder Takt 12) als Anregung oder Ausgangspunkt und improvisiert weiter.

Kombination der Versionen 1 und 2:
Lieder

Hier vereinen sich die beiden ersten Versionen. Melodie ist bei Liedern ohnehin dominant, und Textunterlegung ist vorgegeben. Da mag, je nachdem, beim Beginn einmal die Melodie, einmal der Rhythmus Vorrang bekommen.

Nehmen wir zum Beispiel die fünf Lieder, die unser *Erstes Vorspielbuch* enthält. Drei von ihnen würde ich vom Text her angehen und den rhythmischen Ablauf rezitierend vorausüben: *Seemannslied*, der beiden Synkopentakte wegen, sowie *Schmetterlingslied* und *Sonne hat sich müd gelaufen*, der Viertel–Achtel-Folgen wegen. Die beiden anderen laufen in rhythmisch-metrischem Gleichmaß ab: *Das seltsam Geigerlein*, *Es stand ein Sternlein*. Hier liegt es nahe, mit dem melodischen Ablauf zu beginnen, so, wie Version 1 es expliziert.

Version 3:
Von Klang und Harmonie ausgehend

Dieser Einstieg bezieht sich auf die im Improvisationsteil des zweiten Vierteljahres absolvierte Vorarbeit, dort in Phase 6, Punkt 2 (Improvisationsansatz „Klänge"). Wir beschäftigten uns mit Klängen, suchten ein Vertraut-Werden mit dem Phänomen „Klang". Das kommt uns nun zustatten. Stücke mit harmonisch und klanglich modernen, also für die Mehrzahl der Schüler ungewohnten und vielfach auch abschreckenden Abläufen, gehen wir akkurat an den Problemstellen an, die von vornherein zur Ablehnung führen könnten. Inzwischen sind ja auch die Weiterführungen dieser Klangimprovisationen im Spiel (siehe Seite 320, Phase 5: „Improvisieren"), so daß wir voraussetzen können, daß unsere improvisationsvertrauten Schüler mit diesen Stücken kaum Schwierigkeiten haben werden.

Beispiel 5: *Bojen im Nebel* (*Erstes Vorspielbuch*, Seite 5)

Linkes und rechtes Pedal treten bis zum Schluß   8 *bassa* _ _ _ _ _ _

Ein Anfängerstück. Handlage klavierschulengerecht: Beide Daumen auf dem bewußten Schloß-c. Im Notentext deutlich zu unterscheiden: Hier Nebel, hier Boje.

Was anfangen mit diesem simplen Stück? Viele Kinder wissen heutzutage nicht, was eine Boje ist und wozu sie wohl nütze sei. Aber zunächst: Nebelklänge finden; versucht es: heller Nebel, dunkler Nebel und so weiter. Für das *Zweite Vorspielbuch* hat Thilo Jaques ein Stück komponiert, *Nebelspuk in den Dünen*. Das ist der Nebelklang, den er fand; ein voller, toller Klang, nicht wahr? Und hier habe ich ein Stück von Bartók; er nennt es *Melodie im Nebel*. Ich spiele es vor: Der Nebel bewegt sich, er „wabert", man kennt das (*Mikrokosmos* IV, Nr. 107).

Nun unser Nebelklang. Spielt ihn nach. Und der monotone Glockenklang der Bojen? Also: Wir sind, heitere Gesellschaft, auf einem jener Seebäderschiffe, die für einige vergnügte Stunden hinausfahren. Wir stehen neben dem Steuermann, der die Fahrrinne beachten muß, bevor er die offene See erreicht: Dort, die Boje; er steuert darauf zu, vorbei. Wo ist die nächste? Ah, dort. Darauf zu – vorbei. Die nächste… dann sind wir auf dem offenen Meer.

Nun aber ist heute Nebel und nimmt uns die Sicht (Nebelklang). Die Bojen leiten uns trotzdem, hat jede Boje doch eine Glocke an der Spitze, die bei diesem gleichmäßigen Wellengang auch gleichmäßig schaukelnd – Kling! – anschlägt. Unser Steuermann verläßt sich jetzt auf die Ohren und fährt den Tönen nach…

Weitere Beispiele im Heft: *Leuchtkäferchen* (Seite 17), das irrlichtende, ineinanderschwimmende d-Moll/Fis-Dur; oder: *Mein Goldfisch*, links die gleichmäßige, ruhige Wellenbewegung der kleinen Terz g – b, rechts die Gegenbewegung h – d, vage Bewegung im Teich, silbrig oder goldschimmernd (da sind wir wieder: Klang = Farbe).

Anregung: So eine Nebel-Bootsfahrt könnt ihr doch auch improvisieren!

Beispiel 6: *Adagio* (Bartók, *For Children* I, Nr. 9)

Voraus: Phrasen sind deutlich, überdeutlich, durch Pausen voneinander getrennt, nur: Normale Viertaktphrasen in diesem ²/₄-Takt-Stück tauchen nur sporadisch auf – wo? (Nur in den beiden *più vivo*-Teilen.) Die Phrasen der drei *Adagio*-Teile sind verlängert. Warum wohl? Die *molto espressivo* durch ein *crescendo* erreichte Dissonanz verlängert sich qualvoll um einen vollen Takt, eh die Lösung, die Er- oder Auflösung, kommt. Ich spiele es vor, drastisch. Dann die Frage: Wie oft erscheinen solche um einen Takt verlängerten Dissonanzen? Ich spiele sie alle vor: Jede Dissonanz – stets ein verminderter Dreiklang – läuft in eine andere Auflösung hinein. Insofern haben wir hier eher ein komplettes harmonisches Geschehen vor uns als nur „Klang".

Zum Stichwort „qualvolle Dissonanzen": Bemühen wir wieder ein Andersen-Märchen, diesmal die Prinzessin auf der Erbse. Im Schloß des Prinzen, der sie freien und heiraten möchte, will es die Prinzenmutter, die Königin, ganz genau wissen – ist die Prinzessin eine wirkliche Prinzessin? Heimlich legt sie unter die Matratze des der Prinzessin für die Nacht zugedachten Bettes eine Erbse. Dann zwanzig weitere Matratzen und Decken darüber, und ganz obenauf schläft die Prinzessin. Das heißt, sie schläft nicht. Qualvoll wälzt sie sich von einer Seite zur anderen –. Textunterlegung ist nicht unbedingt notwendig, doch kann man der bedauernswerten Prinzessin wenigstens ein mitfühlendes „Ach, sie kann nicht schlaaaafen!!" zubilligen.

Version 4:
Beginn mit technischen Übungen

Die Vorbemerkung kann kurz gehalten werden. Technische Studien, als „Finger-übungen" bei Schülern oft wenig beliebt, sind doch wohl obligater Teil eines heutigen

Unterrichtes. Zu wenig beachtet wird dabei jedoch, daß für das Kind erkennbar sein sollte, warum gerade diese Übung zu diesem Zeitpunkt notwendig ist. Fingerübung nur um der Fingerübung willen? Nun, es ist schon gut, bestimmte Läufe und wiederkehrende Spielfiguren zu beherrschen, und es ist schon gut, wenn der Schüler daran gewöhnt ist, daß Übungen zum täglichen Pensum gehören. Nur, wie gesagt, er soll wissen, wozu gerade diese tägliche Übung zu absolvieren ist.

Als sinnvoll wird eine Übung akzeptiert, wenn sie dem gerade zu studierenden Stück entstammt, also auf eben dieses Stück vorbereitet. Sitzt die Übung, sitzt meist auch die technisch schwierige Stelle. Folgende Beispiele eignen sich für diesen Einstieg.

Beispiel 7: *Buntspechts Botschaft* (*Erstes Vorspielbuch*, Seite 18)

Staccatissimo

Die Schwierigkeit dieses Stückes liegt in den Repetitionen: schnelle *staccato*-Anschläge beidhändig auf einer Taste mit den zweiten Fingern jeder Hand. Ich lasse diese Repetitionsbewegung auf Tisch oder Tastendeckel vorklopfen, bis ein schneller, gleichmäßiger Wirbel erreicht ist. Dann die Übung auf die Tasten übertragen; wie, das mag jeder nach Belieben tun.

Wenn hier auch empfohlen wird, das Stück von der technischen Übung her anzugehen, so ist es doch gerade in diesem Fall unerläßlich, den Studiertisch einzubeziehen. Das Notenbild ist auf den ersten Blick recht verwirrend. Gehen wir also jetzt auf Entdeckung und auf Erkenntnis aus:

Zum ersten wird sofort erkannt, daß dieses Stück natürlich mit der Vorübung zu tun hat. Trotzdem die Frage: Seht euch mal die Noten der linken Hand an (links: Notenhälse nach unten). Das Aha-Erlebnis: Erleichterung. Das gesamte Stück hindurch nur die Taste d, eine Strecke lang als Quinte mit dem tieferen g verbunden. Das ist alles. Nun die rechte Hand (rechts: Hälse nach oben). Auch hier folgt die Erkenntnis, daß, vom Notentext her jedenfalls, das Stück leichter zugänglich ist, als es zunächst den Anschein hatte. Im Technischen sitzt das Problem, und da empfiehlt sich eben: technische Studien voraus.

Improvisationsanregung: Ein solches Buntspechtstück nachmachen (es darf auch ein Grünspechtstück sein).

Beispiel 8: *Spiel* (Bartók, *For Children* I, Nr. 5)
Im genannten Heft finden sich mehrere typische Stücke, bei denen der Einstieg über vorausgehende technische Studien sich empfiehlt. Wenn gerade dieses ausgewählt

wird, so deshalb, weil auch hier Repetition vorauszuüben ist, diesmal aber als Terz-repetition mit einer Hand (*più mosso* ab Takt 19) sowie mit Fingerwechsel auf einer Taste (die sechs Takte des Wiederholungsteiles).

Più mosso

Da nur die rechte Hand gefordert ist, sollten dieselben Übungen auch von der linken Hand, spiegelverkehrt, also mit gleichen Fingern ausgeführt werden. Dann geht's, wie oben, ans Durcharbeiten des Notentextes, bevor anhand der Noten die Tasten dazu-genommen werden.

Ein Stück mit Repetitionsaufgaben für die linke Hand ist die Nr. 6 des Heftes – es wird hier als Beispiel für Vorausimprovisation erscheinen (siehe Notenbeispiel 10 auf der nächsten Seite).

Dann, vorauszunehmen als Übung für die (schwierige) linke Hand: Der Kindertanz *Allegro molto* Nr. 10.

Version 5:
Spielbewegung im voraus improvisieren

Ein ähnlicher Einstieg wie Version 4, diesmal allerdings als Improvisationsaufgabe.

Beispiel 9: *Mein Goldfisch* (*Erstes Vorspielbuch*, Seite 19)

Rechtes Pedal drücken bis zum Schluß

Zu üben ist das Gleichmaß der Wellenbewegung, die das ganze Stück durchläuft. Zwei Möglichkeiten: Entweder geht die geistige Einarbeitung am Studiertisch voraus (Phra-sen, Handübersetzung erkennen etc.), dann haben die Schüler das Wellenbild von den Noten her schon erkannt, oder die Einarbeitung geschieht im Anschluß an die Bewe-gungsübung. In diesem Fall wird die Wellenbewegung vom Lehrer vorgegeben mit der Aufgabenstellung: Ein Goldfischteich, dessen Wasseroberfläche kleine Wellen zeigt. Hier und da ist Goldfischbewegung zu erkennen, in kleinen Spielfiguren darstellbar.

Ab und zu ein Farbklang – so vage silbrig-golden gegen die Bewegung zu setzen. Probiert das aus. Wichtig ist dabei, daß die Wellen auf dem Teich ganz gleichmäßig laufen.

Als Hausaufgabe gegeben, lasse man sich überraschen, zu welchen musikalischen Lösungen die Schüler gelangen. Dann mag die Arbeit am Tisch beginnen, und anschließend kann Version 3 noch mit herangezogen werden (dort war dieses Beispiel auch schon einmal genannt).

Improvisationsanregung ging zwar schon voraus, aber bitte: Wenn ihr euch schon so intensiv damit beschäftigt habt, dann festigt das und laßt ein eigenes Stück aus eurer Vorarbeit entstehen.

Beispiel 10: *Studie für die linke Hand* (Bartók, *For Children* I, Nr. 6)

Wieder eine Repetitionsstudie. Aber das Intervallschema, das ausgeht von der Quinte auf d, sich weitet zur Sexte, dann als Sexte stufenweise abwärts wandert, schließlich sich mit Quinte auf f wiederholt: das ist akkurat unser Improvisationsschema, wie es in Phase 5 dieses Abschnittes (Punkt 9, siehe Seite 339) eingehend geschildert wird und auf der Stufe dieses Bartók-Stückes auch im Unterrichtsprogramm läuft. So nehmen wir das Schema dieser Intervallfolge – nicht den notengetreuen Ablauf – als Vorlage mit der Aufgabe: Bringt Gegenstimme(n), grundsätzlich auf weißen Tasten, in der rechten Hand dazu, sparsam, in langen Notenwerten. Wichtig sind Gleichmaß und klarer Anschlag mit der Linken.

Version 6:
Beginn mit der schwersten Stelle

Wurde in den beiden vorangegangenen Versionen empfohlen, sich als erstes mit den besonderen Schwierigkeiten eines Stückes zu beschäftigen, sei es durch Vorausnahme von Übungen, sei es durch Bewegungsimprovisation, so steht hier die Empfehlung, sofort mit der schwierigsten Stelle zu beginnen. Das schließt nicht aus, daß zugleich auch Übungen oder Improvisationen zur Verstärkung mitlaufen können. Doch spricht bei bestimmten Stücken manches dafür, die Schwierigkeit direkt anzugehen und von dort aus die Einstudierung in beiden Richtungen fortzuführen, rückwärts gehend, so daß man immer wieder in die Problemstelle hineinübt, weitergehend, so daß man über die Problemstelle hinweg spielt. Die Vorteile dieser Version liegen auf der Hand:

- Der erste Schwung, mit dem man ein neues Stück beginnt, gilt sofort dem schwierigsten Teil.
- Das Gefühl beim Weiterstudium, das Schwerste schon hinter sich zu haben, steigert die Motivation.
- Der schwierigsten Stelle kommt zugute, daß sie – da mit ihr begonnen wird – am meisten geübt wird.

Es gibt da, spätere Unterrichtsjahre betreffend, ein paar Paradebeispiele. Eins davon fällt in die Zeit, da mit dem Prélude in e-Moll – es ist das vierte der Préludes op. 28 – der erste Chopin ins klavieristische Leben der Schüler tritt. Vorgespielt, macht es gewissermaßen den Mund wässrig; kein Schüler, der dem Zauber Chopinscher Musik nicht sofort verfällt. Wunsch und Wille, das zu können, sind geweckt.

Zuerst allerdings bekommen die Schüler nur die schwierigen Strettotakte (Takte 16 bis 19) in die Hand, die ich separiert habe. „Wenn ihr die könnt, dann bekommt ihr das Ganze." Eine neue Motivationsphase ist eingeleitet, und man darf seine Freude daran haben, mitzuerleben, wie die Schüler sich da hineinknien.

Typisch hierfür ist die Szene aus dem Alexander-Abschnitt im ersten Teil (Seite 89): Alec, der sich, zwölfjährig, partout mit der *Pathétique* anlegen wollte und sie, unter ebendieser Bedingung, auch spielen durfte.

Als Beispiele für Version 6 seien genannt: *Der Gernegroß* (*Erstes Vorspielbuch*, Seite 21), und zwar sind es die Takte 16 bis 18, die ins *fortissimo* crescendierend den feuertosenden Start eines Raumschiffes bis zu dessen *glissando*-Höhenflug schildern (das Spielstück ist eine programmatische Ausdeutung des voranstehenden Gedichtes); und *Alte ungarische Weise* (Bartók, *For Children* I, Nr. 16). Hier ist es die fünfstimmige Führung in Takt 7, mündend in Takt 8 (womit zugleich die beiden Schlußtakte absolviert sind).

Version 7:
Das Imitationsprinzip: Vorspielen – Nachspielen

Die Ohren sind gefordert. Die Augen auch; es läßt sich beim Lehrervorspiel viel von den Griffen her, von der Bewegung her, abschauen. Grundsätzlich jedenfalls sollte jeder Schüler, auch der Notenbegabte, sich dieser Version von Zeit zu Zeit einmal stellen; sie trainiert das geistige Festhalten musikalischer Vorgänge, das Aufnahme-, Erinnerungs-, Wiedergabevermögen, sie zeigt den direkten Weg von der Taste zum Ohr.

Für diese Art der Einstudierung eignen sich aber, wenn man nicht mit Kassette arbeiten will, die permanentes Wiederabhören ermöglicht, nur Stücke mit klarem satz- und spieltechnischem Aufbau. Außerdem können Stücke, die so gelernt werden, nur neben anderen Stücken, die zugleich und intensiver in Arbeit sind, einherlaufen. Denn ohne begleitende Erinnerungskassette muß man das Vergessen des im Unterricht Eingeprägten im Wochenverlauf einkalkulieren. Im allgemeinen nehmen diese „Zweitstücke" also einen Zeitraum von mehreren Wochen in Anspruch.

Beispiel 11: *Lustig* (*Erstes Vorspielbuch*, Seite 11)

Dieses Stück hat inhaltlichen Bezug zu dem voranstehenden Ilse-Bilse-Text. Auswendig lernt es sich leicht; durch das terzweise Abwärtsrücken stets der gleichen Spielfigur mit stets dem gleichen Fingersatz sind die ersten beiden Reihen schnell im Kopf. Und da auch die dritte, letzte Reihe lediglich eine Wiederkehr der ersten Phrase ist, dauert die Sache nur Minuten.

Noch leichter die Linke: Sie spielt ausschließlich Quinten, die zugleich mit der oberen Stimme terzweise abwärts rücken, um dann wieder auf der Ausgangsquint zu landen. Die dritte Reihe bleibt beharrlich bei ihr stehen.

Eine Viertelstunde setze ich dafür an, eher weniger. Bei zwei Schülern zugleich dauert es kaum länger: Doppeltes Nachspielen ergibt doppeltes Hören. Und beim Zusammenspiel mit je einer Hand erleben die Schüler sofort den Zusammenklang.

Mit dem Vergessen im Wochenverlauf mag zu rechnen sein. Doch schon beim ersten Wiederhören ist das Stück mit einem „Ach ja!" wieder präsent. Nun erst werden am Studiertisch die Noten vorgelegt. Sie werden lächelnd durchflogen und begrüßt wie gute alte Bekannte.

Beispiel 12: *Menuett* (Bartók, *Die erste Zeit am Klavier*, Nr. 11, Schott, Mainz)

Ein Stück, das für unsere Version des Vor- und Nachspielens geradezu prädestiniert ist. Ist dies doch der Grund, der mich ausnahmsweise vom Heft *For Children* abweichen läßt, das unserer Beispielfolge ja zugrundeliegt.

Das Menuett besitzt klaren periodischen Aufbau. Es lebt von einer einzigen Spielfigur, einem rhythmisch-melodischen Motiv, das sich durch das ganze Stück hindurchzieht und rhythmisch nie, melodisch nur gering von der Eingangsphrase abweicht. Und es ist so stufen- beziehungsweise funktionstonal komponiert, daß es sich schnell im Ohr festsetzt, ja, die Melodie singt, hat man es ein paarmal durchgespielt, im Kopf ständig weiter fort.

Die Schüler schaffen mit Leichtigkeit die rechte Hand bis zum achten Takt. Für viele reicht das mit einem: „Behaltet es im Kopf und im Sextengriff" für die Woche. Da sich jedoch die nächsten acht Takte nur im „Abgesang" von den ersten unterscheiden, kommen die meisten Schüler schon im ersten Anlauf bis Takt 16.

Natürlich rechne ich mit zwischenzeitlichem Vergessen. Aber nach kurzer Auffrischung ist die Erinnerung wieder da. Meist bleibt sie nun schon die Folgewoche über erhalten.

Zugleich werden die noch übriggebliebenen sechs Takte in Angriff genommen. Diesmal sollen die Schüler sich sofort beide Hände zugleich einprägen, einüben und dann in die häusliche Weiterbeschäftigung entlassen werden. Diese sechs Schlußtakte, in denen anfangs die linke Hand das Sextenmotiv zu spielen hat, lassen sich ebenso leicht merken wie spielen.

Es sind nun zwei Wochen vergangen, eventuell wird noch eine dritte Woche fürs Einprägen des bisherigen Stoffes benötigt, bitte, warum nicht, es hat damit keine Eile. Zugleich ist jetzt die sehr leichte linke Hand an der Reihe, sehr leicht jedenfalls, solange sie allein spielt. Die Schwierigkeit liegt im Zusammenbringen der Hände; es ist ein Problem der gegensätzlichen Artikulation, zumal die linke Hand, obgleich *grazioso*, der rechten gegenüber nicht untergeordnet werden darf. Die Bartókschen Betonungszeichen weisen deutlich in diese Richtung.

Schließlich werden die Noten doch noch offengelegt.

Ein Teil der Schüler hat das Menuett in vier, fünf – selten in drei – Wochen gelernt. Für die heißt es: „Seht, so schaut es aus, was ihr euch mehr oder weniger mühevoll angeeignet habt."

Andere mühen sich gar zu sehr mit dem Zusammenbringen der Hände ab. Die kriegen ihre Noten mit einem verständnisinnigen: „Macht auf eure Weise weiter und zu Ende."

Und wieder andere sieht man schon in den ersten Anläufen scheitern. Harmonisch-melodische Erinnerung zu speichern ist eben nicht jedem gegeben. Wir wissen ja, wie das ist; nehmen wir's hin! Lassen wir sie glücklich werden mit ihren Noten. Bei anderen Arten der Einstudierung sind sie es, die ihren Mitlernenden davonlaufen.

Version 8:
Nach Noten selbständig einstudieren

In der heutigen Unterrichtspraxis spielt sich das Einstudieren neuer Stücke nach wie vor meist folgendermaßen ab:

Anhand des Notenbildes wird der Schüler vorbereitet, je nach Lektionszeit und Lehrergeduld knapp bis ausreichend. Im günstigsten Falle findet der Lehrer etwas Muße, um sich dem Schüler zuzuwenden, ihm das Stück vorzuspielen, zu erläutern und es ihn dann selbst einmal probieren zu lassen. Schlimmstenfalls steht die Unterrichtsstunde unter dem steten Druck des Pensum-Schaffen-Müssens, versucht der Lehrer, das Stück mittels (meist zu schnellen) Durchspielens, hastigen Überfliegens und Ankreuzens vorzustellen – und dann wird der Schüler mit einem „Üb' das bis zum nächsten Mal" nach Hause entlassen.

Unzweifelhaft hat diese Einstudierungsversion nicht zuletzt ihrer Ausschließlichkeit wegen – neben mißlichen Umständen so mancher Unterrichtssituation* – ein gerüttelt Maß Schuld an der allzu großen Zahl allzufrüh ausscheidender Instrumentaleleven. Um guten Gewissens dem Schüler eine Einstudierung in verantwortlicher Selbständigkeit zumuten zu können, müssen einige unverzichtbare Vorbereitungen vorausgegangen sein.

Erstens muß eine klare Vorstellung davon vorhanden sein, daß sich alles Klavierspiel in Griffen, in Handlagen vollzieht. Der Schüler muß wissen, auf welchen Tasten die mittleren drei Finger liegen, wenn die Außenfinger eine Sext oder Sept greifen (siehe Phase 3, Seite 292).

Zweitens muß eine klare Vorstellung davon vorhanden sein, wo ein Fingersatz zu stehen hat und wo nicht. Fingersetzung hat mit Handlagenbewußtsein zu tun: Ein Fingersatz gehört über die Note, die Lagenwechsel einleitet (Ausnahmen sollen, dem Grundsatz zuliebe, hier ausgeklammert bleiben).

Drittens muß gewährleistet sein, daß der selbsteinstudierende Schüler in der Lage ist, Notenabläufe in Noten-„bildern" zu sehen, also Zusammenhänge zu erkennen. Das basiert auf – es ist gründlich genug geschildert worden – langfristiger Gewöhnung am Studiertisch und soll nun Früchte tragen, wenn der Schüler in die Eigenverantwortung entlassen wird.

Viertens sei er dazu angehalten, das neue Stück auch zu Hause so in Angriff zu nehmen, wie er es von der Klavierstunde her gewohnt ist: Der Beginn erfolge am Studiertisch.

Nun also wird der Schüler, vertraut mit „erstens, zweitens, drittens, viertens", vor die Aufgabe gestellt, ein ihm unbekanntes Klavierstück ohne Vorbereitung sich selbst

---

* Ich sprach die Misere manch eines Kollegen in Vorkapiteln schon an: Zeitspanne pro Schüler 22 1/2 Minuten (wenn nicht gar drei Schüler in 45 Minuten), und so sieben Fließbandstunden die Tageshälfte durch. Was bleibt ihm denn, nach Anhörung und hastiger Korrektur des Wochenstoffes, anderes als lediglich das Neue anzukreuzen und weiter – weiter – weiter, der Nächste wartet schon – ???

beizubringen. Hierbei allerdings empfiehlt es sich, diese Aufgabe verbal schmackhaft zu servieren; etwa so: „Dieses Stück darfst du einmal ganz allein einüben!"

Beispiel 13: *Lustige Bootsfahrt* (*Erstes Vorspielbuch*, Seite 7)

Also: „Du darfst dieses Stück einmal ganz allein einüben. Aber bitte: Arbeite dich auch zu Hause vorher mit den Augen in das Stück hinein: Wo atmet die Melodie? Stelle die Phrasen fest. Setze Atemzeichen. Begegnet dir Bekanntes darin?" und so weiter.

Der Schüler wird feststellen: Dreivierteltakt. Normale Viertaktphrasen, die dritte um einen Takt verlängert (warum?). Die nächsten fünf Takte sind „Aha-Takte", so etwas hatten wir doch schon mal? Richtig: Das sind die *Wellen* (nicht ganz so hoch) von Seite 4 (siehe Notenbeispiel 15 auf der nächsten Seite).

Beispiel 14: *Allegro moderato* (Bartók, *For Children* I, Nr. 15)

Ein freundlich-graziöses *Allegretto*. Jede Phrase umfaßt vier Takte; unschwer ist festzustellen, wo die Melodie atmet. Vorletzte und letzte Achttaktfolge gleichen sich in der Melodie.

Festzustellen, wie sich die linke Hand dabei verhält.

Ich beschränke mich oft darauf, in der ersten Woche nur die rechte Hand, die Melodie, aufzugeben. Aber bitte: Sie muß singen beim Spiel (Mitsingen, mitsummen). Sollte der Schüler beim Ausprobieren zu anderen Fingersätzen als den vorgedruckten finden, akzeptiere ich es meist (er muß sie aber notiert haben). In der zweiten Woche kommt dann die linke Hand dazu.

Von Noten ist das Stück leicht im Alleingang zu machen, auch mit beiden Händen zugleich. Die Schwierigkeit wird erst offenbar, wenn es darum geht, das kleine, zauberhafte Werk musikalisch auszugestalten und herauszulocken, was an Atmosphärischem darin verborgen ist. Das aber ist Sache der Unterrichtsstunde.

Kompositionsanregung: Übernehmt Takt und Maß und Rhythmus und macht neue, eigene Melodien. Setzt dann Klangtupfer hinzu, so, wie Bartók es euch vorzeigt.

Auf diese Weise gelang der damals elfjährigen Inka Friedrich ein amüsantes Klavierstück. Sie nannte es *Heitere Delphine*. Im dritten Heft der Reihe *Kinder komponieren für Kinder* ist es zu finden.

Version 9:
Einprägen – Übertragen

Noten am Studiertisch ohne Tastensicht ablesen, einprägen, übertragen: Das ist die Einstudierungsversion, die mit den Namen Leimer-Gieseking verknüpft ist. Unser pädagogisches Mühen in Richtung Noten–Tasten beruht darauf von Anfang an, ist obligater Stundeninhalt bereits im ersten Halbjahr, ist den Schülern frühzeitig vertraut.

Sich allerdings auf diese Weise ein ganzes Stück zu erschließen, das setzt überdurchschnittliche Merkfähigkeit voraus. Sicher, sie läßt sich trainieren, doch ob auf dieser Basis ein abschließender Erfolg gelingt? Nun, es kommt aufs Probieren an. Sicher ist, Version 9 spielt ihre Vorteile in Kombination mit anderen Versionen aus. Sie ist immer gut als Start. Sie ist immer gut als Denksport.

Probieren wir es also von Zeit zu Zeit. Wir haben dabei den Vorteil – anders als es bei Version 7 der Fall ist –, daß sich diese Einstudierungsarbeit auf die häusliche Situation des Schülers übertragen läßt. Auch dort soll das Notenbuch nicht auf dem Instrument, sondern an einem Platz in weiterer Entfernung liegen, während das Stück einstudiert wird.

Beispiel 15: *Wellen* (*Erstes Vorspielbuch*, Seite 4)

In Gruppen zu je 3 Takten lautet die Spielanweisung zu Beginn, und so prägt es sich ein. Die Wellenbewegung der rechten Hand läuft neunmal unverändert, weitere drei Mal mit geringer Abweichung. Das Intervall der linken Hand wiederholt sich, taktgruppenparallel, je drei Mal. Ab Takt 9 nimmt es jedoch das Intervall der Folgegruppe voraus. Bis Takt 12 leicht einprägsam. Und die restlichen 5 Takte – ?

Weitere Beispiele: *Bootsfahrt* (siehe Beispiel 13); *Basso ostinato* (siehe Beispiel 1); *Lustig* (siehe Beispiel 11) – und weitere? Selber suchen!

Beispiel 16: *Kinderlied* (Bartók, *For Children* I, Nr. 2)

Die Strophe ist 8 Takte lang und erklingt dreimal unverändert. Varianten: 2. Strophe: Wiederholung der beiden Schlußtakte, 3. Strophe: Vorletzter Takt in doppeltem Notenwert. Für die rechte Hand bestehen keine Einprägprobleme. Die linke Hand begleitet jedoch jede Strophe unterschiedlich, und Bartók wäre nicht Bartók, würde er hierbei nicht mit winzigen harmonischen Überraschungen arbeiten. Das gibt dem Erinnerungsprozeß allerdings Probleme auf.

Darum Vorschlag: Kombinieren, wenn's nicht weitergeht, mit Version 7 oder 8.

Version 10:
Problemstücke, Schlüsselwerke

Es gibt vor allem im Laufe späterer Jahre eine Anzahl von Schlüsselwerken, bei denen ich bestrebt bin, sie allen meinen Schülern in die Hand zu geben und, natürlich, wirklich studieren zu lassen. Das brächte mich, würde ich nicht schon zu Beginn vorbauen, in vielen Fällen in Konflikt mit meinem Schüler-Lehrer-Vertrag, besonders wenn es sich um Neue Musik handelt, die bei erster Begegnung fremd und unzugänglich erscheint und spontan eine „Mag ich nicht spielen"-Reaktion auslöst. (Man erinnere sich: Mein Vertragspart billigte den Schülern zu, daß sie Stücke, die sie nicht mögen, ablehnen dürfen.)

Es gilt also wieder einmal, den Schülern gewisse Werke schmackhaft zu machen, oder, um im Sprachgebrauch zu bleiben, ein Vertrauensverhältnis zum Stück zu vermitteln.

Diesmal lernen die Schüler das Stück weder am Studiertisch noch an den Tasten kennen. Um wirklich Erfolg mit meinen Bestrebungen zu haben, gebe ich den Kindern die Chance einer langen Vorbereitungszeit auf das Stück:

Zum Ende einer Unterrichtsstunde erleben die Schüler, daß ich etwas vorspielen möchte, „aber bitte kein Wort dazu, kein Kommentar, nichts!" Ich spiele das Stück. Nach kurzer Schweigezeit (eventuell Finger vor den Mund, um die Stille zu wahren) kündige ich Wiederholung an und spiele es zum zweiten Mal. Wiederum: Ohne Kommentar, guten Heimweg und auf Wiedersehen – der Keim ist gelegt.

In der Woche darauf wiederholt sich das zweimalige Vorspiel. Wiederum als Abschluß der Unterrichtsstunde, wiederum ohne Kommentar, wiederum haben die Schüler während des Nach-Hause-Weges das Stück im Ohr. Der Keim schlägt Wurzeln.

Dritte Woche: Das zweimalige Vorspiel geschieht heute überraschenderweise nicht am Ende, sondern inmitten der Stunde. Nun sprechen wir darüber. Erst spontan: Wie war euer Eindruck beim ersten Hören, wie ist er jetzt, nach dem sechsten Mal? Was bewegte den Komponisten wohl, dieses Stück zu schreiben, und zwar so zu schreiben, wie er es empfindet, ohne Rücksicht auf klassisch-verwöhnte Ohren?

Wir sitzen jetzt am Studiertisch, die Noten vor uns, und arbeiten uns in das Werk hinein. Wie das geschieht, ist inzwischen geläufig. Ich verdeutliche manches durch sporadisches Spiel einzelner Teile, spiele auch das Ganze bei währendem Mitlesen der Schüler. Das Interesse ist geweckt, Gewöhnung ist erfolgt. Der Keim, Pflanze geworden, ist dabei, sich zu entfalten.

Die vierte Woche: Vorspiel, die Schüler lesen mit. Möglich, daß es noch etwas zu entdecken gibt? Nun – endlich – meine Frage, auf die ich hingearbeitet habe: „Habt ihr Lust, es zum nächsten Elternabend zu spielen? Ich möchte es von drei Schülern nacheinander vortragen lassen. So wie es euch zunächst unzugänglich war, so wird es sich auch den Eltern nicht gleich beim ersten Mal öffnen. Deshalb wäre es schön, wenn jeder von euch einen bestimmten Aspekt des Stückes erläutern würde, bevor ihr beginnt." So ungefähr –

Jetzt erst, ab der vierten Woche, beginnt das Üben. Die für die Einstudierung geeigneten Versionen sind längst gewählt. Nach ihren Verfahren wird das Werk errungen, erfährt es Ausgestaltung – und erklingt schließlich dreifach als Programmteil des nächsten Schülervorspieles zur Erbauung (oder auch nicht) des elterlichen Publikums.

Kombinationen

So sinnvoll es sich auch erweist, für jedes Klavierstück den angemessenen Einstieg zu finden und anzuwenden: Im Laufe der Einstudierung ergibt es sich meist, daß Kombinationen oder Mischungen mit anderen Versionen der Weiterführung dienlich sein können.

Schon am Beispiel 16 zeigt es sich, daß sich die Version 9 bei längeren oder nicht ganz eingängigen Stücken totläuft und dann mit Version 8 – „Beende es nun nach Noten!" – zu Ende gebracht werden muß. Ebenso fordern die Versionen 2 und 6 Ergänzung, beschäftigt sich doch der eine Einstieg nur mit dem rhythmischen, der andere nur mit dem technischen Problem eines Stückes, und meist geht es dabei um wenige Takte; für das übrige ist dann eine andere, geeignetere Möglichkeit auszuwählen und als Kombination einzusetzen.

Betrachten wir deshalb noch einmal, welche Kombinationen sich für unsere Beispiele anbieten.

Version 1	Beispiel 1	zu kombinieren mit Version 4, 6, 7, 8 oder 9
	Beispiel 2	zu kombinieren mit Version 6 (Takte 15–18), Version 7 oder 9
Version 2	Beispiel 3	zu kombinieren mit Version 6 (Handüberschlagtakte 1 und 5) und/oder Version 7
	Beispiel 4	zu kombinieren mit Version 6 (Repetitionstakte 5/6, 10/11) oder Version 7
Version 3	Beispiel 6	zu kombinieren mit Version 2 (Takte 13–16, Textunterlegung)
Version 4	Beispiel 7	zu kombinieren mit Version 5
	Beispiel 8	zu kombinieren mit Version 1, 8 oder 9
Version 5	Beispiel 9	zu kombinieren mit Version 3 (Dur-Moll-Terz zugleich) und/oder Version 7
	Beispiel 10	zu kombinieren mit Version 7
Version 6		Da es sich stets nur um einen eng begrenzten Ausschnitt handelt, kommen so ziemlich alle anderen Versionen in Betracht.
Version 7	Beispiel 11	Diese Versionen sind so selbstbezogen, daß sie wenig
	Beispiel 12	Möglichkeiten zum Kombinieren zulassen. Parallel laufen
Version 8	Beispiel 13	mögen Versionen 4 oder 5. Zu ersetzen sind sie allerdings
	Beispiel 14	durch jede beliebige andere Version.
Version 9	Beispiel 15	zu kombinieren mit Versionen 4 und 5, oder mit 8 beenden
	Beispiel 16	zu kombinieren mit Version 3 (harmonische Wendungen herausarbeiten), oder mit 8 beenden
Version 10		Version 10 hält alle obigen Versionen zur Anwendung offen.

An dieser Stelle sei noch einmal dazu geraten, die zehn Versionen in gut erkennbarer Notierung immer in Sichtweite zu legen, so daß es nur eines Blickes bedarf, im entscheidenden Moment die passende Version zu wählen.

Phase 3:
Vom Fingerspiel zur technischen Studie

> *Neben dem „Weg zum Ziel" sollte nicht ein anderer Sinn der Übung aus dem Blick verloren werden: Sie ist nicht nur Mittel zum Zweck, sondern sie bedeutet auch gleichsam „Pflege".*
>
> Günter Philipp, *Klavier – Klavierspiel – Improvisation*, Leipzig 1984

1. Übung und Gelenkfunktionen

1.1. Pflege

Wenn „Technische Übung" im Stundenverlauf, nach den Fingerspielen der Vorstufe, das Gewicht einer eigenständigen Phase behält, bedeutet es nichts Geringeres, als daß zusätzlich zu den Phasen „Einstudierung", „Ausarbeitung" etc. der Pflege der Technik ein Teil der Unterrichtszeit zu widmen ist; es kann ein kurzer sein, doch soll er zur wöchentlichen Routine werden. Und wie im Unterricht, so im häuslichen Übeablauf. Aber, wie schon betont, der Schüler möge die Notwendigkeit akzeptieren und ihren Sinn einsehen.

Den Sinn technischer Übungen dadurch erkennbar zu machen, daß man zu übende Spielfiguren – wie in Version 4 des vorangegangenen Kapitels empfohlen – dem gerade in Arbeit befindlichen Stück entnimmt, ist eine Möglichkeit. Nicht immer läßt es sich einrichten, und nicht immer hat man ein Stück vor sich, das übetechnisch viel hergibt. An gleicher Stelle steht aber auch: „...und es ist schon gut, wenn der Schüler daran gewöhnt ist, daß Übungen zum täglichen Pensum gehören". Die andere Möglichkeit ist also, Günter Philipp nochmals zu zitieren, „Pflege".

Doch auch die notwendige Symbiose „Technik/täglich" gibt erkennbaren Sinn in der Einsicht, daß tägliche Grundstudien wesentlich dazu beitragen, ästhetische Anforderungen realisieren zu können. Ohne intensive Arbeit an spieltechnischen Problemen ist das, was wir unter „schönem Klavierspiel" verstehen, nicht zu erreichen.

Nun habe ich nicht die Absicht, mich dahin zu versteigen, Übefolgen zu empfehlen. Von einer gewissen Stufe an sind Übungen in zahllosen Sammlungen und Lehrwerken zu finden, und jeder hat in petto, was für seine Schüler gut und richtig sei. Nicht auf das „Was" kommt es hier an, sondern auf das „Wie".

Noch weniger beabsichtige ich, Rat zu vermitteln über Spielpraxis und Bewegungslehre, denn...

> *...denn es gibt keine allein seligmachende Klaviertechnik, vielmehr kann auf verschiedenartigste Weise gut Klavier gespielt werden.* (Klaus Wolters, *Orientierungsmodelle* I/3, Bosse, Regensburg 1975)

1. 2. Nochmals: Gelenke

> *Es ist leider nicht so, daß, wie man es selbst macht, es in jedem Falle auch bei anderen klappen muß. Man hat kein Recht, nur die eigenen Saltos anderen anzudressieren.*
>
> Bernhard Böttner, *EGTA-Dokumentation*, Darmstadt 1990

Wer über Instrumentaltechnik zu schreiben gedenkt, begibt sich in Gefahr. Konträr prallen hier die Meinungen gegeneinander, und so mancher ist blind überzeugt, daß nur er sich im Wissen um die wahre Norm befinde.

Ich halte es mit Wolters und Böttner, ziehe es deshalb vor, mich in vielen Punkten zu enthalten. Wurf und Schwung, Rollung und Bebung, Druck und Schlag mag jeder so einsetzen, wie er es für richtig hält, und es wird recht so sein und zu gutem Klavierspiel führen.

Hals

Schulter

Ellbogen

Handgelenk

Brücke

Finger-
gelenke

Aber doch, – es führt kein Weg daran vorbei: In einigem muß ich Stellung beziehen. Und wer mir bis hierher folgte, wird wissen, worauf ich besonders Wert lege.

Blicken wir nochmals zurück ins erste Halbjahr.

Frühzeitig wurden die Schüler vertraut gemacht mit dem Spielapparat des eigenen Körpers, der Bewegungsmechanik. Sie haben spielend und übend die Gelenke in ihr Bewußtsein eingebracht. Diese Spiele und Übungen können von Zeit zu Zeit wieder aufgegriffen werden. Handgelenkfahrstuhl und Ellbogentrampolin zum Beispiel lassen sich auch jetzt noch einsetzen zur Bewegungserziehung. Doch gibt es ein Übeschema, in dem sich alle betreffenden Gelenke vereinen können: In der Folge: fest – loslassen – Fall.

„Fall" bedeutet: Zugleich mit dem Fallenlassen des Armes, der Hand, erfolgt ein Fallenlassen des Atems. Fallenlassen und Ausatmen ist eins.

- Hals:
  Körper aufrecht sitzend oder stehend – Halswirbel loslassen – der Kopf fällt mit kurzem Atemstoß nach vorn.
- Schultergelenk:
  Arm hochhalten – in der Schulter loslassen – Fall – lockeres Hängen. Mit geschlossenen Augen die locker hängende Schulter fühlen.
- Ellbogengelenk:
  Oberarm locker hängend, Unterarm angewinkelt – loslassen – Fall. Lockeres Hängen des ganzen Armes.

- Handgelenk:
  Oberarm locker hängend, Unterarm angewinkelt. Handrücken und Unterarm bilden eine gerade Linie. Handgelenk loslassen (der Unterarm bleibt angewinkelt). Die Hand fällt abwärts, bleibt locker hängen – Arm fallenlassen, hängende Schulter spüren.
- Brücke und Finger:
  Unterarm heben, er bildet, schräg nach vorn geneigt, mit Handrücken und Fingern (mit ihnen aber nur ungefähr, sie dürfen sich nicht versteifen) eine gerade Linie. Finger in den Brückegelenken loslassen – sie fallen nach unten, bleiben hängen, locker (nicht faustgeballt) – ganzen Arm fallen lassen (ausatmen), hängende Schulter spüren.

1.3. Phrasierung, Atem, Artikulation

Hiermit verbunden, ja, abhängig vom Wissen um die Funktion unseres Spielapparates und aller seiner Bewegungsmöglichkeiten ist – nun einmal von dieser Seite her betrachtet – der Umgang mit Artikulation und Phrasierung. Beide Begriffe, schon frühzeitig als „Was ist es" ins Bewußtsein gegeben, werden nun als „Wie macht man's" wieder hervorgeholt und der Aufmerksamkeit im Üben anheimgegeben.

- Artikulation: *staccato*, *portato*, Binden und Absetzen zweier oder mehrerer Töne ist Aufgabe der Finger, ist also Sache der Knöchelgelenke der Brücke, dazu – nicht zu vergessen – der Schulter.
- Phrasierung, genauer: das Spielen einer Phrase, ist Aufgabe des Unterarmes, ist aber auch Sache des Handgelenkes, das in leicht schwingender Bewegung gleichsam der melodischen Spielrichtung folgt. Und ist natürlich – wiederum nicht zu vergessen – Sache der Atemführung.
  Wie hieß es doch ganz am Anfang? „Die Phrase ist das Atmen der Melodie." Atmen wir also mit.
- Apropos: Atmen – sollte es noch nicht gesagt sein: Vor „Angststellen", die oft ein inneres Verklemmen bewirken, ausatmen! Im vorangehenden Takt ein deutliches Zeichen setzen, das vorwarnt und rechtzeitiges Ausatmen anmahnt.

2. Vom Anschlag

Der Anschlag vollzieht sich in drei Spielebenen:
- in der Taste
- an der Taste
- über der Taste

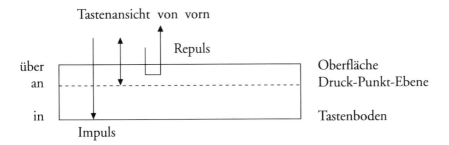

In der Taste spielen meint ein Impulsspiel, das das Fühlen des Tastenbodens anzielt, das Gewicht des Spielapparates dort spürt, ehe es wieder aufgehoben oder verlagert wird. Die möglichen Anschlagsarten sind:

- *portato* = Einzeltöne im langsamen Tempobereich,
- *non legato* = gewichthaftes Stoßen [...] (dadurch entsteht eine leicht verbundene Tonkette) und
- *Gewichtslegato* = Verlagern des Gewichts von Ton zu Ton (gleichsam ein Ton-Band) im ruhigen Tempobereich.

Über der Taste meint das Repulsspiel, bei dem der äußerst kurze Anschlag der Taste an ihrer Oberfläche, das Zurückfedern des betreffenden Spielgliedes das entscheidende Moment ist. Es betrifft die verschiedenen bewirkten Staccato-Arten

- *Fingerstaccato,*
- *Handgelenkstaccato und*
- *Unterarmstaccato.*

An der Taste stellt das von Carl Czerny als „Fingerspiel" bezeichnete Spiel dar. Die Taste wird nur bis zum Druckpunkt niedergedrückt mittels des kleinsten Spielapparates, eben des Fingers. Impuls und Repuls halten sich die Waage.

Soweit also Hanspeter Goebels, dessen Ausführungen ich hier gern übernehme[*]. Bleibt zu ergänzen: Es betrifft

- leicht fließendes *legato,*
- *leggiero* (gleichermaßem dem Spiel „an" wie dem Spiel „über" der Taste zugehörig).

Nun darf sich das Wissen um diese Anschlagsarten, ihrer Einteilung und Ausführung nicht auf den Lehrer allein beschränken, auch dem Schüler müssen sie nach und nach verständlich und geläufig werden. Die Anschlagsarten sind in Übungen einzubetten und entsprechend zu verinnerlichen. Einer technischen Studie, einer Sequenzübung mit fortschreitender Hand zum Beispiel, ist nicht damit Genüge getan, sie lediglich mit einem belanglosen „Üb das bis zum nächsten Mal" zu übergeben, sondern es ist

[*] Grafik und Zitat aus: Hanspeter Goebels, *Zur Grundlegung der Klaviertechnik*, in: *Üben & Musizieren* 4/1986

zu bewirken, daß ein und dieselbe Übung stets in mehreren unterschiedlichen Anschlagsarten durchgeführt wird.

Wir arbeiten zu diesem Zeitpunkt mit recht jungen Schülern. Das stellt uns vor das Problem, wie ihnen dies verständlich gemacht, mit welchen Begriffen und Wortbildern ihnen die diversen Anschlagsarten und deren spielgerechte Ausführungen nahegebracht werden können. Dabei ist, von Anschlag und Bewegung her, gute Vorarbeit schon geleistet worden:

2.1. „In der Taste" spielen: Fall und Gewicht

Der Anschlag, der Fall in die Taste hinein, das federnde Abstützen findet seine Vorstufe bereits im „Grashüpferspiel" des ersten Vierteljahres (Phase 4, Seite 193). Während der staccatoartige Absprung von nicht niedergedrückter Taste dem Spiel „über der Taste" als Vorstudie dienen mag, entspricht die Landung, das In-die-Taste-Fallen (dort mit zwei Fingern zugleich) und das Verharren mit vollem Armgewicht dem hier zu übenden Anschlag.

Überhaupt ist zunächst anzuraten, beim Anschlag den auftreffenden Finger durch den Daumen abstützen zu lassen. Der Daumen verhindert so das Umknicken des letzten Fingergliedes. Dann löst er sich durch leichtes Heben des Handgelenkes, das sich, ist die Lösung vollzogen, wieder senkt. Auch dies ist vorgeprobt im Handgelenk-Fahrstuhlspiel (zweites Vierteljahr, Phase 3, Seite 215 f.).

Schließen wir auch sprachlich an diese Spiele an, machen wir uns dem Schüler mit seinen Begriffen verständlich. Und bedienen wir uns nach Möglichkeit auch weiterhin alterszugeschnittener Formulierung.

- Den Fall in die Taste betreffend:
  Aus der Höhe bis ganz auf den Grund der Taste fallen.
  Oder: …als wenn man vom Sprungbrett mit den Füßen voran ins Wasser springt und deutlich unten auftrifft.
  Beim Fall ausatmen!
  Beim Loslassen auch die Schulter lockern.
  Beim Auftreffen federt das Handgelenk.
  Der Finger soll sich sofort in die Taste „vertiefen".
- Das Gefühl der Schwere betreffend:
  Schwerer Arm. Armgewicht spüren. Hängende Schulter fühlen.
  Das Gewicht ruht jetzt auf der Fingerspitze.
  Oder, mit Varró: … das Gefühl haben, als ob der stützende Finger bis zur Schulter reicht.
  Alle Finger sind nahe beieinander, nahe am stützenden Finger; die Hand ist klein.
- Und: Die Taste „ansaugen"; saugendes Gefühl in der Fingerspitze.
  Auch das ist vorgeprobt im Raupenspiel des ersten Vierteljahres (Phase 4, Seite 188).
  Die Raupe, die sich (Fingerpolster) an den Tasten festsaugt, buckelbildend (Brücke) den Körper nachzieht, wieder streckt…

2.2. „In der Taste" spielen: Gewichtsverlagerung

Noch ein Fahrstuhlspiel, „Kleiner Fahrstuhl" (im Gegensatz zum Handgelenk-Fahrstuhl in großer Bewegung).

Zwei Finger (3. und 4.) senken zwei Nachbartasten vorsichtig bis zum Tastengrund (stummer Anschlag), werden schwerer, spüren Armgewicht. Hängende Schulter. Ruhiger Atem.

Jetzt überträgt ein Finger seine Schwere auf den anderen. So wird der eine kontinuierlich immer schwerer, der andere immer leichter, während der Lehrer in geradezu suggestiver Form spricht: „…der vierte Finger wird immer schwerer, immer schwerer, immer schwerer, der dritte Finger wird immer leichter…" und so fort, bis der eine die volle Schwere spürt, der andere so leicht geworden ist, daß er vom Tastenhub getragen von selbst auffährt.

Dieses Spiel – Weiterreichen des Gewichtes – übertragen auf stummen Tastenwechsel, wobei der Finger zugleich mit der Taste auch das Gewicht übernimmt, der freiwerdende Finger sich in die nächste Taste hineinsenkt (auch dies wurde im zweiten Vierteljahr schon vorausgenommen in Phase 3, Seite 216).

Gewichtslegato: Bei getragener Melodie, ausdrucksvoller Liedmelodie (beispielsweise *Der Mond ist aufgegangen*) seien singende, volltönende Melodietöne durch Gewichtsverlagerung zu erreichen. Es ist darauf zu achten, daß die „Brücke" in Melodierichtung mitgeht und sich stets hinter dem tragenden Finger befindet. Und: Nach einem Anschlag immer wieder das Gefühl des „Ansaugens" empfinden.

Oder, mit dem bedeutenden Pianisten Thalberg[*] zu sprechen: … *muß so viel Ton als möglich aus ihnen* [den Tasten] *gesogen werden dadurch, daß man sie kurz anfaßt und tief, mit Kraft, Entschiedenheit und Wärme niederdrückt.*

2.3. Über der Taste spielen

Das bedeutet kurzes Antippen der Taste, federndes Handgelenk. Alle *staccato*-Arten, teils auch *leggiero*.

Wieder sei hier das Alter unserer Schüler in Betracht gezogen. Spielanweisungen sollen bildlich, also schülerverständlich, gegeben werden. Gut begriffen ist halb ausgeführt.

Beginn wieder mit Bekanntem, dem Absprung im Grashüpferspiel (erstes Vierteljahr, Phase 4, Seite 193). Diesmal erfolgt er nicht seitlich, sondern in klaviergerechter Ausgangshaltung. Ein Finger liegt leicht auf einer Taste (die anderen Finger sind nahe bei ihm). Absprung (*staccato*-Ton): Das Handgelenk fliegt aufwärts, dem Tastendeckel entgegen.

---

[*] *L'art du Chant appliqué au piano*, Leipzig 1850, zit. nach: Harold C. Schonberg, *Die großen Pianisten*, Scherz 1963. Sigismund Thalberg, 1812–1871, Klaviervirtuose mit großem technischen Können, Zeit- und Weggenosse Chopins, Liszts und anderer. Als einziger im damaligen Paris der großen Klaviermeister ihrer Zeit einem Franz Liszt ebenbürtig, den er zum virtuosen Wettkampf herausforderte.

Es wird also „ins Klavier hinein" gespielt. Die Sprungbewegung darf kein Zurück-zucken in Körperrichtung sein.

Anderes Bild: Die heiße Herdplatte. Kurze Berührung der Taste, der Anschlag erfolgt „eben noch". Bei Empfindung „heiß!!" heftiges Zurückzucken (das intuitiv allerdings meist in Richtung Körper erfolgt: lieber ein „Hochzucken" draus machen). Hand, Arm ausschütteln.

Das Floh-Hüpfspiel: Mit nur leichtem Antippen von Taste zu Taste hüpfen.

Oder: Fingerblitz (aus halb geöffneter Hand heraus, die die über den Tasten drohende Wolke darstellt) schlägt in eine Taste. Sehr schnelle, eben „blitzartige" Bewegung. Alle Finger sollen sich in Blitzspiel versuchen.

2.4. Das Spiel „über der Taste" in feste Übungsabläufe einbringen
- „Spiele diese Übung, als wenn ein Huhn Körner aufpickt." (Fingerstaccato, eventuell unter Handgelenkbeteiligung)
- „Spiele diese Übung, als wenn du einer Freundin zum Abschied nachwinkst." (weiches *staccato*, eventuell *leggiero*, aus dem Handgelenk)
- „Spiele diese Übung, als wärst du ein Trampolinhüpfer." (Ach, das hatten wir doch schon mal, in Phase 3 des zweiten Vierteljahres, Seite 221: Unterarmstaccato verbunden mit geringfügiger Abwärtsbewegung des Handgelenkes.)
- Repetitionsübungen, einmal ohne Fingerwechsel, dann mit Fingerwechsel: „Spiele diese Übung, als wenn du mit empfindsamen Fingerspitzen Tamburin spielst – oder zart die Handtrommel klopfst." (Fingerstaccato, wenig Handgelenk)

Einige Übungen mehr:
Grashalme rauszupfen. So anschlagen, daß mit Niederfall und Tastenberührung Daumen und ein Finger sich treffen, die in kurzer Zupfbewegung, den Grashalm zwischen sich haltend, nach oben zupfen. Es ist dies eine Parallele zum „Anschlag mit Daumenhilfe" (siehe „In der Taste" spielen, Seite 296), dort mit schwerem Arm, hier mit leichtem, zurückschwingendem Unterarm.

Schnelle Sprünge üben:
Hand auf Oberschenkel ruhend. Den Zielton fest im Blick. Anschlagsimpuls und Hochschwingen – Treffen der Taste mit dem vorbestimmten Finger – Staccatoanschlag (Unterarmstaccato). Beim Anschlag oder kurz danach fällt die Hand locker zusammen (kleine Hand), der Daumen trifft dabei auf den anschlagenden Finger.

2.5. Das Spiel „an der Taste" und Kombinationen
Feinmotorik. Leichter Arm. Fingerspiel. Geläufiges *vivace*. Schnelle, präzise arbeitende Finger in relativ kleiner Bewegung. Hierzu Thalberg: *…die Finger müssen in diesem Fall mehr gefühlt als angeschlagen werden*. Anzuwenden in allen Geläufigkeitsübungen.

Wieder mag eines der Tierspiele des zweiten Vierteljahres den Anfang machen, das Spinnenspiel (Phase 3, Seite 218), diesmal sofort in normaler Klavierspielhaltung beginnend: Die Finger einfach krabbeln lassen, während die Hand seitlich weiterrückt. Es kommt so etwas wie ein schnelles, sequenzartiges Krabbeln in jeweils einer Richtung dabei heraus.

Melodien im *legato*-Spiel, auch Liedspiel, wobei besonders anfangs darauf zu achten ist, daß im Melodiebogen keine Lücke auftritt. Kindgemäß: „Beim Singen hackst du die Melodie auch nicht irgendwo zwischendurch ab", oder: „Melodie spielen ist immer ein Singen auf dem Klavier".

Später: Versuch mit *leggiero*, der schwierigsten Spielart. *Leggiero* hält etwa die Mitte zwischen „an der Taste" und „über der Taste".

Kombinationen (wie sie sich übrigens von selbst ergeben):

Eine Übung, als Beispiel, etwa: eine Hand schnell, im Spiel „an der Taste", die andere langsam im Spiel „in der Taste". Triolen oder Sechzehntelnoten gegen Viertel, bei Fünf- oder Sechstonübungen, Tonleitern, Arpeggien und so weiter.

2.6. Anschlag und Dynamik

Ausübung von dynamischen Elementen ist ebenfalls eine Sache von Bewegung und Armgewicht. Hier muß aber noch ein weiterer Punkt berücksichtigt werden: nämlich die „Geschwindigkeit" des Anschlages, das mehr oder weniger schnelle Niederfallen des Fingers, das über *forte*, *mezzoforte* oder *piano* entscheidet.

Die Schüler haben sich intensiv damit beschäftigt, was beim Tastenanschlag mit Hämmerchen und Saite innerhalb des Flügels passiert (erstes Vierteljahr, Phase 2, dort die Seiten 176 ff.). Darauf kann ich fußen, wenn ich die Schüler bitte, sich beim Tastenanschlag konzentriert vorzustellen, mit welcher Geschwindigkeit das Hämmerchen der Saite entgegenfliegt. Ich kann auf diese Weise, ohne den Anschlag zu erwähnen, bemängeln, daß das Hämmerchen „wohl ziemlich lahm oben angekommen ist, nicht wahr?" Die Formel „Geschwindigkeit des Anschlags entscheidet über Geschwindigkeit des Hämmerchens" leuchtet den Schülern eher ein als eine Formel, die von „Kraft", „Anschlagsstärke" oder gar von Druck spricht.

So ist auch die dynamische Komponente in Übungen einzubringen. Wie schon zuvor mag die Aufgabenstellung lauten: „Spiele diese Übung nacheinander in verschiedenen Stärkegraden; je einmal im *piano*, im *mezzoforte*, im *forte*." Im Früh-Instrumentalunterricht allerdings sei zumindest im Anfangsjahr (oder -doppeljahr) nur mit „leise" und „laut" zu arbeiten, wobei „laut" relativ zu verstehen ist, da es höchstens an ein akzeptables *mezzoforte* heranreichen dürfte. Auf Versuche, vollklingende *forte* zu erzielen, sollte möglichst verzichtet werden. Noch sind die kleinen Finger zu labil.

3. Übungen „einkleiden"

Auch in späteren Zeiten vergibt man sich nichts, wenn man dem Schüler darin entgegenkommt, Übungen sinnbildlich zu kostümieren, wenn man quasi Vorstellungshilfe gibt.

Als mögliches Beispiel, als Gebrauchsmuster gewissermaßen, möchte ich einige dieserart „eingekleidete" Übungen aus meinem (nicht nur der Übung zugedachten) Klavierbuch *Trimmpfade** anführen.

In einem der Trimmpfade, er heißt *Die Tastentänzer* (Finger- und Handgelenktraining), läuft zum Beispiel der Parcours so:

- Erste Übung („Tanz der Spaßmacher"): Handgelenk- oder, da langsames Tempo, Unterarmstaccato; dazwischen kurze, auf jeweils drei Töne beschränkte *legato*-Folgen.
- Zweite Übung („Pas de deux", zweiter und vierter Finger der rechten Hand tanzen): Geschlossene Terzen – Handgelenk-Hochschwung (Vorbild: Grashüpfer abspringend). Gebrochene Terzen, je zwei und zwei gebunden – Tiefschwung – Hochschwung (Vorbild wiederum: Grashüpfer landend und wieder abspringend).
- Dritte Übung („Révérence", „Höfliche Verbeugung"): Das Handgelenk verbeugt sich, in zwei getrennten Übungen, tief. Auch hier: In die Tasten fallend, Wiederaufschwung. Dann Sexten im Handgelenkstaccato.
- Vierte Übung („Spitzentanz der Primaballerina"): Spitze tanzt hier der dritte Finger der rechten Hand. So hoch muß er sich manchmal strecken (hier ist buchstäblich die Handgelenkfahrstuhl-Bewegung aus früheren Übezeiten auszuführen), daß die linke Hand unter ihm hindurchtanzen kann.
- Es folgen der „Abschiedsmarsch", auszuführen in verschiedenen Artikulations- und Anschlagsarten, und später der „Zehenspitzentänzeltanz", zur Abwechslung einmal vierhändig.

4. Handlage, Griffbewußtsein

Klavierspiel vollzieht sich in Handlagen, in Griffen. Ich ließ es mir angelegen sein, die Schüler von Anfang an dieses Prinzip „begreifen" zu lassen. Man erinnere sich (erstes Vierteljahr, Phase 3, siehe Seite 181): Schon die ersten Spiele und Übungen haben Tastengruppen, Drillinge und Zwillinge, im Blick und somit im Griff. Früh-Instrumentalunterricht darf einfach nicht mit einer Spielfolge von Einzeltönen beginnen! Parallel zu dem, was bereits im ersten Vierteljahr über Notation als Grundsatz genannt wurde, daß nämlich jede Note nur in Beziehung zu ihren Nachbarnoten zu verstehen sei, ist auch jede Taste nur als Teil einer Tastengruppe, jeder Finger als Teil einer Fingergruppe, eines Griffes, zu verstehen.

Lage heißt, daß jeder Finger einer bestimmten Taste, seiner Taste, zugeordnet ist. Anfangs beschränkt sich das Spiel hauptsächlich auf die Fünftonlage. Fünftonlage heißt, fünf Finger liegen auf fünf Nachbartasten. Es ist die Grundlage. Nach Lagenwechsel – Über- oder Untersatz – geht die Hand, wenn kein Fingersatz anderes vorschreibt, automatisch wieder in eine Fünftonlage.

---

* Peter Heilbut, *Trimmpfade*, Bärenreiter, Kassel 1987

Später folgt das Spiel in Sechstonlage. Sechstonlage heißt, die Außenfinger umspannen sechs Tasten, die mittlere Fingergruppe hat auch hier eine ihr zugeordnete Tastengruppe zu belegen. Eine Taste bleibt frei. Der Griff ist immer der gleiche: Die leere Taste befindet sich dort, wo die Hand die größte Lücke zeigt: Zwischen Daumen und Zeigefinger (unsere Hand ist zum Klavier Spielen gut eingerichtet, nicht wahr?).

Das Wissen um die Natur des Sechstongriffes ist wesentlich: Dreiklangsübungen mit ihren Umkehrungen Sext- und Quartsextakkord bedürfen keiner Fingersatzangabe, sie ergeben sich von selbst in ihrem Wechsel von Fünf- und Sechstonlage.

Noch später – die Siebentonlage. Die Außenfinger umfassen sieben Töne, eine weitere leere Taste liegt zwischen zweitem und drittem Finger – der übliche Septakkordgriff. Auch hier: Jeder Finger weiß, auf welcher Taste er zu liegen hat.

Man verzeihe mir die Ausführlichkeit von Selbstverständlichem. So etwa aber – je nach Alter auch mit anderen Begriffen – pflege ich es den Schülern nahezubringen. Das Griffbewußtsein frühestmöglich zu entwickeln ist entscheidender Schritt auf dem Wege zum Klavierspiel.

Es folgen „Treffspiele", bei Schülergruppen eventuell im „Wettbewerbsprinzip": Hände auf den Schenkeln. Wem gelingt zuerst der Griff: Linke Hand – Sechstonlage auf – – f!? Kein Anschlag, nur darauflegen; präzise Position der mittleren Finger!

Dann Übungen: Fünftonübungen mit weiterrückender Hand, Sechstonübungen mit fortschreitender Hand (das ist ein Unterschied): Rechte Hand zum Beispiel aufwärts in Sechstonlage, abwärts in Fünftonlage. Bei neuerlichem Daumenanschlag rücken die oberen vier Finger wieder in Sechstonlage und so fort –

Nun sind aber Handlage (ruhend) und fließendes Spiel zwei Dinge unterschiedlichen Charakters. Ein Klavierist, der konstant die Handlagenstellung beibehielte, jeden Finger während des Spiels also auf oder über der ihm zugehörigen Taste ließe, würde schnell verkrampfen. Diese Tatsache verdeutlicht einen weiteren Grundsatz: Je „kleiner" die Hand, je näher die Finger beieinander, um so lockerer die Bewegung, um so flüssiger das Spiel. Die Finger dürfen also „ihre" Taste vorübergehend verlassen. Und so, wie die „Brücke" bestrebt ist, sich hinter den jeweils spielenden Finger zu postieren, um ihm Gewicht und Anschlagskernigkeit zu geben, so sind die kurzzeitig freien Finger bestrebt, dem anschlagenden Finger nahe zu sein. Das betrifft nicht nur das Spiel in weiter Handlage, denn wer genau hinblickt, wird erkennen, daß schon eine Übung im Fünftonraum intuitiv mit „kleiner" Hand gespielt wird. Die Hand sorgt unabhängig vom Bewußtsein von selbst dafür, sich klein und locker zu halten.

Mit „kleiner" Hand gelingt es am ehesten, dynamisches Gleichmaß zu erzielen.

„Klavierspiel", begann ich diesen Abschnitt, „vollzieht sich in Handlagen." Das betrifft auch das Tonleiterspiel, und wieder gehe ich ganz an den Anfang zurück, in die ersten Wochen, in denen Schüler mit Drillings- und Zwillingstasten, konform gehend mit Drillings und Zwillingsgriffen, das Spiel auf dem Klavier „begreifen" lernten. Wie geschildert, waren sie bereits nach wenigen Wochen beim Tonleiterspiel angelangt, folgerichtig ausgeführt im Wechselspiel „Drillingsgriff – Daumen – Zwillingsgriff – Daumen" und so fort. Dies, nach gleichem Schema, sofort in drei verschiedenen Tonarten, mit Drillingsbeginn (Fis-Dur), Zwillingsbeginn (Des-Dur) und Daumenbeginn (H-Dur). Begriffen und ausgeführt ohne Schwierigkeit, und somit jetzt schon vertraut mit dem festen Prinzip des Tonleiterspiels überhaupt.

Nun ergibt sich aber aus diesem Klavierspiel- und Tonleiterspielbeginn, denkt man in dieser Richtung weiter, als geradezu zwingende Konsequenz eine verlockende Möglichkeit des Fingersatzes jenseits des schulüblichen Schemas. Liegen die oben genannten Tonarten nicht deshalb so gut in der Hand, weil der Übersatz stets a u f schwarze Taste, der Untersatz stets n a c h schwarzer Taste erfolgt? Folgt man diesem Gedanken und probiert das einmal aus, dann entdeckt man, daß tatsächlich alle Tonarten nach diesem Prinzip gespielt werden können; von C-Dur abgesehen.

Legen wir die mittleren Finger auf die schwarzen Drillinge, so liegen unsere Hände symmetrisch auf den Tasten. Entscheidend dabei ist, daß daß der vierte Finger der linken Hand auf der Taste fis, der vierte Finger der rechten Hand auf der Taste b liegt. Behält man diese Fixpunkte bei, gelingt in der Tat ein Tonleiterspiel, dessen Fingersatz weit sinnvoller ist als der nach üblicher Manier. An gedanklicher Vorarbeit ist lediglich die Überlegung zu leisten, welcher Finger jeweils zu beginnen hat.

Also: In allen Kreuz-Durtonarten (G bis Cis) belegt der 4. Finger der linken Hand die Taste fis. In allen ♭-Durtonarten (F bis Des) belegt der 4. Finger der rechten Hand die Taste b. Vom zweiten Vorzeichen an kann nun der 3. Finger ebenfalls auf schwarz über-, der Daumen nach schwarz untersetzen.

Es ist dies, das sei klargestellt, der Fingersatz beim Tonleiterspiel über mehrere Oktaven. Meine Schüler waren mit ihm von Anfang an vertraut und wendeten ihn an, was, wie ich gestehen muß, bei so manchem sonst geneigten Kollegen an Hoch- und Musikschule zweifelndes Kopfschütteln auslöste und mich in den Ruf eines Fingersatz-Fetischisten brachte. Bestätigung fand ich später in Walter Georgiis lesenswertem *Klavierspielerbüchlein*[*], der zu meiner Freude ebendiese Fingersatzprinzipien aufstellte. Wie zu vermuten, sind sie inzwischen weiteren Kreisen bekannt und – vielleicht – geläufig, so daß ich damit rechnen kann, in diesem Punkt bereits offene Türen vorzufinden.

Zu merken ist lediglich:

♭-Tonarten	linke Hand:	4. Finger auf den 4. Ton der Tonart
(1–5 ♭)		3. Finger beginnt
	rechte Hand:	4. Finger auf die Taste b
Kreuz-Tonarten	linke Hand:	4. Finger auf die Taste fis
(1–5 ♯)	rechte Hand:	4. Finger auf den Leitton
		1. Finger beginnt

---

[*] Atlantis, Zürich 1953, 6. Auflage Mainz und München 1993 (Serie Musik Piper/Schott)

Grundsatz für das Dur-Tonleiterspiel über mehrere Oktaven:

> auf schwarze Taste übersetzen,
> nach schwarzer Taste untersetzen.

♭-Tonarten (1–5 ♭)	
linke Hand	rechte Hand
4. Finger auf den 4. Ton	4. Finger auf die Taste „b"
3. Finger beginnt	Überlegen, welcher Finger beginnt

♯-Tonarten (1–5 ♯)	
linke Hand	rechte Hand
4. Finger auf die Taste „fis"	4. Finger auf den Leitton
Überlegen, welcher Finger beginnt	Daumen beginnt

Der Fingersatz für Tonarten mit 6 und 7 Vorzeichen ergibt sich von selbst. Hier schließt sich der Kreis, da die Zwillings- und Drillingsgriffe wieder, wie begonnen, über die Zwillings- und Drillingsgruppen der schwarzen Tasten laufen.

Nun noch eine kleine, jedoch nicht unwesentliche Regel für das Tonleiterspiel mit beiden Händen zugleich:

> Jeweils auf die Hand achten, die übersetzt:
> beim Aufwärtsspiel auf die linke Hand;
> beim Abwärtsspiel auf die rechte Hand.

Warum? Die übersetzende Hand hat stets zu entscheiden: Zwillings- oder Drillingsgriff? Beziehungsweise dritter oder vierter Finger? Das Untersetzen nach schwarzer Taste vollzieht sich von selbst.

5. Ausblick auf spätere Zeiten

Irgendwann ist es schließlich soweit, daß die Schülerhand zur Spannweite einer Oktave, einer mühsam erreichten None gar, gewachsen ist. Die Zeit ist reif, sich der voll- und weitgriffigen Romantik zu nähern. Von der dritten Generation an begann ich mich vage für diesen Zeitpunkt zu interessieren, zumal die Schumann-Chopin-Reife nicht nur eine Sache der Hand, sondern auch des Kopfes ist.

Isabel, mit ihren breiten, kräftigen Händen, war neun, Alexander auch, ebenso Phil. Thilo, „die Grazien" sowie Anna und Gregor waren zehn, Anna und Janina elf (die Schüler der ersten und zweiten, teils der dritten Generation, die ich nach etwa drei Jahren weitergab, kommen hier nicht in Betracht). Insgesamt läßt sich sagen, daß die Schüler der vierten Generation und diejenigen der dritten, die ich behielt, etwa vier Jahre, genauer: zwischen dreieinhalb und fünf Jahren, im Unterricht waren. Sie sind eingeübt in die Welt Haydns, Mozarts, Bartóks, haben etliche der Kleinen (aber alles andere als leichten) Präludien von Bach gelernt, kosteten mit dem *Album für die Jugend* auch schon Schumannsches und sind grundsätzlich nach wie vor klaviermotiviert.

Bevor jedoch mit den Chopin-Préludes die neue Epoche beginnt, erfolgt eine Vorbereitung, eine Einübung, spielerisch wie klanglich, anhand der *Studien für Klavier* von Ernst Haberbier.

In einem Antiquariat hatte ich seine Studien entdeckt und war sogleich fasziniert. Nicht nur, daß sie von hohem poetischem und klavieristischem Reiz, oft von sensibler Klangschönheit sind: In ihnen wird eine scheinbar simple Idee auf geniale Weise ausgeführt. Haberbier verzichtet auf seitenlange Etüden. Statt dessen konzentriert er ein bestimmtes klaviertechnisches Problem in einer kurzen, einprägsamen Spielfloskel, die einerseits als Übung in sich geschlossen, andererseits aber Teil größeren Zusammenhanges ist. Die Teilstücke sind in sich ständig wiederholbar, derart, daß der letzte Ton, der letzte Akkord, der letzte Fingersatz elegant wieder in den ersten Ton hineingleitet, und so weiter. Zugleich schließt jedes Teilstück an das nächstfolgende an, welches sich ebenfalls als eigenständiges perpetuum mobile im Kreise zu drehen vermag, sich jedoch auch wieder in das vorherige Teilstück hineinleiten läßt, so daß sich zwei oder mehr Teilstücke übergeordnet zusammenschließen lassen. Letztlich ergibt sich aus allen eine längere etüdenartige Studie von eigenständiger Prägung und Form. Dazwischen liegen aber auch kurze Stücke, Viertakter zumeist, die in sich selbst geschlossen sind. Überschaubar, verständlich das alles, mit kleinen Schritten arbeitend, sind die Studien Haberbiers nicht nur der geeignete Einstieg für unsere immerhin noch recht jungen künftigen Schumann-Chopin-Mendelssohn-Spieler; sie werden sie mit fortschreitender Schwierigkeit auch weiterhin eine längere Strecke Weges begleiten.[*]

Es folgt nun ein Gespräch, wie ich es mit meinen Schülern in ungefähr dieser Weise vor Inangriffnahme der Haberbier-Studien zu führen pflege.

---

[*] Haberbier/Heilbut, *Ausgewählte Studien für Klavier*, Heinrichshofen Verlag, Wilhelmshaven (Mir bot sich Gelegenheit, eine Auswahl der Studien neu herauszugeben.)

Situation: Einzelschüler/in, zehn Jahre alt. Christina Domnick steht mir vor Augen, intelligent, redegewandt, Unterrichtsbeginn mit fünfeinhalb Jahren, vier oder viereinhalb Jahre im Unterricht. Christina deshalb, weil sie es war, die die Antwort mit den Fingersätzen, kaum daß die Studie aufgeschlagen war, spontan präsentierte.

„Hier liegt dein neues Studienbuch vor dir. Die Studie Nr. 2, schau sie dir an, sage, was du entdeckst." (siehe Notenbeispiel auf der nächsten Seite)

„Komisch, daß bei jeder Note ein Fingersatz steht. Auch hier oben bei Nr. 1, obgleich doch klar ist, daß dort Fünftonlage ist!"

Ich lache. So reagieren Schüler, die daran gewöhnt sind, einen Fingersatz nur bei Lagenwechsel oder anfangs, die Handlage festzulegen, vorzufinden.

„Nun ja", sage ich, „Herr Haberbier wollte wohl auf Nummer Sicher gehen. Aber weiter, was noch?"

„Zweimal im Takt die gleiche Spielfigur, siebenmal nacheinander."

„Das gilt es ja auch zu üben. Komm mit ans Klavier. Ich spiel dir das Stück vor. – Du siehst, mein Handgelenk folgt in kreisender Bewegung dem Spiel der Finger. Ein Kreis, ein Schwung für jede Spielfigur. Aber laß uns, bevor du mit der Studie beginnst, noch einmal ein paar Grundsätze des Klavierspiels durchgehen.

Erstens: Das Klavierspiel vollzieht sich in Handlagen, in Griffen.

Diese Studie verlangt Oktavlage, darin die unbequeme weite Spreizung zwischen 2. und 4. sowie 4. und 5. Finger. Die Fingersätze sind vorgegeben."

„Die wären doch nicht nötig; die ergeben sich doch…"

„Richtig, die ergeben sich; aber Haberbier hat sie nun mal hingeschrieben. Probier den Griff einmal: Spiele die Oktave auf e, und nun setze zweiten und vierten Finger dazu."

„Das kann ich kaum schaffen. Das geht so nicht!"

„Eben. Also wenden wir uns dem nächsten Grundsatz zu!

Zweitens: Je ‚kleiner' die Hand, um so lockerer die Bewegung.

> Gespannte, weit gespreizte Hand = steife, verkrampfte Hand
> Geschlossene Hand, hängender Arm = lockere, bereite Hand

Ich spiele dir jetzt die erste Figur ‚in Zeitlupe', mit Zwischenstops, vor. Hier die erste Sext. Ich stoppe beim 4. Finger: Siehst du, der Daumen hat seine Taste bereits verlassen, bereit, in Spielrichtung mitzuwandern.

Nun mit dem 2. und 5. Finger die nächste Sext. Stop beim 5. Finger: Du siehst, wie auch der 2. Finger seine Taste verlassen hat und mitgeht. Die Hand ‚denkt' englagig. Das Handgelenk bleibt während des Aufwärtsspiels unten, auch beim Stop des 5. Fingers noch. Aber dieses Mitgehen in Spielrichtung folgt noch einem weiteren Grundsatz:

Drittens: Die Hand – oder sagen wir's mit unseren gewohnten Worten – die Brücke soll sich stets hinter dem spielenden Finger befinden. Damit bekommt das lockernde Zusammenziehen der Hand beim Spiel der Aufwärtsfigur noch mehr Sinn. Ich stoppe wieder nach der ersten Sext beim 4. Finger. Befindet sich die Brücke jetzt hinter ihm, was sie ja soll, dann hat der Daumen überhaupt keine Möglichkeit, auf seiner Taste zu verharren. Nach der zweiten Sext, beim 5. Finger, ist es nicht anders. Mit der Brücke strebt der Arm nach außen, nimmt gewissermaßen das Handgelenk mit.

Ist mit dem 5. Finger der Scheitelpunkt erreicht, hebt sich das Handgelenk und führt Hand und Finger mit den restlichen Anschlägen unserer Spielfigur leicht zum Ausgangspunkt zurück. Auch jetzt gehen die Finger in Spielrichtung mit, so daß schließlich beim letzten Daumenanschlag die Hand fast geschlossen, also locker ist. Im Fluß gespielt entsteht so die Kreisbewegung des Handgelenkes."

Erstens – zweitens – drittens:

„Du siehst, die Handlage sagt nur etwas darüber aus, welcher Finger welche Taste anschlägt. Beim Spielfluß löst sie sich zugunsten Lockerheit und Armbewegung; weite Lage wird so ausführbar. Die Brücke schließlich stützt mit Hilfe des Arms den anschlagenden Finger, gibt Gewicht und Festigkeit und ermöglicht den klaren, deutlichen Ton."

Ernst Haberbier

Und zum Schluß noch ein paar Empfehlungen:

- Beim Üben wird die linke Hand meist vernachlässigt. Dabei hat sie es besonders nötig, trainiert zu werden! Darum: Übungen mit der linken Hand doppelt so oft und doppelt so gewissenhaft ausführen. Und die Gewohnheit, einzelhändig stets mit der rechten Hand anzufangen, einmal umkehren: Übungen mit der linken Hand beginnen!

- Das stumme Üben, als Vorbereitung oder zwischendurch, bringt viel! Lose, winzig kleine Bewegungen auf Tastendeckel, Tisch oder Knie bei geschlossenen Augen. Konzentration nur auf die Fingerfolge und auf das innere Mithören.

- Mit geschlossenen Augen – nicht nur beim stummen Üben. Blind zu üben verleiht Griffsicherheit – und deckt manch Fehlerhaftes auf.

- Aus einer Ruhestellung heraus das Üben beginnen: Hände in den Schoß, locker hängende Arme. Erst nachdem völlige Entspanntheit des Rückens, der Schulter, der Arme erreicht ist und empfunden wird, dürfen die Finger zu spielen beginnen.

Phase 4:
Vom Spiel mit Noten zum Vom-Blatt-Spiel, begleitend Hörschulung

1. Noten lernen

Über die Einführung von Noten, zumindest Notationen, wurde in den ersten beiden Vierteljahren ausführlich gesprochen. In dieser Ausführlichkeit vielleicht zu früh? Noten lernen, in welchem Stadium des Früh-Instrumentalunterrichts beginnt man damit? Die Meinungen gehen auseinander. Ich selbst tendierte anfangs dazu, es möglichst noch hinauszuschieben. Bald aber lehrten mich die Kinder, das Spiel mit Noten schon früh dem Spiel mit Tasten parallel laufen zu lassen. Wohlgemerkt: parallel, und nicht verzahnt als Blattspiel.

Der richtige Zeitpunkt? Was ist „richtig"? Da erweist sich wieder einmal, es hängt vom Schüler ab! Die Extrembeispiele: Alexandra, die schon in der ersten Stunde vor ihrem mitgebrachten Bach-Heft am Studiertisch saß (Seite 60), Thilo, der ewig brauchte, ehe er sich bereit fand, Notenköpfe etwas näher zu betrachten. Andere zeitlich verstreut dazwischen.

Von der dritten Generation an allerdings war das Angebot „Noten" von Anfang an dabei. Und so, wie es serviert wurde, gab es kaum Verweigerung. Darum meine Empfehlung: Früh beginnen, doch nur unter der Voraussetzung, daß es als Spiel gehandhabt wird und nicht als Blattspiel.

Folgende Grundsätze seien nochmals in Erinnerung gerufen:

- Noten und Tasten seien vorerst getrennte Lernbereiche. Sie treten nur in Verbindung durch Überbrückung des Weges vom Studiertisch zum Instrument.
- Noten sind Gemeinschaftswesen, darum heißt es nicht: „Diese bestimmte Note ist jene bestimmte Taste", sondern: „Diese Note steht zu ihren Nachbarnoten in einer bestimmten Beziehung".
- Hörschulung sei immer mit im Spiel. Wir wollen lernen, lesend zu hören und hörend zu lesen.
- Die anfänglich getrennte Dreischrittfolge Begreifen – Einprägen – Umsetzen prägt das Innere Sehen, prägt das Innere Hören, ist rationaler und – auch dies noch – leichter auszuführen als sofortiges antimusikalisches Von-Note-zu-Note-Spielen.

1. 1. Notentäfelchen, Lernspiele
Spielfolge:
Erkennen, was vor Augen steht – begreifen
Einprägen – Inneres Ohr
Umsetzen – auf die Tasten übertragen

Anhand von vier verschiedenen Arten von Notentäfelchen werden die Spiele durchgeführt. Solche Täfelchen (sie sollten immer in großer Zahl zur Verfügung stehen) können mit wenig Aufwand selbst erstellt werden[*].

– Version A: Täfelchen mit kleinen Melodiefolgen
– Version B: Intervalltäfelchen
– Version C: Dreitontäfelchen
– Version D: Zweistimmigtäfelchen

Dazu gehören:

– Vorsetztäfelchen Violinschlüssel und
– Vorsetztäfelchen Violinschlüssel mit Auftaktnote

In der Folge einige Täfelchen als Muster:

– Version A: Tonschritte, Sprünge, Tonwiederholungen
– Version B: Der Hörerfahrung wegen zunächst zu beschränken auf Sekunde, Terz, Quinte (Sexte)
– Version C: Quinten und Sexten als Außenintervalle
– Version D: Eingangsintervalle beschränkt auf Terzen, Quinten, Sexten, Oktaven

Bei jeder Version wird eine Spielfolge von acht Punkten mit entsprechenden, der jeweiligen Version angepaßten Varianten durchlaufen. Am Beispiel der Version A sind die acht Punkte der Spielfolge im einzelnen aufgeführt.

Vorausgegangen ist möglicherweise eine der Vorstufen, die in Phase 4 des zweiten Vierteljahres (Seite 225) zur Wahl standen. Eventuell läuft noch einiges parallel weiter – grafische Notierung vielleicht. Der Beginn kann bereits ins erste Halbjahr fallen oder auch wesentlich später erfolgen. Mit Schülern, die schon Notenkenntnis besitzen, etwa Kindern, die aus dem Früherziehungsprogramm des VdM kommen, würde ich den Beginn nicht hinauszögern.

Version A: Täfelchen mit kleinen Melodiefolgen

1. Studiertisch. Täfelchen vor uns. Wir stellen fest:
   Tonschritt, Sprung, Tonwiederholung.
   Wir besprechen: Wenn die erste Note (= Taste) mit dem ersten Finger angeschlagen wird, welcher Finger schlägt dann die nächste an? …und die übernächste?
   Wir versuchen, der Melodie innerlich singend zu folgen, dann auch mit oder ohne Lehrerhilfe abzusingen.

---

[*] Es gibt diese Täfelchen – Dreivierteltakt- und Viervierteltaktfolgen – auch zu kaufen. Sie sind Beilage zu meiner Blockflötenschule, sind aber auch separat erhältlich (Otto Heinrich Noetzel Verlag, Wilhelmshaven).

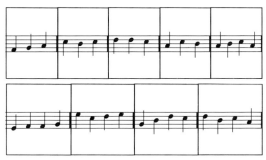

– und viele mehr!

2. Ich halte ein Täfelchen hoch, zeige es, beliebig lange. „Prägt es euch ein. Merkt es euch. Laßt es in euch klingen." Einer geht jetzt ans Klavier; spielt es. Der andere Schüler kontrolliert die Richtigkeit des nach wie vor hochgehaltenen Täfelchens, geht dann selbst ans Klavier, während der Partner das kontrollierende Mitlesen übernimmt.

3. Dieses Vor-Augen-Halten der Täfelchen wiederholt sich Woche für Woche mit immer kürzerer Erkennzeit. Zuletzt geschieht ein fast blitzartiges Hochhalten/Verschwinden, Erkennzeit $^1\!/_2$ Sekunde oder weniger. Dabei kann lediglich die Notenkonstellation erfaßt werden – was ja unser Ziel ist! Und, versteht sich: Nach jedem noch so kurzem Blick wird das Erfaßte auf die Tasten gebracht.

4. Wir machen ein Wettspiel.
   Auf dem Tisch sind viele Täfelchen, durcheinandergemischt, ausgebreitet. Ich spiele eines. Wer es zuerst entdeckt, darf es greifen und behalten. Wer hat zuletzt die meisten – ?

5. Nochmals, viele Täfelchen auf dem Tisch. Ein Schüler prägt sich eins davon ein, geht ans Klavier und spielt es. Der Partner soll es herausfinden.

6. Ein einziges Täfelchen liegt auf dem Tisch. „Prägt es euch genau ein. Hört es mit dem Inneren Ohr. Dreht jetzt das Täfelchen um und behaltet es ‚vor Augen'."
   Ich spiele verschiedene ähnliche Versionen vor, darunter einmal die richtige. Sie soll erkannt werden. Wer zuerst sein „Halt!" ruft, nimmt es. Dann kommt das nächste Täfelchen…

7. Durch Zusammenlegen zweier Täfelchen wird erhöhte Gedächtnisleistung abverlangt. Spielmöglichkeiten hierfür sind die Punkte 1 – 6.

8. Schüler legen sich selbst Täfelchenfolgen zusammen. Das können bei Intervall- und Dreiklangstäfelchen auch mehr als zwei sein. Jeder Schüler spielt die von ihm gelegte Folge selbst vor.

Beim Zusammenlegen der Täfelchen ist darauf zu achten, daß die Täfelchen immer so liegen und gelesen werden, daß sich der Taktstrich am Ende befindet (der später vorzusetzenden Schlüssel wegen). Bei vorgelegtem Schlüsseltäfelchen entfallen die Punkte 4 – 6 (siehe Seite 311 unten).

Version B: Intervalltäfelchen

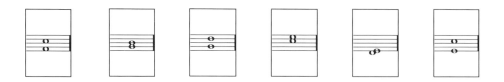

Punkt 1 der Spielfolge muß hier heißen:

1. Studiertisch. Täfelchen vor uns. Wir stellen fest:
   Notenbild: Quinte? Terz? Sekunde? (Später hinzukommend: Sexte)
   Klangbild: Leerer Klang? Wohlklang? Reibung?
   Wir besprechen: Worin Terz und Quinte sich gleichen und unterscheiden:
   Die Terz sagt: „Meine Noten stehen entweder beide zwischen den Linien, oder beide auf den Linien."
   Die Quinte sagt: „Bei mir, liebe Terz, ist es ganz genau so!"
   Die Terz sagt: „Aber meine Noten berühren sich freundschaftlich. Sie mögen sich, darum erklingt ein Wohlklang."
   Die Quinte sagt: „Meine Noten mögen sich zwar auch, aber sie stehen auf Abstand. Durch den Zwischenraum erklingt ein ‚leerer Klang'."
   Und die Sekunde sagt: „Weil meine beiden Noten auch zugleich erklingen, möchten sie, wie die Noten von Terz und Quinte, gern übereinanderstehen. Das geht leider nicht, sie drängen sich beiseite. Es erklingt eine ‚Reibung'."

Hier ist, Hörschulung betreffend, Vorarbeit zu leisten. Man informiere sich in Phase 5, Punkt 5 des ersten Vierteljahres (Seite 200).

Version C: Dreitontäfelchen

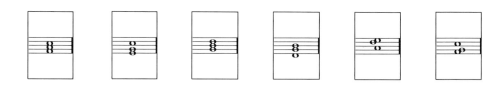

Punkt 1 der Spielfolge heißt hier:

1. Studiertisch. Täfelchen vor uns. Wir stellen fest:
   Welche Täfelchen sind in Quint-, welche in Sextlage zu greifen?
   Die Schüler halten wechselweise ein Täfelchen hoch, der andere sagt, welcher Finger jeweils die mittlere Taste anschlägt, und zwar zuerst bei linker Hand, dann bei rechter Hand.

Punkt 2 der Spielfolge heißt hier:

2. Einer geht jetzt ans Klavier, spielt es. Der andere Schüler geht mit, kontrolliert die Richtigkeit des Griffes. Stets sind die Griffe auch von der linken Hand auszuführen, am besten, man beginnt mit ihr.

Hier ist, Lagen- und Griffbewußtsein betreffend, Vorbereitung unumgänglich. Man informiere sich in Phase 3 „Vom Fingerspiel zur technischen Studie" (Seite 292). Grundsatz: Die leere Taste befindet sich immer dort, wo zwischen den Fingern die größte Lücke ist.

Version D: Zweistimmigtäfelchen

Punkt 1 der Spielfolge kann aus Version A übernommen werden, ist jedoch zu ergänzen:

> Die zwei Stimmen werden mit zwei Händen gespielt: Hals nach oben – rechte Hand, Hals nach unten – linke Hand. Jede Stimme wird zunächst für sich besprochen.
> Dann: Da die Intervalltäfelchen vorausgegangen sind, wird festgestellt, mit welchem Intervall jedes Täfelchen beginnt.

Versionen A bis D: Erhöhung des Schwierigkeitsgrads
Jetzt erhöhen wir den Schwierigkeitsgrad, indem jedem Notentäfelchen ein Schlüsseltäfelchen vorangestellt wird. Dieses Spiel eignet sich für die Punkte 1 bis 3, 7 und 8 aller Versionen.

1. 2. Das Prinzip „Begreifen – Einprägen – Umsetzen"
anhand normaler Klavierliteratur

Daß diese Art des Notenlernens, die unsere Spielfolge – zumindest die Punkte 1, 2, 3 und 6 – in angepaßter Form ohne weiteres übernehmen kann, in dieser Aufzählung erst nach den vorangegangenen Spielen erscheint, darf nicht irreführen. Das bedeutet nicht, daß die Täfelchenspiele vorangehen müssen. Schon während der Täfelchenzeiten, die sich lange hinziehen mögen, spielen die Schüler Lieder und Klavierstücke, und zwar auch – mit Betonung auf diesem „auch" – nach Noten. Wie sie dahin gelangen, ist ausführlich in Phase 2, „Einstudierung neuer Spielstücke" (Seite 271), durchgearbeitet worden. Grundsätzlich sind Noten schon bekannt. Täfelchenspiele und Klavierliteratur laufen also einträchtig nebeneinander her, meinetwegen so: hier das Spiel, das Lernspiel, dort über den Taktrahmen hinaus die praktische Anwendung im Bereich der (meist) melodischen Phrase. All dies ist jedoch nicht „Blattspiel", um dessen Vorbereitung es in dieser vierten Phase geht.

Schon frühzeitig wurden in unserem Unterricht der Begriff und die musikalische Aussage einer Phrase mit dem Klavierspiel verbunden: „Die Phrase ist das Atmen der Melodie", das ist von Anfang an vertraut, und mit der Phrase zu arbeiten ist den Schülern geläufig.

Sie also wird zur Grundlage, wenn aus Spielstücken Teilchen ins Blickfeld gerückt werden, mit denen das Prinzip „Begreifen – Einprägen – Umsetzen" ausgeübt werden soll. Übrigens: Version 9 der zweiten Phase (Seite 288) spricht ausführlich davon.

Ziel jedenfalls ist es, den Schüler zu befähigen, daß er ohne Schwierigkeit eine volle Phrase – das sind normalerweise zwei Takte im Viervierteltakt, vier Takte im Zwei- oder Dreivierteltakt – innerlich absingen (das Innere Ohr sei ständig mit im Spiel), im Kopf behalten (die Noten „vor Augen") und aufs Klavier übertragen kann.

Erst wenn das gelingt, sollte das eigentliche Blattspiel beginnen. Dann nämlich erst hat der Schüler begriffen, worum es beim Vom-Blatt-Spiel eigentlich geht.

2. Noten schreiben

Zur Kenntnis des Notenlesens gehört die Fähigkeit zum Notenschreiben. Um sich dem zu oft vernachlässigten Problem des Notenschreibens anzunehmen, wurde das Buch *Komponierbuch für junge Klavierspieler*** geschrieben.

Auf den ersten Blick ist der Titel *Komponierbuch* irreführend, denn von seiner Konzeption her ist es eine ausführliche, grundlegende Notenschreiblehre für Kinder. Zielgruppe sind die Sechs- bis Neunjährigen, unsere Früh-Instrumentalschüler also.

Nun komme bitte nicht der Einwand, daß Kinder meist nur ungern ans Notenschreiben gehen. Kinder – und nicht nur sie, sondern doch wohl wir alle – begeistern

---

* Otto Heinrich Noetzel Verlag, Wilhelmshaven

sich für Aufgaben, deren Ergebnisse etwas herzeigen. Wird einem Schüler die unkindliche Aufgabe zugewiesen: „Schreibe bis zum nächsten Mal zwei Notenzeilen voll ‚a' ", dann wird ihn nach wenigen Minuten schon die Sache zu langweilen beginnen. Das Ergebnis, zwei Zeilen „a" auf dem Blatt zu haben, dürfte ihn kaum befriedigen. Lockt als Resultat der Mühe jedoch etwas Vorzeigbares, Vorspielbares gar, dann wird die Aufgabe mit Eifer angegangen und ausgeführt. Darin verbirgt sich der Sinn des *Komponierbuches*: Lernen, wie man Noten schreibt, mit dem Ergebnis selbstkomponierter Lieder.

Wie ich die Sache begann und handhabe, erzählt das Kapitel über das Pilotprojekt „Kinder komponieren" im ersten Teil dieses Buches (Seite 68, 88, 103 und 121). Hier begnüge ich mich damit, die Lernfolge Schritt für Schritt nachzuvollziehen, mit Augenmerk auf das Notenschreiben. Der Nebeneffekt, das Komponieren als Ergebnis des Schreibens, kommt noch einmal in der Phase „Komponieren" (Seite 352) zu Wort. Dort sind auch Handschriften von Schülern nach einem Jahr Umgang mit Eigennotierung zu finden.

Zum Umgang mit dem *Komponierbuch*:

Jeder Lernschritt hat mehrere Lieder im Gefolge. Sie zeigen sich als Texte, die unter leeren, also zu füllenden Notenlinien stehen.

Mit Kindern, die noch nicht lesen können, wird der Text auswendiggelernt unter Mitzeigen der Textsilben. Dann wird über jede Silbe (als Buchstabengruppe zu erkennen) eine Note geschrieben.

Ton- und Notenmaterial sind vorgegeben, von drei Noten anfangs bis zu sechs Noten später. Meist sind als „Starterleichterung" einige Noten schon vorhanden.

In ungefährer wöchentlicher Regelmäßigkeit durchgezogen, kann für das *Komponierbuch* ein Jahr veranschlagt werden, je nach Alter und Interesse ein Vierteljahr mehr oder weniger.

- Erster Schritt: Wie man Noten richtig schreibt
  Richtige und falsche Noten. Halbe und Viertel. Die mittlere von fünf Linien und ihre Bedeutung für die Notenhälse.
- Zweiter Schritt: Wie man Takte richtig füllt
  Was ein Takt ist. Jede Note hat ihren festen Platz im Takt. Viervierteltakte.
- Dritter Schritt: Mehr über den Notenhals
  Die Note auf, und alle Noten über der mittleren Linie. Das Zeichen für Viervierteltakt. Hören mit dem Inneren Ohr.
- Vierter Schritt: Wie man Dreivierteltakte richtig füllt
  Auch hier: Jede Note hat ihren festen Platz im Takt. Die ganze Pause: gültig auch für den $^3/_4$-Takt.
- Fünfter Schritt: Wie man Vorzeichen richtig setzt
  Wohin schreibt man das Kreuz, wohin das ♭, wenn der Notenkopf zwischen den Linien sitzt, oder wenn er auf einer Linie sitzt?

Anna und Gregor (6) am (deutlich erkennbaren) Komponierbuch

- Sechster Schritt: Der Auftakt
  Wie sich der Auftakt auf den Schlußtakt auswirkt. Wie eine Phrase aussieht, wenn das Lied auftaktig beginnt. Die Viertelpause.
- Siebenter Schritt: Wie Achtelnoten entstehen
  Achtelnoten mit Balken. Wie aus einer Viertelnote zwei Achtelnoten werden. Balken und Halsrichtung. Balken und Melodierichtung.
- Achter Schritt: Nochmals: Wie Achtel entstehen
  Achtelnoten mit Fähnchen. In welche Richtung wehen die Fähnchen, wenn der Notenhals nach oben, oder wenn er nach unten zeigt? Ein Punkt zur Viertelnote: Die Dreiachtelnote.
- Neunter Schritt: Der Sechsachteltakt
  Dreivierteltakt und Sechsachteltakt: Beide haben sechs Achtelnoten zwischen ihren Taktstrichen. Aber worin unterscheiden sie sich?

Wesentlich bei allem: das innere Mithören, mehr noch: das innere Voraushören! Ständig wird das Innere Ohr gefordert und nie aus der Pflicht gelassen: „…singe dir die Melodie, soweit du sie geschrieben hast, immer wieder in Gedanken vor und versuche den Ton, den du gerade schreiben willst, in Gedanken vorauszuhören…"

314

So beim Notenlesen, so beim Notenschreiben, so bei allem, was mit Musikausübung zu tun hat.

Aber auch das Notenschreiben unterliegt unserer selbstauferlegten Regel: Schüler, die keine Lust haben, seien davon befreit. In der dritten Generation (in der ich damit begann) waren es von elf Schülern zwei (Felix und Isabel, siehe Seite 78 und 80), in der vierten war es von acht Schülern einer (Alexander, siehe Seite 89).

3. Das Spiel vom Blatt

Spitz formuliert ist Vom-Blatt-Spiel die Kunst, eine bestimmte Note zum richtigen Zeitpunkt mit dem richtigen Finger auf die richtige Taste zu übertragen. Wer kennte ihn nicht, diesen Spruch.

Aber nun: Wie weit wohl ist die Wirklichkeit von diesem ironisch hingeworfenen Diktum entfernt? Den Blick in eines der zahlreichen methodischen Schriftwerke werfend, erfahren wir zum Beispiel: … *setzen wir dem Schüler Melodien zum Abspielen vor. Der Lehrer kann dadurch behilflich sein, daß er den spielenden Schüler mit dem Finger von Note zu Note begleitet.*

Wer sich Tag für Tag im Unterricht plagt, weiß, daß es manchmal nicht anders geht. Aber wenn dieses Prinzip als „so und nicht anders" in die Semester der Instrumental-lehrer-Ausbildung gerät, dann erleben wir – geben wir hier unserer Altmeisterin im pädagogischen Erfahrungsbereich, Margit Varró, das Wort –, …*daß Schüler eine von Noten gespielte Melodie nicht wiedererkennen, wenn sie ihnen nochmals vorgespielt wird. Beim Blattspiel bleibt sie ihnen eine zusammenhanglose Folge von einzelnen Tönen, denn ihre Aufmerksamkeit ist durch das Notenlesen und das Heraussuchen der entsprechenden Tasten so vollauf beschäftigt, daß sie nicht hinreicht, um die erklingenden Töne als Melo-diekomplexe aufzufassen.*[*]

Sie haben schon ihren Sinn, die Spiele mit den Täfelchen. Und es gibt Gründe genug, die Beschäftigung mit der formalen Einheit einer Phrase immer aufs neue zu suchen. Ist das Ziel doch lohnend, daß nicht das Spiel von Note zu Note, sondern von Zusammenhang zu Zusammenhang Denken und Ausführung bestimme.

Daß Musik sich in ihren kleinsten Teilen aus Notenzeichen zusammensetzt, er-fahren die Schüler beim Notenschreiben. Das Werden einer Melodie wird so zum „leibhaftigen" Erlebnis. Zugleich wird erkannt, daß Noten, Buchstaben gleich, erst Aussagekraft erlangen, wenn sie zur nächsthöheren Einheit zusammenfließen. So, wie Buchstaben sich zu Wörtern und Sätzen reihen, so fügen sich Noten zu Takten und Phrasen, zu Melodien und Akkorden zusammen. Note und Notenkomplex im selben Augenblick, mit dem selben Blick, zu erfassen, zugleich auch schon im Ohr zu haben, das ist die Hohe Schule des Vom-Blatt-Spielens. Das ist es, was im Früh-Instrumen-

---

[*] Margit Varró, *Der lebendige Klavierunterricht*, Hamburg und London 1929

talunterricht vieler Vorstufen bedarf. Und wenn es unser Grundsatz ist, Vertrauensverhältnisse aufzubauen zu den zahlreichen Erfordernissen des Instrumentalspiels, so steht das Blattspiel darin wohl mit an erster Stelle.

Vorschläge für Vorstufen, die zu sinnvollem Blattspiel führen:

3.1. Das gleichzeitige Mitlesen bekannter Lieder oder Stücke

Vorausgegangen ist: Ein Schüler spielt, der andere liest am Studiertisch kontrollierend mit. Der Lehrer spielt, die Schüler lesen mit, erkennen „eingebaute" Fehler oder bei Abbruch die zuletzt gespielte Note.

Nun andersherum: Der Schüler spielt ein Lied, das er auswendig kann, hat dabei aber die Noten vor Augen und liest während des Spiels die Noten mit.

Erreicht wird: Während die Hände spielen, sind die Augen auf die Noten gerichtet. Es ist Blattspiel, jedoch mit umgekehrtem Vorzeichen. Dabei gilt schon die Regel des Blattspiels:

> Die Tasten sind das Reich der Hände.
> Die Noten sind das Reich der Augen.
> Die Töne sind das Reich der Ohren.

Kontrolle des Mitlesens: Während der Schüler spielt, nimmt der Lehrer die (melodieführende) rechte Hand von den Tasten und unterbricht das Spiel: „Welche Note hast du zuletzt gespielt? Zeige sie mir."

Das kann, je nach Vorbildung (Musikalische Früherziehung) schon im ersten oder zweiten Vierteljahr einsetzen. Später darf dies gern auch mit Spielstücken wiederholt werden, wobei sich bei vom Blatt eingeübten Stücken ohnehin irgendwann die beiden Vorgänge (Mitlesen, was man gerade spielt, und Spielen, was man liest) miteinander vermischen.

3.2. Das vorbereitende Einlesen am Studiertisch

Vorausgegangen ist: Das Einprägen von Notengruppen, zuletzt im Umfang einer Phrase, also zwei Takte im Vierviertel-, vier Takte im Zwei- oder Dreivierteltakt. Dann kommt eines Tages das Ansinnen: „Prägt euch nun zwei Phrasen ein (oder drei? oder vier?) und seht zu, wie es geht!"

Die Schüler werden lachend protestieren, das geht doch wohl nicht! Probiert es, sage ich, konzentriert euch darauf. Nun, wer macht's? Ist einer bereit, kommt die überraschende Zubilligung: Du darfst jetzt die Noten mitnehmen und abspielen.

Erreicht wird: Gewöhnung an das Abspiel von bereits erkannten Zusammenhängen.

Diese Art des Übertragens von längeren, halbwegs eingeprägten Textstellen sollte längere Zeit weiter gepflegt werden, quasi als Zwischenschaltung zwischen Phraseneinprägen und Blattspiel. Es läuft übrigens parallel mit der (hoffentlich ausgeübten) Gepflogenheit, ein neues Stück vor Beginn zur Gänze am Studiertisch vorzubereiten.

3. 3. Blattspiel-Übung im Phrasenablauf
Zugleich mit dem vorigen Schritt oder im Anschluß daran.

Ein unbekanntes, leichtes Klavierstück in deutlich periodischem Bau auf dem Klaviernotenpult. Das, was gewohnterweise bisher am Studiertisch ablief, das Erfassen und Einprägen einer Phrase, geschieht jetzt, die Hände schon auf den Tasten, sofort am Instrument, nicht so intensiv, dafür schneller. Noten und Finger gedanklich in Verbindung bringen, inneres Mitsingen, soweit es geht, spielen, Pause. Nächste Phrase in den Blick nehmen, abspielen, Pause; und so weiter.

Erreicht wird: Schnelles Erfassen und Umsetzen von Zusammenhängen.

Erschwert: Metrum mitempfinden (aber bitte ohne Metronom). Eventuell klopft der Lehrer verhalten mit dem Fingernagel mit. Jetzt soll die Pause genau die Länge einer Phrase haben.

Schrittfolge:
– Ins-Auge-Fassen der ersten Phrase
– Abspielen, metrumgenau
– Pause in Phrasenlänge (durchklopfen) und Ins-Auge-Fassen der nächsten Phrase
– Abspielen, metrumgenau
– Pause in Phrasenlänge – und so weiter

Weiter erschwert: Pause wird auf halbe Phrasenlänge verkürzt. Schließlich: Wegfall der Pause.

Schaffen wir's? Die eine Phrase zu spielen und die nächste schon einigermaßen im Blick zu haben – ?

Na, da wäre als Präsent wohl ein kleines Glückwunschdiplom fällig!

3. 4. Die Kunst des Überschlagens; blitzschnelles Erfassen von Notenkonstellationen
Unabhängig von Phrasenbildungen, meist aber doch im Zusammenhang mit ihnen, gilt es, stets wiederkehrende Melodielinien, Motivfloskeln, Akkordbilder mit kurzem Blick zu erfassen und spielend umzusetzen. Bei Tonleiterläufen genügt das Erkennen von Anfangs- und Zielton, bei Dreiklängen das „grafische" Bild des Akkordes und so weiter.

Vorausgegangen ist längst der Umgang mit dem Ungefähren, früh schon bei den Täfelchenspielen (siehe Seite 228). Beim dritten Punkt der Spielfolge ging es um blitzschnelles Erkennen von Noten, die dann aus dem Gedächtnis nachgespielt werden sollten. Gleiches geschah später mit Phrasen aus Spielstücken: Kurze Zeit zur Information – schnell an die Tasten. Als Beispiele mögen die Notenbeispiele der Phase 2 herhalten, etwa die erste, dann auch die zweite Phrase von Beispiel 1 (Seite 273). Oder die ersten vier Takte von Beispiel 8 (Seite 281). Oder, einmal mit dem Ablauf gezeigt, Beispiel 9 (Seite 281):

Studiertisch. Meine Hand deckt die aufgeschlagenen Noten zu.
Ich sage: „Die ersten vier Takte der linken Hand." – (Denkpause)

„Sie sind im Violinschlüssel notiert." – (Denkpause)

„Achtung: Jetzt!!" Hand auf – schnell wieder zu.

„Geht ans Klavier und spielt."

Das vollzieht sich nun am Klavier mit Noten vor Augen. Hier und da decke ich Taktfolgen ab, sage, worauf es ankommt, gebe kurzen Einblick, decke ab: Bitte spiele es.

3.5. Das eigentliche Primavistaspiel

Hier gilt es,

– mit den Augen möglichst vorauszutasten;
– Notenkomplexe mit einem Blick zu erfassen;
– Notenkomplexe in Griffe umzusetzen;
– das Gespielte mit Hörkontrolle zu begleiten;
– bei Fehlern weiterzuspielen.

Letzteres kann besonders effizient geübt werden, wenn man die Schüler prima vista vierhändig spielen läßt.

3.6. Blattspiel ohne Vorbereitung; das „Weiterspielen" wird geübt

Es wurde schon davon gesprochen, Phase 1, Punkt 4 (siehe Seite 263): „Das Spiel muß weitergehen". Nun als Blattspielversion:

Situation Gruppenunterricht. Zu dritt, zwei Schüler, Lehrer, am Klavier. Unbekannte Noten auf dem Notenpult.

Einzelhändiges Abspiel zunächst. Der Lehrer spielt mit, metrumgenau. Wenn ein Schüler herauskommt, geht das Spiel der anderen weiter. „Lies die Noten weiter, komm schnell wieder rein ins Spiel!"

Bei Einzelunterricht entsprechend.

Blattspiel vierhändig, zwei Schüler. Verspielt sich einer, muß der andere weiterspielen. Auch hier gilt es, sich möglichst schnell hineinzufinden und wieder dabei zu sein. Zugrundeliegen kann sowohl Literatur für zwei oder für vier Hände.

Literatur für vier Hände, Vorteil:	Beide Schüler spielen original in ihrer Tonlage. Außerdem „klingen" die Stücke.
Nachteil:	Das Vom-Blatt-Spiel beschränkt sich beim Rechtssitzenden auf das Lesen zweier Violinschlüssel, beim Linkssitzenden auf das Lesen zweier Baßschlüssel.
Literatur für zwei Hände, Vorteil:	Beide spielen das Gleiche, haben dadurch übereinstimmende Hörkontrolle.
Nachteil:	Jeder, oder zumindest einer von beiden, spielt nicht in richtiger Tonlage, entweder um eine Oktave zu tief oder zu hoch.

Dieser Nachteil bei Literatur für zwei Hände kann umgangen werden, indem ein Spieler das Stück beidhändig in Originallage spielt, der andere spielt nur eine Hand mit, meist die rechte, oktaviert. Und der Nachteil entfällt völlig, wenn man zwei Klaviere zur Verfügung hat.

Was weiter?

Ja, was weiter! Wir sind nun dort, wo Unterricht kein Früh-Instrumentalunterricht mehr ist, haben mit dem Blattspiel eine Stufe erreicht, in der für den Rat nach Weiterem eine große Literaturauswahl zur Verfügung steht. Für etwas fortgeschrittenere Schüler empfiehlt es sich, sie heranzuziehen.

Trotzdem seien hier noch zwei Schritte angefügt.

3. 7. Blattspiel, langsam nach Metronom. Ein Spieler allein.
Auch hier: Beim Verspielen, Rauskommen, lesen die Augen im Gleichmaß weiter. Die Hände versuchen an einer zur Zeit richtigen Stelle wieder einzusetzen.

3. 8. Blattspiel, mäßig schnell nach Metronom. Ein Spieler allein.
Weiterspielen, weiterspielen, auch wenn's noch so schräg gelingt. „Kapellmeisterklavier" nennen wir das –.

Aber: Unterm Strich – und unter Kolleginnen und Kollegen – erlebt man immer wieder, daß Schüler, mit denen man für's Vom-Blatt-Spielen kaum mehr als das Nötigste tut, mir nichts dir nichts zu guten Blattspielern heranreifen. Und andere, mit denen man sich müht jahraus jahrein, kriegen schließlich so eben das Notwendigste hin. Wie man's dreht und wendet: Auch Blattspiel ist letztlich Begabungssache.

Indes, Begabung oder Nichtbegabung: Das Mühen um ein gutes Verhältnis zu Noten lohnt sich immer.

Phase 5:
Improvisieren

> *Keine andere musikalische Disziplin kann eine derart breit-*
> *gefächerte musikpädagogische und allgemeinerzieherische*
> *Einwirkung ausüben.*

Herbert Schramowski

1

„Improvisieren, welch weites, buntes, unerschöpfliches Wunderland!" So meine Laudatio dort, wo im ersten Vierteljahr das erste Kennenlernen sich vollzog. Glorifizierung erlebt das Wunderland Improvisation allüberall, in Veranstaltungen, Publikationen, Gesprächen, wo auch immer es um instrumentale Lehr- und Ausübungspraxis geht.

Ich darf hinzufügen: ...heute.

Obiges Motto, als Hypothese vorgetragen, findet heute breite Zustimmung, und über die positiven Aspekte des Improvisierens wird kaum noch diskutiert. Ob es gilt, musikalische Eigenschaften zu fördern wie spielerischen Umgang mit Klang, Dynamik, Rhythmus, Artikulation und so weiter, ob es um kreative Domänen wie Phantasie, Neugier, Gestaltungs- und Darstellungsvermögen geht, ob *persönlichkeitsprägende Eigenschaften wie Initiative, Offenheit, Toleranz, Unvoreingenommenheit, [...] Mut zum Wagnis, Konzentrationsfähigkeit, Geistesgegenwart* angeführt werden[*]: Stets heißt der Weg, dies alles zu entwickeln, zu fördern, zu erreichen, „Improvisation". Auf dem Musikschulkongreß 1979 in Baden-Baden führte Hermann Rauhe nicht weniger als 17 weitere Argumente auf, das Thema von psychologischer Warte aus entrollend:

- Förderung des Antriebs (Motivation)
- Verbesserung des seelischen Gleichgewichts
- Erhöhung der Kommunikationsfähigkeit und sozialen Kontaktbereitschaft
- Differenzierung des Wahrnehmungs- und Erkenntnisvermögens
- Steigerung der Konzentrationsfähigkeit
- Förderung der Selbstdisziplin, der Sensibilität
- Verringerung von Angstgefühlen
- Herstellung eines ausgewogenen Verhältnisses zwischen Rationalität und Emotionalität
- Begünstigung spontanen Erlebens, Genießens und Gestaltens
- Hilfe zur Selbsterkenntnis und Selbstdefinition
- Steigerung des Lebensgefühls durch Erweiterung des Bewußtseins
- Befriedigung des elementaren Bedürfnisses nach einer Flucht in die Phantasie, in die Welt des Spiels, in der der Mensch seiner individuellen Persönlichkeit Ausdruck verleihen kann

---

[*] Herbert Schramowski, *Schöpferisches Gestalten am Klavier*, Leipzig 1977

- Darstellung empfundener Innen- und Außenwelt, erfahrener, gelebter und erlittener Wirklichkeit
- Veränderung der Wahrnehmung und dadurch Veränderung der Wirklichkeit
- Kennenlernen von Gegenwelten, von Alternativen zur gegenwärtigen Wirklichkeit
- Unterstützung der Synthese aus Geist und Gefühl
- Schaffung von Beziehungen zwischen der Welt der Phantasie (der Imagination, der Gedanken) und der konkreten Wirklichkeit

*Indes sie forschten, röntgten, filmten, funkten
entstand von selbst die köstlichste Erfindung:
der Umweg als die kürzeste Verbindung
zwischen zwei Punkten.*

Erich Kästner

2

Das sah so um zwei Jahrzehnte zuvor wahrhaftig noch ganz anders aus! Nehme ich mein damals im Entstehen begriffenes Buch *Improvisieren im Klavierunterricht* zur Hand, dann lese ich, mich geradezu fassungslos erinnernd, etwa:

Nichts von alledem beim Unterricht des Instrumentallehrers. In seiner didaktischen Zielsetzung ist Stegreifspiel ein Fremdbegriff, ein Fremdwort seit zweihundert Jahren und geblieben bis zum heutigen Tag.

Oder, eines der führenden Lehrwerke jener Jahre zitierend:

[…] aber auf sechshundert und etlichen Seiten erhält das Stiefkind Improvisation lediglich den Bruchteil einer einzigen Seite, zehn Druckzeilen nämlich, zugestanden […] [*]

Oder, im Schlußwort des Buches meinen Erinnerungen nachhängend:

[…] entsinne ich mich noch erster Seminare, in denen ich in von starker Erregung getragene Wortwechsel verstrickt wurde […]

– und so fort. Improvisieren, gut und schön, solange es einem nicht allzunah auf den Pelz rückte. Aber die Zumutung, als die mein Drängen zweifellos empfunden wurde, zu akzeptieren,

daß Improvisieren ein Ziel hat, das es als integrierten Teil der Gesamtausbildung ausweist,

---

[*] Czeslaw Marek, *Lehre des Klavierspiels*, Zürich 1972. Wie anders dagegen zwölf Jahre später! Das Lehrwerk von Günter Philipp, 700 Seiten umfassend, gibt schon im Titel sein Anliegen zu wissen: *Klavier, Klavierspiel, Improvisation*, Leipzig 1984.

daß Improvisieren einen fest umrissenen Weg hat, der zu diesem Ziel hinführt, und daß Improvisieren eine Heimstatt hat, nämlich den Instrumentalunterricht, dem es zugehörig sei wie Blattspiel, Vortrag und Fingerübung,[*]

das überstieg die Toleranzgrenze, wurde mit höflichem Befremden zur Kenntnis genommen. Von „Umweg" war die Rede (ich reagierte gern mit Kästners Versen), aber hier und da brachten meine Anregungen dann doch ein Nachdenken, ein „Warum nicht?", ein „Mal probieren" zuwege.

Dann, innerhalb einer relativ kurzen Zeitspanne, änderte sich das Bild. Mit etwas unbescheidener Genugtuung – man habe Verständnis dafür – dürfen wir, die wir seinerzeit am gleichen Strang zogen, meist ohne voneinander zu wissen (viele waren es nicht zu Anfang), konstatieren, daß Einsatz und Idealismus nicht vergebens waren[**].

> „Improvisieren ist so tun als ob…"
>
> Antwort einer zehnjährigen Schülerin
> auf die Frage, was Improvisieren sei

3

Das Thema „Improvisieren" in Lehrerfortbildung (auf Kursen, Seminaren), Lehrerausbildung (in Semesterfolgen der Hochschule): Fast immer standen mir Schüler zum „Zeigen, wie man's macht" zur Verfügung. In unserer Hamburger Musikhochschule meine eigenen (diesen oder jenen nahm ich auch mal, wenn es sich ergab, auf hamburgferne Kurse mit). Sonst bekam ich ortsansässige Schüler, gewöhnlich Kinder zwischen neun und zwölf. Für die meisten war es eine erste aufregende Begegnung mit Improvisation.

Natürlich aufregend! Der weit angereiste fremde Herr, die rätselhafte Situation, was da von einem wohl erwartet wird, Klavierspielen, aber ganz anders – Angst gar, daß das Erwartete nicht „geleistet" werden kann. Da ist viel fortzuräumen anfangs. So kommt also die Frage –

Ich gehe auf Blickniveau mit dem Schüler: „Weißt du, was wir hier machen wollen? Weißt du, was das ist, Improvisieren?"

Die knallrichtige Antwort des zehnjährigen Mädchens – nie wurde mir das Wesen der Improvisation treffender verdeutlicht – brachte mich dazu, fortan Antworten zu

---

[*] Vorwort zu meinem Buch *Improvisieren im Klavierunterricht*

[**] Der Lauf der Dinge läuft manchmal im Kreis. Nun, da Improvisieren „in" ist, stehe ich wieder vor einer Barriere des Unverständnisses: Wie, wenn Schüler, durch gelingende Improvisation ermutigt, zu komponieren beginnen? Und das ist gar wohl der Fall! Wie man's auch nimmt: Es gilt, sich dieser Sache zu stellen. Mit der stereotypen Reaktion: „Üb lieber Klavier, damit du besser vorankommst!" ist dem nicht beizukommen: Die Schüler werden weiter komponieren, wenn nicht mit, dann eben ohne Wissen und Akzeptanz des Lehrers. Dabei gibt es auch für nichtkomponierende Pädagogen genügend Möglichkeiten zur Hilfestellung und, bestenfalls, gar zur Animation (siehe Seite 352 ff.).

notieren. Welche Vorstellung löst das Wort Improvisieren in den Köpfen der Kinder aus? Hier einiges aus der Sammlung:

Improvisieren ist: „Wenn man nicht weiß, was dabei rauskommt."
Improvisieren ist: „Da macht man, was man will."
Improvisieren ist: „Daß man sich was ausdenkt."
Nachfrage: „Was ausdenkt? Und dann?"
„Dann –, dann –, dann wundern sich die Leute."
Improvisieren ist: „Wenn man Klavier spielt, wie es einem Spaß macht." (Oha! Da habe ich mir Nachfragen aber verkniffen.)
Improvisieren ist: „Wenn man immer nur auf den schwarzen Tasten spielt."
Improvisieren ist: „Na ja, – also – irgendwie, bloß nicht so ganz richtig."

Immerhin, die Antworten kamen von Schülern, die sich bereits mit Improvisation beschäftigt hatten, meist im Unterricht (Kompliment den Lehrern!). Überwiegend jedoch war die Reaktion auf meine Frage ein Schulterzucken oder etwas wie: „Das weiß ich nicht so genau –" Indes: Das Improvisieren, auch mit recht Unbedarften, mißlang nie. Wie sollte es auch! Unter den zwanzig folgenden Einstiegen gab es immer ein paar, die zündeten.

Möglichkeiten zum Improvisieren im Früh-Instrumentalunterricht[*]
Zwanzig Einstiege und ihre Weiterführungen

> Mehr als sonst gilt hier der Grundsatz: Nicht das Ziel ist wichtig, sondern der Weg. Nicht das Ergebnis entscheidet, sondern das Tun.

1. „Komm, spiel mit!"
2. Erlebnis-Improvisation
3. Tierspiele
4. Klänge
5. Improvisierte Liedmelodien
6. Melodie
Melodien mit freier Tonfolge
Melodien mit gegebener Tonfolge

---

[*] Es handelt sich hier nicht nur um Einstiege für Sechs- und Siebenjährige. Etliche Versionen empfehlen sich für einen späteren Beginn, als Folgeversionen gewissermaßen. Mehrheitlich werden solche Einstiege aufgeführt, die in meinem Buch *Improvisieren im Klavierunterricht* nicht oder nur kurzgefaßt erscheinen. Ich werde aber dort, wo das Buch ergänzend oder auch ausführlicher berichtet, darauf verweisen. Das Gebiet „Hörschulung" ist hier weitgehend ausgeklammert. Ich verweise auf mein Buch, das das Thema „Hörschulung" in mehreren Kapiteln ausführlich behandelt.

  7. Pentatonik
  8. Weitere Tonskalen
     Die Ganztonreihe
     Stufenweiser Aufbau anhand der Tastensymmetrie: Vom Zweiton- zum
     Fünftonspiel
     Die Zigeunertonart
     Eine Achttonreihe
  9. Kirchentonarten
     Kirchentonarten auf weißen Tasten
     Kirchentonarten, ausgehend von schwarzen Tasten
10. Grafische Notierung, grafische Täfelchen
11. Nach Kunstvorlagen improvisieren
12. Flügelinnenraum
13. Rhythmus
     Freier Rhythmus
     Festgelegter Rhythmus
14. Lieder begleiten
15. Ostinato
16. Etwas Begonnenes weiterspinnen
17. Spielstücke als Improvisationsvorlagen: „Stell dir vor, Musikstücke sind Spiele…"
18. Gegensätze
19. Studien, verpackt in Improvisationen
20. „Denkt euch selbst was aus!"

  1. „Komm, spiel mit!"
     Beginn: frühestmöglich
     Dauer: über Jahre hinweg
     Mögliche Kombinationen: fast alle anderen Versionen
     Mögliche Vorstufe zu: Version 20 („Denkt euch selbst was aus!")
     Folgeversion von: –

Der Beginn wurde bereits im Improvisationsteil (Phase 6) des ersten Vierteljahres vorweggenommen (Seite 204). In Kürze:

Ich sitze, quasi zum Vierhändigspiel, mit dem Schüler am Klavier, beginne zu spielen, sparsam in der Tastenwahl. Klänge, Pedal. Oder, bei wagemutigeren „Partnern", munteres *staccato*-Spiel, dabei auffordernd: „Komm, spiel mit!"

Ist das Mitspielen angelaufen, ändere ich die „Begleitung" oder verkompliziere sie, ständig auffordernd: „Spiel weiter, mach weiter mit!"

Vertrauen beim Mitmachen wird erreicht, Sicherheit durch Akzeptanz des Mitgespielten gegeben. Reaktion und Verhalten der Schüler wurden geschildert.

Grundsätzlich ist diese Version diejenige, welche von Anfang an gestattet, aleatorisch die gesamte schwarz-weiße Tastatur freizugeben. Schnell begreifen die Schüler, daß sich das Spiel zu einem reinen Spaßvergnügen entwickelt. Es ist eine Version, die keine spielerischen und zeitlichen Grenzen kennt, die sich mit den Jahren bis zu virtuoser Turbulenz von hohem Niveau steigern kann. Musikalisch wird dabei ein Höchstmaß von Aufeinander-Hören, Aufeinander-Eingehen, Reaktionssensibilität, Vorausempfinden, was der andere vorhat, erreicht.

Zudem ist diese Version jederzeit und sofort in der Lage, helfend einzuspringen, wenn ein Ermüdungstief die Stunde bremst, wenn ein erlösendes Lockern nach erschöpfender Intensivphase vonnöten ist, wenn ein heiteres Finale die letzten zwei Unterrichtsminuten vergolden soll.

Aber die Sache hat auch pädagogischen Effekt. Sie ermöglicht es, Lehrstoff zu „erspielen", der sonst theoretisch-trocken erlernt werden müßte.

Zum Beispiel „Takt".

Wenn ich, wie es das „Komm, spiel mit!" ja erfordert, animierend beginne, habe ich die Wahl, völlig frei zu spielen oder bestimmte Metren anzubieten: „Komm, hör dich hinein und mach mit." Anfangs wähle ich gerade Taktarten, später ungerade, mit Dreiviertel beginnend. Noch später brauche ich auch Fünfviertel nicht zu scheuen.

Taktwechsel einbeziehen, da empfiehlt sich allerdings Absprache.

Wenn das „Hineinhören" und das Erkennen, was taktmäßig abläuft, sich anfangs als zu schwierig erweisen und nicht gelingen, kann eine Vorübung zwischengeschoben werden.

Hier, losgelöst von den Tasten, ein Spiel mit Taktarten, eine Art Trockenübung gewissermaßen, Spaß dabei wird garantiert:

Die Schüler, Gruppe, zwei also, oder Überlappung – je mehr daran teilnehmen, umso vergnüglicher –, sitzen mir gegenüber auf Stühlen, Hände auf die Schenkel gelegt. Auch ich sitze, ich mache ja mit.

Zweivierteltakt zuerst:
Schlag eins – auf die Schenkel. Schlag zwei – in die Hände.

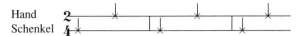

Nun Dreivierteltakt:
Schlag eins – Schenkel. Schlag zwei – Hände. Schlag drei – Brust.

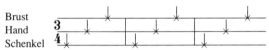

Jetzt ans Klavier. Einer mit mir, oder auch zwei. Ich beginne, hört euch hinein. Wer den Takt raushat, spiele mit.

Und nun Taktwechsel. Wir üben vor:
Zwei Dreier – zwei Zweier – ein Dreier, ständiges da capo!

Jetzt ans Klavier.

Es gibt Gelächter. Es will nicht klappen. Was also tun? Richtig: Text unterlegen!
Was gibt es heute wohl zu essen? Und Mutti antwortet:

„Heu - te gibts / Blu - men - kohl / schö - nen / wei - ßen / Blu - men - kohl!"
(siehe Phase 2, Version 2, Seite 275)

Viervierteltakt: Schlag vier wieder in die Hände. Aber das ist leicht! Probieren wir es
noch einmal mit Taktwechsel, permanent wechselnd zwischen Dreiviertel – Zweivier-
tel. Da haben wir ja den Fünfvierteltakt gefunden! Wir üben ihn: Schlag fünf geht mit
beiden Händen an den Kopf! Also

Schenkel – Hand – Brust – Hand – Kopf – und so fort.

Ans Klavier. Improvisieren im Fünfvierteltakt.

All dies wird möglich durch die Version „Komm, spiel mit!" Und: Mit fast allen
weiteren Versionen kann sie kombiniert werden: Melodiespiel zu zweit; Melodie und
Klang; das Spiel mit Tonskalen; Flügelinnenraum; technische Studien als „Komm, spiel
mit!"-Version…

Aber auch Jahre später ist uns diese Version noch dienlich. Denn nun geraten jene
Metren in den Blick, die allgemein die Bartókschen genannt werden. Besonders geht
es dabei um die möglichen Unterteilungen des Achtachteltaktes:

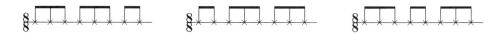

Ich spiele. „Hört gut zu. Hört euch hinein". Dies in jeder Stunde und immer wieder.
Das Mitimprovisieren schließlich bringt diese Metren den Schülern so nah, daß sie sie
in eigene Improvisationsschemata einbringen.

Beispiele dafür? Sie sind zwar notiert und ausgearbeitet, aber sie stammen doch
ursprünglich aus Improvisationsübungen:

Christine Brückner, 17jährig: *Hatikva-Variation vierhändig*, in: *2 × 2. Zwei Spieler an zwei Klavieren*, drittes Heft

Thilo Jaques, 10jährig: Sowohl in seiner dritten wie vierten Suite sind diese
Metren zu finden (*Zweites* und *Drittes Vorspielbuch*)

Ferner entsprechende Unterteilungen des Siebenachteltaktes. Ferner Einbeziehung aller erdenklichen Rhythmen, und – und – und…

2. Erlebnis-Improvisation
– Spielplatz
– Zirkus
  Beginn: frühestmöglich
  Dauer: wenige Monate
  Mögliche Kombinationen: Version 12 (Flügelinnenraum)
  Mögliche Vorstufe zu: Version 19 (Technische Studien)
  Folgeversion von: –

Diese Versionen wurden bereits abgehandelt in Phase 6 des zweiten Vierteljahres (Spielplatz auf Seite 238, Zirkus auf Seite 239). Interesse an diesen Spielen – und deren Möglichkeiten – erschöpfen sich bald. Andere frühe Improvisationsformen sollten parallel laufen.

– Tierpark
  Beginn: ca. zweites Viertel- oder Halbjahr; auf Spielplatz und Zirkus folgend
  Dauer: bis zur Wiederaufnahme ebenfalls nur kurze Zeit
  Mögliche Kombinationen: Versionen 3 (Tierspiele) und 18 (Gegensätze)
  Mögliche Vorstufe zu: Phase „Komponieren" (siehe Seite 352)
  Folgeversion von: –

Ebenfalls in der Improvisationsphase des zweiten Vierteljahres (Seite 238) schon besprochen. Zunächst kann sich auch hierbei die Phantasie ausleben nach Herzens- und Improvisationslust. Allerdings findet die Tierparkversion eine Fortsetzung.

Damit die Schüler ihrer nicht überdrüssig werden, ist es ratsam, anderes zwischenzuschalten (Klänge, Natur) und sie etwas später erst, vielleicht mit erhöhter Spiel- und Improvisationserfahrung, wieder aufzunehmen.

Es wird eine zusätzliche Aufgabe gestellt, die zunächst recht harmlos daherkommt:

„Seht einmal, wenn ihr im Tierpark über die putzigen Affen genug gelacht habt und zu den Bären hinübergeht, von dort zu den Gemsen, und so fort von Gehege zu Gehege, dann müßt ihr doch immer wieder auf einen Weg kommen, den ihr entlanggeht, bis ihr beim nächsten Gehege ankommt. Und so unterschiedlich die Tiere sich geben, auch in eurer Improvisation: Der Weg sieht immer gleich aus! Und das soll jetzt in unserem Spiel zum Ausdruck kommen."

Wir bestimmen eine Tastengruppe, die unseren Weg darstellen soll. Die schwarzen Drillinge eignen sich dazu; sie sind gut sichtbar und schnell wieder auffindbar. Es können aber auch andere benachbarte Tasten sein. Drei zunächst – ein noch recht schmaler Weg, zugegeben. Wir können ihn gelegentlich verbreitern.

Wenn wir nun von einem Gehege zum nächsten gehen, müssen wir immer unseren „Weg" benutzen, bevor wir die nächsten Tiere improvisationsschildern. Und damit auch die Ohren Bescheid erhalten, muß der Weg eine Melodie bekommen, die immer als „Weg" wiederzuerkennen ist. Es gilt also, sich auf diesen drei Tasten eine kleine Melodie auszudenken, im Kopf zu behalten und als „Interludium" zwischen die Tierschilderungen zu setzen.

„Also, denkt euch eine Melodie aus und merkt sie euch. Spielt sie mehrmals zum Auswendiglernen."

Und nun nochmals: Auf zu Hagenbeck und viel Spaß an und zwischen den Gehegen! Aber aufpassen: Bei den Tierimprovisationen sind unsere Wegtasten tabu! Die bleiben unseren Schritten vorbehalten.

Es ist wohl klar, daß hier eine Keimzelle zum Komponieren gelegt wird. Eine winzige „Promenade", die in Mussorgskys *Bilder einer Ausstellung* ihre berühmte Entsprechung findet.

Sollte der Keim zum Wachsen sich anschicken: Siehe Phase „Komponieren".

– Naturerlebnisse und -schilderungen
  Beginn: nach kleineren Vorstufen ab 2. Halbjahr
  Dauer: je nach Interesse kürzer oder länger
  Mögliche Kombinationen: Versionen 4 (Klänge), 12 (Flügelinnenraum),
  18 (Gegensätze)
  Mögliche Vorstufe zu: 11 (Kunstvorlagen)
  Folgeversion von: –

Die Anfänge sind ebenfalls im zweiten Vierteljahr bereits besprochen (Seite 239 und 241). Nach den Vorversuchen mit Nebel, Regen, Blitz und Donner, murmelndem Bach, Teich mit kleinen Wellen, Wellen überhaupt, sei nun einmal eine ganze Wanderung erlebnisgeschildert, eventuell mit „Wegetasten" für den Wanderweg, wie oben. Oder der Tagesablauf zweier Eichhörnchen: Baum hinauf, Baum hinunter, Sprung von Ast zu Ast, Knacken von Haselnüssen – das wäre doch was!

Weitere Anregung in meinem Buch *Improvisieren im Klavierunterricht*, dort ab Seite 72.

3. Tierspiele
  Beginn: frühestmöglich, siehe erstes Vierteljahr, Fingerspiele (Seite 187)
  Dauer: verbunden mit Bewegungsübungen etwa ein halbes Jahr
  Mögliche Kombinationen: Versionen 2 (Erlebnis) und 18 (Gegensätze)
  Mögliche Vorstufe zu: Version 19 (Technische Studien)
  Folgeversion von: –

Näheres Eingehen erübrigt sich; diese Spiele fanden ausführliche Würdigung im ersten Vierteljahr, Phase 4: Raupe, Storch, Grashüpfer, Frosch (siehe Seite 187) und im zweiten Vierteljahr, Phase 3: Spinne (siehe Seite 220) und, in Punkt 10 (siehe Seite 224) enthalten, Krebs.

Weitere Anregungen für Tierspiele in meinem Buch *Improvisieren im Klavierunterricht*: Hase, Känguruh, Ente, Libelle, Fuchs, Pferd, Katze, Bär, Schlange…

Hilfreich waren die Tierspiele in einer psychologisch schwierigen Situation: Geschildert wird sie in der ersten Schülergeneration, Seite 38.

Bewegungsstudien werden in Spiele umgesetzt (wie gesagt, als Vorstufe zu Version 19). Tiergeschichten erfinden (möglichst von den Schülern selbst) und ausführen lassen.

Diese Bewegungsspiele und -studien lassen sehr viel später ihren Sinn erkennen: Sie werden als Bewegungsmuster zur Verdeutlichung von Anschlag, Finger- und Gelenkreaktion immer wieder herangezogen und in Erinnerung gerufen:

- Abschnellen (Grashüpfer)
- Lasche Hand (Negativbild Frosch)
- Geläufiges, lockeres Fingerspiel (Spinne)
- Armgewicht, Spiel „In die Taste hinein" (Raupenbewegung)
- Große, bestimmte Fingerbewegung (Storch)
- Weite Sprünge, Tastentreffübung (Floh)
- Stumme Fingerwechsel, einzeln oder terzweise (Krebs)

4. Klänge
   Beginn: frühestmöglich
   Dauer: über Jahre hinweg
   Mögliche Kombinationen: fast alle anderen Versionen
   Mögliche Vorstufe zu: Versionen 10 (Grafische Notierung), 11 (Kunstvorlagen), 12 (Flügelinnenraum), 18 (Gegensätze), 20 („Denkt euch selbst was aus!")
   Folgeversion von: –

Der Beginn
Die Anfänge wurden geschildert: Zweites Vierteljahr, Phase 6 (Seite 239). In Stichworten zur Erinnerung:

Einen Klang entstehen lassen, jeder Spieler nimmt zwei schwarze – zwei weiße Tasten in den Griff. Bei einem Spieler erklingt ein Vier-, bei zwei Spielern ein Achtklang. Pedal. Der Klang soll halten, weiterschweben.

- Sich dem Klang öffnen, ihn in sich eingehen lassen. Dann mit den Ohren (die Augen geschlossen) im Klang mitschweben, als zarter Schmetterling, als luftiger Klangsegler, sachte niedersinken, wenn der Klang nicht mehr trägt. „Verinnerlichen".
- Einen Klang entstehen lassen: Verbindung Klang – Farbe. Farbgebung. Dunkel, weniger dunkel, bedeckt, hell. Klangfarbe.

- Einen Klang entstehen lassen: Verbindung Klang – Gewürz.
  Klänge wie Gewürze: milde, kräftige, scharfe, süße. Den Klang „auf der Zunge abschmecken".
- Natur: Nebel, Sonne und anderes. Regenbogen als Beispiel: Klänge = Farben, Bogen = Klangreihung. Klang auf Klang, in tiefer Lage beginnend, in Richtung Helligkeit fortschreitend. Ständig Pedal. Übung für einen einzelnen Schüler: Zwei Tasten mit jeder Hand; als Variante: jede Hand je eine schwarze, eine weiße Taste. Die Vierklänge sollen den Umfang einer Oktave nicht überschreiten, so wird kontinuierliches Höhergehen möglich. Auch dynamisch differenzieren, leise zu Beginn, ansteigen zur Mitte hin, absinken am Ende des Bogens.

Monate später
Einzeltöne gegen Klänge. Zwei Spieler am Klavier.

Zum linken Spieler: „Such dir eine Taste aus. Schlage sie an, immer wieder, in gleichmäßigem Pulsschlag, ohne aufzuhören. Ständig Pedal."

Zum anderen: „Spiele einen Klang dagegen. Nun einen anderen. Hört, wie jeder Klang den Einzelton verändert. Andere Färbung, andere Schattierung entsteht."

Ich habe verschiedenfarbige Kartonblättchen mit. Halte eine schwarze Note („Wandernote", wenn man eine hat) dagegen, zeige, wie die farbliche Umgebung auf sie einwirkt.

Zum linken Spieler: „Spiele gleichmäßig weiter, während ich spreche." Zum rechten: „Bringe deinen Klang jetzt bei jedem vierten Anschlag. Nun bei jedem dritten Anschlag. (Du kannst nach jedem Anschlag sofort die Hände von den Tasten lösen und den neuen Klang in den Griff nehmen; das Pedal hält den Klang ja solange fest). Jetzt alle fünf Anschläge ein Klang."

„Spielt weiter, während ich spreche! Rechter Spieler, geh jetzt auch zum Einzeltonspiel über. Jetzt klingen Einzeltöne von beiden, haltet Gleichmaß! Linker Spieler, jetzt du einen Klang gegen die Einzeltöne des Partners. Alle vier Anschläge ein Klang, alle fünf und so fort."

Wiederum, wie in Version 1 („Komm, spiel mit!") geschieht hier eine Einübung in Metrum und Takt. Wie dort wird Takt hier nicht „gelernt", sondern erlebt, erspielt.

Wiederum später
Linker Spieler: Gleichmäßiger Anschlag einer Taste. Rechter Spieler: Alle vier (etc.) Anschläge ein Klang.

Linker Spieler, laß deinen Einzelton nun wandern, stufenweise zunächst. Bleibe auf der schwarzen Tastatur.

Rechter Spieler: Die Anschläge ändern sich jetzt, bleibe konstant beim Viererpulsschlag.

Linker Spieler: Beziehe lange Töne, zwei Schläge lang, mit ein. Bringe jetzt einige Achtelnoten ins Spiel, aber bleibe im Gleichmaß dabei.

Nun umgekehrt. Rechter Spieler Melodie, linker Spieler Klänge. Und so weiter…

330

Hausaufgabe: Was in der Stunde leicht war (zwei Spieler), jetzt zu Hause. Eine Hand spielt wandernde Melodie – auch Halbe und Achtel verwenden –, die andere Hand setzt Klänge dagegen im Vierer-, Dreier-, Fünfertakt. Die klanggebende Hand darf jetzt drei Tasten zugleich spielen.

„Kommt, ich zeig euch mal was!"

Noch später
Die Melodie „atmen" lassen. Jeden zweiten Takt (im Vier- und Fünfvierteltakt) mit einer langen Note abschließen. Die Phrase wird so erspielt.

Übergang zu Version 17 (Spielstücke als Improvisationsvorlagen): Ich spiele ein Stück vor. Bartók, *Melodie im Nebel**.

Gespräch: Warum heißt es so? Wie oft kommt die Nebelstelle? Wie ist der Nebel geschildert? Was erzählt die Melodie, die in den Nebel hineinspielt?

Aufgabe: Improvisiert ein ähnliches Stück. Und es soll auch heißen: Melodie im Nebel.

Diese Beispiele als Muster, wohin ein solcher Einstieg zu führen vermag. Gleiche „Pyramiden" lassen sich aufschichten im Verbund mit Grafik, Kunstvorlagen und anderem.

---

* *Mikrokosmos*, Bd. IV

5. Improvisierte Liedmelodien
   Beginn: vom zweiten Halbjahr an möglich
   Dauer: ein weiteres halbes Jahr vielleicht
   Mögliche Kombinationen: –
   Mögliche Vorstufe zu: Version 6 (Melodie)
   Folgeversion von: –
   Erstrebt wird: Schulung im VORaushören

Der Einstieg wurde geschildert und zwar (unter dem Motto „Staunen ist der erste Schritt zu einer Entdeckung") im Kapitel über den Beginn des Pilotprojekts „Kinder komponieren" (erster Teil, dritte Schülergeneration, Seite 65). Staunen, Entdeckung: Hier kam ein Ergebnis zutage, das weder angestrebt noch erwartet worden war.

Vorausgegangen war folgende Überlegung: Erstens: Ich möchte meine Schüler zum Improvisieren führen. Zweitens: Voraussetzung dafür ist ein gut geschultes Gehör. Klang- und Melodievorstellung sind vonnöten, und das Wort „Vorstellung" zielt auf Vorausdenken, Voraushören hin. Drittens: Somit sind die Schüler im Voraushören zu schulen.

Also: Wie anfangen auf unterster Stufe? Das Nachhören (Analysieren) zu schulen, das ist geläufig, aber voraushören?

Die Idee:

Ein paar Reimzeilen. Auswendig lernen. Drei Tasten – die schwarzen Drillinge am besten. Mehrfach anschlagen, einprägen, wie sie klingen. Nun Text und Töne (Tasten) zusammenbringen. Singen und die Singmelodie zugleich mitspielen: Das Voraushören ist erreicht, wenn Sington und Tastenanschlag zugleich erklingen.

Mit vier Tönen jetzt: linke Nachbartaste (es) oder rechte (cis) hinzunehmen. Auch Begleitquinte, die liegenbleiben kann (Konzentration wird ja anderweitig benötigt).

Indes, ich beschrieb es, trat ein weiteres Resultat zutage. Im Wochenlauf der Beschäftigung mit stets gleichem Text und stets gleichem Tastenvorrat festigte sich eine der anfangs zahlreichen Zufallsmelodien, prägte sich ein, wurde wiederholbar und erklang, als stolzes Ergebnis der Wochenarbeit, mehrfach nacheinander im Unterricht.

Fazit: Ein Einstieg, der vielen Schülern Spaß macht (anderen wiederum nicht) und der, bei Lust und Laune, mit der Phase „Komponieren" (Seite 352) weitergeführt werden kann.

6. Melodie
6. 1. Melodie mit freier Tonfolge
   Beginn: früh-instrumental, wenn altersgemäßere Versionen (1–5) abgeschlossen sind; mit älteren Anfängern sofort
   Dauer: mündend in Tonskalen über Jahre hinweg

Mögliche Kombinationen: Versionen 7, 8, 9 (Skalen), 10 (Grafik), 15 (Ostinato), 16 (Weiterspinnen), 18 (Gegensätze)
Mögliche Vorstufe zu: Versionen 7, 8, 9 (Skalen), 10 (Grafik), 15 (Ostinato), 16 (Weiterspinnen), 18 (Gegensätze), aber auch Phase „Komponieren" (Seite 352)
Folgeversion von: Version 5 (Improvisierte Lieder), auch Version 1 („Komm, spiel mit!")

Beschäftigung mit Melodie, ungebunden oder gebunden, zieht sich durch das Buch wie ein Leitfaden. Hier einige Anregungen für das Improvisieren anhand von Melodien mit freier Tonfolge; Ausführliche Erläuterungen finden sich in meinem Buch *Improvisieren im Klavierunterricht*, Seite 108.

Aufgaben für Früh-Instrumentalschüler:
Im Anschluß an Version 5 (Improvisierte Lieder): Selbst einen Text ausdenken, ohne Reim natürlich, Melodie spielen und den Text dabei stumm mitdenken.
   Melodie: Tonschritt, Sprung, Tonwiederholung.
   Melodie: Verschiedene Tonlängen benutzen. Den gedachten Text ausprobieren, welchen Rhythmus er haben kann. Das dann spielen.
   Probieren: Ein bekanntes Lied im Text mitdenken, etwa: „Kommt ein Vogel geflogen", dann im Rhythmus dieses Liedtextes eine Melodie mitspielen – aber eine selbstzufindende (unversehens wird die Form stimmig).
   Auch die linke Hand soll Melodien finden.
   Frage- und Antwortspiel: Lehrer spielt eine Fragemelodie – Schüler antwortet mit einer (gleichlangen) Melodie.
   Weiterführung: Lehrer spielt den Anfang einer Melodie – Schüler setzt sie fort.
   Melodie gegen Klänge (wie gehabt). Weiteres selbst finden…

Aufgaben für ältere Schüler:
Einen Melodiebogen aufwärts spielen, wieder beim Anfangston landen. Gleiches abwärts. Verschiedene Notenwerte verwenden. Einen Mittelton (= Anfangston) umspielen, wieder mit ihm schließen. Frage-Antwort-Spiel zwischen linker und rechter Hand im Wechsel.
   Linke und rechte Hand spielen zwei verschiedene Melodien zugleich, eine auf schwarzen, eine auf weißen Tasten („bitonal" kennenlernen). Und vieles, vieles weitere im oben genannten Buch.

6.2. Melodie mit gegebener Tonfolge
   Beginn: früh-instrumental nach etwa zwei Jahren
   Dauer: je nach Lust und Laune
   Mögliche Kombinationen: Version 13 (Rhythmus)
   Mögliche Vorstufe zu: Phase „Komponieren" (Seite 352)
   Folgeversion von: Version 10 (Grafische Notierung)
   Langfristiges Ziel: erste Berührung mit Zwölftonreihen

Eine Folge von Tönen wird zu einer Reihe geformt:

Eine Art gebundener Improvisation entsteht. Tonhöhen sind vorgegeben, Metrum, Takt und Rhythmus, Tonlänge, Anschlagsart und Artikulierung, Spieltempo und Lautstärke sind frei verfügbar. Ebenso sind gewisse Eingriffe in den festen Ablauf der Notenfolge möglich. Die Regeln:

- Jede Note darf nach Belieben lang oder kurz gespielt werden.
- Jede Note, die gerade an der Reihe ist, kann beliebig oft wiederholt werden.
- Auch Tongruppen können mehrfach wiederholt werden. Zwischendurch lassen sich auch Pausen einfügen.
- Melodien: langsames, getragenes *legato*, oder heiteres *staccato*-Spiel.
- Takte einbringen, mit $^3/_4$-Takt beginnen. Dabei viel mit Tonwiederholung arbeiten. Achtel und Halbe verwenden.
- Kanonartig: Eine Hand spielt eine Tongruppe voraus, hält bei einem Ton an und wartet, bis die andere Hand nachgespielt hat, die wiederum ihren Ton jetzt hält, bis sie wieder nachspielen muß.
- Im Krebsgang: Mit Fermateton beginnend von hinten nach vorn spielen. Spiegelung versuchen: Anfangsterz nach oben statt nach unten, und so weiter. Und auch die Umkehrung im Krebsgang einmal ausprobieren.
- Selber solche Reihen schreiben und spielen.

Langfristig gesehen, Jahre später also, ist dies ein guter Einstieg in die Zwölftonmusik: weil man ja die „Spielregeln" solcher Reihen schon kennt. Die Zwölftonreihe: Jeder der zwölf Halbtöne einer Oktave erscheint ein Mal. Hier ein Beispiel:

Wer sie gestalten will: Die oben aufgeführten Regeln gelten auch hier.[*]

---

[*] Für den Einstieg in Zwölftonmusik: Peter Heilbut, *Zwölftönig*, in: *Das junge Konzert*, Bd. I, Heinrichshofen, Wilhelmshaven

7. Pentatonik
   Beginn: sofort (siehe erstes Vierteljahr, Seite 181)
   Dauer: kann ständig wieder herangezogen werden
   Mögliche Kombinationen: Versionen 1 („Komm, spiel mit!"), 5 (Improvisierte
   Lieder), 6 (Melodie) und andere
   Mögliche Vorstufe zu: Version 9 (Kirchentonarten, ausgehend von schwarzen
   Tasten)
   Folgeversion von: –

Die schwarze Tastatur ist die übersichtlichste und auffälligste Form der pentatonischen
Tonleiter. Sie ist die Fünftonreihe, die keine Halbtonspannung kennt und darum, der
Ganztonleiter gleich, keine Dissonanzprobleme aufwirft: Jeder Ton „paßt" zu jedem,
was auch dem vierhändigen Zufallsspiel entgegenkommt.

Dieses „Auf schwarzen Tasten improvisieren" ist allgemein bekannt und wird durchaus im Unterricht gepflegt. Leider ist es für viele Lehrer die einzige Art des Improvisierens, die sie kennen; die Antwort jenes Kindes: „Improvisieren ist, wenn man immer
nur auf schwarzen Tasten spielt" (siehe Seite 323) ist bezeichnend dafür.

Weniger bekannt ist, daß sich diese so entgegenkommende Drillings-Zwillingsfolge
auf die weißen Tasten übertragen läßt und als „Pentatonik der weißen Tasten" dem
Improvisieren, vom Blick und vom Spiel her, gleiche Vorzüge bietet. Nach dem Schema

>   die weißen Drillinge umfangen die schwarzen Zwillinge,
>   die schwarzen Drillinge umfangen die weißen Zwillinge

hat man die weiße Fünftonreihe sofort im Blick. Auch die Fingersetzung kann anfangs
die gleiche sein wie auf der schwarzen Tastatur[*].

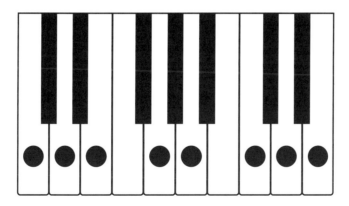

---

[*] Mehr über Pentatonik und vierhändiges Improvisieren in meinem Buch *Klavierunterricht mit
Gruppen*, Kap. IX, ab Seite 68 ff.

8. Weitere Tonskalen

8. 1. Die Ganztonreihe

    Beginn: frühzeitig, zugleich mit Pentatonik oder danach

    Dauer: nicht zu lange, nutzt sich bald ab

    Mögliche Kombinationen: Versionen 4 (Klänge), 7 (Pentatonik),

    11 (Kunstvorlagen)

    Mögliche Vorstufe zu: –

    Folgeversion von: –

Bereits behandelt im ersten Vierteljahr, Phase 3 (Seite 181) etc.

    Setzt sich zusammen, für Kinderaugen leicht erkennbar, aus den schwarzen und weißen Drillingen. Es ist ratsam, Strukturen dieser Art (weitere folgen unter 8. 2.) immer symmetrisch vorzugeben, also weiße Drillingsgruppe in der Mitte, von zwei schwarzen Drillingsgruppen umrahmt, oder umgekehrt:

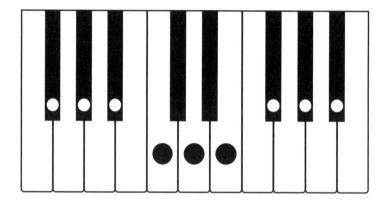

Ganztonfolge: klangfarbenfreudig, schwebend, vage dissonant und nie zur Auflösung, Entspannung findend.

8. 2. Stufenweiser Aufbau anhand der Tastensymmetrie:

Vom Zweiton- zum Fünftonspiel

    Beginn: geeignet für ältere Schüler; für Früh-Instrumentalschüler zu abstrakt

    Dauer: bis zu einem halben Jahr

    Mögliche Kombinationen: Version 15 (Ostinato)

    Mögliche Vorstufe zu: Version 7 (Pentatonik mit schwarzen und weißen Tasten zugleich)

    Folgeversion von: –

Diese Version habe ich in meinem Buch *Improvisieren im Klavierunterricht*, Kapitel VII sehr ausführlich dargelegt. Hier stichwortartig:

Zweitonspiel. Zwillingstasten: einmal auf schwarzen, einmal auf weißen Tasten, dann kombiniert.

Dreitonspiel, erste Möglichkeit. Zwillingstasten und mittlere Drillingstaste: einmal auf weiß, einmal auf schwarz. Schwierig als Kombination, ergibt aber interessante Chromatikfolgen.

Dreitonspiel, zweite Möglichkeit, Drillingstasten: einmal auf schwarz, einmal auf weiß. Die Kombination ergibt die Ganztonskala, die nun von dieser Seite her erreicht wird.

Viertonspiel. Zwillingstasten und äußere Drillingstasten: einmal auf schwarz, einmal auf weiß. Nicht einfach, aber hochinteressant als Kombination. Diese „Achttonreihe" wird sich auf der übernächsten Seite zu erkennen geben, als was – ??

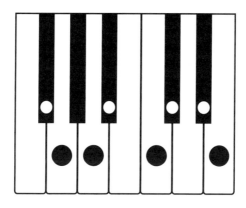

Fünftonspiel. Drillinge und Zwillinge: schwarz, weiß: Somit ist die Pentatonik erreicht, diesmal auf systematisch progressive Weise. Die Kombination ergibt die chromatische Tonleiter unter Ausschluß der Töne f und h.

8.3. Die Zigeunertonart

    Beginn: Früh-Instrumentalschüler nach etwa zwei Jahren

    Dauer: einmal begriffen – ohne Ende

    Mögliche Kombinationen: Version 20 („Denkt euch selbst was aus!")

    Mögliche Vorstufe zu: Achttonreihe, Abschnitt 8.4.

    Folgeversion von: –

Das ist die Lieblingstonart aller meiner improvisierenden (und komponierenden) Schüler. Vor allem meine komponierenden „Grazien" (siehe das Kapitel über das Pilotprojekt „Kinder komponieren" im ersten Teil des Buches, Seite 68) kamen, nachdem sie sich die Sache einmal errungen hatten, nicht mehr davon los. Als Achtjährige waren sie soweit (siehe *In einer Zigeunertonart* von Susi oder von Julia in *Kinder komponieren für Kinder*, Heft 1, Seite 12 und 14).

Im Notenbild erscheint die Leiter recht verwirrend! Nimmt man sie aber vom symmetrischen Tastenbild in den Blick, dann wird sie anwendbar.

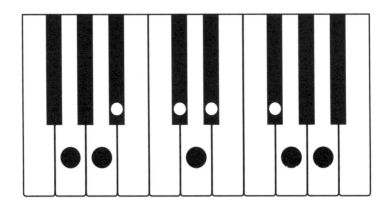

8.4. Eine Achttonreihe

Zwar nicht erreichbar für Schüler im Früh-Instrumentalalter, und auch alles andere als eine Anfängersache, soll doch, interessehalber und der Vollständigkeit halber, noch ein Beispiel genannt werden, das verdeutlicht, wie komplizierte Tonskalen durch den Blick für Tastenbilder (mit dem unsere Früh-Instrumentalschüler ja aufwachsen) eingeordnet und begriffen werden können.

Bei dieser Notenfolge handelt es sich um eine jener Messiaenschen „Modes", in der Halbton- und Ganztonschritte in konsequentem Wechsel aufeinander folgen. Vom Notenbild wie vom Spiel der Tonleiter her ist sie schwer auszuführen, wenn man nur in Halb- und Ganztönen denkt, und auch für versiertere Spieler ist sie für die Improvisation denkbar unbequem.

Nimmt man aber die Tastenkonstellation in den Blick (siehe gegenüberliegende Seite) – in doppelter Symmetrie zeigt sie sich – dann erkennt man: zweimal Zwillinge und äußere Drillinge – und lachend erinnert man sich: Das hatten wir doch schon mal! Richtig! Dieses Tastenschema ist identisch mit dem, das als „Viertonspiel schwarz-weiß-kombiniert" in Abschnitt 8.2. schon begegnete. Ein nicht zu unterschätzendes

Argument dafür, den Beginn eines Früh-Instrumentalunterrichts so grundlegend aufzubauen, wie es in diesem Buch demonstriert wird.

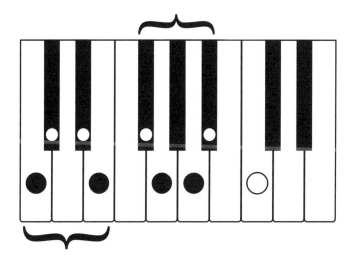

9. Kirchentonarten

Daß die Skalen der Kirchentonarten als Improvisationseinstiege möglich sind und
empfohlen werden können, hat seinen Grund. Was von den Schülern bereits bei
Pentatonik und Ganztonspiel erfahren wurde, ist auch hier der Fall: Jeder Ton kann
im Prinzip zu jedem anderen passen. Dies selbst in der Version, die ausschließlich auf
weißen Tasten spielt.

9. 1. Kirchentonarten auf weißen Tasten

   Beginn: Früh-Instrumentalschüler vom zweiten Jahr an, ältere Anfänger nach einem
   halben Unterrichtsjahr
   Dauer: Relativ lange
   Mögliche Kombinationen: Versionen 6 (Melodie), 13 (Rhythmus),
   16 (Weiterspinnen)
   Mögliche Vorstufe zu: –
   Folgeversion: –

Legen wir zunächst einmal fest, um welche Tonarten mit welchen Eigenschaften es
sich handelt:

     Dorisch = Moll mit großer Sext
    Phrygisch = Moll mit kleiner Sekunde
     Lydisch = Dur mit erhöhter (übermäßiger) Quart

Mixolydisch = Dur mit kleiner Sept
Äolisch = Moll

Es versteht sich dabei von selbst, daß die Schüler dies anfangs nicht im mindesten zu interessieren braucht. Dem Schüler kommt es lediglich darauf an, daß er auf weißen Tasten spielt. Was dabei modal geschieht, ist ihm nicht wichtig, Hauptsache es klingt. Er wäre in diesem Anfängerstadium, in dem er noch mit Dur- und Mollproblematik zu fechten hat, damit auch schlicht überfordert.

Später wird er dann irgendwann begreifen, daß, wenn er im Baß die Quinte d – a festlegt, die rechte Hand automatisch dorisch-tonal spielt, bei festgelegter Quinte e – h automatisch phrygisch und so weiter. Lediglich der im Baß klingende Grundton legt fest, in welcher Tonart die Oberstimme sich bewegt (die zunächst mit dem Baßton angeschlagene Quinte wird bald, als „wandernder Daumen", auf Wanderschaft gehen).

Und das probieren wir gleich einmal! Beginnen wir mit der Quinte d – a im Baß. Die rechte Hand spielt jetzt, ganz gleich, was sie spielt, dorisch. Denn das Melodiespiel läuft von selbst über die im Dorischen erhöhte Sext.

Nun verläßt der Daumen seine Quinte und schreitet in die nächsthöhere Taste bei weiterhin liegendem oder wieder anschlagendem Grundton. Es erklingt die „dorische Sext", die dem Spiel neuen Farbklang gibt. Weiter wandert der Daumen, während des Spiels, zur Sept, dann Taste für Taste wieder zurück.

Gleiches Spiel jetzt lydisch, mit Quinte f – c beginnend. Es macht sich gut, zwischendurch von dorisch zu lydisch und wieder zurück zu wechseln. Die terzverwandten Tonarten mögen sich, und eine Form A (dorisch) – B (lydisch) – A (dorisch) gibt gutes Profil.

Wie weiter? Gib der linken Hand in ihren Intervallen rhythmischen Schwung, möglichst mit Gleichmaß. Da ist es für Anfänger schwer, beide Hände zu koordinieren. Darum schlage ich diese Lernfolge vor:

- Im Unterricht zu zweit: Einer bringt im Baß Quint, Sext, Sept in rhythmische Bewegung, lang – kurz – kurz – lang – kurz – kurz – lang etwa (und immer mehrere Takte lang bei einem Intervall bleiben), der andere spielt fließendes Melodiespiel dagegen.
- Dann Hausaufgabe, erste Woche: Gutes Melodiespiel mit der rechten Hand, die linke ab und zu anschlagen, „wenn ihr mal dran denkt" (der rechten Hand gilt also die Aufmerksamkeit).
- Zweite Woche: Gutes rhythmisches Gleichmaß mit der linken Hand. „Spielt mit der rechten lange Töne, so, als wenn eine Klarinette eine getragene Melodie spielt. Aber klingenden und tragenden Anschlag bitte!" (Die Aufmerksamkeit gilt der linken Hand.)
- Nächste Woche: Bringt linke und rechte Hand im Gleichmaß zusammen.

Es gibt so viele Möglichkeiten des Improvisierens auf allen Stufen und der jeweiligen Weiterführung, daß hier an die Phantasie der Unterrichtenden appelliert werden muß, selbst Fortsetzungen zu finden.

9.2. Kirchentonarten, ausgehend von schwarzen Tasten
Beginn: im Anschluß an Version 7 (Pentatonik auf schwarzen Tasten) mit
Erleichterungen noch im 1. Jahr
Dauer: kann öfter wieder aufgenommen werden
Mögliche Kombinationen: –
Mögliche Vorstufe zu: –
Folgeversion von: Version 8 (Tonskalen), dort 8.2. (Vom Zweiton- zum Fünfton-
spiel)

Das erweist sich, nach genügender Beschäftigung mit der schwarztastigen Pentatonik,
als nicht schwierig. Zu den fünf schwarzen Tasten treten zwei weiße hinzu, und zwar
jeweils eine der beiden Doppeltasten, die zwischen den schwarzen „Tastentälern"
liegen. Die Tasten können, um das Improvisieren nicht zu hemmen, zunächst mit
kleinen bunten Klebeplättchen kenntlich gemacht werden. Und ohne daß wiederum
den – ja noch sehr jungen – Schülern offenbart wird, wie eine so erreichte Tonart heißt,
beginnt jetzt auch hier ein Spiel in Kirchentonarten, mit dem Vorteil eben, daß es – wie
bei den Kirchentonarten auf weißen Tasten festgestellt – eben „klingt". Zählen wir das
einmal – für unser eigenes Erkennen – systematisch auf:

Markieren wir die Tasten dann erklingt:	e und h		
	dorisch	bei Quinte	cis – gis
	phrygisch		dis – ais
	mixolydisch		fis – cis
	äolisch		gis – dis
Markieren wir die Tasten dann erklingt:	f und c		
	dorisch	bei Quinte	es – b
	lydisch		ges – des
	mixolydisch		as – es
	äolisch		b – f
Markieren wir die Tasten dann erklingt:	h und f		
	dorisch	bei Quinte	as – es
	phrygisch		b – f
	lydisch		h – fis
	mixolydisch		cis – gis
	äolisch		es – b

„Quinte" bedeutet: mit der linken Hand mit Quinte beginnen. Dann geht der Daumen „auf Wanderschaft"; Sexte, Sept, und so das Spiel weiterführen, wie in der weißtastigen Version beschrieben.

10. Grafische Notierung, grafische Täfelchen
    Beginn: zweites Vierteljahr
    Dauer: etwa ein halbes Jahr neben anderem; das Interesse verliert sich mit der Zeit
    Mögliche Kombinationen: Version 12 (Flügelinnenraum)
    Mögliche Vorstufe zu: reale Notation, Version 11 (Kunstvorlagen)
    Folgeversion von: Phase 4, zweites Vierteljahr

Grafik: Notierte Improvisation – improvisierte Notierung.

Den Aufbau einer solchen Notierung habe ich geschildert in: zweites Vierteljahr, Phase 4, Version A (siehe Seite 225).

Die Schüler Eigennotierung erstellen lassen. Auch „Grafische Täfelchen", die sich aneinanderlegen lassen, selbst anfertigen (Muster solcher Täfelchen in meinem Buch *Improvisieren im Klavierunterricht*, Seite 192 f.). Das Spiel nach Grafik macht eine Zeitlang Spaß und bringt Abwechslung. Die Täfelchen numerieren von 1 bis 12. Dann kann die Reihenfolge mit zwei Würfeln ausgewürfelt werden (Aleatorik). Als Beispiel für ein grafisch notiertes Spielstück ist der *Sternengesang* hier wiedergegeben.

11. Nach Kunstvorlagen improvisieren
    Beginn: nach einem Jahr oder später
    Dauer: wird, mit Unterbrechungen, immer wieder gern angenommen
    Mögliche Kombinationen: Versionen 4 (Klänge), 7, 8 (Pentatonik, Ganzton-skalen), 15 (Ostinato), 18 (Gegensätze)
    Mögliche Vorstufe zu: –
    Folgeversion von: –

Je abstrakter die Kunst(post)karten, um so mehr hilft Erfahrung mit grafischer Notation, je gegenständlicher, um so mehr Klang, Naturschilderung…

Ich habe mir einen Bestand von unzähligen Kunstkarten zusammengekauft, dabei von vielen Karten mehrere Exemplare, die ich den Schülern zum Ausprobieren mit nach Hause gebe.

Man muß das erleben! Da wird eine neue Kunstkarte vorgelegt. Sofort dieser prüfende, konzentrierte Blick: Was läßt sich daraus machen? Wie ist das zu gestalten? Was wende ich an? Diese jungen Menschen lernen so ganz nebenbei mit der modernen Malerei viel offener, viel unvoreingenommener umzugehen – und damit zugleich mit der neuen Musik. Die Verbindung Malerei – Musik wird hier zur Selbstverständlichkeit.

Viele Bilder wurden schon genannt, fast alle von Paul Klee und Wassily Kandinsky. Die improvisierenden Schüler akzeptierten nahezu alles von ihnen. Nochmals die beiden Werke, die über allem standen: Klees *Mit den beiden Verirrten*, das die Phantasie der Kinder unglaublich anregt (Angst, Dunkelheit, erschreckende, schwarzdrohende Gebilde). *Im Lande Edelstein* – regt nicht allein der Titel an, das in Musik zu setzen?

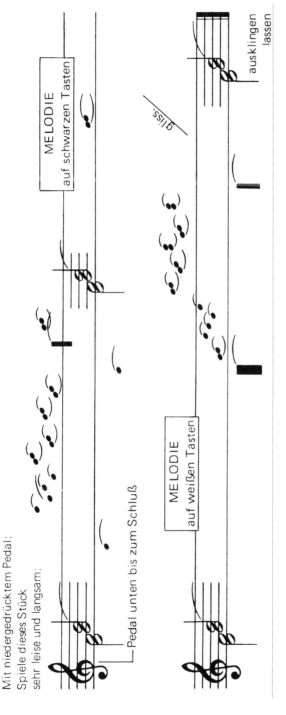

Sternengesang

Mit niedergedrücktem Pedal:
Spiele dieses Stück
sehr leise und langsam:

MELODIE auf schwarzen Tasten

Pedal unten bis zum Schluß

gliss.

MELODIE auf weißen Tasten

ausklingen lassen

Aus: Peter Heilbut, *Spaß am Klavierspielen.*
Schule für den Früh-Instrumentalunterricht,
Bärenreiter, Kassel

Viel Klang – das Bild schwelgt in Farben, skurrile Motive dazwischen –. Dann ein Kandinsky: *Kontakt*. Farbklang, grafische Gestaltung –

Doch gibt es Titel gleichermaßen von Chagall, van Gogh, ja vereinzelt von Picasso, Miró, Dalí (da war es die *Brennende Giraffe*, die immer wieder faszinierte) und anderen, wenn von denen auch vieles von den Schüler als „für's Improvisieren nicht geeignet" beiseitegelegt wurde.

Aber mit welch geschultem Blick, mit welchem Kunstverständnis werden diese jungen Menschen in eine Gemäldegalerie treten!

12. Flügelinnenraum
   Beginn: Ende erstes, Anfang zweites Vierteljahr
   Dauer: sparsam eingesetzt, hat ein Hervorholen auf jeder Stufe seinen Reiz
   Mögliche Kombinationen: fast alle Versionen
   Mögliche Vorstufe zu: –
   Folgeversion von: –

Es gibt in der Improvisation Varianten, die dem Improvisierenden selbstverständlich sind. Das Spiel mit den Saiten des Flügelinnenraumes zählt dazu. Wir, die wir Jahre und Jahrzehnte hindurch Klavier lehren, können uns kaum mehr vorstellen, welche Faszination der Flügelinnenraum samt den Möglichkeiten, die er bietet, auf den jungen Schüler ausübt. So wird viel zu selten davon Gebrauch gemacht, daß, nach Erforschung des Äußeren und der Tastatur, die Entdeckung des Instrumentes und aller seiner Möglichkeiten nicht zuletzt vom Flügelinnenraum ausgehen sollte. Freude am unerwarteten und unkonventionellen „Klavierspiel" verbindet sich mit berauschendem Klangerlebnis und überraschenden Möglichkeiten. In Verbindung mit anderen Versionen einige Beispiele:

- Kombination mit Version 4 (Klänge)
  Einzelton gegen Klänge (Seite 330): Anstatt beides an den Tasten zu spielen, kann hier der Einzelton mit dem Schlägel auf einer Saite gespielt werden. Dann auch umgekehrt: Einzelton auf den Tasten und mit zwei Schlägeln Klang dagegensetzen, alles bei liegendem Pedal. Dabei wird offenbar, wie schwierig es ist, einen Einzelton auf einer Saite zu wiederholen, ohne benachbarte Saiten zu berühren. Das darf vorausgeübt werden – und die Schüler werden lachend ihr anfängliches Unvermögen feststellen.
- Kombination mit Version 15 (Ostinato)
  Gleiche Schwierigkeiten werden beim Spiel von ostinaten Tonfolgen auftreten, obgleich hier nur die in Frage kommenden Saiten schwingen können. Die Saite wird freigegeben, indem man die zugehörige Taste fixiert: Man halbiert eine Wäscheklammer und schiebt eine Hälfte, mit dem abgeflachten Ende voran, zwischen Tastenhals und Tastendeckel. So können die für das Ostinato nötigen Saiten frei

schwingen, ohne daß ständig Pedal gedrückt werden muß. Die Saiten sind zu markieren (Kreidestrich, oder besser: Wollfädchen drumherum).

Dies ist bereits eine von vielen Möglichkeiten, wie man ein Instrument präparieren kann. Hier noch einige weitere:

- Gummi- oder Filzstückchen zwischen die Drillings- oder Zwillingssaiten einer Taste stecken.
- Mit dem Finger eine schwingende Saite berühren, die Stelle finden, die zum Flageolettklang führt. Dies bei mehreren Saiten, die der Tastenspieler dann als Ostinato einsetzt, während ein dritter Spieler einen Gegenpart bringt.
- Aber auch dieser kann verfremdet werden, indem über andere Saiten ein Plastiklineal gelegt wird, das mitvibriert und die Saiten klirren läßt.

Wir haben das bei Vorspielen mit einem kleinen Stück der elfjährigen Susi gemacht. Es heißt *Aquarium* und ist so komponiert, daß es vor und zurück (also auch von hinten nach vorn) gespielt werden muß (Fisch im Aquarium, immer hin und zurück schwimmend). Dazu wurde eine schmale Metallkette über die Saiten gelegt, so daß klirrende Töne entstanden (Aquarium = Glasmusik). Susi erhielt für dieses Stück und seine Effekte stets viel Beifall!

13. Rhythmus
    Beginn: zweites Halbjahr, verbunden mit rhythmischen Übungen
    Dauer: offen
    Mögliche Kombinationen: Versionen 6 (Melodie), 15 (Ostinato)
    Mögliche Vorstufe zu: –
    Folgeversion von: –

13. 1. Freier Rhythmus
Rhythmus und Melodie als Einheit. Vorgeklopften oder selbstgefundenen Rhythmus melodisch nachvollziehen.

- Einen Rhythmus selbst finden und ihn als ostinaten Rhythmus ständig wiederholen.
- Einen Rhythmus selbst finden und als rhythmisch-melodisches Ostinato in ständiger Wiederholung spielen.
- Ein zweiter Spieler setzt Oberstimmen dagegen.
- Als Hausaufgabe versuchen, dies allein auszuführen, linke Hand Ostinato, rechte Hand Gegenstimme.
- Einen Rhythmus finden – in Phrasenlänge – und melodisch umsetzen. Jetzt Rhythmus dreimal nacheinander spielen, mit gleicher Tonfolge oder mit verschiedenen Tonfolgen. Dann, als vierte Phrase, rhythmisch frei zu einem Abschluß gelangen. Ein gefügter Formteil, die achttaktige Periode, wurde erspielt.

Vorübung, zur rhythmischen Schulung des Inneren Ohrs – schon im ersten Vierteljahr einsetzbar: Das Heinzelmännchenspiel.

Schülergruppe, Überlappung, je mehr Teilnehmer, desto besser!

Vorstufe:

„Ich klatsche, ihr macht nach." Ich klatsche einen Rhythmus in Phrasenlänge, Schüler klatschen nach. Ich klatsche eine zweite Phrasenlänge (neuer Rhythmus), Schüler klatschen nach. Dann eine dritte Phrase. Dann eine vierte Phrase.

„Jetzt paßt auf: Hier im Raum wohnt ein Heinzelmännchen, das gar zu gerne mitmachen möchte; erlauben wir es ihm einmal! Es geht jetzt so: Ich klatsche", flüsternd: „dann klatscht Heinzelmännchen", wieder normal: „und dann klatscht ihr. Ihr müßt genau hinhören, richtig lauschen, um es zu hören."

Das Spiel wiederholt sich jetzt in Dreiphaseneinheiten: Ich klatsche – Heinzelmännchen (Nachvollzug des Inneren Ohres) – jetzt die Schüler. Dann die zweite Phrase ebenso, wie auch die dritte und vierte Phrase. – Wieder ein Spiel von dem man sagen kann: „Spaß garantiert."

13. 2. Festgelegter Rhythmus

Parallel und gegensätzlich zu 6. 2 (Melodie mit gegebener Tonfolge). Wie dort – durch Notenköpfe fixiert – die melodische Linie festliegt, metrisch, rhythmisch und tempomäßig aber frei gestaltet werden kann, so ist hier durch Notenhälse, Balken, Fähnchen die Tonlänge festgelegt, der Ablauf dagegen melodisch frei gestaltbar.

Diese Version ist etwas schwieriger auszuführen als die Parallelversion mit Noten, darum sollte jene vorausgehen. Indes ist es auch reizvoll, beides nebeneinander ausprobieren zu lassen.

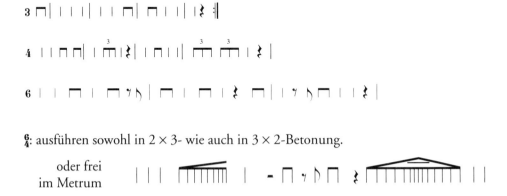

$\frac{6}{4}$: ausführen sowohl in 2 × 3- wie auch in 3 × 2-Betonung.

Für rhythmische Spiele: Viel Tonwiederholung – wenig Sprünge – sparsam im Tonvorrat, auch Zwei- oder Dreitonspiele versuchen – Tonskalen zugrundelegen – und: die Rhythmen immer erst durch Vorklopfen festigen.

14. Lieder begleiten

Beginn: nach einfachen Vorstufen: zweites Jahr
Dauer: solange das Interesse am Liedspiel besteht
Mögliche Kombinationen: Version 15 (Ostinato)
Mögliche Vorstufe zu: Kadenz
Folgeversion von: Version 5 (Improvisierte Lieder)

Liedimprovisation meint hier: zur vorhandenen Melodie eine Begleitung zu finden.

Melodisch zeigen unsere Kinderlieder entweder pentatonische oder durtonale Struktur. Moll kommt als Kinderlied kaum vor (und wenn man Moll zu hören glaubt, erweist es sich fast immer als eine pentatonische Variante). Lieder, die Kinder in der Musikalischen Früherziehung lernen, sind meist pentatonisch gebaut. Dies zu wissen, ist nicht unwichtig, ergeben sich daraus doch zahlreichere und vor allem freiere Möglichkeiten als beim eher sperrigen Dur.

Möglichkeiten, die ausprobiert werden können, ob sie sich einer Liedmelodie „anpassen" (ich sage: „...als wenn ihr probiert, ob euch ein Kleid oder ein Mantel paßt"):

• Borduntechnik. Quinte auf der Grundstufe, zu allem passend. Dann zwischengeschaltet die Quinte eine kleine Terz tiefer klingen lassen. Das eignet sich sowohl bei pentatonischen wie auch bei Durliedern und hat klanglich starken, sehr eigenen Reiz.

• Daumenwandern. Liedbeginn wieder mit Bordunquinte. Dann „wandert" der Daumen eine Taste weiter, eine Sexte erklingt – und so entsprechend fort, wie es auf Seite 340 bereits beschrieben wurde.

• Terzen mit der linken Hand als „schwebende Klänge" zur Melodie klingen lassen. Den Klang gewissermaßen „abschmecken" und liegen lassen, einen Takt oder zwei Takte lang. Die siebenjährige Janina gibt uns ein Beispiel auf Seite 357, wie so etwas gemacht werden kann.

• Einfachste Ostinatoform. Zum Beispiel permanenter Wechsel (schaukeln) auf dem 5. und 6. Tonleiterton. So etwa zum Lied „Summ-summ-summ" in C-Dur auf den Tasten g und a. Im Mittelteil bietet sich, daß es nicht zu eintönig werde, wieder der Wanderdaumen mit festliegendem Grundton an.

• Bei Dur-Liedern schon einmal Durtonalität versuchen. Als Einstieg vielleicht so: Zur Liedmelodie den Grundton der jeweils passenden Stufe finden; es wird sich ohnehin meist um die I. und V. Stufe handeln, selten einmal um die IV. Kindern fällt das leichter, als man denkt, wird ihnen das Gespür dafür doch durch vielhundertjährige Tradition mit in die Wiege gelegt. Dann die Melodie einfach austerzen. Stimmt eine Terz nicht, wird der Melodieton als Einzelton angeschlagen. Am Schluß paßt meist die Sexte. Und dann: Linke und rechte Hand zusammenbringen.

Diese Schemata waren im Spiel, als ich auf Seite 66 von Cornelia, ihrer Leidenschaft für Lieder und ihren reizvollen und stets zum Liede passenden Begleitsätzen erzählte.

Weiteres Eingehen auf Kadenzversionen erspare ich mir hier. Ausführlich geht mein Buch *Improvisieren im Klavierunterricht* darauf ein, und zwar in den Kapiteln XI („Kleine Einführung in das Kadenzspiel") und XII („Vom Kadenzspiel zum Improvisieren mit Kadenzen"). Sodann ist in meinem Buch *Klavierunterricht mit Gruppen* das Kapitel IX der Liedimprovisation gewidmet.

15. Ostinato

    Beginn: Nach etwa zwei Jahren

    Dauer: über Jahre hinweg

    Mögliche Kombinationen: Versionen 16 (Weiterspinnen) und 17 (Spielstücke als Improvisationsvorlagen)

    Mögliche Vorstufe zu: Versionen 20 („Denkt euch selbst was aus!") und 12 (Flügelinnenraum)

    Folgeversion von: Version 13 (Rhythmik)

Ostinato, ein vielseitiger Einstieg, der lange zu beschäftigen vermag. Einstieg gern in Verbindung mit ostinaten Vorbildern wie dem schon mehrfach erwähnten *Basso ostinato* der siebenjährigen Johanna Barthe[*] oder dem *Quasi adagio* von Béla Bartók (siehe die Notenbeispiele auf den Seiten 273 und 274). Man sieht an diesen Beispielen: Ostinati brauchen weder lang noch kompliziert zu sein. Sie reizen immer ungemein, etwas eigenes daraus zu machen.

Was Johannas *Basso ostinato* bewirkte, erzähle ich im ersten Teil des Buches (Seite 46). Was ich nicht erwähnte: Ich habe mittlerweile eine Sammlung von Klavierversionen nach diesem Ostinato; ständig bekomme ich welche zugeschickt von Kindern, die das Johanna-Stück zum Nachmachen reizt. Meine Antwort meist: „Nun denkt euch mal selbst ein Ostinato aus. Euch fällt doch sicher auch etwas ein!"

Und das ist mein Rat auch hier: Ostinati selbst machen. Gegenstimme dazu. Das läßt sich im Unterricht gut zu zweit praktizieren. Ein Spieler das Ostinato, der andere einen Gegenpart. Und wieder die Hausaufgabe: Bringe Ostinato und Gegenstimme zusammen. Das ist Denktraining und übt die Hände in Unabhängigkeit[**].

---

[*] Dieses mit den Grundstufen I–IV–V–I kadenzierende Ostinato stammt von Johanna selbst, ich erwähnte es schon: Tochter eines Organisten, und das färbt ab. Ich versuche, meine Schüler möglichst lange von solchem Kadenzschema fernzuhalten. Wenn es nicht gerade die begabte Johanna ist: es führt zu nichts; die vielen Zusendungen – voll guten Willens, wenig erzielend – beweisen es.

[**] Über den Bau von Ostinati berichtet mein Buch *Klavierunterricht in Gruppen*, Kapitel XI.

16. Etwas Begonnenes weiterspinnen
    Beginn: etwa ab dem zweiten Jahr
    Dauer: sich steigernd über Jahre hinweg
    Mögliche Kombinationen: Versionen 15 (Ostinato) und 17 (Spielstücke als
    Improvisationsvorlagen)
    Mögliche Vorstufe zu: Versionen 18 (Gegensätze) und 20 („Denkt euch selbst
    was aus!")
    Folgeversion von: viele der Vorversionen

Dieser Art des Improvisierens, der Anregung, etwas Vorgegebenes weiterzuspinnen,
begegnet man schon öfter in heutiger Unterrichtslandschaft. Der Schüler „antwortet"
mit einer Folgephrase auf eine vorgegebene Phrase des Lehrers. Ein Frage- und Antwortspiel, mehrfach hin und hergehend.

Das kann man später ausweiten: Zwei Phrasen werden vorgegeben. Aufgabe: Melodische und rhythmische Floskeln übernehmen und die Sache zu Ende führen – sie
kann beliebig lang werden.

Später: Die erste Phrase oder die ersten beiden Phrasen eines Spielstückes übernehmen, das gerade im Übeprogramm ist oder war.

Aufgabe: In diesem Stil weiterimprovisieren. Aber, und das ist wesentlich hier:
Nichts so ausprobieren, daß es sich festigt. Jede neue Improvisation soll anders sein.

Nehmen wir die Beispiele der Phase 2 (Seite 273 ff.) einmal her: Sie fordern doch
geradezu heraus zum Weiterspinnen!

17. Spielstücke als Improvisationsvorlagen: „Stell dir vor, Musikstücke sind Spiele…"
    Beginn: nach etwa zwei Jahren
    Dauer: nach Lust ohne Grenze
    Mögliche Kombinationen: viele Möglichkeiten bieten sich an
    Mögliche Vorstufe zu: Phase „Komponieren"
    Folgeversion von: Version 16 (Weiterspinnen)

Ja, stell dir vor, Musikstücke sind Spiele, und das, was du gerade übst, ist eine von
vielen möglichen Varianten. Sieh mal selbst zu, was aus der Idee, die der Komponist
vorgegeben hat, sonst noch zu machen ist. Das Klavierstück also als eine von mehreren
möglichen Lösungen…

Jetzt kommen uns viele der mittlerweile absolvierten oder noch laufenden Impro-
visationsvarianten zugute. Was ist anzuwenden, wenn…? Eine Übersicht, dem Schüler
rückwirkend in Erinnerung gerufen, gibt Hilfestellung.

Was ihm auf dieser Stufe noch fehlt, ist die Erfahrung mit durtonalen Möglichkeiten
(mit Moll hat er durch einige der Kirchentonarten bereits Bekanntschaft gemacht). Im
Rahmen von Durkadenzen zu improvisieren, ist für später vorgesehen, doch nicht
bevor anderes ausgelebt wurde. Doch kann das Noch-nicht-Wissen an dieser Stelle

durchaus zum Vorteil gereichen: dadurch, daß er gehalten ist, sich dem Stil eines jeweiligen Spielstückes nach Möglichkeit anzupassen, in das Stück hineinzulauschen: Wie läuft so etwas ab, wie kriegt man das hin, daß es so weiterklingt wie das Vorgegebene?

Damit macht er sich spielend und entdeckend Modalitäten der Kadenz zu eigen, die in Improvisationsphasen späterer Jahre dann als Aha-Erlebnisse wieder auftauchen.

18. Gegensätze

    Beginn: frühzeitig, da auf allen Stufen möglich
    Dauer: kann immer wieder aufgenommen werden
    Mögliche Kombinationen: Version 1 („Komm, spiel mit!"), 16 (Weiterspinnen) und andere
    Mögliche Vorstufe zu: Version 20 („Denkt euch selbst was aus!")
    Folgeversion von: Version 16 (Weiterspinnen)

Die Version beginnt in gleicher Weise wie Version 16: Der Schüler „antwortet" mit einer Folgephrase auf eine vorgegebene Phrase des Lehrers; diesmal jedoch ist Kontrast dagegenzusetzen:

Auf lustigen Rhythmus ist zu antworten mit getragener Melodie. Auf Melodie mit Klang – oder Rhythmus und so weiter.

Dann: Zwei Phrasen werden vorgegeben. Schüler antwortet mit Gegensätzlichem und führt dies zu Ende.

Erweitert und wieder an Version 16 anschließend: Schüler antwortet mit Gegensatz, führt aber mit einer Phrase zu Ende, die wieder auf die anfangs angespielten Phrasen eingeht. Eine a–b–a-Form entsteht so mit kontrastierenden Teilen.

Dann aber die Aufforderung (das unterscheidet diese Version von den beiden vorhergehenden), Vorgabe und Gegensatz selbst zu gestalten. Da kommen dann Erinnerungen an frühere Improvisationsinhalte wieder: Elefant und Mäuschen, Fisch und Gemse, Tag und Nacht. Oder das Übliche: lustig – traurig. Laut – leise. Schnell – langsam. Was noch – ?

19. Technische Studien, verpackt in Improvisationen

    Beginn: läßt sich frühzeitig in den Unterricht einbauen
    Dauer: ohne Grenze, mit ständig sich steigernder Schwierigkeit
    Mögliche Kombinationen: Versionen 1 („Komm, spiel mit!"), 13 (Rhythmus) und andere
    Mögliche Vorstufe zu: –
    Folgeversion von: –

Diese Improvisationsform hat klavieristisches Ziel. Der Hintergedanke: Übungen, die ohnehin notwendig sind, als Möglichkeit der Improvisation anzubieten[*]. Das wurde bereits in Phase 2 des zweiten Vierteljahres („Einstudierung neuer Stücke"), Versionen 4 und 5, beschrieben (siehe Seite 279).

Diese Version übrigens, verbunden mit der folgenden („Denkt euch selbst was aus!"), ist es, die es mir ermöglichte, den siebenjährigen Thilo zum auch von ihm akzeptierten Klavierspiel zu bringen (siehe Seite 57).

20. „Denkt euch selbst was aus!"

Schließlich, nicht zu vergessen und der Vollständigkeit halber, die Anregung: Wozu immer nur auf Anstoß des Lehrers warten? Macht mal selber etwas und spielt es dann vor.

Die Schüler, die von sich aus Lust auf Improvisieren haben, kommen nach den ersten Anstößen ohnehin von selbst auf den Weg – ist doch allein schon der Moment, da die Finger die Tasten berühren und inniger Kontakt zum Instrument erfühlt wird, inspirierend. Inspirierend wie auch das Schweben eines Klanges, die rhythmische Bewegung eines Klopfens, das innere Aufblühen einer verklungenen Melodie – für den, der ständig auf dem Sprung ist, was damit anfangen…?

---

[*] Das Üben von Klaviertechnik als Improvisation ist eines der Hauptthemen in Günter Philipps Buch *Klavier – Klavierspiel – Improvisation*, es betrifft allerdings mehr den fortgeschrittenen Schüler.

Die sporadischen Unterrichtsphasen

Phase 6a: – und Komponieren?
Phase 6b: Vierhändigspiel
Phase 6c: Einübung in Begleiten und Ensemblespiel
Phase 6d: Rendezvous mit Musiktheorie;
            Gesprächs- und Erzählphase am Studiertisch

Vier Phasen, die wechselweise, nach Belieben und Bedarf, als sechste Unterrichtsphase fungieren mögen. Alle kamen bereits in unterschiedlichen Zusammenhängen zur Abhandlung. So ergibt es sich, daß oft Bezug genommen wird auf vorangegangene Abschnitte und Passagen.

Phase 6a:
– und Komponieren?

> Sie durften erleben, was es bedeutet, schöpferisch wir-
> kend und gestaltend sich ausleben zu dürfen. Gibt es
> einen erfüllteren Weg zur Selbstverwirklichung?

Der Schlußsatz, in den mein Bericht über das Pilotprojekt „Kinder Komponieren" mündet (Seite 109) und der diesem Abschnitt als Motto vorangestellt sei, kündigt an dieser Stelle zugleich die Wiederaufnahme des Themas an, das vergleichsweise wohl das problematischste genannt werden darf. „Nur nicht dran rühren!" ist bisher die pädagogische Tendenz, mit der man auf das Problem der zum Selbermachen drängen-den Kinder reagiert.

Wie befreiend, wenn einem unversehens ein Buch in die Hände gerät, das in gleicher Richtung verdeutlicht: *Vom Improvisieren zum Komponieren ist es kein weiter Weg. Die Erfahrung zeigt immer wieder, daß Schüler, die an der Improvisation Geschmack gefunden haben, ihre Einfälle festhalten möchten.* Und dann die entscheidende, sich mit meiner Feststellung deckende Aussage: *Auch in diesem Punkt kann jeder Instrumentallehrer sich zutrauen, ausreichend fachliche Hilfe zu geben.*[*]

---

[*]   Anselm Ernst, *Lehren und Lernen im Instrumentalunterricht*, Schott, Mainz 1991

Auf dreierlei Weise kann der Anstoß zum Komponieren erfolgen:

- spontan, durch Improvisieren ausgelöst;
- methodisch, durch lehrendes Begleiten;
- intuitiv, aus eigenem Antrieb.

1. Vom Improvisieren zum Komponieren: Manchmal nur ein kleiner Schritt

Sollte sonst nichts überzeugen: Jeder Lehrer, der mit Schülern improvisiert, erlebt es immer wieder, daß ihn einige schon bald mit selbstausgedachten und selbstnotierten Ergüssen überraschen. Wirklich, als Überraschung für ihren Lehrer ist es oft gedacht, und die freudige Erwartung ist groß. Hier schon entscheidet sich: Folgt die herbe Enttäuschung mit einem üblichen, wegwerfenden „Üb du lieber Klavier…“, oder wird das Mühen mit lobender Anerkennung bedacht? Der Lehrer sollte sich sehr wohl überlegen, was diese frühe Begegnung mit dem schöpferischen Müssen bedeutet: Nichts weniger als erstes Ringen, wenn auch auf elementarer Stufe, mit dem spröden Stoff der musikalischen Elemente, dazu ein intensiveres Eindringen in das Phänomen Musik, als es bisher durch gewohntes Klavierspiel geschah. Und das bedeutet zugleich freiwilligen Verzicht auf bequemes Nichtstun vor dem Fernseher oder heiteres Teilnehmen beim Spiel der anderen.

Die Empfehlung geht dann doch dahin, daß man sich der Sache stellt und freudige Überraschung zeigt, wenn ein Schüler mit einem Notenblatt in der Hand stolz zum Unterricht kommt. Und warum nicht von vornherein animieren? Überfliegen wir doch die zwanzig Einstiege in die Improvisation noch einmal. Welche wohl bieten sich an, daß von ihnen aus der kleine Schritt erfolge, der zum Komponieren führt?

- Zu Version 2 (Erlebnis-Improvisation, daraus „Tierpark“, Seite 327)
  Hier ist es die „Promenade“, der Weg zwischen den Gehegen, der, zunächst auf drei Tasten beschränkt, stets mit gleicher Melodie erfolgen soll. Zwischen den unterschiedlichen Tierimitationen ist also etwas Wiederholbares, gleichsam als Refrain, einzufügen. Beginn, quasi als Fortsetzungsstufe der ersten Tierparkimprovisationen, ab zweitem Halbjahr.
- Zu Version 5 (Improvisierte Liedmelodien, Seite 332)
  Auch hier wird erster Keim gelegt, bei Beginn schon ab dem ersten Halbjahr. Aus dem Verbund von Text und Sing- und Spielimprovisation festigt sich im Wochenverlauf eine wiederholbare, bleibende Melodie.
- Zu Version 6.1. (Melodie mit freier Tonfolge, Seite 332)
  Beim Improvisieren sind kleine Regeln zur Melodiebildung zu beachten, die bereits oben aufgezählt wurden (Seite 333). Das läßt sich unschwer übertragen und wird im Abschnitt 2 („Komponieren lernen“) ausführlicher behandelt.

Eine starke Übung, etwas Erklungenes im Kopf zu behalten und wiederholbar zu machen, ist das „Echospiel": Eine Melodie in Phrasenlänge, später doppelter Phrasenlänge, wird improvisiert. Anschließend wird *pianissimo*, eventuell auch oktavversetzt, das Echo gespielt, das heißt, die eben erklungene Melodie wird wiederholt, ist also im Kopf zu behalten.

- Zu Version 6.2. (Melodie mit gegebener Tonfolge, Seite 333)
  Hier bietet sich doch geradezu von selbst der Übergang zum eigenen Komponieren an! Notenreihe wie dort, dann Tonlängen, Rhythmen und Takte festlegen. Das aber erst vom zweiten, dritten Jahr an.
- Zu den Versionen 7 und 8 (Tonskalen, Seite 335 und 336)
  Diese Versionen eignen sich zur Verbindung mit Version 6.2., mit Melodie in festgelegten Skalen. Siehe ebenfalls den Abschnitt „Komponieren lernen".
- Zu den Versionen 15 (Ostinato, Seite 347), 16 (Etwas Begonnenes weiterspinnen, Seite 348), 17 (Spielstücke als Improvisationsvorlagen, Seite 349)
  Alle diese Einstiege animieren dazu, die Grenzen vom Improvisieren zum Komponieren zu überschreiten. Auch sie decken sich mit dem, was im Abschnitt 2 ausführlicher zur Sprache kommt.

2. Komponieren lernen: das Pilotprojekt „Kinder komponieren" der Jugendmusikschule Hamburg als Leitfaden

> *Solange es keine bessere Bezeichnung für eigenschöpferische musikalische Tätigkeit von Kindern und Jugendlichen gibt, nenne ich diese Tätigkeit Komponieren.*[*]

Was mich veranlaßte, ein solches Projekt in Angriff zu nehmen, wie es durchgeführt wurde, was ich erleben und als Erfahrungsernte einbringen durfte, ist ausführlich geschildert worden. Beginnend mit Seite 68, fortgesetzt auf Seite 88, weitergeführt mit Seite 103 und schließlich 121, sind Weg und Ergebnis nachgezeichnet und analysiert.

Der Weg beginnt sofort mit Notenschreiben. Arbeiteten die vier Mädchen meiner Testgruppe nach handschriftlich vorbereiteten Notenblättern – von meiner Hand vorgegeben waren Notenschlüssel und Taktstriche, meist auch Begleitnoten für die linke Hand sowie die vier oder fünf Noten, mit denen zu komponieren war, so hatten zwei Jahre darauf die Schüler der vierten Generation – von den acht Kindern war nur eines zum Notenschreiben nicht bereit – die Sache bereits gedruckt vor sich liegen (siehe die beiden Notenbeispiele auf den folgenden Seiten).

Alle Kinder waren, als sie begannen, sechs Jahre alt. Und, wiederum mit einer Ausnahme, kamen sie alle aus Kursen der Musikalischen Früherziehung, waren also, wie geschildert, vertraut mit Noten.

[*] Helmuth Weinland, *Musikschüler komponieren*, in: *Üben & Musizieren* 1/1984, Schott, Mainz. Auch er hatte sich wohl ständig mit dem Vor- und Einwurf auseinanderzusetzen, daß das, was die Kinder machten, wohl nicht Komponieren genannt werden dürfe.

Inka Friedrich, siebenjährig

Für den Beginn, mit Noten zu „komponieren", ist Notenkenntnis jedoch keine Voraussetzung. Das *Komponierbuch für junge Klavierspieler* ist im Grunde ein Buch, das ins Notenschreiben einführt; kompositorische Ergebnisse sind zunächst nur ein Nebeneffekt.

Indes sollte man bei Kindern ohne Notenkenntnis jene kleinen Notationsspiele vorausnehmen, die in Phase 5 (ab Seite 320) beschrieben sind (Spiel mit Täfelchen), wenn es sich nicht sogar empfiehlt, auf Notationseinstiege des zweiten Vierteljahres (Phase 4, Seite 225) zurückzugreifen. Gilt es doch, und immer wieder sei es betont, von Anfang an klarzulegen, daß Noten erst in ihrer Beziehung zu den Nachbarnoten einen Sinn ergeben. So wäre mit diesen Schülern der Beginn mit Komponieren nach etwa Jahresfrist zu empfehlen.

Der Weg, den das *Komponierbuch* führt, ist Schritt für Schritt in Phase 4, Punkt 2 („Noten schreiben", Seite 312), nachvollzogen. Ein nochmaliges Eingehen darauf erübrigt sich hier. Doch möchte ich einmal etwas näher die beiden Beispiele betrachten.

Es ist Inka, die mit kräftiger, selbstbewußter Hand die Noten aufs Papier setzte. Notenschlüssel, Notenvorgabe, Takteinteilung, Pausen und Begleitintervalle stammen von mir. Wie die Vorgabe der vier Noten oberhalb des Liedes zeigt, waren die Schülerinnen schon vertraut mit Fünf- und Sechstonlage. Als ich die quasi-kadenzierende Intervallfolge vorgab, war ich recht gespannt, ob und wie die Kinder darauf eingingen, ihre Schlußtöne daraufhin „abschmeckten", beziehungsweise ob sie bei Nichtgefallen der Zusammenklänge Änderungen vollzogen. Denn den Schülerinnen stand frei, entweder die Melodieschlüsse neu zu komponieren und den Klängen der linken Hand anzupassen, oder aber ihre gefundene Melodie gelten zu lassen und dafür meine vorgeschriebene Begleitung abzuändern.

Inka hat auf beides verzichtet. Offensichtlich akzeptierte sie die Zusammenklänge, die unseren durverwöhnten Ohren hier und da gegen den Strich gehen mögen.

Ganz anders Janina, ebenfalls siebenjährig. Mit unwillig zensierendem Durchstreichen eliminierte sie rigoros meine simplen Begleitnoten und beschämte mich geradezu mit ihren harmonisch einfühlsamen Klangfarben.

Es sei an dieser Stelle darauf hingewiesen, daß sich das *Komponierbuch* für Kinder bis etwa neun Jahre eignet. Die Texte wie auch das langsame, auf Jüngere zugeschnittene Vorankommen unterfordern ältere Schüler. Bei ihnen, ab zehn, empfiehlt es sich, die Komponierbuchphase zu überspringen und gleich dort zu beginnen, wo die anderen nach Beendigung des Komponierbuches ihre Fortsetzung finden.

Allerdings bekommen auch die Älteren ein Eröffnungsspielchen serviert. Bevor es gilt, zu erfahren, was alles man mit vier Noten machen kann, wird das Problem der Verkettung verschiedener Zeichen mit Buchstaben vorprobiert.

Nehmen wir, musikalisch gemixt, die Buchstaben E – O – N – T:

> Toenen Toene? – Toene toenen! – Nonenoten nennen –
> Nette Ente – Tonne – Nonne – und zwanzig mehr.

Nehmen wir, männlich martialisch, die Buchstaben E – O – H – R:

> Herr – Heroe – Heere – Horror – Hoerrohr –
> Hoeher – Oho! – Hoere o Herr! – Amen (Pardon!)

Nehmen wir, fraulich friedlich, die Buchstaben A – E – D – L – M:

> Dame – Edel – Adel – Adam – Amme – Maedel –
> Edda – Adele – Leda – Allee – Lamm – Alle

Dann vier oder fünf Noten, und weiter wie die Kinder mit dem Komponierbuch.

Pusteblume Löwenzahn

Pu - ste - blu - me   Lö - wen - zahn,   schau nur, wie ich   pu - sten kann!

Al - le dei - ne   Ster - ne,   leicht und leis,   flok - ken - weiß,

schwe - ben in die   Fer - ne.

Janina Sturm, siebenjährig

Irgendwann, nach Jahresfrist, ist das Komponierbuch vollgeschrieben, und man steht jetzt vor dem Problem, wie es weitergeht. Mit untergelegtem Text und, meist, untergelegtem Begleitvorschlag, war die Sache stimmig und zur Zufriedenheit aller Beteiligten zu beenden. Sicher, man hatte, war es geschrieben und für gut befunden, das entstandene Lied dann auch einzuüben wie ein richtiges Klavierstück und mitsingend zu Gehör zu bringen. Ein Erfolgserlebnis war es allemal.

Nun aber fällt der Text, der Garant war für das formale Gefüge, fort. Ich mußte mir für den weiteren Weg etwas einfallen lassen und kam, mir Rat holend bei den Improvisationen, zu folgenden Möglichkeiten:

– Imitationsprinzip: Spielstücke als Anregung
– Bausteinprinzip: Ein Steinchen auf das andere setzen
– Lernprinzip: Regeln (elementare Satzregeln) lernen, erfassen und anwenden
– Improvisationsprinzip: Aus improvisatorischen Versuchen etwas hervorgehen lassen

Überlappung zweier Unterrichtsstunden als Komponierphase.
Links vor mir Janina, rechts Anna Loebarth.
Neben mir Nils, Phils Bruder, der ab und zu kiebitzte.

- Imitationsprinzip: Ändere ab, erfinde neu

Gewissermaßen ist dies die Weiterführung der Improvisationsversion 17: „Stell dir vor, Musikstücke sind Spiele…". Hierbei erweisen sich Ostinatostücke als besonders einladend. Etwa das Johanna-Barthe-Stück, oder, immer neugierdeweckend, das Ostinatostück von Bartók, das schon mehrmals als Muster diente (Seite 279). Es ist das Klavierstück, das nach Beendigung des *Komponierbuches* als erstes zur Besprechung auf dem Komponiertisch liegt.

„Sehen wir uns das einmal an", sage ich, „es ist doch eigentlich so einfach gebaut, daß es nicht schwerfallen könnte, etwas Ähnliches nachzumachen: Die linke Hand mit leichtem Ostinato, das ihr übernehmen könnt, die rechte Hand mit nur fünf Tönen dagegen. Probiert ihr es?" – (Als wie meisterhaft dieses bescheidene Spielstück sich wirklich erweist, braucht die Schüler zunächst nicht zu interessieren: Scheinbar bitonal, die Linke mit Dominante–Tonika D-Dur vortäuschend, die Rechte in scheinbarem a-Moll gefangen, erweist sich das Stück als kirchentonartlich gebunden.)

Und so, wie das Stückchen schon improvisierend „verändert" wurde, wird es jetzt schriftlich neu erarbeitet. Dann aber, um mehr Abstand zu gewinnen, gebe ich diese Ostinatoversion in anderer Tonart vor. Es ist erstaunlich, wie schnell die Schüler jetzt ihre Abhängigkeit von der Bartókschen Vorlage verlieren und zu selbständiger Melodieführung gelangen.

Die vier Mädchen des Pilotprojektes sind mittlerweile acht Jahre alt, beschäftigen sich mit „Umkehrung" (sprich: Spiegelung), wagen sich schon an Kanonversuche heran und legen ziemlich regelmäßig ihre neuen eigenen „Schöpfungen" vor. Holen wir die Notenbeispiele der Phase 2 nochmals heran: Als besonders animierend erweisen sich dort die Beispiele 6 (Seite 279) und 7 (Seite 280). Beispiel 6: Melodie, zur Dissonanz führend – bis dahin ist es nicht schwierig – und zur Auflösung gelangend – da muß manchmal ärgerlich lange gesucht werden. Alles, wie beschrieben, vor dem Hintergrund des armen Mädchens mit den Schwefelhölzchen. Beispiel 7 reizt zur Auseinandersetzung mit Technik, hier zu spritziger Nachahmung (schriftlich!).

Unerläßlich zur Aufrechthaltung der Motivation: Jede Aufgabe wird noch im Unterricht am Studiertisch begonnen, als Start, und erst dann als Hausaufgabe weitergeführt.

Als Muster sei ein Spielstück von Susi herangezogen. Es ist das Bartóksche Ostinato, von mir nach G-Dur versetzt. Interessant ist zunächst, daß Susi sich um diese Tonart nicht im mindesten gekümmert hat. Sie landet schnell wer weiß wo und ist schon im zweiten Takt genötigt, die ostinate Figur zu versetzen.

„Susi", sagte ich damals, „du bist vom Ostinato ja ganz schön abgewichen."

Große, fast empörte Augen: „Sie wissen doch, wenn mir meine Melodie wichtiger ist, kann ich die Begleitung ändern!"

Recht so! Genau das hoffte ich zu hören, und genau das ist es ja, was das Stück interessant macht (siehe die Notenbeispiele auf den folgenden Seiten). Die Fingersätze im Stück stammen übrigens von Susi selbst.

Quasi adagio

Susi Schmidt

Drei Spielstücke

komponiert im Alter von 8 Jahren

1. Fast ein Ostinato

aus: *Kinder komponieren für Kinder*,
Verlag Hug & Co., Zürich

- Bausteinprinzip und Lernprinzip
  Aufgabe, 1. Woche: „Komponiert eine Melodie, zwei Phrasen lang."
  Aufgabe, 2. Woche: „Nun die Spiegelung dazu."
  Aufgabe, 3. Woche: „Findet Klänge zum ersten Teil."
  Aufgabe, 4. Woche: „Findet Klänge zur Spiegelung".

Als Beispiel die Spiegelmelodie von Julia. Vorgegeben war eine pentatonische Reihe: e – g – a – h – d – e (automatisch ergibt auch die Umkehrung eine pentatonische Tonfolge). Die Dreiklänge dazu konnten unabhängig davon frei eingesetzt werden, allerdings mit der Bitte, daß möglichst viele Dreiklänge Nachbartasten enthalten sollten (in unserer Sprache: Sekunden enthalten sollten), zur Vermeidung von Dur oder Moll.

Ungeachtet der Tatsache, daß die Harmonien, die Julia in ihr Stück einbringt, bei geradezu wagemutigen Dissonanzen (wenn man mal kadenztonal denkt) erstaunlichen Klangreiz besitzen und sofort mein Plazet erhielten, auch hier das Gespräch. Ich brauchte eine Erklärung über das, was sie da gemacht hatte. Und ich bekam sie!

Julia Holzkamm

Drei Spielstücke
komponiert im Alter von 8 Jahren

1. Eine Melodie sieht sich im Spiegel
(Melodie und Umkehrung)

aus: *Kinder komponieren für Kinder,*
Verlag Hug & Co., Zürich

„Julia", sagte ich, „viele Nachbartasten sind nicht gerade dabei." Auch hier: Große, nicht nur fast, sondern Augen in wirklicher Empörung: „Wissen Sie, daß ich ein Ostinato dazu machen wollte…" (aha, das erklärt die ersten vier Takte), „…und als das dann nicht ging, habe ich eben irgendwelche Klänge probiert, ob sie passen oder nicht, und das war mir dann egal!"

Eine geradezu frappierende Antwort, und noch frappierender, was dabei als Resultat entstand.

Apropos, kleine Regeln, die Spiegelung betreffend: Bereits mit acht und neun Jahren gelang es den vier Mädchen, die Umkehrung auf dreierlei Weise zu finden:

– Spiegelung der Noten mit dem sogenannten Schloß-C als Symmetrieachse;
– Spiegelung der Tasten mit den Mitteltasten gis oder d als Symmetrieachse;
– Spiegelung der Intervalle durch Abzählen der Ganz- und Halbtöne.

Weitere Regeln: Eine Melodie dreimal aufeinander folgen lassen und dann melodisch weiterführen.

Die Begleitung kann ebenfalls dreimal gleich bleiben (siehe das Notenbeispiel), doch empfiehlt es sich, sie bei jeder Wiederholung ein wenig abzuändern.

Noch eine weiteres Beispiel, diesmal von der elfjährigen Inka; es ist dem dritten Heft *Kinder komponieren für Kinder* entnommen (siehe Notenbeispiel auf der nächsten Seite):

Keine Vorgabe der Notenreihe. Inka wählte sich, für die Takte ihres Themas jedenfalls, die spannungsgeladene Reihe cis – e – f – g – b, geht dann aber frei in der Tonwahl weiter. Akkorde mit „Nachbartasten". Spiegelung: Die fünf Thematakte finden ihre Umkehrung ab Takt 10. Sie benutzte die Mitteltaste d als Symmetrieachse.

Dann nutzt sie, gegen Ende des Notenbeispiels, das dreimalige Wiederholen eines Motives mit Weiterführung „in die Perle" hinein (die sich zwischen den beiden harschen Muschelschalen befindet).

Das Stück schließt, einer a–b–a-Form folgend, mit einem etwas gekürzten und abgeänderten ersten Teil.

- Das Improvisationsprinzip: Festhalten, was gefällt

Das nun ist die Welt Julys. July Loebarth, die sich am Studiertisch alles geduldig mit anhörte, die Aufgaben zur Kenntnis nahm, dann in der nächsten Stunde aber ankam mit den Worten: „Ich hab' mir aber ganz was anderes ausgedacht!" (Da lohnt es sich jetzt, das Fortsetzungskapitel meiner „Grazien" ab Seite 103 noch einmal vorzunehmen.) Ein Beispiel der Neunjährigen (siehe Notenbeispiel auf Seite 365):

Die Unisonoeinleitung ist zwar dem Komponiertisch zuzuschreiben, dann aber legt July los, und deutlich ist zu hören, daß diese punktierten Rhythmen, diese Quartsextakkordfolgen sich aus der Improvisation heraus am Klavier entwickelten.

Die Unisonomelodie, die diesen Jahreskreis einleitet, erklingt zum Schluß dieser kleinen Suite ein zweites Mal: Dann aber krebsgängig, als Spiegelung in Seitenrichtung.

Inka Friedrich

4. Die Perle in der Auster

komponiert im Alter von 11 Jahren

aus: *Kinder komponieren für Kinder*,
Verlag Hug & Co., Zürich

July Loebarth

Im Jahreskreis

komponiert im Alter von 9 Jahren

Der Frühling kommt

aus: *Kinder komponieren für Kinder*,
Verlag Hug & Co., Zürich

Da Capo al Fine

Was als kleine Regel den Neunjährigen gegeben wurde: Eine Melodie läßt sich auch von hinten nach vorn spielen. Das eben abzuschreiben ist leicht, verglichen mit der höhenbezogenen Spiegelung.

Übrigens komponierte Susi im Folgeheft ein ganzes Stück, das, am Schluß angelangt, wieder rückwärts nach vorn gespielt werden muß: Fisch im Aquarium, immer hin und her schwimmend.

3. Komponieren aus eigenem Antrieb

Kunst kommt nicht von Können,
sondern von Müssen.

Arnold Schönberg

Daß ich dieses große Wort Schönbergs hier, da es „nur" um Kinder geht, an den Anfang setze, mag vermessen sein. Doch scheint es, als ob dieses Müssen bei manchen schon in sehr jugendlichem Alter in Erscheinung tritt.

Thomas zum Beispiel, der mir als Sechsjähriger erklärte, er habe ein Klavierkonzert komponiert und geradezu fassungslos war bei der Feststellung, daß ich, sein Lehrer, keine Ahnung davon hatte, daß er überhaupt komponiert (siehe Seite 33). Die dreisätzige Sonatine, die er ein Jahr später wiederum ohne mein Wissen komponierte, eröffnet, neun Seiten lang, mein *Zweites Vorspielbuch*.

Oder Gregor, der fünfjährig, als er mein Schüler wurde, bereits nichts Geringeres als ein Konzert von Bach auf seiner Geige absolviert hatte, lesen und schreiben konnte, natürlich auch Noten, und der, fünfjährig noch, seinen beiden älteren Schwestern ein Violinduo in drei Sätzen komponierte (siehe Seite 98). Die Noten „stimmen" ausnahmslos, nur das Untereinander klappte noch nicht so recht. Da mußten Pfeile nachhelfen (siehe gegenüberliegende Seite).

Oder Anna, Gregors Gruppenpartnerin, die, fünfjährig, gleich zur ersten Klavierstunde ein selbstkomponiertes (und selbst aufgeschriebenes) Stück mitbrachte. Natürlich, sie sah das bei ihrer älteren Schwester July, daß zum Klavierunterricht Notenschreiben und Komponieren gehörte (siehe Seite 99). Als ich dann, da war sie sechs, mit dem *Komponierbuch* und vorsichtiger Notenschreiblehre begann, brachte sie mir ungeduldig „richtig komponierte" Stücke in den Unterricht, von denen eines hier vorgestellt wird (siehe Notenbeispiel auf Seite 368). Selbst im Baßschlüssel hat sie schon notiert und sich lediglich darin geirrt: Alle

So ist es notiert. Auf meine Frage:
„Kannst du es denn auch spielen?"
bekam ich mit einem „Na klar!"
dies zu hören:

Anna (6)

D.C.

d-Noten der linken Hand sollen e-Noten sein. Aber es lohnt sich, die Komposition der Sechsjährigen näher zu betrachten. Das Stück hat Hand und Fuß!

Oder nehmen wir Johanna (siehe Seite 45 und 112). Oder Thilo (siehe Seite 57 und 109).

Oder einmal Alenka, die ich als Neunjährige in Erlangen auf einem meiner Improvisationsseminare kennenlernte und die mir ein Feuerwerk von selbst erdachten Stücken vorspielte. Auf meine Frage, ob sie lieber improvisiere oder komponiere, reagierte sie erstaunt: „Wo ist denn da der Unterschied?" Wobei anzumerken wäre, daß „Komponieren" nicht unbedingt mit „Noten aufschreiben" identisch sein muß. Da begannen die beiden, Alenka und Thilo, gleicherweise: Von der Natur bedacht mit – es ist nicht übertrieben zu sagen – geradezu phänomenalem Musikgedächtnis, formten und beendeten sie ihre Sachen im Kopf, um sie dann ohne Notationsumweg auf die Tasten zu bringen. Das Aufschreiben ist doch nur ein Fixieren des vorangegangenen, kompositorischen Vorganges. Zweiflern, die darauf pochen, daß „Komposition" nur das genannt werden darf, was schriftlich endgültig vorliegt, sei entgegengehalten: Ein Gedicht, im Kopf gefertigt, ist in jedem Fall ein Gedicht, ob es nun aufgeschrieben wird oder nicht.

Alenka und Thilo, gleich alt, waren lange befreundet – Alenka kam zur Zeit unseres Schülerkreises mehrmals im Jahr nach Hamburg und genoß hier die Förderung ihrer schöpferischen Begabung. Als sie fünfzehn waren, gaben sie ein gemeinsames Konzert mit eigenen Kompositionen in Würzburg (siehe die Abbildung auf der nächsten Seite).

* * *

Ja, was anfangen, wenn man plötzlich entdeckt, daß man solche Kinder im Schülerkreis hat? Die Antwort muß heißen: Zum Weitermachen ermutigen. Anerkennen, sich über das Vertrauen freuen, das der Schüler entgegenbringt. Und, wenn man schon nicht selbst Hilfestellung leisten kann:

> Erkunden, ob es im Umkreis komponierende Kollegen oder Kolleginnen gibt, die bereit sind, solche Schüler zu betreuen.
>
> Wenn ja, erkunden, ob andere Kollegen ebenfalls komponierende Schüler haben, die dann einen Interessenkreis bilden können.
>
> Sich bereit finden, für die betreffenden Schüler Literatur einzuplanen, die im Interesse des Komponierens empfohlen wird.

Sollte, was an unserer Jugendmusikschule in Hamburg möglich war, nicht auch anderswo möglich sein?

* * *

Aber hier, wie stets zwischendurch, ein paar Schülerantworten, die ich nicht vorenthalten möchte. Ich fragte:

Drittes Konzert
in der Reihe KINDER KOMPONIEREN
anläßlich VDMK-Seminar Peter Heilbut / EPTA-Tagung 1981 in Würzburg

Freier Eintritt

ALENKA BARTA und THILO JAQUES
geb. 1967   geb. 1967

SPIELEN EIGENE KOMPOSITIONEN

Sonnabend, 31. Oktober 81, Beginn 19 Uhr, Ende gegen 20.30 Uhr, Fachakademie für Musik / Hermann Zilcher Konservatorium, Hofstraße 13, Würzburg 1

Alenka Barta, Thilo Jaques, Klavier
Peter Stockmann, Saxophon/Klarinette

Die Programmfolge wird vor Beginn bekanntgegeben.

ALENKA BARTA   **TEUFELSREITER-SUITE**
komponiert 1979

1. Über den Berg
2. Der Teufelsreiter
3. Geisterstunde
4. Heimkehr
5. Slawischer Tanz

VIER KLAVIERSTÜCKE
komponiert 1980/81

1. Spiel der Sterne
2. Launen
3. Geheimnis
4. Jazz-Echo

VIER KLAVIERSTÜCKE
komponiert 1981

1. Der Wasserfall
2. Hexentanz
3. Sehnsucht
4. Schneller Tanz

THILO JAQUES   **SIEBENTE SUITE FÜR KLAVIER**
- Schweizer Suite - komponiert 1979

1. Helvetia Express
2. Liebliches Luzern
3. Intermezzo
4. Rigi-Impression

aus **SECHS DUOS FÜR SAXOPHON UND KLAVIER**
komponiert 1979
ausgezeichnet im Kompositionswettbewerb 1980
Gema-Stiftung / Verband deutscher Musikschulen

2. Song
4. Heiterkeit in Moll
5. Themenspiel
6. Abgesang

aus **KLAVIERSTÜCKE 1980**
Klänge für Radiergummi und zwei Hände

VIER BALLADEN FÜR KLAVIER
komponiert 1981

aus **VIER DUOS FÜR KLARINETTE UND KLAVIER**
komponiert 1981
Duo 2 und Duo 4

Alenka Barta
geboren 1967 in Koper
Jugoslawien (Slowenien)
lebt in Hemhofen/Erlangen

Thilo Jaques
geboren 1967 in Hamburg
lebt in Hamburg

370

„Für wen komponierst du eigentlich?" Die Antworten:

Susi (8):	„Das ist mir doch egal!"
	– „Wirklich?"
	– „Wer interessiert sich schon für meinen Kram!"
Julia (8):	„Für die Leute, damit ich ihnen meine Stücke vorspielen kann."
Inka (8):	„Für alle anderen Kinder."
	– „Nur für Kinder?"
	– „…und für alle, die meine Stücke spielen wollen…" – (überlegt) „…weil sie vielleicht noch nicht soweit sind, daß sie richtige Komponisten spielen können."
	(Inkas Antwort „alle Kinder" erklärt sich daraus, daß sie damals gerade ein Lied gedichtet und komponiert hatte, beginnend „Kinder hier auf dieser Erde möchten gerne fröhlich sein, möchten lernen, möchten leben, freuen sich am Sonnenschein" und so weiter[*])
July (9):	„Für mich."
	– „Nur für dich?"
	– „…und für Sie natürlich!" („Ich habe Ihnen wieder was komponiert.")
Thilo (12):	„Hauptsächlich für mich selbst, und wenn andere es spielen, dann ergibt es sich von allein, daß Kinder es spielen…" – (da irrt Thilo!)
	– „…wenn sie soweit sind, daß sie es spielen können."
Alenka (12):	„Ich komponiere nur für mich. Es macht mir Spaß."
	– „Wirklich nur für dich?"
	– „Also mein Lehrer dürfte das gar nicht wissen!"

Gudrun Wohlrab (12), die mit ihrer *Finnischen Suite* im zweiten Heft *Kinder komponieren für Kinder* vertreten ist:

„Für –, für –; wenn andere Kinder das spielen mögen, bitte sehr!"

Johanna (13):	„Nur für mich."
	– „Nur für dich?"
	– „Nur für mich, weil ich gern komponiere."

Resümee: Wer mit Schülern improvisiert, muß damit rechnen, daß der eine oder andere zum Komponieren gelangt. Aber auch sonst: jeder, der Unterricht in Musik erteilt, muß damit rechnen, komponierende (und aus eigenem Antrieb improvisierende) Schüler in seinem Kreis zu haben. Und gut jedenfalls, wenn man sich dessen bewußt ist:

---

[*] in: *Kinder komponieren*, Heft 2

Improvisieren ist Spiel, ist Spaß; das geht ohne Vorbereitung und hinterher schert man sich nicht mehr darum. Gewiß, so einiges ist schon vonnöten: Kreativität, Phantasie, Spontaneität, einige Ansatzpunkte dazu, die erlernbar sind.

Anders der Komponierende. Der braucht Beharrlichkeit, Intensität, Logik. Der hat Opfer zu bringen. Opfer an Zeit, Opfer an Freiheit. Denn Komponieren setzt, hat man einmal damit begonnen, enge Grenzen. Und die Freude über ein gelungenes Stück wird oft genug erkauft durch die Erfahrung, daß der Schöpfungsprozeß auch zur Qual werden kann. Das erfahren sie alle, ob sie nun große Namen tragen oder Inka, Susi und July heißen. Um nochmals die damals achtjährige Anna Loebarth zu zitieren (Sonntaktesendung 29. 6. 1986): „Ja, natürlich macht es Mühe, aber wenn man's dann hat, dann macht es schon Spaß!"

Für Inka, July und Susi, mit denen ich unser musikschulinternes Pilotprojekt „Kinder komponieren" durchführte, ist der Abschied gekommen. Dreizehn Jahre sind sie alt, und sieben faszinierende, ereignisreiche Jahre liegen hinter uns. Diese Mädchen, die nie mit dem Gedanken an ein eventuelles späteres Musikstudium spielten, ließen mich immer wieder staunend erleben, zu welch schöpferischen Höhenflügen Kinder fähig sind, auch und gerade auf dem sträflich vernachlässigten Gebiet der musikalischen Kreativität. Dank euch nochmals, meine verläßlichen Grazien, für unsere reich erfüllte gemeinsame Zeit.

Phase 6b:
Vierhändigspiel

Vierhändigspiel als separate Phase gibt Sinn im Unterricht mit Einzelschülern, die durch Überlappung ihrer Unterrichtsstunden zum Vierhändigspiel gelangen. Für Gruppenschüler dagegen ergibt sich der Wechsel zwischen zwei- und vierhändigem Spiel aus der jeweiligen Situation heraus (siehe das Kapitel „Gruppenunterricht" Seite 133), so daß Vierhändigspiel hier als zu berücksichtigende separate Phase entfällt.

Vierhändigspiel, fächerübergreifend: Da sollte man über den eigenen Schülerkreis hinausblicken und nach Möglichkeiten suchen, mit benachbartem und zeitlich parallel laufendem Klavierunterricht eine bestimmte Minutenspanne zu koppeln. Es gilt, zum Konsens mit dem/der Unterrichtenden im Nachbarraum zu kommen. Absprache und Koordination dürften so schwierig nicht sein. Das Problem aber ist die Unüblichkeit eines solchen Ansinnens. So empfiehlt es sich, auf Lehrerzusammenkünften ständig solcherart Möglichkeiten anzusprechen und zum Ausprobieren anzuregen. Wer weiß, mancher Kollege, manche Kollegin ist dankbar dafür, zum Mitmachen eingeladen zu werden.

Phase 6c:
Einübung in Begleiten und Ensemblespiel

Höhere Hürden sind zu überwinden, will man sich beziehungsweise seine Schüler ins Ensemblespiel eingliedern. Blicken wir noch einmal zurück auf die Hindernisse und Gründe, die einer Beteiligung klavierspielender Aspiranten, verstanden als potentielle Klavierbegleiter, entgegenstehen. Es sind dies, kurzgefaßt,

- mangelnde Einübung (fehlende Vorbereitung);
- Angst vor Versagen (fehlende Routine);
- zu schwerer Klavierpart im Verhältnis zum Schwierigkeitsgrad der zu begleitenden Instrumente;
- Desinteresse des Lehrenden, der nur „sein" Pensum vor Augen hat;
- fehlender Kontakt der Kollegen untereinander.

Eingedenk des Wortes von Emonts, das auf die Notwendigkeit frühen Zusammenspiels verweist (siehe Seite 158), eingedenk des hohen Stellenwertes, den Musikschulen dem gemeinschaftsbildenden Ensemblespiel zumessen – es wird als Ergänzungsfach zumeist kostenfrei angeboten – zeigt sich, zögernd, aber doch, auch der Klavierbereich bereit und bestrebt, Schüler mit Spielern anderer Instrumentgruppen zusammenzuführen. Lehrende am Klavier haben es damit schwerer als ihre Bläser- und Streicherkollegen.

Während es für letztere damit abgetan sein mag, ihren Schülern die Teilnahme an Spielkreis und Orchester nahezulegen, müssen erstere selbst initiativ werden und den Anstoß geben. Sie haben sich als erstes zu informieren

– über Literatur mit für ihre(n) in Frage kommenden Schüler angemessener Klavierbegleitung;
– über Kollegen, die Schüler auf entsprechender Stufe unterrichten;
– über zeitliche Möglichkeiten und verfügbaren Raum.

Sodann gilt es, einzuübende Stücke zu verabreden, wobei der Vorschlag vom Klavierlehrer kommen muß: Denn wartet er erst den Gegenvorschlag ab, ist er sofort wieder mit dem Problem konfrontiert, daß der Klavierpart meist zu schwer ist.

Im Gegensatz zur Phase „Vierhändigspiel", bei der das Prinzip Überlappung meist relativ unproblematisch vollzogen werden kann, gestaltet sich das Zusammenführen mehrerer Schüler verschiedener Instrumentbereiche und, oft damit zusammenhängend, entfernterer Unterrichtsstätten, schwieriger. Solche vielfach nicht ohne Mühe zustandegekommenen Gemeinschaftsstunden werden also kaum in wöchentlicher Regelmäßigkeit stattfinden können. Das bedeutet, wiedrum im Gegensatz zur Vierhändigüberlappung, in der die Einstudierung mit beiden Schülern zugleich erfolgen kann, daß jeder der am Ensemble beteiligten Spieler seinen ihm zugewiesenen Part intensiv vorbereiten muß.

Für den Klavierunterricht hat dies zur Folge, daß das zu begleitende Stück in einer separaten sechsten Unterrichtsphase „Einübung Ensemblespiel" einstudiert wird.

Sie dient dazu, sich mit Begleitaufgaben zusätzlich zum üblichen Studienprogramm zu beschäftigen, möglichst bis hin zur Gewißheit des „Ich kann". Zum Schwerpunkt der Arbeit wird: Weiterspiel nach versehentlichen Verspielern, „Find dich wieder rein"-Übungen, sofort klappender Beginn und so weiter (siehe Seite 263).

Ich erinnere mich mit Freude solcher gelegentlichen sechsten Phasen, die ab der dritten Schülergeneration von vielen meiner Schülerinnen und Schüler in Anspruch genommen wurden. Ein Rückblick auf den ersten Teil dieses Buches führt mir Cornelia, Sonja, Isabel, die Grazien sowie ohne Ausnahme die Schülerinnen und Schüler der vierten Generation vor Augen. Für manche, ich erzählte davon, wurde Begleiten regelrecht zur Leidenschaft.

Das hatte noch einen zusätzlichen Effekt! Denn diese Bereitschaft oder gar Lust zum Begleiten kam nicht zuletzt auch dem gar zu oft vernachlässigten Familienmusizieren zugute. Gab es doch Blockflöte, Geige oder Gitarre spielende Angehörige im Familienkreis, und von der Möglichkeit, die sich durch die vom Klavierunterricht zugelieferten eingeübten Begleiter auftat, wurde eifrig Gebrauch gemacht. An den in regelmäßigen Abständen stattfindenden Vorspielen nahmen zumindest Geschwister oft und gern mit teil, seltener Mütter oder Väter, die sehr gebeten werden mußten.

* * *

Schon in den Anfangsgründen meines pädagogischen Werdeganges fand ich mich der Aufgabe verpflichtet, meine Schüler so früh als irgend möglich am gemeinsamen Musizieren teilhaben zu lassen. *Gute Begleiter sind rar?*, schrieb ich bereits in meinem 1970 erschienenen Buch *Klavierunterricht mit Gruppen, …das Begleitenüben sollte immer wieder vorgenommen und in den Unterricht einbezogen werden.* Und, zwei Seiten weiter: *Bedauernswert der Schüler, dessen Unterricht sich in rein mechanisch-klavieristischer Einseitigkeit erschöpft. Irgendwann ist er wohl fähig, technisch schwierige Passagen zu bewältigen, irgendwann aber wird er auch gewahr, daß man ihn am Wesentlichen vorbeistudieren ließ…* (Kap. VII).

Da Spielstücke mit für Anfänger erreichbarer Klavierbegleitung damals nicht zu finden waren (auch heute noch ist das Angebot kaum befriedigend zu nennen), machte ich mich selbst an die Arbeit. Als deren Resultat erschienen 1968, eifrig praktiziert im nachbarräumlichen Austausch mit Flötenspielern, die beiden *Musizierbücher für zwei Sopranblockflöten und Klavier*[*]. Ein drittes für zwei Altblockflöten und Klavier folgte; auch hier geht die Schwierigkeit des Klavierpartes nicht über die der Sopranflötenhefte hinaus (unten als „Folgehefte" notiert). Anfänger, durchschnittlich neun Jahre alt, waren nach wenigen Unterrichtsmonaten in der Lage, die Begleitung zu spielen.

Als ich dann 1972 begann, mich mit sechsjährigen Anfängern zu beschäftigen, war ich bald dabei, gleiches derart herabgestuft zu erstellen, daß Sechs- oder Siebenjährige schnell davon profitieren konnten. Die mir selbst auferlegte Erschwernis: Die Sätze sollten so gut werden, daß sie auch von älteren Schülern gern angenommen würden. Viele Flöten-Klavierstücke entstanden so bereits im Laufe der ersten Schülergeneration.

Doch von einem Tag auf den anderen unterbrach ich die Arbeit daran, denn ein freundliches Schicksal spielte mir in zwei benachbarten Räumen und fast zeitgleich mit meinem Unterricht zwei Kinder aus dem Streicherbereich zu, sechsjährig beide und Früherziehung voraus: Anne mit ihrer Geige, Baschi mit seinem Cello. Ich brachte sie mit meinem damals sieben Jahre alten Thilo zusammen. Als Einstieg und Eingewöhnung Improvisation: Baschi spielte Quinten auf leeren Saiten und Anne zupfte Eigenes zu Thilos Klaviererfindung. Dann hatte ich die ersten Stücke fertig für die drei: Pizzicatoständchen auf leeren Saiten zur Melodie des Klaviers, „Nachbartöne" – leere Saiten und erster Nachbarton für die Streicher, Sekundbewegung auch im Klavier, so weiterführend, immer eine Zutat mehr, dem Voranschreiten der Beteiligten angepaßt. Anne und Baschi, wie aus ihrem Unterricht gewohnt, mit Noten vor Augen, Thilo (siehe Seite 57) seine Stimme(n) nach Gehör einübend und mit der ihm eigenen Sicherheit begleitend. Was hatten wir für Spaß miteinander! Und ganz nebenbei entstand so das Heft *Concertare. Erstes Zusammenspiel für Violine, Cello und Klavier*[**], das schließlich noch vor dem Parallelheft für vier Blockflöten und Klavier herauskam.

---

[*] Hug & Co., Zürich. Um der Wahrheit zu genügen: In erster Linie schrieb ich diese Hefte für meine eigenen drei Blockflöte und Klavier spielenden, damals sieben-, neun- und zehnjährigen Kinder.

[**] Verlag Heinrichshofen, Wilhelmshaven

So, wie an unserer Jugendmusikschule der Früh-Instrumentalunterricht am Klavier grundsätzlich in der Zweiergruppe begann, so begann der Blockflötenunterricht in der Vierergruppe. Das ist auch der Grund, weshalb ich, im Gegensatz zu den zwei Flöten der Musizierbücher, nun vier Flöten zum Klavier gesellte. Hier sind, wie auch vordem in den Musizierbüchern, alle Forderungen erfüllt, die für ein Gelingen des Emsemblespiels garantieren (siehe den Forderungskatalog Seite 162):

- Jede Instrumenteneinheit klingt „in sich". Sämtliche Stücke können als reine Flötenquartette eingeübt werden, zu denen der Klavierpart hinzutritt.
- Da bei Überlappung zweier Flötengruppen mehr als vier Schüler, wahrscheinlich acht, zu beschäftigen sind, sind viele Stücke so komponiert, daß die Flöten 1 und 2 chorisch besetzt werden können. Ist Klavier dabei, stehen sie in Klaviernähe. Die Flöten 3 und 4 sind Echoflöten und werden fern von den anderen, gelegentlich auch außerhalb des Raumes, postiert.
- Der Klavierpart ist leicht spielbar und hat in allen Stücken ein- oder mehrmals die Führung zu übernehmen, oder es sind ihm Solostellen zugewiesen.
- Die Stücke gehen in Schwierigkeit und Anspruch progressiv voran und sind parallel laufend zur jeweiligen Klavier- beziehungsweise Flötenschule einsetzbar.

Nach Beendigung der *Concertare*-Hefte können die drei Musizierbücher als Folgehefte sofort angeschlossen werden. Auch in ihnen, jetzt für zwei Flöten und Klavier, sind die obigen Forderungen erfüllt, und zwar

- sind die Flötenpartien ohne Ausnahme in allen drei Heften vollgültige Duos. Sie klingen für sich allein;
- kommen die Begleitpartien des Klavieres selbständigen Spielstücken oft recht nahe, so daß Einüben nicht langweilt;
- haben auch hier alle beteiligten Instrumente gleiche Schwierigkeit.

In all diesen Veröffentlichungen sehe ich exemplarische Beispiele, die zeigen, wie ein Start zum Ensemblespiel mit Klavierbeteiligung ermöglicht wird und wie der Weg geöffnet, die Spanne überbrückt werden kann zur Duo-, Trio- und Quartettliteratur unserer bekannteren Meister.

Phase 6d:
Rendezvous mit Musiktheorie
Gesprächs- und Erzählphase am Studiertisch

Zeit.
Das Gefühl vermitteln, Zeit zu haben.
Zeit ist das Kostbarste, das uns zum
Schenken gegeben ist.

Rendezvous mit Musiktheorie? Im Früh-Instrumentalalter?? Da blickt man doch befremdet. Indes, das Rendezvous hat längst stattgefunden! Von Anfang an lief „Theorie der Musik" mit den anderen Phasen mit, ohne daß diese Bezeichnung je einmal aufgetaucht wäre. Überall dort, wo der Studiertisch im Spiel war, fand Theorie statt. Spielerisch vollzog sich der Umgang mit ihr, so wie er sich mit Tasten, wie er sich mit Noten vollzog. Kontinuierlich wuchs sie mit den anderen Lernfeldern mit. Welch ein Grundwissen sammelte sich da an, leichthin, fast unbemerkt erworben, als Bagatelle ganz nebenher zugeflossen. Das Gewicht einer selbständigen Phase wurde dem Lernfeld „Musiktheorie" nie zugebilligt. Zwischengeschaltet im Laufe anderer Phasen, verbunden mit dem Studiertisch meist als Auflockerung und Entspannung empfunden, wurde Erkenntnis, wurde Wissen vermittelt. Meine Zielvorstellung dabei: Zum Lernfeld „Interpretation" (Vorbereitung, Feilung, Podiumserlebnis) gehört unumgänglich: daß verstanden wird, was unter den eigenen Händen geschieht und erklingt.

Eine Erzähl- und Erholpause, ungefähr in Stundenmitte, lief von Anfang an mit, en passant gewissermaßen. Sie wurde bisher nicht einmal erwähnt. Sie galt der Absicht, bei sinkender Konzentration die mentale „Batterie" wieder zu aktivieren. Ich erinnere mich, wie ich in den Anfangsjahren geradezu akribisch Bleistiftlinien aufs Papier warf, die zwischen Leistungshochs und Ermüdungstiefs auf und ab schwangen. Hoffte ich doch, bald einen gravierenden Unterschied zwischen Früherziehungsabsolventen, ins Konzentrieren eingeübt zwei Vorjahre lang, und den damit nicht behelligten Vergleichsschülern herauslesen zu können. Das Ergebnis jedoch war vage und wenig zufriedenstellend. Wohl ließ sich bei einigen Vergleichsschülern eine Differenz von 5 bis 7 Minuten feststellen, aber zu sehr und in zu vielen Fällen spielten außermusikalische Faktoren hinein, die sichere Ergebnisse verfälschten. Tageszeit, momentanes Befinden, lange Anfahrt, Übermüdung aus wer weiß was für Gründen – der eine oder andere kam schon abgespannt zum Unterricht –, auf der Positivseite jedoch, und das überraschte mich sehr, die erstaunlich große Zahl derer, die den Unterricht ohne jedes Zeichen von Abgespanntheit durchhielten. Ja, in der vierten Generation waren es überhaupt nur zwei, die gelegentlich in ein Ermüdungsloch fielen. Gregor verständlicherweise, der durch allzu viele musikalische Pflichten ständig unter Spannung stand (siehe Seite 96), und Phil, dessen Armbanduhr von Zeit zu Zeit, meistens zur Unzeit, mir unergründliche, ihm aber informative, wahrscheinlich die Restzeit der Stunde ankündigende Piepzeichen von sich gab, worauf er nicht selten in ein ebenso ausgiebiges wie ansteckendes Gähnen geriet. Jedenfalls ließ ich Mitte der zweiten Schülergeneration die Sache mit dem Kurvenmalen fallen. Zu minimal war die Zahl der Vergleichsschüler, als daß ein stimmiges Ergebnis zu erwarten gewesen wäre.

Die Erholpause aber blieb bestehen. Hatte ich sie anfangs als „Lutsch- und Gedankenpause" eingeführt (nun ja, man muß sich was einfallen lassen; die Kinder bekamen eines jener winzigen Kügelchen, Liebesperlen geheißen, und solange daran zu lutschen war, ließen wir uns untereinander in Ruhe), so wurde sie bald von der „Erzählpause" abgelöst. Hatte ich doch schnell begriffen, welch geradezu elektrisierende Wirkung meine Ankündigung: „Kommt, ich erzähl' euch was!" verursachte. Mit einem Schlag war jeder Anflug von Müdigkeit verschwunden, die Kinder rannten, so schnell es ging, zum Studiertisch und saßen dann mit großen, erwartungsvollen Augen da.

Ja und dann erzählte ich. Etwa eine ganz alltägliche Familiengeschichte von Mutter Quintia, Vater Quartus und deren Kindern. Da sind die zwei Schwestern, Terzia heißen sie beide, und da eine etwas größer ist als die andere, werden sie große Terzia und kleine Terzia genannt. Ach, wie sehr lieben die beiden Blumenduft, Wohlklang und Schönheit, und so glücklich könnten sie sein, wäre da nicht Sekündchen, das Brüderlein, das immerfort nur Jux und Tollerei im Kopf hat. Treibt er es gar zu arg, laufen sie klagend zu Großvater Primos, der strengblickend Einigkeit anmahnt, oder sie flüchten sich in die stets offenen Arme von Mutter Quintia, in die sie sich wohlig hineinkuscheln können, zumal sie gemeinsam so gut hineinpassen, die große und die kleine Terzia…

Dies etwa zur Zeit, da Hörschulung mit Einklang, Wohlklang, Reibung und Leerklang im Programm war. Und weit gefehlt, zu glauben, daß sich nun die Nutzanwendung sofort anschloß. Die Geschichte ließ ich vorerst auf sich beruhen, ab und zu daran erinnernd, ehe Wochen oder Monate später die praktische Fortsetzung an den Tasten erfolgte.

Mit der Erkenntnis schließlich, wie natürlich und dabei instruktiv sich Musiktheorie mit Erzählpause in Einklang bringen läßt, entwickelte sich diese Symbiose zur eigenständigen Phase, sporadisch auftretend zwar nur, aber wenn, dann effektiv. Was alles läßt sich darin unterbringen! Unser erstes kleines Stück von Mozart löst eine ganze Fortsetzungsreihe von Wolfgangerl-Geschichten aus (wie eigentlich ist es möglich, Mozart oder wen auch immer üben und spielen zu lassen, ohne von den Schöpfern dieser Stücke zu erzählen?). Wolfgang als Sechsjähriger vor der Kaiserin in Wien (das Bild des livreegekleideten Knaben dabei), als Sieben-, Acht- und Neunjähriger durch Europa konzertierend – welch ein Stoff zum Erzählen! Oder Johann Sebastian, als Schüler von Lüneburg nach Hamburg fußwandernd, oder Joseph Haydn als Kind, oder, oder, oder… – vorgetragen vor meist begierigen Ohren. Und wiederum: Vielfacher Spaß bei mehreren Schülern in der Gruppe im Vergleich mit einzelnen.

Auf einem Zettel aus vergangenen Tagen habe ich noch ein recht ausführliches Beispiel, wie auf ein Problem reagiert werden kann. Ich sehe noch, wie Vater Pantlen, der es miterlebte, sich köstlich über den Disput amüsierte, den seine damals siebenjährige Tochter Anna auslöste. Janina, die Partnerin, gab den Auftakt zu dem Reigen:

„Anna hat eine ganze Note geschrieben!" Anna, provokativ: „Sie haben aber selbst gesagt, wenn wir nicht einig werden, dann hat der Komponist recht und nicht der Kritiker!" Janina, sofort sekundierend: „Ja das stimmt, das haben Sie gesagt!" Zunächst begriff ich überhaupt nicht, wovon die Rede war. Schließlich bekam ich Annas Notenheft in die Hand: Sie hatte in einen $^3/_4$-Takt eine ganze Note gesetzt und bestand darauf, daß es dabei bleiben solle. „Na, dann laßt uns Klavier spielen", sagte ich zur Verblüffung der Kinder. Doch während sie noch zögernd zum Klavier gingen, kam mein: „Kommt, ich erzähl euch mal eine Geschichte!" Da hatte ich als Kind einen Kaninchenstall aus einer Apfelsinenkiste und Maschendraht selbst gebastelt, spielte so gern mit meinem weißen Kaninchen. Aber eines Morgens war es verschwunden, hatte sich durch das dünne Holz durchgeknabbert, wie zwei oder drei schon vor ihm (soweit stimmte das wirklich). Also ging ich wieder mal zu unserem Zoodirektor, Herrn Hagenbeck, ob es jetzt nicht mal einen Elefanten für mich gäbe, und es machte auch nichts, wenn er schon ein bißchen alt und ausgefranst wäre. Dann kam ich denn auch mit einem Elefanten zu Hause an: „…und stellt euch vor: er wollte um gar keinen Preis in den Kaninchenstall hinein, wie findet ihr das, so ein Elefant!!"

Kurz und gut, ich hatte schließlich einen Elefanten im Dreivierteltakt – pardon! Kaninchenstall – und erklärte mich bereit, meinen Elefanten gegen eine $^3/_4$-Note auszutauschen. Nach längerem Disput fand sich andere Lösung: Die „Ställe" vergrößern. Das war einfach im Falle Annas ganzer Note: „Da, schreib selbst das Zeichen für $^4/_4$-Takt davor." Aber nun machten die Schülerinnen eine Erfahrung, wie sie keinem Komponisten erspart bleibt. Verbessert man eine Stelle, stimmt es plötzlich woanders nicht mehr: Alle Folgetakte hatten sich ebenfalls in $^4/_4$-Takte verwandelt. Und was nun? Also, laßt uns überlegen, was jetzt zu tun sei…

Ach ja! Erzählphase mit Musiktheorie im Inhalt –

Zeit haben…

Das klingt nach Verfügbarkeit im Übermaß. Die Fülle des in diesem Buche Dargebotenen muß geradezu den Anschein erwecken, als sei meine Unterrichtszeit schier endlos dehnbar gewesen. Bringen wir also, als kurzes, letztes Resümee, Unterrichtzeit und Unterrichtinhalt in ein plausibles, ausgewogenes Verhältnis zueinander. Es sei daran erinnert, daß mir im früh-instrumentalen Anfangsjahr, oft auch im zweiten noch, 40 Minuten für den Einzelunterricht, 60 für die Gruppe zur Verfügung standen. Mit Überlappung ließ sich das auf 50 beziehungsweise 70 Minuten weiten. Ab dem zweiten, spätestens dritten Jahr – der Zeitpunkt war nie festgelegt und hing stets von den Schülern ab – hieß das Stundenlimit 50 Minuten für den Einzel-, 75 Minuten für den Gruppenunterricht (siehe Seite 131, „Unterrichtsformen"). Schülerinnen und Schüler, die mehr als vier Jahre blieben, erhielten 60 Minuten im Einzel-, 90 Minuten im Gruppenunterricht; bei Überlappung entsprechend länger.

Trotz Zeitspannen, die manchem mit Ministunden sich plagenden Musikschul-Kollegen elysisch anmuten mögen, scheint es, als ob der darin unterzubringende Lehrstoff den verfügbaren Rahmen sprengt. Das ist aber nicht der Fall. Längst wurde darauf hingewiesen, daß Unterrichtsinhalte den Interessen und Begabungen der Schüler anzupassen seien. Damit entfallen ganze Phasenlängen. So würden zum Beispiel meine ehemaligen Schülerinnen und Schüler bei der Lektüre dieses Buches verwundert feststellen, wieviel des Stoffes ihnen nie begegnet ist. Damit hat es seine Richtigkeit. Den Grund lesen sie hier.

Aber was dem Lernenden recht ist, mag dem Lehrenden billig sein. Steht dem einen zu, daß ihm, ich greife auf das Vorwort zurück, der Weg zugestanden wird, den zu gehen e r Lust hat und den einzuschlagen e r motiviert ist, so stehe auch dem anderen, dem Lehrenden, frei, aus dem reichen Angebot das für sich zu entnehmen, was ihm selbst entgegenkommt. Hielt ich es doch auch mit mir nicht anders! Vergeblich sucht man zum Beispiel in diesen Blättern nach Eingangsstufen zu Jazz und Popularmusik. Mir fehlt die Ader dafür, andere können das.

Aus dieser Sicht kommen Zeit und Inhalt zum Gleichgewicht. Und mit dem Fundus der hier gehäuften Anregungen und Möglichkeiten im Rücken wird Planen, Gestalten, „Komponieren" eines Stundenverlaufes zur immer wieder motivierenden Herausforderung.

Der Unterrichtsprozeß ist eine lebendige Einheit, da er als Qualität ein schöpferischer Prozeß ist. Unterrichten ist mehr als Wissenschaft, Unterrichten ist eine K u n s t.[*]

---

[*] Werner Müller-Bech, *Zur Begriffsbestimmung von Pädagogik, Methodik, Didaktik in ihrem Bezugssystem.* Vortrag bei den „Saarbrücker Gesprächen", Protokollanlage 1991

Schlußwort

Dieses Buch habe ich von meinen Schülern gelernt.

Das Wort Arnold Schönbergs – es steht seiner *Harmonielehre* voran – trifft in nicht geringerem Maße auf mein Buch und mich zu. Nie vor Beginn meiner eigenen Früh-Instrumentalzeit wurde mir so deutlich vor Augen geführt, daß Lehren Lernen bedeutet. Und nie zuvor brachten mir meine Schülerinnen und Schüler derart zu Bewußtsein, daß ich Lernender war. Wahrhaftig: Vorzüglich Lehrende waren sie mir, eine wie die andere, einer wie der andere.

Als ich mein mir selbst auferlegtes frühinstrumentales Abenteuer begann, war ich mir alles andere als klar darüber, wo es einmal landen würde. Vermutlich würde darüber zu berichten sein, zwischendurch, oder zum Ende hin. Tatsächlich rang ich mir in unregelmäßigen Abständen den einen oder anderen Artikel ab. Jedenfalls führte ich zunächst gewissenhaft Protokoll, hatte gelegentlich auch protokollierende Studenten dabei. Aber das lief auf Dauer nicht. Die täglichen Eintragungen wurden zunehmend spärlicher, und die so hoffnungsfreudig begonnene Kladde – wieder eine von denen, die schon den Beginn signalisierten – wich schließlich einer Zettelwirtschaft, wie sie Zeitnot kategorisch einzufordern pflegt. Den Platz an Kladdes Stelle nahm eine Pappschachtel ein, in der sich knappe Notizen und hastig hingekritzelte Merkzettel sammelten. Mit den Jahren füllte sie sich. Irgendwann, Mitte der vierten Generation, fiel sie in eine Art Dornröschenschlaf, unter irgend einem Kramregal verstaubend, und wartete darauf, daß jemand käme, sie zu erwecken.

Es ist schwer, ein Buch zu beginnen. Wie hieß es doch beim Thema „Über das Üben": „Das Schwerste ist nicht die Tat, das Schwerste ist der Entschluß." Auch ich hatte stets „Unaufschiebbares" noch zu erledigen, schob wichtiger Scheinendes vor mir her, fand den Faden nicht –, bis ich eines Tages, nur mal so, die Wunderschachtel öffnete und mir den Inhalt in zunehmender Heiterkeit zu Gemüte führte. Ich wurde, Zettel für Zettel, immer vergnügter, und schlagartig packte mich unbändige Lust, das Buch zu beginnen und zwar heute! Jetzt! Sofort!

Welches Motto war voranzustellen? Welchem Leitstern zu folgen? *Die Methode vom Individuum ablesen*: Im Früh-Instrumentalbereich unumgänglich. Oder auch: *Der Weg ist wichtiger als das Ziel*: Über das Spielen zum Klavier-Spiel gelangen. Ariadnefäden, die meiner Arbeit Richtung gaben.

Noch etwas? Ja, doch! Eine Frage harrt noch der Antwort. Im Kapitel „Lehrer – Schüler" zu Beginn des dritten Teiles stand das Kriterium „Wann bin ich, in bezug auf meinen Schüler, gut als Lehrer" zur Debatte. Die Frage lief, statt Erfüllung zu finden, in immer weitere Fragen hinein. Doch gerade dieser Umstand erlaubt mir nun, einen ideellen Ring zu schließen: Begann mein Opus mit einem Auftakt aus Uli Molsens

Feder, so sei ihr auch der Wohlklang des Schlußakkordes zugesprochen[*]. Wann also, und unter welchen Voraussetzungen, ist man gut als Lehrer? Bitte, Herr Molsen, Ihre Antwort!

Ein Lehrer ist um so besser,
1. je näher er an dem Punkt ansetzen kann, an dem ihn der Schüler als Mensch braucht.
2. je mehr es ihm gelingt, den Lebensweg des Schülers hilfreich zu begleiten. (Ein Begleiter bestimmt nie das Ziel!)
3. je mehr es ihm gelingt, den Schüler von dessen Ausgangsbasis für die hohen Ziele des Menschendaseins und innerhalb dessen für die Musik zu begeistern.

Das ist der Anspruch, dem ich Praxis beizugeben suchte. Ich hoffe, ich bin ihm gerecht geworden.

---

[*] Zitate aus: Uli Molsen, *Individuum und Methode*, 1985 (24 Seiten), sowie *Das musikalische Opfer der Musikpädagogen*, 1985 (28 Seiten), beide im Musikverlag Uli Molsen, Balingen–Endingen, erschienen. Diese im Umfang bescheidenen, im Inhalt anspruchsvollen gesellschaftlich-philosophischen Schriften waren meinen Studenten Pflichtlektüre.

Stichwortregister

Namensregister